젊은 북녘 시인에게

문정희

그대는 아시리
내 사랑은 이미
과거 분사로 남아 있는 것을

그 랬 었 지
그 랬 었 었 지

전깃줄 위에 앉은
새들의 맨발처럼 지저귐처럼
내 사랑은 이제
시리운 과거 완료 시제 위에 걸려 있는 것을

그대는 아시리
밤마다 가슴 치며 그리워하다가
바람이 불고 계절이 바뀌고
또 달이 뜨는 사이
내 사랑은 새들의 부호처럼
그 랬 었 지
그 랬 었 었 지
아프고 당당하게 굳어 간 것을 …

젊은 북녘 시인이여
그런데 나는 오늘 전깃줄을 흔들고 싶네
먼 과거 분사의 새들을
훠어이 날려 보내고 싶네
핏빛 선 그대 눈빛 굳은 내 가슴
가을 빛에 오래오래 물들이고 싶네

문정희(文貞姬)

1969년 월간문학 신인상 등단.
시집 『오라, 거짓 사랑아』, 『양귀비꽃 머리에 꽂고』, 『나는 문이다』, 『다산의 처녀』, 『카르마의 바다』 외 시선집 등 다수.
현대문학상, 소월시문학상, 육사시문학상 등 외 스웨덴 "시카다"상 등 수상.
현 동국대 석좌교수.

이 저서는 2013년 서울대학교 정치외교학부 장달중 교수의 은퇴를 기념하여, 선생님의 가르침을 받은 후배와 제자들이 지적 보은의 의미를 담아 정성스럽게 만든 책이다. 한사코 퇴임기념행사를 거절하시는 선생님의 뜻을 받아, 관례적인 퇴임기념 논문집보다는 후학들과 대중들이 보다 쉽게 접근할 수 있는 교과서 형태의 단행본을 만들어, 선생님의 학문적 성과를 기념하고자 하였다. 이 책은 저자들의 그러한 소박한 뜻이 모아진 책이다.

현대북한학강의

현대 북한학 강의

2013년 11월 29일 초판 1쇄 발행
2020년 9월 15일 초판 6쇄 발행

책임편집 장달중
지은이 장달중, 함택영, 구갑우, 김근식, 정성장, 이정철, 김갑식, 정영철, 임수호

편집 박보람, 김지산
표지 디자인 김진운
본문 디자인 디자인 시
마케팅 최민규

펴낸이 윤철호
펴낸곳 (주)사회평론

등록번호 10-876호(1993년 10월 6일)
전화 02-326-1187(영업), 02-326-1545(편집)
팩스 02-326-1626
주소 서울시 마포구 월드컵북로6길 56
이메일 academy@sapyoung.com

ISBN 978-89-6435-700-2 93340

현대북한학강의

장달중 편

사회평론

서문

지금 우리의 북한정치연구가 직면하고 있는 가장 심각한 문제점은 지나친 도덕적 해석에 있다. 이데올로기든 권력이든, 사회현상이든 경제문제든, '이것 아니면 저것' 식의 해석이 판을 쳤던 것이 사실이다. 그러다 보니 북한연구는 제로섬 게임의 연속이었다. 증거가 불충분한 가운데 자기 가치관의 안경을 통해 북한을 보는 현상이 우리 사회는 물론 북한연구자들 사이에서도 팽배했기 때문이다.

소련과 동구 사회주의 붕괴 후 많은 국내외의 북한 전문가들은 물론 각국의 정보기관이나 언론들은 북한 붕괴론을 거론하기 시작했다. 심지어 '2000년도에는 남북이 통일될 것'이라는 전망도 나왔다. 하지만 동구 사회주의 해체 후 사반세기가 지나간 지금, 북한은 건재하다. 해체는 커녕, 핵과 미사일로 무장한 북한이 우리 앞에 건재하고 있다. 해체에 의한 혼란과 위협의 실체가 아니라 핵무장과 미사일에 의한 위협의 실체가 오늘의 북한이다. 북한 문제를 다루었던 한 언론인은 이러한 맥락에서 북한의 해체를 염두에 두고 쓴 기사를 지금 보면 '얼굴이 화끈거린다'는 고백을 하기도 했다.

어떻게 보면 북한연구자들은 북한에 의해 자주 '배반'당하고 있다는 느낌을 떨치기 어려울 것이다. 북한은 1960, 70년대를 통하여 제3세계 국가 중 가장 성공적인 사회주의 국가 중 하나였다. 그런 북한이 1980년대와 1990년대에 들어서면서 대량의 아사자를 내며 비틀거리는 모습을 보였다. 북한이야말로 사회주의 국가 중 사회민주주의 체제로 이행할 수 있는 가장 유망한 후보라는 주장을 '북한이 남한에 의해 흡수통일 될 수밖에 없다'라는 주장으로 변경해야 했던 외국의 한 북한전문가는 바로 이러한 측면에서 북한에게 배반당했다는 느낌을 강하게 받았을 것이다. 하지만 북한은 해체도 흡수도 되지 않은 채 또 다시 그를 배반했다. 왜 이런 현상이 발생하고 있는 것일까?

이는 현재 북한이 안고 있는 복잡한 현실에 대한 우리의 몰이해와 무관해 보이지 않는다. '북한은 어떤 나라인가?', '북한은 어디로 향하고 있는가?'라는 질문에 답하기 위해 우리는 북한이 안고 있는 갈등적인 현실을 제대로 파악할 필요가 있다. 다른 말로 하면 제로섬적인 북한 인식에서 벗어나 북한의 실체를 보려는 노력을 해야 한다.

먼저 북한은 하나의 교조적 이데올로기에 의해 지배되고 있는 사회주의 체제이다. 정치적으로는 주체사상을 정통 이데올로기로 조선로동당이 지배하는 전체주의적 권력 시스템을, 경제적으로는 생산수단의 사적 소유와 시장경제를 부정하는 국유제의 명령형 계획경제 시스템을 고집하는 등 사회주의적 특징을 고수하고 있는 것이다.

두 번째로 우리가 눈여겨보아야 할 것은 여타 '현존 사회주의 국가'들과 달리 아직도 이데올로기에 짓눌려 빛을 보지 못하고 있는 발전도상국으로서의 실체이다. 1980년대 초반까지만 해도 남한과 비슷했던 북한의 경제력은 그 이후 계속 떨어져 발전도상국 가운데서도 하위권에 머무르고 있는 형편이다. 따라서 북한은 발전을 모색하지 않으면 안 되는 절체절명의 압력을 받고 있다. 하지만 여전히 평등을 지상가치로 하는 사회주의적 유토피아와의 갈등을 해결하지 못하고 있는 모습이다. 경제발전과 사회주의 유토피아 간의 딜레마에서 벗어나지 못하고 있는 것이다. 경제발전을 하려면 개방과 시장경제가 필수적이지만 이런 정책의 방향 전환이 가져올 사회경제적 계층화와 정치적 갈등에 대한 두려움으로 이러지도 저러지도 못하고 있는 것처럼 보인다. 즉 발전도상국으로서의 실체가 이데올로기에 짓눌려 그 본 모습을 아직 제대로 드러내지 못하고 있는 것이 현재 북한의 모습인 것이다.

세 번째로 우리가 눈여겨보아야 할 것은 3대 세습을 통한 왕조 체제적 성격이다. 대를 이은 세습을 통해 정치체제가 최고 권력자 한 사람과 그를 떠받치는 당·군·관료체제에 의해 움직이는 모습은 전통적 왕조체제의 모습에 가깝다. 이는 '유교적 전통이 주체사상의 이름으로 합법화되고 권력화'된 모습이기도 하다.

우리가 지금 목격하고 있는 북한은 이 세 가지의 실체가 복잡하게 얽혀 있다. 앞으로 이 세 가지 실체가 어떤 조합의 형태로 나타나느냐에 따라 북한의 모습은 달라질 수 있다. 따라서 앞으로 북한연구는 이 세 가지의 실체를 비교정치학적 관점에서 접근해야 한다. 이와 더불어 옛 소련이나 중국은 물론 동구 공산권이 공유했던 공산주의 체제의 관점은 물론이고, 발전을 모색하고 있는 제3세계 발전도상국들의 공통적인 과제에 대한 비교 연구가 필요하다. 그리고 국민 통합을 위한 세습적 리더의 신격화에 대한 연구 또한 빼놓을 수 없다.

물론 이런 실체의 복잡한 얽힘을 파악하기는 쉽지 않다. 그 이유는 무엇보다도 북한 사회의 폐쇄성에 있다. 많은 북한 연구자들은 『로동신문』이나 『근로자』, 『경제연구』 등과 같은 자료에 의존하여 북한을 들여다보고 있다. 하지만 조선로동당의 기관지인 『로동신문』과 같은 자료를 통해 북한의 실체를 파악할 수 있다고 생각한다면 큰 오산이다. 왜냐하면 우리가 입수할 수 있는 이런 자료들은 대체로 사실의 보도보다 당과 국가의 방침이나 정책을 알리고 이데올로기를 교육하기 위한 교화와 선전의 도구이기 때문이다. 그래서 북한연구자들은 자료를 광범위하게 수집하고, 신중하게 선별하여 의심스러운 눈으로 북한을 분석하지 않으면 안 되는 어려움을 겪고 있는 것이다.

북한을 객관적으로 보기 어려운 또 다른 이유는 남북관계의 특수성에서 발생하는 함정에 있다. '같은 민족'을 외치고 있지만 남과 북은 단일 민족으로서의 유대나 이해보다는 불신이 더 크다. 이는 지난 70여 년간 남북이 서로 독자적으로 구축해온 문화와 정치, 사회, 경제 시스템의 산물일 것이다. 때문에 남북은 어떻게 보면 가장 먼 민족이요, 가장 먼 국가인지도 모른다. 결과적으로 북한연구는 객관적이기보다는 일종의 '동정심'이나 '이해', 혹은 '긍정'이나 '악마화'의 경향을 보여왔다. 다른 말로 하면 주관적인 이미지로 북한을 파악해 왔던 것이다.

이 책은 이러한 문제의식들을 바탕으로 북한에 관심은 있으나 배경 지식은 많지 않은 독자들을 위해 기획되었다. 따라서 필자들은 북한체제에 대한 '일반화(generalization)'보다는 현실적 자료의 의미 분석을 통해 독자들에게 유익한 길잡이가 되려고 노력했다. 책을 구상하고 집필하기 위한 몇 차례의 회의에서 우리가 가장 고민했던 것은 어떻게 하면 북한연구를 사실의 기술에 치중하고 있는 저널리즘의 수준을 넘어 사회과학의 한 분야로 위치지울 것이냐 하는 것이었다. 아직 갈 길이 멀기는 하지만 필자들은 북한의 현실과 같이 복잡하면서도 때로는 감정적일 수 있는 문제들을 사회과학적 개념들을 사용하여 균형 있게 다루려 노력했다.

〈1장 통치 이데올로기〉에서는 마르크스·레닌주의가 북한의 이념에 어떤 영향을 미쳤고, 김일성 시대 주체사상은 어떠한 내용과 이론적 체계를 가지고 있는지 설명하고 있다. 그리고 김정일 시대에 제시된 선군정치론과 강성대국론이 주체사상을 대체하는 새로운 이데올로기인지 주체사상의 보조 담론인지 분석하고 있다. 이어서 김정은 시대에 새롭게 강조되고 있는 '김일성·김정일주의'와 '김정일애국주의'가 어떠한 내용을 가지고 있는지 검토함으로써 북한 이데올로기의 지속성과 변화를 밝히고 있다.

〈2장 권력구조와 엘리트〉에서는 북한의 체제내구력을 1990년대 초와 2008년의 북한 위기 상황에서 유행했던 붕괴론과 유지론의 대립 양상을 통해 설명하고 있다. 그리고 북한정치체제를 사회주의 국가의 정치체제인 당-국가체제와 북한만의 수령제를 결합시켜 '수령중심의 당-국가체제'로 규정하고, 그 특징으로 ① 수령의 유일적 최고결정권·수령의 직할통치 ② 당조직의 여타 사회정치적 조직에 대한 우위 ③ 당(정치사상진지[陣地])·군(군사진지)·정(경제진지) 역할 분담 등을 제시했다. 그리고 그 이론적 토대인 사회정치적 생명체론과 주체의 혁명관, 발전 기제인 내각책임제와 선군정치에 대해 설명하고 있다.

〈3장 탈냉전기 대외정책과 대외관계〉에서는 탈냉전기 북한의 외교이념과 대외관계의 전개 과정을 살펴보고 있다. 한 마디로 탈냉전기 북한외교는 고립을 탈피하고 미국 중심의 국제질서에 편입되기 위해 핵카드를 적절히 사용하는 '갈등적 편승외교'로 요약된다. 이를 시기별로 남방외교(1990년대), 전방위외교(2000년대 초중반), 6자외교(2000년대 중후반), 그리고 신북방외교(2000년대 후반 이후)로 구분하여 고찰하고 있다. 그리고 김정일 사망 이후 김정은 정권은 중국과도 일정한 거리두기를 시도하고 있어 향후 귀추가 주목된다고 보고, 북한 대외관계의 핵심 이슈인 핵문제와 평화체제 문제에 대한 북한의 입장을 정리하고 있다.

〈4장 선군경제, 시장 그리고 개혁〉에서는 북한 경제를 스탈린식 사회주의 모델로 간주하고 지난 60년의 변형 과정을 분석, 서술하고 있다. 북한 경제의 원형은 중공업 위주의 추격발전체제인 스탈린 모형이라는 것이다. 이는 저가격, 고투자의 내핍체제였고, 내핍체제를 강행하는 과정에서 당국은 집단주의적 미시경영체제와 배급제를 위주로 하는 자원분배제도를 수립했다. 하지만 스탈린 모형 일반이 그러했듯이 북한의 내핍형 중공업체제 역시 '부족'의 만성화와 극도의 비효율성이라는 부작용을 피할 수 없었다고 보고 있다.

선군주의를 통해 1990년대의 위기를 극복했다는 북한 당국이 2002년의 7·1 조치나 2012년의 부분 개혁 정책 등을 모색하는 것은 중공업주의에 연유하는 체제적 부작용을 인정하고 극복하기 위한 시도로 평가할 수 있다. 하지만 선군경제와 이중구획경제라는 북한식 경영 시스템을 유지하고 있는 한 그 성과에 대해서는 아직 회의적이다.

〈5장 핵무력과 경제건설의 딜레마에서〉는 김정일 시대의 북한은 위기의 연속이었으며, 김정은 시대에도 국가와 체제의 위기는 여전히 지속되고 있다고 보고 있다. 북한은 생존을 위하여 국방을 제일의 국가목표로 설정하지 않을 수 없었다는 것이다. 그러나 경제적 제약 때문에 북한의 군사·안보정책은 전쟁수행 능력보다 재래식 및 비재래식 위협·보복 능력이라는 억지전력을 근간으로 하기에 이른 것으로 분석한다. 북한은 핵무기를 개발·실험하는 한편 한·미에 대한 협상카드로도 이용하였고, 선별적인 대남·대미 도발을 외교수단으로 활용하고 있는 것으로 보고 있다. 병력이나 군비부담으로 볼 때 전 세계에서 가장 군사화된 국가인 북한이 어떻게 '경제건설과 핵무력건설을 병진'할지, 특히 당 지도부가 군부를 효과적으로 통제하여 과도한 군사화의 악순환을 극복함으로써 경제건설을 위한 대내외정책의 유연화를 달성할 수 있을지가 앞으로의 과제라고 지적한다.

〈6장 북한 주민의 일생과 변화하는 일상〉에서는 북한 주민들의 '일생'을 조직과 함께하는 '일상'으로 규정하고 있다. "하나는 전체를 위하여, 전체는 하나를 위하여"라는 구호에서 알 수 있듯이, 북한 주민들은 철저한 집단주의적 규율과 질서 속에서 생활하고 있다는 것이다. 하지만 1990년대 이후, 북한 사회는 '시장'이라는 새로운 공간이 탄생하면서 삶의 방식에 많은 변화를 겪고 있다. 특히 컴퓨터, 디지털 카메라, 휴대폰 등이 보급되면서 소위 '라이프 스타일'의 변화를 겪고 있다는 것이다.

물론 북한 주민들의 삶의 변화는 곧 체제의 변화를 의미하지만, 북한 사회는 여전히 집단주의적 가치관을 고수하고 있으며, 개인들의 변화는 '민생형 일탈'의 수준을 넘지 못하고 있는 것으로 파악된다. 하지만 북한의 변화가 지속된다면 앞으로 북한체제는 현재와 같은 '체제'를 고수하기는 어려울 것이며, 사회의 변화와 체제의 변화가 상호작용하면서 지금과는 다른 '체제'가 나타날 것으로 전망하고 있다.

〈7장 남북관계와 통일〉에서는 지금까지 지속되어온 분단체제 아래에서의 남북관계의 특성을 과도기의 이중성으로 정리하고, 2000년 남북정상회담 이후의 남북관계를 화해협력의 진전과 함께 북미 갈등과 남북 갈등이 간헐적으로 뒤섞인 우여곡절의 관계라고 보고 있다. 그리고 향후 실제적 통일은 연방과 연합이라는 통일방안대로 진행되기보다는 매우 역동적인 정치동학의 과정으로서 통일 과정에 진입할 가능성이 높다고 주장한다. 동서독의 통일 과정과 남북 예멘의 통일 과정이 시사하듯이 비폭력적이고 평화적인 통일 과정을 이루기 위해서는 장기간의 화해협력 과정이 필요하고 양측의 상호이해와 관용의 정치문화가 핵심적인 필요조건이라고 강조하고 있다. 남북관계 역시 앞으로 닥쳐올 현실에서의 통일과정이 평화적이고 진보적인 통일로 귀결되기 위해서는 일관된 화해협력과정과 남북 양측의 더욱 진전된 민주화가 필요하다는 주장이다. 아울러 지금까지 '애물단지'였던 북한은 이제 향후 남북관계 진전과 통일 과정을 통해 대한민국의 또 한번의 도약을 가능케 하는 소중한 '보물단지'로 자리매김할 것으로 전망하고 있다.

마지막으로 〈8장 지식사회학과 북한연구방법론〉에서는 지식사회학이 제기하고 있는 논점처럼, 북한이라는 연구 대상에 대한 지식의 형성 과정에서 이론 외적 조건이 어떻게 영향을 미치고 있는지를 살펴보고 있다. 북한을 어떻게 볼 것인가, 북한이란 우리에게 무엇인가를 주제로 다루고 있다. 북한연구의 대상과 방법에 관한 메타이론적 논의를 거쳐 북한연구의 방법론을 둘러싼 논쟁을 북한연구사와 함께 검토하고 있는 것이다. 그리고 북한연구에서 발생하는 이념적 대립을 극복할 수 있는 방법론적 성찰을 수행하고 있다. 경쟁하는 담론들의 소통이 하나의 체계로의 통합이 아니라 서로의 방법론에 대한 성찰을 통해 서로를 이해하는 것이어야 한다고 주장하고 있다.

필자의 생각에 이 책에 담긴 각각의 글들은 오늘의 북한을 이해하는 데 매우 중요하고 독창적인 길잡이 역할을 할 것으로 보인다. 오늘 우리 사회에서 북한연구의 대표적인 중진, 원로 학자들의 매우 수준 높은 연구와 분석이 담겨 있기 때문이다.

어느 책에선가 학자들은 나이가 들면 들수록 자신의 '지적 부채'를 인정하기 어려워진다는 말을 본 적이 있다. 시간이 지나면서 지적 부채는 늘어나지만 기억이 가물거려 가장 중요한 것들을 잊어버리기 때문이다. 그런데 정년퇴임을 맞이하여 당대의 대표적인 북한연구 전문가들에게 이런 지적 부채를 질 수 있는 기회를 갖게 된 것은 나로서는 행운이 아닐 수 없다.

이 책을 기획하고 준비하는 과정에서 여러 사람들로부터 도움을 받았다. 서울대학교 한국정치연구소의 강원택 소장은 출판을 독려하고 재정적 지원을 해주었고, 북한대학원대학교 김동엽 박사와 서울대학교 안경모 박사의 큰 노고가 있었다. 일년 여에 걸친 회의 준비와 자료 정리를 위해 서울대학교 정치외교학부 박사과정의 강혜석 군이 많은 수고를 해주었다. 그리고 같은 박사과정의 임기홍, 이신, 김태경, 유혜림 군 등의 수고가 적지 않았다.

2013년 8월 15일

장달중

차 례

I

통치 이데올로기

마르크스·레닌주의에서 김일성·김정일주의로*

북한 이데올로기의 이해와 남한 중심적 시각의 극복

북한은 자유민주주의와는 다른 사회주의 이념에 의해 통치되고 있다. 그러므로 북한의 정치체제를 정확하게 파악하기 위해서는 북한의 이데올로기인 주체사상에 대한 이해가 필수적이다. 그런데 북한의 이데올로기에 대한 기존 연구의 상당 부분은 주체사상의 부차적인 요소를 핵심적인 요소로 확대 해석하는 문제점을 보여 왔다. 주체사상이 마르크스·레닌주의와 본질적으로 다른 사상이라는 주장, 기본적으로 '민족주의 사상'이라는 주장, '봉건전제주의의 변종'이라는 주장 등이 대표적인 사례들이다. 이외에도 김일성 사후 주체사상이 '강성대국론' 또는 '선군주의'에 의해 대체되었다는 성급한 주장들도 있다. 이 장에서는 주체사상이 어떠한 이데올로기에 기반을 두고 있고, 지속적인 부분과 변화된 내용이 무엇인지 체계적으로 분석하고 있다.

마르크스·레닌주의와 주체사상 간의 관계

주체사상은 기본적으로 마르크스·레닌주의를 북한의 현실에 구체적으로 적용하는 과정에서 형성된 통치 이데올로기이다. 1974년에 김정일이 김일성의 후계자로 결정된 후 김일성의 사상을 '김일성주의'로 선포하고 '김일성주의'를 '마르크스·레닌주의'와 차별화하기 시작했지만, '마르크스·레닌주의'와 '김일성주의' 간에는 차이점보다는 공통점이 더 많다. 그러나 외부 세계에서는 북한의 선전에 현혹되어 '마르크스·레닌주의'와 '주체사상' 간의 공통점은 무시하고 차이점만을 지나치게 강조해온 측면이 크다.

정성장 (세종연구소 수석연구위원)

주체사상과 선군정치론, 강성대국론 간의 관계

김정일시대의 선군정치론과 강성대국론은 김일성시대에 체계화된 주체사상을 대체하는 것이 아니라, 기존의 주체사상으로는 대응하기 어려운 탈냉전 이후의 북한 고립 상황에 대처하기 위해 제시된 통치 담론들이다. 선군정치론과 강성대국론이 어떠한 내용을 담고 있고, 주체사상에서 어떠한 부분을 수정하고 있는지 분석하는 것은 북한 이해를 위한 필수적인 작업이다.

김정은시대 북한 통치 이데올로기에 대한 분석

김정일 사망 후 김정은은 김일성과 김정일의 사상을 '김일성·김정일주의'로 선포하고 '김일성·김정일주의'를 조선로동당의 지도사상으로 제시했다. 그리고 '김정일애국주의'를 강조하면서 간부들의 헌신적 복무정신과 김정은에 대한 간부들과 주민들의 충성을 요구하고 있다. 김정은시대 북한 이데올로기에 어떠한 변화가 나타나고 있는가?

* 김일성시대와 김정일시대의 북한 통치 이데올로기는 필자가 그 동안 발표한 글들을 토대로 했으며, 김정은시대 통치 이데올로기는 새롭게 집필하였다.

혁명의 위기를 한몸으로 막으시여 조선혁명
의 주체로선을 확고히 견지하신 위대한 수령
김일성동지
10
전 1974
조선우표

김일성시대 북한 통치이념의 기원 · 형성 · 변화

스탈린식 마르크스 · 레닌주의

김일성시대 북한의 통치이념은 스탈린식 마르크스·레닌주의의 영향을 지대하게 받았다. 마르크스는 인류역사가 '생산력'의 성장을 토대로 하여 무계급적 원시공동체로부터 노예제사회로, 다시 봉건사회 그리고 자본주의 사회체제 및 사회주의적 사회체제의 순서로 발전하게 된다고 주장했다. 마르크스에게 역사 발전의 가장 중요한 행위자는 사회계급이고, "지금까지의 모든 사회의 역사는 계급투쟁의 역사"로 인식되었다. 역사의 발전과 관련해 마르크스는 자본주의의 품 안에서 사회주의를 위한 모든 조건이 탄생하고, 자본주의적 생산관계가 생산력의 발전을 제약하는 족쇄로 변한 후 사회주의 혁명은 성취의 가능성과 세계사적 의미를 지닌다고 이해했다. 엥겔스는 이에 더하여 프롤레타리아가 국가권력을 장악하고 생산수단을 국유화한 후 억압 상태에 두어야 할 어떤 사회계급도 존재하지 않게 되면 국가는 '불필요한 것'이 되며 '사멸'하게 된다고 주장했다.[1]

그런데 마르크스와 엥겔스 사후 사회주의 혁명은 자본주의가 발전된 국가에서 발생하지 않았다. 오히려 경제적으로 낙후해 외국자본에 예속되었으며,

소규모의 성장하는 산업 프롤레타리아와 정치적으로 매우 민감하고 급진적인 지식인 계층을 가진 농업국이자, 정치적으로 반동적이고 독재적인 정치체제를 가진 러시아에서 최초로 사회주의 혁명이 일어난 것이다. 러시아에서 혁명은 생산력의 발전이 아니라 1914~1918년의 1차 대전이라는 특수한 외적 상황에 의해 '성숙'되었다. 이 같은 사실로부터 1917년의 10월혁명을 성공시킨 레닌의 이론은 '제국주의 시대의 마르크스주의'로 간주되었다.[2]

레닌과 10월혁명 1914년 1차 대전이 발발하자 러시아의 차르였던 니콜라이 2세는 전쟁에 뛰어들었지만 패전을 거듭했다. 전쟁으로 인해 국내에 식량과 물자가 부족해지자 러시아 민중들이 봉기해 1917년 2월 니콜라이 2세가 물러나고 공화국 임시정부가 구성되었다. 그러나 임시정부는 대중들의 염원을 무시하고 '조국방위전쟁'의 이름으로 전쟁을 계속했다. 이때 레닌은 망명을 마치고 귀국하면서 '모든 권력을 소비에트로'라는 기치 아래 1917년 10월 노동자·병사의 무장봉기를 일으켜 임시정부를 전복하고 혁명정부를 수립했다. 혁명정부는 〈평화에 대한 포고〉와 〈토지에 대한 포고〉를 발표하여 전쟁 중지와 지주 토지의 농민에의 무상 분배를 선언했다. 이로써 '노동자·농민의 정부'를 내세운 세계 최초의 사회주의 국가가 탄생했다.

레닌은 프롤레타리아 계급에게 혁명적 의식을 주입하고 그들의 정치 투쟁을 지도하며 그들이 일상적 경험의 편협한 '경제주의'적 지평을 극복할 수 있도록 인도하는 직업혁명가들의 엄격한 조직인 혁명적 당 건설을 주장하고 창설했다. 레닌의 볼셰비키당과 소수의 러시아 프롤레타리아는 인구의 압도적 다수를 이루던 농민과의 계급동맹을 통해 혁명을 성공리에 완수할 수 있었다. 따라서 러시아 10월혁명은 두 개의 대립적인 방침, 즉 산업시설의 사회화(사실상 국유화)와 농업 분야에서 생산수단의 개인 분배(대토지재산의 몰수 및 농토가 없거나 적은 농민들에게 분배)라는 방침을 가지고 수행되었다. 물론 러시아 공산주의자들은 이러한 농지 분배를 농민이라는 '낙후한 계급'에 대한 일시적 양보로 간주했고, 10여 년 후에 이 사적 소유를 '사회주의적 소유'(콜호스의 협동적 소유)로 이행시켰다.[3] 이 같은 레닌의 혁명 전략은 10월혁명으로 수립된 소비에트사회주의공화국연방(이하 소련)이 아시아를 비롯한 식민지 및 피압박 민족들의 민족해방운동을 경제적, 군사적

콜호스(kolkhoz) 소련의 가장 중요한 농업경영 형태는 콜호스(협동농장)와 소프호스(sovkhoz: 대규모 국영농장)였다. 콜호스는 토지·농기계·가축·종자 등 생산수단을 공유하고, 공동노동으로 생산하며, 수익에서 일정액을 공제한 후 나머지를 소속원에게 노동량에 따라 분배했다. 이에 비해 소프호스는 국가가 직영하는 사회주의적 기업 형태의 대규모 농장으로서 그 소속원은 농민보다는 노동자로 간주되었다.

으로 지원함으로써 조선의 공산주의자들에게도 큰 영향을 미치게 되었다.[4]

스탈린은 마르크스와 레닌의 혁명이론을 기본적으로 계승하면서도 국가의 '지양(止揚)' 또는 '소멸'에 대한 엥겔스의 주장에 중요한 수정을 가했다. 1939년 3월에 스탈린은 자본주의의 포위가 사라지거나 자본주의의 포위가 '사회주의의 포위'로 대체되지 않는 한 공산주의의 시기에도 국가는 존속될 것이라고 선언한 것이다. 이러한 논리 속에서 스탈린은 국가의 단순한 유지가 아니라 국가의 강화 필요성을 주장했다.[5]

주체사상의 탄생

1945년 일제의 패망은 한국인들의 투쟁에 의해서가 아니라 연합국의 승리에 의해 쟁취된 것이다. 따라서 한반도의 운명도 연합국의 결정에 의해 좌우될 운명에 놓이게 되었다. 한반도 북부는 소련의 참전에 의해 일제로부터 해방되었고, 1948년까지 소련군이 38선 이북에 주둔하면서 스탈린식 마르크스·레닌주의의 영향 아래에 놓이게 되었다.

해방 직후 북한의 공산주의자들은 대중 앞에서 마르크스·레닌주의 이념을 노골적으로 강조하지 않았다. 그것은 공산주의자들이 단독으로 권력을 장악하기에는 세력이 너무 약했기 때문이었다. 이런 이유로 소련군정 사령부는 북

스탈린(Stalin, Iosif Vissarionovich Dzhugashvili / 1879~1953)

레닌의 후계자로서 소련공산당 중앙위원회 서기장, 대원수를 지냈다. 1879년 조지아(그루지야)에서 태어나 15세에 혁명운동에 참가했고, 1903년에 레닌의 책에 심취하여 볼셰비키가 되었다. 이후 체포 7회, 유형 6회, 도망 5회 등 불굴의 혁명투쟁과 〈무정부주의인가, 사회주의인가?〉, 〈마르크스주의와 민족문제〉 등의 글로 레닌에게 인정을 받았다. 1917년 당중앙위원회 정치국 위원이라는 핵심 요직에 선출되었고, 10월혁명의 성공 이후에는 신정권의 민족인민위원(민족상)에 임명되었다. 1922년에는 당중앙위원회 서기장에 선출되어 사망 시까지 그 직책을 유지하면서 특히 1930년대 중후반에 정적을 무사비하게 숙청했다. 레닌주의를 체계화하고 1941~1945년의 독·소 전쟁에서 승리함으로써 국제공산주의운동의 최고지도자 지위를 차지하게 되었지만, 1953년 사망 후 개인숭배, 당의 집단지도체제 폐기, 무자비한 숙청 등의 '오류'를 범했다는 이유로 그의 후계자 흐루시초프에 의해 격하되었다.

한에서 공산주의자들의 세력 확대를 위해, 공산주의자들이 주도하는 좌파 세력의 통합과 통일전선 형성을 추진했다. 그리고 10월 혁명 후 러시아 공산주의자들이 그랬던 것처럼 북한에서도 1946년에 중요 산업을 국유화하고 토지개혁을 통해 지주에게서 농토를 몰수해 소작농들에게 분배함으로써 자본가계급과 지주들의 영향력을 약화시켰다. 이 같은 조치들의 결과 도시 노동자들과 전체 농촌가구의 약 70%에 해당하는 빈농들은 공산주의자들의 강력한 지지기반이 되었다.

토지개혁 1946년 3월 북조선임시인민위원회는 토지개혁 관련 법령과 세칙 등을 발표해 일본인 지주, 민족반역자, 5정보 이상의 토지를 소유한 대지주의 땅을 몰수해 빈농이나 고용농에게 가족 수에 따라 무상 분배했다. 그 결과 농촌에서 지주제와 소작제가 청산되고, 소작농과 빈농이 농촌의 핵심 세력으로 부상, 당과 정권의 지지기반이 되었다. 그런데 농업을 집단화하는 것이 공산주의자들의 궁극적인 목표였으므로 조선로동당은 정전협정 체결 후인 1954년부터 농업협동화를 시작해 1958년에 완료했다. 이로써 북한 농촌에서 개인농은 사라지고 모든 농민들은 협동농장에서 일하게 되었다.

해방 직후 북한의 공산주의자들이 대중들 앞에서 마르크스·레닌주의 이념을 적극적으로 설파하지 않았다고 해서 당시 통치이념이 마르크스·레닌주의가 아니었다고 간주할 수는 없다. 공산주의자들은 당내 회의 등에서 계속 마르크스, 레닌, 스탈린의 사상을 강조하고 있었고, 대중들을 대상으로 그들의 공산주의 이념에 대한 낮은 인식과 지지도를 고려해 공산주의 이념을 이해하기 쉬운 표현으로 바꾸어 계속 주입하고 있었기 때문이다.

1950년의 남침을 통한 무력통일 시도가 실패로 돌아가자 북한 지도부는 정전협정 체결 이듬해인 1954년부터 농민경리와 개인상공업의 '사회주의적 개조'를 추진해 1958년까지 농업협동화 및 개인상공업자들의 사회주의적 근로자들로의 '개조'를 완성했다. 그리고 주민들에 대한 마르크스·레닌주의 사상 교육도 본격적으로 진행하기 시작했다.

소련의 마르크스·레닌주의 이념을 수용하고 소개하는 데 주력해온 북한 지도부가 이 이념의 '창조적' 적용에 큰 노력을 기울이게 되는 데에는 김일성의 1955년 12월 연설, 〈사상사업에서 교조주의와 형식주의를 퇴치하고 주체를 확립할 데 대하여〉가 중요한 계기가 되었다. 김일성은 이 연설에서 "우리는 어떤 다른 나라의 혁명도 아닌 바로 조선혁명을 하고 있는 것입니다. 그러므로 모든 사상사업을 반드시 조선혁명의 이익에 복종시켜야 합니다. 우리가 소련공산당의 역사를 연구하는 것이나 중국혁명의 역사를 연구하는 것이나 맑스-레닌주의의 일반적 원리를 연구하는 것은 다 우리 혁명을 옳게 수행하기 위해서 하는 것입니다"[6]라고 지적하면서, 조선혁명을 하기 위해서는 '우리 민족의 투쟁역사'와 '조선의 지리' 및 '조선인민의 풍속'을 잘 알아야 한다고 강조했다. 김일성의 이 연설에서 나타난 '주체' 확립에 대한 최초의 언급이 북한에서 주체사상이 나오게 되는 주된 출발점이 되었다.

1965년 4월 인도네시아의 알리·아르함 사회과학원에서 한 연설에서 김일성은 "주체를 세운다는 것은 혁명과 건설의 모든 문제를 독자적으로, 자기나라의 실정에 맞게 그리고 주로 자체의 힘으로 풀어나가는 원칙을 견지한다는 것을 의미"한다고 지적하고, 이것은 '창조적인 입장'이며 '자주적인 입장'이라고 주장했다. 김일성은 또한 이 연설에서 "사상에서의 주체, 정치에서의 자주, 경제에서의 자립, 국방에서의 자위 이것이 우리 당이 일관하게 견지하고 있는 입장이다"라고 주장하여 조선로동당의 노선과 정부 정책의 형태로 구체화된 초기 주체사상의 기본 내용을 제시했다.[7] 이때까지의 주체사상은 기본적으로 스탈린주의에 민족주의적 요소를 결합시킨 것이었다고 평가할 수 있다.

1967년에 북한에서는 당내에서 갑산파가 숙청되고 "자기 수령의 혁명사상, 자기 당정책으로 전당을 무장시키고 모든 당원들을 수령의 주위에 굳게 묶어세우며 수령의 유일적 영도밑에 혁명사업을 해나가도록" 하는 '당의 유일사상체계' 확립이 강조되기 시작하였다. 그리고 당원들에게 "수령의 사상밖에는

갑산파 숙청

갑산파는 박달, 박금철, 리효순 등 1930년대 중반 함경북도 갑산 지역에서 '갑산공작위원회'를 조직해 공산주의운동을 전개했던 인물들을 지칭한다. 이들은 1937년 김일성의 동북항일연군 부대의 보천보 습격을 도왔고, 이를 계기로 일제에 의해 거의 전원이 체포되었다. 만주에서 항일무장투쟁을 했던 빨치산들보다 상대적으로 지식 수준이 높은 이들은 1950년대 중반 연안파와 소련파가 제거된 후 점차 권력의 핵심으로 부상하게 되었다. 그런데 이들 중 일부는 은근히 당내에 자신의 세력을 구축하는 등 '종파행위'를 한 것으로 알려지고 있다. 그 결과 1967년 당중앙위원회 제4기 제15차 전원회의에서 이들이 숙청되었고, 이후 북한에서 김일성에 대한 개인숭배가 전면화되었다.

© 정성장

사진 1-1 평양 만수대 언덕의 기념물. 마르크스·레닌주의를 옹호하는 구호가 선명하다.

그 어떤 다른 사상도 모른다는 확고한 신념"을 가질 것을 요구하면서 김일성의 사상이 당의 지도사상과 동일시되기 시작했다.[8]

1970년대에 들어와 김일성의 주체사상은 '인간중심의 철학적 원리'를 포함하게 되는데, 이 원리가 처음으로 제시된 것은 1972년 9월 일본의 마이니치 신문 기자들의 질문에 대한 김일성의 답변 형식으로였다.[9] 김일성은 답변에서 "주체사상이란 한마디로 말하여 혁명과 건설의 주인은 인민대중이며 혁명과 건설을 추동하는 힘도 인민대중에게 있다는 사상입니다. 다시 말하면 자기 운명의 주인은 자기 자신이며 자기 운명을 개척하는 힘도 자기 자신에게 있다는 사상입니다"라고 주체사상에 대해 정의를 내렸다. 그러나 김일성은 "이와 같은 사상은 결코 우리가 처음으로 발견한 것이 아닙니다. 맑스-레닌주의자라면 누구나 다 이렇게 생각하고 있습니다. 다만 나는 이와 같은 사상을 특별히 강조하였을 뿐입니다"라고 지적함으로써 주체사상이 기본적으로 마르크스·레닌주의

사진 1-2 1974년 2월 19일 전국당선전일군강습회에서 발언하는 김정일. 출처 : 『로동신문』, 2012년 3월 14일.

와 다른 사상이 아니라는 입장을 취했다.[10]

그러나 김정일은 1974년 2월 12일 당중앙위원회 제5기 8차 전원회의에서 김일성의 후계자로 결정된 후 김일성의 사상을 '김일성주의'로 선포하고 '김일성주의'가 마르크스·레닌주의보다 우월한 사상이라고 주장하기 시작했다. 김정일은 1974년 2월 19일 전국당선전일군강습회에서 마르크스·레닌주의가 "어디까지나 100년 전, 50년 전의 자본주의와 제국주의를 분석한데 기초하여 내놓은 것만큼 오늘의 새로운 역사적 시대, 사회주의가 세계적 범위에서 승리하고 있는 우리 시대가 제기하는 모든 문제들에 해답을 줄 수 없는 것"이라고 마르크스·레닌주의를 깎아내렸다. 그리고 "우리 시대, 주체시대는 무엇보다도 인민대중이 역사상 처음으로 자기 운명의 주인으로, 세계를 지배하는 주인으로 등장한 역사의 새 시대"라고 규정하고, '김일성주의'는 주체시대의 새로운 요구를 반영하여 나온 새롭고 독창적인 위대한 혁명사상이라고 선언한 후 김일성주의를 "주체의 사상, 이론, 방법의 체계"로 정식화했다.[11] 김정일의 이 같은 발표 이후 북한에서 마르크스와 레닌의 저작에 대한 인용은 급속히 사라지기 시작했고, 김일성의 저작과 '교시'가 곧 모든 정책과 활동의 최고지침이 되었다.

김정일과 주체사상의 이론적 체계

1982년 3월 31일 김일성 탄생 70주년 기념 전국주체사상토론회에 김정일이 〈주체사상에 대하여〉라는 논문을 보내면서 김정일도 북한에서 탁월한 주체사상 이론가로 선전되기 시작했다. 지난 시기에는 철학적 세계관과 사회역사관뿐 아니라 그 구현을 위한 지도적 원칙까지 밝혀주는 혁명사상이 없었는데, 김정일이 이 논문을 통해 "주체사상은 철학적 원리와 사회역사원리 그리고 그 구현을 위한 지도적 원칙을 주요 구성부분으로 하는 전일적인 사상이론체계"라는 것을 밝혔다는 것이다.[12]

이런 이유로 주체사상의 이론적 체계를 이해하기 위해서는 김정일의 1982년 논문 〈주체사상에 대하여〉를 상세하게 분석할 필요가 있다. 김정일은 이 논문에서 주체사상은 "사람을 위주로 하여 철학의 근본문제를 제기하고 사람이 모든 것의 주인이며 모든 것을 결정한다는 철학적 원리"에 기초하고 있다고 지적했다.[13] 김정일은 또한 주체사상이 사람을 사회적 관계 속에서 보면서 사회적 존재인 사람의 본질적 속성이 '자주성'과 '창조성', '의식성'이라는 것을 독창적으로 해명함으로써 사람에 대한 완벽한 철학적 견해를 확립하였다고 주장했다. 그런데 여기서 유의해야 할 점은 주체사상의 "철학적 원리"에서 말하고 있는 "사람"이라는 용어가 개인이 아닌 '인민대중'과 동일한 의미로 사용되고 있다는 것이다. 따라서 김정일은 주체의 "사회역사원리"(또는 주체사관)에 대해 언급할 때 "철학적 원리"에서 말한 '사람'이 '인민대중'과 어떠한 관계에 있는지 설명할 필요성을 느끼지 않은 채 곧바로 "인민대중은 사회역사의 주체이다"라고 선언했다.

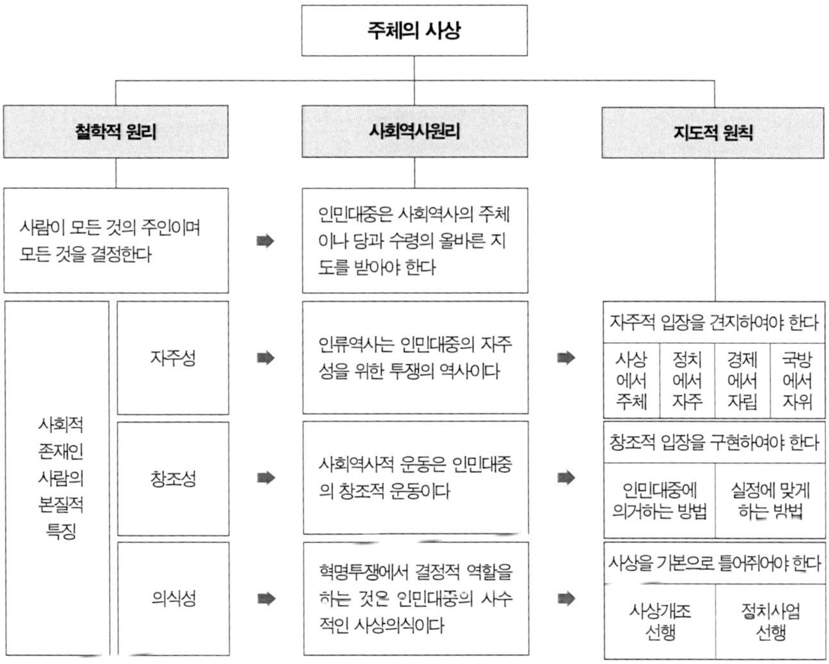

그림 1-1 주체사상의 철학적 원리·사회역사원리·지도적 원칙 사이의 관계

주체사상의 "철학적 원리"에서 사회적 존재인 사람의 본질적 속성으로 들고 있는 자주성과 창조성, 의식성은 "사회역사원리"와 "지도적 원칙"의 구성 체계를 결정짓는 중요한 요소가 되고 있다. "철학적 원리"의 자주성은 "사회역사원리"에 적용되어 "인류역사는 인민대중의 자주성을 위한 투쟁의 역사이다"라는 원리로, 창조성은 "사회역사적 운동은 인민대중의 창조적 운동이다"라는 원리로, 그리고 의식성은 "혁명투쟁에서 결정적 역할을 하는 것은 인민대중의 자주적인 사상의식이다"라는 원리로 나타나고 있다. 또한 "철학적 원리"의 자주성은 "지도적 원칙"에 적용되어 "자주적 입장을 견지하여야 한다"라는 원칙으로, 창조성은 "창조적 방법을 구현하여야 한다"라는 원칙으로, 그리고 의식성은 "사상을 기본으로 틀어쥐어야 한다"라는 원칙으로 나타나고 있다.

그런데 주체사상에서의 '사람'과 '인민대중'에 대한 예찬은 절차적 민주주의가 보장되어 있지 않은 사회주의 체제에서 명백한 한계가 있다. 김정일은 주체사상의 "사회역사원리"와 관련, "노동계급의 영도 밑에 온 사회가 선진적인 노동계급의 모양대로 완전히 개조될 때 역사의 주체인 인민대중의 지위는 비상히 강화될 것"이라고 지적하고 있다. 그리고 "노동계급을 비롯한 인민대중은 당과 수령의 올바른 영도를 받아야만 자연과 사회를 개조하는 심각하고 복잡한 혁명투쟁을 힘 있게 벌려 민족해방, 계급해방을 이룩하고 사회주의, 공산주의 사회를 성과적으로 건설할 수 있다"고 주장하고 있다.[14] 결국 주체사상은 마르크스의 프롤레타리아독재를 당의 독재로 환치시켜버린 레닌주의와 당 독재를 수령 독재로 바꾸어버린 스탈린주의의 논리에 '사람'과 '인민대중'에 대한 예찬을 종속시키고 있는 것이다. 여기서 스탈린주의와 주체사상 간에 차이가 있다면 그것은 수령 독재를 정당화하는 데 있어서 전자가 프롤레타리아계급으로부터 출발하고 있다면, 후자는 '인민대중'으로부터 출발하고 있다는 것뿐이다.

김정일은 1982년에 논문 〈주체사상에 대하여〉를 발표한 이후에도 많은 저작들을 발표했고, 북한의 언론매체들은 김일성이 창시하고 발전시킨 주체사상을 김정일이 심화 발전시켰다고 선전했다. 그러면서 김일성의 저작과 김정일의 저작을 토대로 주체사상을 다시 체계화한 것이 1985년에 발간된 10권의 주체사상 총서이다. 총서 1권인 『주체사상의 철학적 원리』는 "주체사상이 원래 위대

바다를 건너간 주체사상

북한의 이론가들은, 사회주의 국가들과 서구의 공산주의자들에게 주체사상과 마르크스·레닌주의 간의 공통점을 주로 강조했다. 반면 마르크스·레닌주의에 식상한 서구의 좌파 지식인들에게는 주체사상의 '사람중심철학'과 '사회역사원리'를 강조해 주체사상이 마치 소련이나 동구권 사회주의보다 더 '인간의 얼굴을 한' 공산주의 이념인 것처럼 소개했다. 제3세계의 비동맹국가들에게는 '대국주의'와 '사대주의'를 비판하며 대외관계에서의 '자주성'을 특별히 강조했다. 북한이 '주체'와 '자주성'을 유난히 강조함에 따라 해외에서는 주체사상을 마르크스·레닌주의보다 민족주의에 더 가까운 이념으로 보는 전문가들이 많다. 북한은 주체사상 선전을 외교관의 주요 임무 중 하나로 간주할 정도로 매우 중시하고 있다. 해외에 주체사상 신봉자들은 극소수이지만, 북한은 관영매체에서 이들의 주체사상 찬양 발언을 크게 보도함으로써 마치 주체사상이 해외에서 큰 지지를 받고 있는 것처럼 주민들에게 선전하고 있다.

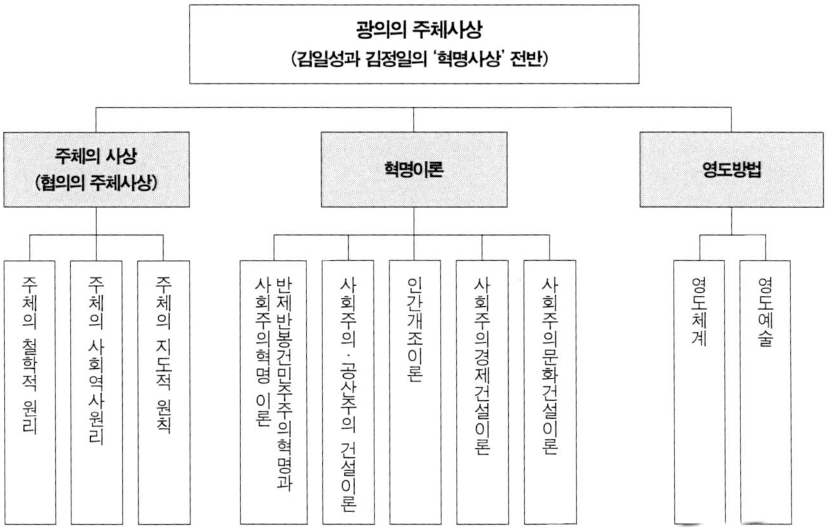

그림 1-2 주체사상 총서를 중심으로 정리한 주체사상의 구성체계

한 수령님(김일성)과 친애하는 지도자 동지(김정일)의 **혁명사상의 진수를 이루는 사상**만을 의미"(강조는 필자)하지만, 넓은 의미에서는 "위대한 수령님과 친애하는 지도자 동지의 **혁명사상 전반**을 의미한다"(강조는 필자)고 밝히고 있다. 그리고 "위대한 수령님과 친애하는 지도자 동지의 혁명사상은 주체사상을 진수로 하고 있으며, 그 사상, 이론, 방법의 전일적 체계인 위대한 수령님과 친애하는 지도자 동지의 혁명사상은 주체사상으로 대표되며 주체사상으로 불리우는 것이다"[15]라고 설명했다. 이 같은 언급은 주체사상을 '김일성의 사상'과 동일시하던 기존의 시각에서 벗어나 '김일성과 김정일의 사상'으로 간주하게 되는 큰 변화가 발생하였음을 보여주는 것이다.

총서 2권인 『주체사상의 사회역사원리』는 "노동계급의 혁명위업, 수령의 혁명위업 계승에서 차지하는 **수령의 후계자의 절대적 지위**의 특징은 수령의 후계자가 수령의 사상과 위업을 완성하기 위한 사상, 이론, 전략전술을 제시하고, 그 실현에로 인민대중을 조직동원하는 최고뇌수, 최고의 영도자이며 당과 인민대중을 수령의 두리에 굳게 묶어세우는 단결의 중심이라는데 있다"(강조는 필자)고 지적하고 있다.[16] 수령의 후계자도 수령과 마찬가지로 '절대적 지위'를 누리는 것을 주체사상이 보장하고 있으므로 주체사상은 명실 공히 수령과 수령의 후계자의 사상이 되었다고 할 수 있다.

주체사상의 체계와 관련, '협의의 주체사상'이 주체사상의 '철학적 원리', '사회역사원리', '지도적 원칙'을 포괄하고,[17] '광의의 주체사상'은 이에 더하여 반제반봉건민주주의혁명과 사회주의혁명이론, 사회주의·공산주의 건설이론, 인간개조이론, 사회주의 경제건설이론, 사회주의 문화건설이론, 영도체계, 영도예술[18]까지 포괄한다는 해석도 있다.[19] 10권의 주체사상 총서를 기준으로 주체사상의 구성체계를 이처럼 설명하는 것은 주체사상을 이해하는 데 있어 나름의 유용성을 가진다. 그러나 이 같은 설명은 주체사상이 이미 완결된 형태를 갖추고 더 이상 변화의 여지가 없는 것처럼 오해를 불러일으킬 소지가 있다.

1985년에 발간된 『주체사상 총서』는 그때까지의 주체사상에 대한 논의를 집대성한 것이다. 따라서 북한의 대내외 환경이 바뀌고 주체사상에 대한 논의에서도 중요한 변화가 발생하면 주체사상의 구성체계나 내용도 수정될 수 있다. 이미 1970년대 중반에 주체사상에 기초한 여러 이론서들이 발간되었지만, 북한이 1980년대 중반에 새롭게 주체사상 총서를 발간한 것은 주체사상에 대한 김정일의 저작을 포함해 주체사상을 '김일성과 김정일의 사상'으로 내세우기 위한 것이었다.

김정일시대 새로운 통치담론: 선군정치론과 강성대국론

선군정치론

북한에서는 '선군정치'를 흔히 '군중시정치'라고 표현한다. 그런데 군을 중시하는 것과 군을 정치의 중심에 둔다는 것 사이에는 현격한 차이가 있다. 그러나 군중시정치를 군을 중심으로 통치하겠다는 것으로 잘못 이해하여 김정일체제에 대해 '군부 중심의 위기관리체제' 또는 '군중심 비상관리체제'라고 규정하는 주장들이 많다. 따라서 김정일시대 북한 정치를 정확하게 이해하기 위해서는 북한 스스로 '선군정치'를 어떻게 설명하고 있는지 살펴보는 것이 중요하다.

철학연구 평양의 사회과학출판사에서 발간하는 계간지 『철학연구』는 조선로동당 중앙위원회 기관지인 『근로자』나 계간지 『경제연구』에 비해 상대적으로 주체사상과 관련된 논문들을 많이 소개하고 있다. 북한이 『근로자』를 대외적으로 공개하지 않고 있으므로 북한의 이데올로기 변화를 파악하는 데에는 『철학연구』가 매우 유용하다. 북한이 『로동신문』을 통해서도 붉은기사상, 선군정치론, 강성대국론 등과 같은 통치담론을 제시하지만, 『철학연구』는 새로운 담론을 『로동신문』보다 체계적이고 논리적으로 소개한다는 특징을 보인다.

북한에서 발행되는 계간지 『철학연구』 1999년 1호에서는 '선군정치'를 "군대를 중시하고 그를 강화하는데 선차적인 힘을 넣는 정치"라고 정의하고, "인민군대를 강화하는데 최대의 힘을 넣고 인민군대의 위력에 의거하여 혁명과 건설의 전반사업을 힘 있게 밀고나가는 것은 위대한 김정일 동지의 특유의 정치방식"이라고 설명하고 있다. 이 같은 설명만을 보면 김정일시대 인민군이 북한 정치의 중심에 선 듯한 인상을 받을 수 있다.

그러나 이어서 선군정치의 첫 번째 '근본특징'은 그것이 "당과 군대, 인민을 옳게 결합시켜나감으로써 혁명과 건설의 전반사업을 힘 있게 밀고나갈 수 있게 하는 불패의 위력한 정치방식"이라는 데 있다는 지적이 등장한다. 그리고 "군대를 틀어쥐지 못한 당은 건재할 수 없고 위력을 발휘할 수 없"으며, "당의 영도를 받지 못하는 군대는 힘있는 전투부대로 될 수 없다"고 지적한다. "당과 군대는 뗄래야 뗄 수 없는 불가분리의 관계"에 있다고 주장하면서도, 군에 대한 당적 영도를 강조하고 있는 셈이다. 그 이유로 군사명령지휘체계로 군대는 움직일 수 있어도 수백 만 대중은 움직일 수 없고, 광범한 군중을 조직동원하는 것은 당이기 때문이라는 점을 들고 있다. 그러면서 당과 군대가 힘을 합치면 어떤 원수와도 싸워 이길 수 있으므로 "당이자 군대이고 군대이자 당(당이면서 군대이고 군대이면서 당)"이라고 설명한다.

그러나 당과 군대는 비록 혼연일체를 이룬다고 하더라도 결코 평등한 관계에 놓여 있지 않다. "선군정치는 군대를 강화하는 정치로서 군대가 당의 위업에 끝없이 충실하도록 하는 것을 중요한 과업으로 내세운다"고 지적하고 있는 데서 확인할 수 있는 것처럼, 군대는 '당의 군대'로서 당의 영도를 받는 대상인 것이다.[20]

당·군 관계와는 다르게 군대와 인민은 '진정한 혁명동지'의 관계로서 대체로 평등한 위치에 놓여 있다. 이는 "선군정치는 군사를 중시하는 사회적 기풍을 철저히 세워 전체 인민이 군대를 사랑하고 성심성의로 원호하게 하며 군민일치의 혁명적 기풍을 끊임없이 높이 발양시켜 군대와 인민이 진정한 혁명동지로서 하나로 굳게 뭉쳐 일편단심 조국과 혁명의 전취물을 보호하고 혁명과 건설의 전반사업을 힘있게 밀고나갈 수 있게 한다"는 주장에서 확인된다. 군대와 인민을 '혁명동지'로 간주하면서도, 군대에 대한 인민의 사랑과 원호를 강조하고 있는 데서 선군정치의 핵심 목표를 발견할 수 있다.[21]

『철학연구』에 따르면, 선군정치의 두 번째 '근본특징'은 그것이 "세상 사람들이 한결같이 칭송하는 위대한 영도자 김정일 동지에 의해 실시되는 것으로 하여 가장 위력하고 생활력 있는 정치방식으로 된다"는 데 있다고 한다. 북한의 이론가는 정치방식이 제아무리 옳은 것이라고 할지라도 그 위력과 생활력이 저절로 발양되는 것이 아니며 위대한 정치가, 탁월한 혁명의 영도자에 의해서만 높이 발휘된다고 지적한다. 그리고 그는 김정일이 "인민의 운명을 전적으로 책임지고 이끌 수 있는 모든 자질과 풍모를 완전무결하게 지니신 인민의 위대한 정치가"이며, 그의 영도 아래 북한 군대는 "천하무적의 세계적인 혁명강군"으로 강화 발전되었고 "당과 수령을 결사옹위하는 총폭탄정신이 맥박 치는 명실공히 수령의 군대, 당의 군대, 혁명의 군대"로 자라났다고 주장한다.[22] 수령과 당에 대한 군대의 무조건적인 충실성을 강조하는 것이 선군정치의 두 번째 특징이라고 볼 수 있다.

군대를 강화하는 데 선차적인 힘을 기울이면서도 "군대가 당의 위업에 끝없이 충실"할 것을 요구하는 '선군정치'가 북한에 등장하는 데에는 소련 및 동구 사회주의체제의 붕괴 원인에 대한 북한 나름대로의 인식이 중요하게 작용했다. 북한은 1989년 12월 루마니아에서 '개혁', '개편' 바람을 타고 반정부 소요가 발생하였을 때 차우세스쿠 대통령이 진압을 명령하였으나, 군부가 불복종함으로써 대통령이 처형당하고 당도 사회주의 정권도 다 무너지게 되었다고 파악하고 있다. 그리고 소련에서도 "군대가 1991년 8월 사변 당시 사회주의배신자들에게 징벌을 가할 데 관한 소련방국가비상사태위원회의 명령을 거역하고 반대로 사회주의배신자 옐친의 반혁명의 도구로 전락되어 사회주의 붕괴를 촉진시켰다"라고 이해하고 있다. 북한은 이 나라들에서 만약 "군부가 흔들리지 않고 사회주의배신자들에게 단호하고도 무자비한 총소리를 울리였다면 사태는 달리되었을 것"이라고 주장하고 있다. 소련과 동유럽의 사태로부터 북한 지도부는 "사회주의사회에서 군대는 당의 영도를 떠나서는 자기의 계급적 성격을 견지할 수 없고" 강한 군사력을 가지고 있어도 당이 군대를 확고하게 장악하지 못하면 사회주의체제가 붕괴될 수 있다는 것을 명확하게 인식하게 되었다고 한다.[23]

평양에서 발간된 책자 『세계를 매혹시키는 김정일정치』는 지난날에는 군대가 다만 나라를 지키는 국방 수단으로만 간주되었으나, 김정일이 군대를 '혁명의 주력군'[24]이며 나라의 기둥으로 새롭게 규정했다고 지적하고 있다. 이 같은 선군정치의 논리는 김일성 사망 이전까지 노동자와 농민을 '혁명의 주력군'으로 보던 선로후군(先勞後軍)의 관점에서 벗어난 것이다. 북한에서 1985년에 출간된 『주체사상의 사회역사원리』는 "수령이 **노동자, 농민**을 당의 두리에 굳게 묶어세워 **혁명의 주력군**을 튼튼히 꾸리고 혁명에 이해관계를 가지는 모든 계급과 계층을 조직적으로 결속하여 혁명의 보조역량을 꾸림으로써 강력한 주체적 혁명역량을 마련하고 끊임없이 강화한다"(강조는 필자)라고 지적했다.[25]

『세계를 매혹시키는 김정일 정치』는 또한 군대가 '혁명의 주력군'이라는 것은 "군대가 자연을 개조하고 사회를 변혁시키며 국가를 보위하고 국력을 다져나가는데서 기본역량, 핵심역량이라는 것을 말하며 군사가 건전하고 군대가 강해야 나라가 굳건히 지켜진다는 것"을 뜻한다고 설명하고 있다. '혁명의 주력군'이라는 표현이 군대를 정치체제의 중심에 위치 지운다는 의미는 아닌 것이다. 또한 북한에서는 당을 '혁명의 참모부'로 간주하는데, '혁명의 주력군'이 '혁명의 참모부'를 영도할 수는 없다. 이 책은 이어서 정권이 총대에서 나오기 때문에 총대는 당이 장악해야 한다고 지적하고, "민중의 자주위업은 수령에 의해서 개척되고 수령의 령도 밑에 승리하기 때문에 군대가 수령과 당의 영도를 받으며 군대가 수령의 군대로 되는 것은 필연적"이라고 주장하고 있다.[26] 선군정치는 군대가 당과 수령의 영도에 충실할 것을 요구하고 있으므로 '지도와 대중의 결합'을 강조하며 궁극적으로 인민대중에 대한 당과 수령의 영도를 정당화하는 주체사관의 기존 논리체계를 근본적으로 수정하는 것은 아니라고 할 수 있다.

2001년 미국 부시 행정부의 출범 이후 북한의 안보에 대한 위기의식이 더욱 심화됨에 따라 북한은 선군정치에 더욱 집착하고 선군정치를 '만능의 보검'으로까지 내세우게 되었다. 이 같은 현상에 주목하여 국내의 일부 북한 전문가들은 김정일시대에 선군사상이 주체사상을 대체하게 되었다고 주장했다. 그러나 선군정치 담론(또는 선군사상)이 주체사상의 기존 이론체계에 부분적 수정을 가져온 것은 사실이지만, 철학적 원리, 사회역사원리, 지도적 원칙, 반제반봉건민주주의혁명과 사회주의혁명이론, 사회주의·공산주의 건설이론, 인간개조이론, 사회주의경제건설이론, 사회주의문화건설이론, 영도체계, 영도예술 등으로 구성된 주체사상을 대체한다는 것은 불가능한 일이다.

강성대국론(강성국가론)

1995년부터 1997년까지 3년간 유례없는 자연재해에 시달렸던 북한은 1998년에 들어 극심했던 경제난('고난의 행군')에서 어느 정도 벗어나기 시작하였다. 그리고 외환위기로 인해 한국의 경제상황이 악화되고 새로 출범한 김대중 정부가 대북화해정책을 추진하는 등 대외환경이 생존에 유리한 방향으로 전개되면서 북한은 미래에 대해 비교적 낙관적인 강성대국론을 제시하게 되었다.

김정일시대 북한의 생존 및 발전 전략의 윤곽을 제시하고 있는 강성대국론이 처음으로 등장한 것은 1998년 8월 22일자 『로동신문』 정론을 통해서였다. 동 정론은 '주체의 사회주의강성대국'에 대해 "착취와 억압, 가난과 무지, 침략과 약탈, 지배와 예속으로 얼룩진 지난 시대의 반동적, 반인륜적 국가건설사에 종지부를 찍고 인민의 자주적 요구, 인류의 염원을 전면적으로 꽃피워주는 영원한 이상국"이라고 밝혔다. 그리고 '주체의 강성대국건설'이 "위대한 장군님께서 선대 국가수반 앞에, 조국과 민족 앞에 다지신 애국충정맹약이며 조선을 이끌어 21세기를 찬란히 빛내이려는 담대한 설계도"라고 설명했다. 『로동신문』 정론은 또한 북한이 '수령중심의 강성대국론'을 주장하고 있는 이유로 걸출한 수령, 위대한 애국자, 강철의 영장을 영원한 국가수반으로 모시는 것은 "사회주의 자주강국 건설이 생명이며 최고원리"이기 때문이라고 주장했다.[27] 주체사상에서 핵심을 이루고 있는 '혁명적 수령관'이 강성대국론에서도 가장 중요한 원리가 되고 있는 것이다.

이어서 '사상과 군대'를 틀어쥐면 근본을 틀어쥔 것으로 된다고 지적하고, "사상의 강국을 만드는 것부터 시작하여 군대를 혁명의 기둥으로 튼튼히 세우고 그 위력으로 경제건설의 눈부신 비약을 일으키는 것이 우리 장군님의 주체적인 강성대국 건설방식이다"라고 설명했다. 사상을 중시하는 입장과 선군정치의 논리가 강성대국론과 밀접한 연관을 갖고 있는 것이다. 또한 북한이 이미 사상의 제일강국, 정치대국, 군사강국이 되었다고 주장했다. 그리고 "위대한 장군님께서 우리가 좋은 사회주의제도와 전투력 있는 당, 충실하고 근면한 인민을 가지고 있는 조건에서 경제문제를 풀지 못할 이유가 없다고 하신 것처럼 우리가 미구에(오래지 않아) 경제강국의 높이에 오르는 것은 확정적이다"[28]라고 매우 희망적인, 그러나 비현실적인 장밋빛 전망을 제시했다.

이 정론이 발표된 지 얼마 되지 않은 1998년 8월 31일 북한은 '광명성1호' 인공위성 로켓을 발사해 전 세계를 놀라게 했다. 따라서 8월 22일 북한의 강성대국 건설 구상 천명은 인공위성 발사를 염두에 둔 것이었다고 해석할 수 있다. 비록 인공위성은 궤도에 안착하지 못했지만, 북한은 그 같은 사실을 숨긴 채 광명성1호의 발사가 '강성대국건설의 첫 포성'이었다고 주장했다. 북한은 광명성1호의 '성공적' 발사를 통해 세계 우주개발국 대열에 당당히 들어서게 되었다고 선전하면서,[29] 1998년 9월 8일 축제 분위기 속에서 김정일을 국방위원장 직에 재추대했다.

북한은 1998년 9월 9일 공화국 창건 50주년을 기념하는 『로동신문』 사설을 통해 강성대국 건설 방침을 다시 한 번 확인했다. 이 사설은 김정일의 사상과 정치를 높이 받들어나가는 것이 사회주의 강성대국을 건설하기 위한 '결정적 담보'라고 주장하면서, 북한의 "사회주의정권을 위대한 김정일 동지의 사상과 정치를 빛나게 실현하는 강력한 무기로 더욱 강화발전"시켜나가야 한다고 지적했다. 그리고 이를 위해 정권기관 안에 당의 결정과 지시를 무조건 집행하며 '당의 유일적 영도' 밑에 하나와 같이 움직이는 강한 혁명적 규율과 질서를 확립해야 한다고 강조했다. 국방위원회, 최고인민회의 상임위원회, 내각 등 정권기관에 대한 당의 영도 원칙을 재확인한 것이다. 그리고 북한이 사상과 정치의 강국, 군사강국으로 존엄을 떨치고 있으므로, "사회주의건설을 다그쳐 경제를 활성화하고 자립경제의 위력을 높이 발양시키면 우리 조국은 모든 면에서 강대한 나라로 뿌리를 내리게 된다"라고 주장하면서 경제강국 건설을 당면 과제로 제시했다. 북한은 또한 이 사설에서 나라의 형편이 아무리 어렵고 '고난의 행군'을 열 백번 한다고 해도 국방력을 강화하는 데서는 추호의 양보도 있어서는 안 된다는 것이 김정일의 '확고부동한 의지'라며 군사력 강화에 지속적인 노력을 기울일 것이라는 입장을 밝혔다.[30]

북한은 1999년 신년공동사설을 통해 또 다시 강성대국 건설을 강조했다. 신년공동사설은 북한을 사회주의 사상강국으로 더욱 빛내어나가야 한다고 강조하면서 사회주의 강성대국은 "위대한 김정일 동지의 사상으로 일색화된 주체의 나라"라고 주장했다. 사설은 또한 전체 인민이 당의 사상의지대로만 숨

쉬고 싸워나가는 "위대한 **김정일사상**의 절대적인 숭배자, 견결한 옹호자, 철저한 관철자"(강조는 필자)가 되어야 한다고 강조했다. 그리고 사회주의 군사강국의 위용을 더욱 힘 있게 과시하기 위해 전체 인민들이 총대를 사랑하고 군사를 성실히 배우며 온 나라를 소왕청[31]과 같은 난공불락의 요새로 만들 것과 허리띠를 졸라매며 국방공업의 위력을 더욱 공고화할 것을 요구했다. 이어서 신년공동사설은 경제건설이 강성대국건설의 가장 중요한 과업이라고 지적하면서 생산을 정상화하기 위해 분야별로 한 해 동안 수행해야 할 목표들을 제시했다. 과학기술에 대해서는 강성대국 건설의 힘 있는 '추동력'이라고 평가하면서 특별한 의미를 부여했다. 사설은 또한 모든 부문, 모든 단위에서 당 대열을 조직사상적으로 더욱 튼튼히 꾸리고 당의 영도적 역할을 백방으로 강화하며, 당 정치사업을 결정적으로 개선하여 사상의 위력으로 당면한 난관을 뚫고 나갈 것을 강조했다.[32]

이처럼 사회주의 사상강국, 정치강국, 군사강국, 경제강국 건설의 방향을 제시하고 있는 강성대국 담론은 당과 국가 활동, 혁명과 건설의 원칙으로서 사상에서 주체, 정치에서 자주, 경제에서 자립, 국방에서 자위를 강조하고 있는 "주체사상의 지도적 원칙"을 탈냉전시대의 변화된 상황에 맞게 부분적으로 수정하고 있다. 강성대국론은 혁명과 건설에서 사상이 기본이며 사상이 모든 것을 결정한다는 '주체의 사상론'으로부터 출발하여 사상의 강국을 만드는 것을 과업으로 제시하고 있으며, 정치강국 건설을 위해 '정치에서 자주'의 원칙을 구현할 것과 전체 인민의 일심단결, 수령·당·대중의 일심단결 등을 강조하고 있다. 그리고 군사강국 건설을 위해 군사 중시와 국방공업 발전, 전군의 간부화, 전군의 현대화, 전국의 요새화, 전민의 무장화 등을 과업으로 제시하고 있으며, 경제강국 건설을 위해 자립적이고 주체적인 민족경제, 현대화되고 과학화된 경제, 인민적인 경제 건설 등을 강조하고 있다.[33]

이 같은 내용들은 기본적으로 북한이 1985년에 발간된 『주체사상의 지도적 원칙』에서 혁명투쟁과 사회주의, 공산주의 건설을 힘 있게 다그쳐나가기 위해 필요한 것으로 지적한 바 있다. 그런데 강성대국 담론은 경제보다 군사를 더 중시하고 경제강국 건설을 위해 '실리주의 원칙'을 전례 없이 강조하는 등 기존의 논리에 부분적 수정을 가하고 있다.[34] 북한은 1980년대 말 이후 사회주의권이 붕괴하고 북한 경제도 파탄 상태에 놓이게 되어 공산주의 건설의 이상이 더 이상 일반 인민들을 고무시키지 못하게 되자 대신 강성대국 건설이라는 새로운 목표를 제시하면서 인민들을 동원하고 있는 것이다.

북한은 계속 '강성대국' 건설을 강조해왔으나 2012년 경부터 '강성국가'라는 표현이 '강성대국'이라는 표현을 대체하는 경향을 보이고 있다. 예를 들어 2012년 신년공동사설에서는 '강성대국'이라는 용어와 '강성국가'라는 용어를 혼용하였으나, 2013년 김정은 제1비서의 신년사에서는 '강성국가'라는 용어만을 사용하고 있다. 그것은 '대국'이라는 표현이 일반적으로 미국이나, 중국, 러시아 등과 같은 영토가 넓고 인구가 많은 나라를 지칭하는 데 사용되고, 북한과 같이 국토가 좁고 인구도 많지 않은 나라에는 어울리지 않는다는 점이 뒤늦게나마 고려된 결과로 보인다.

한편 김정일시대에 강성대국론이 주체사상을 대체했다는 주장이 있는데, 이는 북한 현실과 괴리된 평가라고 할 수 있다. 예를 들어 2002년에 출간된 『북한체제의 현주소』라는 책에 기고한 글에서 서재진은 김일성 사후 북한 지도부가 주체사상을 퇴조시키고 있다고 주장하면서, 주체사상이 동원되는 빈도가 급격히 줄어들고 대신 새로운 개념의 정치구호 및 이념체계가 형성되어 동원되고 있다고 지적했다. 붉은기사상, 선군정치, 강성대국 등이 그 대안적인 것들이며, 특히 "강성대국은 이제 주체사상을 대체하는 새로운 통치이념으로 기능하고 있다"고 주장했다. 또한 '주체사상 퇴조의 배경'으로 김일성이 사망하고 본격적인 김정일시대가 도래함에 따라 김정일시대를 상징하는 '새로운 정치구호'를 모색하게 되었기 때문으로 보인다고 지적했다.[35] 그런데 이 같은 주장은 유일 이데올로기인 주체사상을 북한 지도부가 주민을 선동하기 위해 제시하는 수많은 '정치구호'와 동일시하는 문제점을 보이고 있다. 주체사상은 스탈린식 마르크스·레닌주의를 북한의 현실에 맞게 그리고 김일성·김정일의 개인 절대 독재에 적합하게 수정한 고도로 정교한 논리체계로서 인간관과 세계관, 역사관, 혁명이론, 영도방법 등을 포함하고 있다. 그 같은 주체사상과 일반 대중을 선동하기 위해 제시하는 '정치구호'를 동일시할 수는 없는 것이다.

강성대국론이 김정일시대에 주체사상을 대체했다는 일부 주장과는 반대로 강성대국론 관련 북한의 문헌들은 오히려 '주체사상의 순결성 고수'를 강조하고 있다. 따라서 강성대국론은 주체사상과 모순되는 것이 아니며, 김정일시대 북한이 나아가야 할 방향에 대한 '청사진'으로서 오히려 변화된 상황 속에서도 주체사상이 영향력을 유지할 수 있게 하는 보조적 통치담론이라고 할 수 있다.

김정은시대 '김일성·김정일주의'와 '김정일애국주의' 강조

'김일성·김정일주의'를 당의 지도사상으로 채택

김정일 사망 후인 2012년 4월 11일 북한은 제4차 당대표자회에서 '김일성·김정일주의'를 조선로동당의 유일한 지도사상으로 채택하고, '온 사회의 김일성·김정일주의화'를 당의 최고강령으로 제시했다. 이와 관련 김정은은 제4차 당대표자회 개최 전인 동년 4월 6일 당중앙위원회 고위 간부들과 한 담화에서 김정일이 김일성의 혁명사상을 '김일성주의'로 정식화하고 김일성의 총대중시사상을 선군혁명사상, 선군정치이론으로 심화발전시키고 사회주의강성국가건설이론을 제시함으로써 김일성주의의 견인력과 생활력을 비상히 높였다고 주장했다. '김정일주의'의 핵심적인 내용으로 선군혁명사상, 선군정치이론, 사회주의강성국가건설이론을 들고 있는 것이다. 결국 김일성·김정일주의는 김정일이 정식화한 김일성주의에 김정일의 선군혁명사상, 선군정치이론, 사회주의강성국가이론을 합한 것이라고 정의할 수 있을 것이다.

사진 1-3 평양시 여성회관에 걸려 있는 '전당과 온 사회를 김일성-김정일주의화 하자!' 구호. 출처: 『로동신문』, 2013년 10월 4일.

김정은은 위의 담화에서 북한의 조선로동당원들과 인민들은 김일성과 김정일의 혁명사상을 결부시켜 '김일성·김정일주의'로 불러왔고, '김일성·김정일주의'를 조선로동당의 지도사상으로 인정해왔다고 주장했다. 그리고 "한없이 겸허하신" 김정일이 "김정일주의는 아무리 파고들어야 김일성주의밖에 없다고 하시면서 우리 당의 지도사상을 자신의 존함과 결부시키는 것을 극력 만류"했다고 지적했다. 그러면서 오늘 우리 당과 혁명은 '김일성·김정일주의'를 영원한 지도사상으로 확고히 틀어쥐고 나갈 것을 요구하고 있다고 주장했다.[36]

김정은은 또한 김일성·김정일주의가 "주체의 사상, 이론, 방법의 전일적인 체계이며 주체시대를 대표하는 위대한 혁명사상"이라고 규정했다. '김일성·김정일주의'에 대한 이 같은 규정은 '김일성주의'에 대한 규정과 거의 동일한 것이다. 이는 김정일주의가 기존의 김일성주의의 체계나 시대 규정에 의미 있는 수정을 가져오지 않았고, 단지 김일성주의를 '심화 발전'시킨 데 그쳤음을 시사하는 것이다.

1974년에 김정일이 김일성의 사상을 '김일성주의'로 정식화한 것처럼, 김정은도 김일성과 김정일의 사상을 '김일성·김정일주의'로 정식화한 것은 김정은이 '수령의 후계자' 및 새로운 수령으로서 주체사상에 대한 해석권을 가지고 있음을 보여주는 것이었다. 김영남 당중앙위원회 정치국 상무위원은 2012년 4월 11일 제4차 당대표자회에서 김정은을 당의 새로운 최고직책인 당 제1비서직에 추대하면서 "경애하는 김정은 동지께서는 천재적인 예지와 정력적인 사상이론활동으로 절세의 백두산위인들의 혁명사상을 발전풍부화하시여 김일성-김정일주의로 빛내이시였습니다"라고 주장했다.[37] 당시까지 김정은 이름으로 발표된 담화나 연설이 단 한 건도 없었지만, 김정은이 '정력적인 사상이론활동'을 했다는 것이다. 그런데 김정은의 동년 4월 6일 담화가 발표된 것은 동월 19일자 『로동신문』 지면을 통해서였다. 그리고 김정은 명의의 각종 연설과 담화 등이 발표되기 시작한 것은 같은 해 4월 15일 김일성의 100회 생일 기념 열병식에서 김정은이 첫 공개연설을 하면서부터였다. 그러므로 김정은이 오래전부터 '정력적인 사상이론활동'을 했다는 주장에 대해서는 신뢰하기 어렵다. 어쨌든 김정은은 당 제1비서직에 추대된 후 공식행사에서의 연설과 담화 발표 등을 통해 김정일시대와는 구별되는 통치담론들을 제시해왔다.

'김정일애국주의' 강조를 통한 간부와 대중의 애국심 활용

김정은시대에 들어와 '김일성·김정일주의' 못지않게 북한 매체에 자주 등장하는 이데올로기적 용어는 '김정일애국주의'이다. 북한이 운영하는 로동신문 사이트(http://www.rodong.rep.kp/)에서 2012년 1월 1일부터 2013년 5월 26일까지의 로동신문 기사 검색 결과 '김일성·김정일주의'라는 용어가 들어간 기사가 505건이었는데, '김정일애국주의'라는 용어가 들어간 기사는 무려 874건이었다. 이처럼 '김정일애국주의'라는 용어가 '김일성·김정일주의'라는 용어보다 더 많이 사용되고 있지만 전자는 후자처럼 일정한 이론적 체계를 가진 것은 아니다. '김정일애국주의'라는 용어가 많이 사용되는 것은 그것이 대중들의 애국심을 자극함으로써 대중 동원에 효과적이기 때문이다.

필자가 북한 매체에서 확인한 바에 의하면 '김정일애국주의'라는 용어가 최초로 등장하는 것은 2012년 5월 11일 조선중앙통신 기사에서이다. 북한은 이 기사에서 김정은이 동년 4월 27일 당, 국가경제기관, 근로단체 고위 간부들과 한 담화 〈사회주의강성국가건설의 요구에 맞게 국토관리사업에서 혁명적 전환을 가져올 데 대하여〉와 관련해 김경준 국토환경보호성 부상이 "**김정일애국주의**를 최고의 높이에서 체현하신 김정은 동지의 영도 따라 나라의 국토를 후손만대의 영원한 행복의 요람으로 전변시키도록 하는데 적극 이바지하겠다"(강조는 필자)라고 한 발언을 소개하면서 김정일애국주의에 대해 처음으로 언급했다. 이후 북한은 동년 5월 12일자 『로동신문』 기사에서부터 '김정일애국주의'를 본격적으로 강조하기 시작했다.

김정은의 4월 27일 담화는 비록 '김정일애국주의'라는 용어는 사용하고 있지 않지만, '김정일애국주의'라는 담론이 나오게 되는 중요 배경이 되었다는 점에서 주목할 가치가 있다. 김정은은 이 담화에서 먼저 "**절세의 애국자**이시고 인민의 자애로운 어버이이신 김 일 성 동지와 김 정 일 동지께서는 한생토록 국토관리사업에 깊은 관심을 돌리시고 조국산천을 훌륭히 꾸리기 위하여 온갖 노고와 심혈을 다 바치었다"(강조는 필자)라고 주장하면서 김일성과 김정일을 '절세의 애국자'로 내세웠다. 그리고 "위대한 장군님(김정일)께서는 수령님(김일성)의 숭고한 뜻을 받들어 국토관리사업은 조국의 부강번영과 후손만대의 행복을 위한 **애국사업**이라고 하시면서 국토건설의 방향과 방도들을 환히 밝혀주시었다"고 지적하고, "새 땅 예비를 찾아 한 평의 부침땅(농작물을 심어 가꾸는 땅)이라도 더 늘이기 위하여 애쓰는 사람이 **진정한 애국자**"(강조는 필자)라고 강조했다. 김정은은 또한 "나라의 지하자원을 아끼고 적극 보호하여야 합니다. 지금 몇 푼의 외화를 벌겠다고 저마끔(저마다) 나라의 귀중한 지하자원을 망탕(되는 대로 마구) 개발하여 수출하려고 하고 있는데 이것은 멀리 앞을 내다보지 않고 눈앞의 것만 보는 근시안적 태도이며 **애국심**도 없는 표현입니다"(강조는 필자)라고 언급했다. 김정은은 이어서 "당 조직들과 근로단체 조직들, 인민정권기관들은 당원들과 근로자들 속에 국토관리사업이 내 나라, 내 조국의 부강번영과 인민의 행복을 위한 숭고한 **애국사업**이라는 것을 깊이 심어주어 그들이 자기 향토를 꾸리는 사업에 주인답게 적극 떨쳐나서도록 하여야 합니다"(강조는 필자)라고 지적했다.[38] 국토의 관리 및 발전을 위해 김정은은 주민들에게 사회주의적 가치보다 그들의 '애국심'에 호소한 것이다.

2012년 5월 12일자 『로동신문』 사설은 "김정일애국주의는 가장 숭고한 후대관, 인민관으로 일관되어 있다"라고 주장하면서 "일군들은 꽃방석에는 인민들이, 바늘방석에는 자기가 앉아야 한다는 관점, 낙원의 행군은 인민들이, 고난의 행군은 자기가 하여야 한다는 각오를 가지고 지난 시기보다 열배, 백배로 분발하여야 한다"라고 지적함으로써 대중들을 위한 간부들의 헌신적인 노력을 강조했다. 이 사설은 심지어 "인민들을 귀중히 여길 줄 모르는 일군, 인민들에게 세상에서 제일 좋고 문명한 생활조건을 마련해주기 위하여 뛰지 않는 일군이 설사 천만 명이 있다고 하여도 필요가 없다"라고까지 언급하면서 간부들에게 김정일의 '인민사랑의 정치'를 발전시켜나갈 것을 요구하고 있다. 로동신문 사설은 또한 간부들에게 김정은의 '숭고한 인민관'의 진수를 깊이 체득할 것을 강조하면서 김정은의 인민관에서 중요한 것은 "인민을 하늘처럼 여기는 관점, 인민의 이익에 대한 최대의 중시, 인민을 위한 헌신적인 복무정신"이라고 지적했다. 그리고 "일군들의 복무정신을 높이기 위한 사상교양사업의 도수를 최대로 높이며 복무정신이 투철하지 못한 현상과 강한 투쟁을 벌려야 한다"라고 강조하면서 특히 당 간부들이 다른 부문의 간부들의 모범과 거울이 될 것을 요구했다.[39]

같은 날짜의 『로동신문』에서 한 기자는 "참으로 어버이장군님(김정일)의 거룩한 혁명생애는 애국으로 시작되고 애국으로 불타며 애국으로 수놓아진 위대한 한생이었다. 그이께서는 **걸출한 영도자, 비범한 정치가, 위대한 혁명가**

사진 1-4 근로자들의 애국심에 호소해 증산을 촉구하는 '김정일애국주의' 구호. 출처: 『로동신문』, 2013년 9월 14일자.

이시기 전에 절세의 애국자이시었다. 애국은 우리 장군님의 한생의 정치이념이었다"(강조는 필자)고 주장했다.[40] 김정일이 '혁명가'이기 이전에 '애국자'였다는 표현은 매우 흥미 있는 것으로 이는 사회주의 이념이 주민들의 마음을 크게 사로잡지 못하는 상황에서 북한 지도부가 체제 결속을 위해 주민들의 강한 '애국심'을 적극적으로 활용하려 하고 있는 것으로 보인다.

'김정일애국주의'에 대해 언급하면서 인민들에 대한 간부들의 '헌신적 복무정신'을 강조했던 북한이 2012년 5월 13일자 『로동신문』에서는 "우리 시대의 애국은 본질에 있어서 당과 수령에 대한 충실성"이라고 지적함으로써 김정일애국주의에서도 '혁명적 수령관'이 핵심이 되고 있음을 드러냈다. 이어서 "우리의 모든 일군들과 당원들, 근로자들, 청년학생들이 김정일애국주의의 기치를 높이 들고 경애하는 김 정 은 동지의 영도에 끝없이 충실한 참된 애국자가 되게 하여야 한다"라고 강조했다.[41] 5월 14일자 『로동신문』의 개인 필명 논설도 김정일의 애국주의가 김정은에 의해 '충직하게' 이어지고 있다고 주장하면서 "모두 다 김정일애국주의를 조국번영의 위대한 기치로 높이 추켜들고 경애하는 김정은 동지의 두리에 한마음 한뜻으로 굳게 뭉쳐 주체위업의 새 승리를 향하여 힘차게 싸워나가자"고 강조했다.[42] '김정일애국주의'를 김정은에 대한 충성 강조로 연결시키고 있는 것이다.

이 같은 김정일애국주의에 대해 "김일성 주석의 주체사상과 김정일 국방위원장의 선군사상을 넘어서는 제3의 사상으로 김정은시대의 새로운 이념"[43]이라고 해석하는 시각도 있는데, 이는 지나친 과대평가라고 할 수 있다. 북한은 "김성일애국주의교양은 온 사회를 김일성 - 김정일주의화하기 위한 사업의 일환"이라고 지적하고 있고, 김정일애국주의교양을 주체사상·선군사상교양과 그 구현인 당정책교양, 혁명전통교양을 비롯한 여러 사상교양사업 중 하나로 간주하고 있기 때문이다.[44] 김정은이 경제건설과 인민생활향상, 간부들의 헌신적 복무정신을 중요시 여기고 있어 현재 김정일애국주의교양이 특별히 강조되고 있기는 하지만, 김정일애국주의가 주체사상과 같은 이론체계를 갖추고 있는 것도 아니기 때문에 미래에도 주체사상이나 선군사상을 넘어서는 '제3의 사상'으로 자리 잡을 가능성은 희박해 보인다.

| 북한의 이데올로기에 대해 더 읽을거리 |

단행본

『현대 북한의 정치: 역사·이념·권력체계』, 정성장 지음, 472쪽, 한울아카데미, 2011년.
북한에서 주체사상이 등장하게 된 배경과 변화 과정 등을 분석했다. 특히 김정일시대 붉은기 담론, 선군사상, 강성대국론의 대두 배경 및 이들 담론들의 내용에 대해 상세히 분석했다. 김정은이 2009년부터 후계자로 활동하기 시작하면서 북한의 정책기조에 나타난 의미 있는 변화에 대해서도 언급하고 있다.

『현대 북한연구의 쟁점 1』, 현대북한연구회 편, 286쪽, 한울아카데미, 2005년.
주체사상 연구의 쟁점을 분석한 논문이 들어 있는 책이다.

『북한의 국가전략』, 세종연구소 북한연구센터 편, 419쪽, 한울아카데미, 2003년.
북한의 주체사상을 토대로 혁명전략과 대외전략 등이 잘 설명되어 있다. 북한의 통치이념에 대해서는 『북한의 사상과 역사인식』(세종연구소 북한연구센터 편, 264쪽, 한울아카데미, 2006년), 주체사상이 어떻게 주민들에게 전달되고 있는지에 대해서는 『조선로동당의 외곽단체』(세종연구소 북한연구센터 편, 405쪽, 한울아카데미, 2004년)를 참고하면 좋다.

『나는 역사의 진리를 보았다-황장엽 회고록』, 황장엽 지음, 394쪽, 한울아카데미, 1999년.
황장엽이 초기 주체사상의 형성 과정에서 한 역할은 미미하지만, 그는 1970년대에 주체사상의 '철학적 원리'와 '사회역사원리'를 제시함으로써 김정일이 주체사상을 마르크스 레닌주의와 차별화하는 데 크게 기여했다. 이 책은 주체사상의 체계화 과정에서 황장엽의 역할을 이해하는 데 큰 도움을 제공한다.

『마르크스에서 쏘비에트 이데올로기로 : 쏘비에트 유고 중국의 마르크스주의에 대한 서술 비판 그리고 원전자료』, I. 페처 지음, 황태연 옮김, 469쪽, 중원문화, 1985년.
마르크스주의의 형성과 변화 과정을 매우 잘 정리한 책. 절판된 책이지만 도서관에서 찾을 수 있다.

북한 자료

아래의 자료들은 신분증을 지참하고 국립중앙도서관 통일부 북한자료센터를 방문하면 열람할 수 있다. 단 대출과 복사는 별도의 추천서가 필요하다. 자세한 사항은 북한자료센터 홈페이지(http://unibook.unikorea.go.kr) 참조.

『우리 혁명에서의 주체에 대하여』, 김일성 지음, 평양: 조선로동당출판사, 1970년.
김일성의 초기 주체사상을 이해하는 데 매우 유용한 책이다.

『령도체계』, 김민·한봉서 지음, 평양: 사회과학출판사, 1985년.
북한 정치체제에서 수령, 당, 국가기구, 근로단체의 위상과 역할을 이해하기 위해 반드시 참고해야 할 책이다.

〈주체사상에 대하여〉, 『주체혁명위업의 완성을 위하여 4』, 김정일 지음, 평양: 조선로동당출판사, 1987년.
김정일시대 북한 주체사상의 이론적 체계를 이해하기 위해 꼭 읽어야 할 논문.

『김정일강성대국 건설전략』, 김재호 지음, 평양: 평양출판사, 2000년.
김정일시대 북한의 강성대국론을 이해하는 데 매우 유용한 자료.

『김정일장군의 선군정치』, 김철우 지음, 평양: 평양출판사, 2000년.
북한의 선군정치를 이해하기 위해 꼭 읽어야 할 필독 원전

〈위대한 김정일동지를 우리 당의 영원한 총비서로 높이 모시고 주체혁명위업을 빛나게 완성해 나가자〉, 김정은 지음, 『로동신문』, 2012년 4월 19일.
김정은시대 북한 통치이념을 이해하는 데 매우 유용한 자료.

웹사이트

http://club.cyworld.com/cnkp
북한 정치 판단 필자의 발표 자료 공개 사이트.

II
권력구조와 엘리트

북한은 정권 초기 여러 정파의 연합으로 출발했지만, 한국전쟁을 거치면서 김일성이 타 정파들을 하나씩 제거해나갔다. **1948년부터 1953년까지는 국내파 공산주의자들을 반종파주의라는 이유로, 한국전쟁에서 1956년 8월 종파사건까지는 연안파와 소련파 공산주의자들을 반교조주의와 반종파주의라는 이유로, 1967년에는 조국광복회 출신 공산주의자들을 반봉건주의와 반수정주의라는 이유로 숙청**하여, **1967년 5월 당중앙위원회 제4기 15차 전원회의에서 유일적 지배체제**(당 안에 하나의 혁명사상, 오직 수령의 사상만이 지배하게 하고 수령의 주위에 전당과 전체 인민을 묶어세우며 수령의 유일적 영도 아래 혁명투쟁을 벌여나간다는 것)를 확립하였다. 이 결과 북한의 모든 권력과 권위는 김일성 1인에게 독점되었다.

1970년 제5차 당대회와 1972년 사회주의 헌법으로의 개정은 수령중심의 당국가체제를 법화(法化)시킨 것으로 평가되었다. 제5차 당대회에서 채택된 당 규약은 "조선로동당은 우리나라 혁명의 수행 및 당 건설에서 유일사상체계를 당 안에 세우는 것을 기본원칙으로 한다"라고 규정했다. 그리고 이 대회에서 김일성은 사회주의 경제건설에 당적 지도를 강화할 것, 당이 인민위원회 사업을 잘할 것, 당의 군대를 영도할 것, 당이 사법기관을 영도할 것 등에 대한 당국가체제의 기본 원칙을 재천명하였다. 특히 당 규약 상으로는 처음으로 "당 군사정책 집행방법을 토의결정하며 군수산업과 인민군대와 모든 무력의 강화를 위한 사업을 조직하며 우리나라의 군사력을 지도(당 규약 3장 27조)"하는 당군사위원회를 당중앙위원회 안에 설치하고 그 위원장에 김일성이 선출되었다. 또한 1972년 사회주의 헌법의 채택에 의한 국가주석직과 중앙인민위원회의 설치는 '김일성은 곧 당이며, 당은 모든 면에서 사실상의 국가'인 **수령중심의 당국가체제**를 헌법적으로 반영한 것이었다. 주석을 수위(首位)로 두는 중앙인민위원회는 입법, 사법, 행정뿐만 아니라 군권의 지도까지도 모두 담당하게 되었다.

김갑식 (국회입법조사처 입법조사관)

북한은 **1980년 제6차 당대회를 개최하여 '온 사회의 주체사상화 실현, 사회주의건설의 10대 전망목표 달성, 유일사상체계의 강화와 혁명전통 계승문제의 해결, 고려민주연방공화국 통일방안 추진'** 등 향후 북한사회의 4대 핵심 과제를 제기하였다.

특히 북한은 이 대회에서 1970년대의 주요한 당적 성과로 "혁명위업을 대를 이어 끝까지 완성하며 우리 당을 주체의 혁명적 당으로 강화발전시킬 수 있는 조직사상적 기초가 다져진 것"으로 자평하고, "당의 혁명전통을 견결히 옹호하고 고수하며 빛나게 계승발전시키는 것이 혁명의 승리를 위한 결정적 담보이며 주체의 혁명위업을 대를 이어 끝까지 완성하기 위하여 나서는 필수적인 요구"임을 강조하였다. **김정일의 권력승계를 공식화**한 것이었다. 사실 김정일은 1973년 당 조직부와 선전부를 장악하고 1974년 정치국원에 임명됨으로써 내부적으로 후계자로 결정되었고, 6년간의 후계검증기간을 거쳐 1980년에야 당 정치국 상무위원과 당 중앙군사위원에 피선됨으로써 공식적 후계자임이 대외적으로 공표되었다. 이후 군 관련 직책은 1990년대에 들어 갖게 되었는데 1990년 국방위 제1부위원장, 1991년 최고사령관, 1992년 공화국원수, 1993년 국방위원장에 취임하였다.

또한 6차 당대회에서 북한은 '고려민주연방공화국 창립방안'을 제기하였다. 북한에서 연방제 통일방안이 처음 제시된 것은 1960년이었고, 약간의 내용 수정은 있었으나 그 후 20년 동안 연방제 통일방식을 견지해왔다. 1980년 고려민주연방공화국 창립방안도 이러한 맥락에 서 있다. 그러나 1960년의 연방제가 남북한 자주적 총선거를 실시하기 위한 과도적 대책에 준하여 제기되었고, 남북한 자주적 총선거안을 삭제한 1973년의 연방제도 기본적으로 중간단계의 불가피성을 인정하였지만, 1980년의 연방제가 남북한의 상이한 체제를 그대로 두는 1민족 1국가 2제도 2정부를 취하면서 '통일완성형 연방제'로 제기되었다는 점이 기존 연방제와 가장 큰 차이점이다.

북한 정치를 어떻게 볼 것인가

체제의 내구력: 붕괴론 vs. 유지론

지금까지 북한붕괴론은 크게 두 번 있었다. 첫 번째는 1990년대 초반이었다. 1989년 베를린 장벽의 붕괴로 대변되는 독일의 통일, 1991년 소련의 해체 등으로 사회주의 체제의 와해는 당연한 것으로 받아들여졌다. 이 당시 북한의 경제성장률은 마이너스의 늪으로 빠져들기 시작했고, 1994년 김일성의 사망은 북한체제를 더더욱 어렵게 만들었다. '고난의 행군'으로 불리는 1994년부터 1997년까지 북한 경제는 참으로 암담한 상황이었다. 이에 북한연구자들 사이에서는 '북한붕괴론'이 확산되기 시작했다.

그러나 북한은 붕괴되지 않았다. 1997년 10월 김정일은 당 총비서에 취임했고, 이듬해 9월 헌법을 개정해 국방위원장에 등극함으로써 권력승계를 마무리했다. 곤두박질치던 경제의 주락세도 멈췄다. 북한은 '그럭저럭 버티기(muddling through)'에 성공하였던 것이다. 북한연구자들도 '북한붕괴론'에서 점차 이탈하였다.

북한의 변화와 관련된 대표적 연구는 대락 브레진스키의 1988년 연구인 "대실패", 통일연구원의 1996년 · 2006년 연구인 「북한체제의 내구력 평가」, 시

표 2-1 북한체제 전망에 대한 전문가 입장 (1997년 당시)

		한국	미국	일본
조기붕괴론	21세기 전 붕괴	김덕, 양성철	니콜라스 에버스타트, 로버트 매닝	사토오 가츠미
붕괴론	21세기 초반 붕괴	김경원, 김창순, 김학준, 안병준, 유세희, 유석렬, 이상우, 한승주	셀리그 해리슨	가미야 후지, 이즈미 하지메, 스즈키 마사유키
현상유지론	그럭저럭 버티기	김성철, 유광진	브루스 커밍스, 래리 닉쉬, 마커스 놀란드, 서대숙, 이정식, 고병철	와다 하루키
개혁개방론	점진적 개혁개방	이종석, 최완규	로버트 스칼라피노	고마키 데루오, 오코노기 마사오, 시게무라 도시미츠

자료: 김용호·서동만·이근, "북한의 장래에 대한 최근 국내외 전문가들의 평가 분석," 『통일경제』(1998. 1)의 내용을 재구성.

진영의 1997년 연구인 「북한의 급변사태의 유형과 대응방안: 북한의 체제위기와 체제변화과정에 대한 4가지 시나리오」, 21세기국가발전연구원(NDI)와 고려대학교 북한연구소의 2006년 연구인 「북한의 급변사태와 우리의 대응」, 로버트 카플란(Robert Kaplan)이 *Atlantic Monthly* 2006년 10월호에 게재한 "북한이 붕괴할 때(When North Korea Falls)", 조성렬의 2007년 연구인 「한반도 비핵화 선택과 북한체제의 전망」 등이 있다. 이 연구들을 종합하면, 북한 급변사태의 촉진 요인으로는 북한의 권력엘리트, 즉 간부들의 체제 자신감 상실, 계급 갈등, 새롭게 발생한 자본 보유자와 그렇지 않은 계층 간의 갈등, 뇌물의 체제 침식 효과, 중앙정부의 통제력 약화, 북한의 개혁·개방을 압박하는 외부의 압력 등을 들 수 있고, 북한 급변사태의 억제 요인으로는 물리적 통제력, 통치이데올로기 등을 언급할 수 있다.

북한붕괴론이 다시 주목받기 시작한 것은 김정일의 건강 이상설과 권력승계문제가 제기된 2000년대 중반이었다. 2008년 8월 김정일의 건강 이상설이 제기된 이후 우리 사회 일각에서는 북한의 급변사태와 통일 가능성에 대비해야 하고 대북정책도 이제 통일정책으로 전환하자는 주장들이 봇물처럼 터져 나왔다. 남한에서 '북한급변사태 대비 계획', '작전계획 5029' 등이 공론화되자 북한은 이에 남북관계의 전면 차단까지 고려하고 있다고 으름장을 놓기도 하였다. 2008년 9월 이명박 대통령의 '대통령과의 대화' 이후 김정일과 관련된 중대 보고가 공개되고, 『월간조선』 2008년 12월호가 한국의 정보기관이 2008년 8월 중순 북한에서 외국으로 전달되는 김정일의 뇌 사진들을 입수했고 김정일이 5년을 넘기기 어렵다는 보고서가 이명박 대통령에게 보고됐다는 단독보도가 발표되면서, 이러한 분위기는 더 고조됐다. 이처럼 2008~2009년에는 김정일이 사망할 경우 북한의 급변사태 발생 가능성이 주로 거론되었다.

작전계획 5029 북한에서 급변사태가 발생할 경우, 미국이 이를 동북아시아 정세를 위협하는 준전시 상황으로 보고 이에 대응하기 위해 작성한 구체적 작전계획. 2008년경 완성된 작전계획 5029의 주요 내용은 북한 대량살상무기 탈취 위협, 북한 정권교체, 북한 내전 상황, 북한주민 대량 탈북, 인도주의적 지원, 북한 내 한국인 인질사태 등에 대한 6가지 시나리오다.

그런데 2011년 12월 김정일이 갑자기 사망하자 우리 사회와 국제사회는 북한의 급변사태나 통일을 운운하기보다는, 김정은 권력구조의 형태가 무엇이고 그 정책 방향이 어떠할 것인지에 대해 더 논의하기 시작했다. 이는 사실상 '김정은 후계정권'을 인정한 것이었다. 당시의 주된 분위기는 '북한의 앞날을 예단하거나 김정일의 죽음을 변화의 모멘텀으로 활용하려는 성급한 기대보다는 차분히 북한의 선택을 기다려보자'거나 '김일성 조문 파동과 김정일 사망 여부를 둘러싸고 진행된 남남갈등은 적절치 않고, 미래를 대비한 차분한 포석 마련이 중요하다'는 것이었다.

김정일 사망 직후 실시된 한 여론조사에서는 이명박 정부의 대북정책을 완화하자는 의견이 절반을 넘었고, 미 의회조사국 보고서에서도 미국의 대북정책이 대화와 압력을 병행하는 투 트랙으로 추진되어야 한다고 주장했다. 정책적으로도 한국을 포함한 주변국들이 북한에 직·간접적으로 조의를 표했고, 특히 미국은 북한체제가 나름대로 안정성을 가지고 있고 권력승계가 바로 체제불안정 나아가 급변사태로 연결되지는 않을 것이라는 판단을 하고 있는 것으로 추정되었다. 이는 분명 2008년 김정일의 건강에 이상이 발생했을 때와는 다른 판단이었다. 따라서 미국은 이전과는 다른 방식으로 북한체제 안정성에 관심을 가지고 있었던 것이다. 한 탈북자도 김정일이 사망했어도 젊은 후계자가 결정되어 있었으므로 북한 내부에서도 그리 비관적 분위기는 아니었다고 전했다.

이러한 북한체제에 대한 붕괴론과 유지론 논쟁의 연장선상에서 2000년대 중반부터는 기존 비교정치학계의 이론적 성과를 북한에 적용하여 북한이 '붕괴'도 '개혁개방'도 하지 않은 이유에 대해 설명하려는 노력들이 연구 결과로 나타나고 있다. 주로 소규모 지배연합, 지명게임, 엘리트의 조정게임, 외래지대 의존 등 제3세계 독재정권에 적용시켰던 이론이나 모형들을 북한에 적용시킨 것이다.(Milan Svolik, Ronald Wintrobe, Bruce Bueno de Mesquita and Hilton Root, Hazem Beblawi and giacomo Luciani, Richard Snyder)

사회주의 일반론 vs. 북한 특수론

냉전 시기 북한 정치체제에 관한 연구는 반북·반공적 관점에서 북한에 대한 남한의 체제 우위를 보여주려는 의도에서 주로 진행되었다. 실사구시적 관점이나 과학적 연구방법은 이데올로기에 압도되었고, 그 결과 조선로동당 강령, 헌법, 인물 변화 등 정태적 측면을 벗어나지 못한 관점들이 대부분이었다.

북한연구에서 실증주의 분석으로 학계에 신선한 충격을 던진 학자는 서대숙과 이정식이었다. 북한 리더십 확립 과정을 분석한 서대숙은 김일성이 자

소규모 지배연합, 지명게임, 엘리트의 조정게임, 외래지대 의존

독재정권에서 지배연합의 규모가 작을수록 독재자의 지배업무는 수월하다. 북한은 1950~60년대 종파투쟁을 통하여 지배연합의 규모를 극단적으로 축소했다. 이 과정에서 발생하는 독재자와 엘리트의 정치게임을 지명(指名)게임으로 설명할 수 있다. 독재자는 지배연합의 규모를 줄이려고 노력하고, 엘리트 역시 지배연합의 규모가 작을수록 자신에게 돌아오는 몫이 커지기 때문에 과대 지배연합을 최소 지배연합으로 축소하는 데 이해관계를 가지고 있다. 따라서 엘리트는 자신이 지목되지 않는 한 독재자가 누군가를 제거하길 원한다. 문제는 자신들의 선택을 일치시켜야 하는 조정의 딜레마가 존재하는데, 이를 독재자의 지명이 해결한다. 독재가가 누군가를 지목할 경우 각자는 다른 엘리트가 독재자의 결정에 따를 것이라고 기대한다. 이렇듯 독재자의 선택으로 엘리트의 기대가 수렴하면서 지명된 엘리트가 제거된다.(한병진)

한편, 외래지대 의존국가는 원래 중동 독재국가에서 자원 수출 또는 원조 유입에 의존하여 지탱하는 독재국가의 정치경제를 설명하는 데 사용되었다. 북한 역시 1990년대 광물자원 수출과 국제사회의 인도적 지원 등에 의해 독재의 안정적 존속이 가능하다는 주장이 제기되었다.

기의 권력을 강화하기 위해 당을 이용했으며 국가를 통치하기 위한 정교한 정치조직들을 만들었다고 주장했다.[1] 그리고 이정식은 방대한 원전과 인터뷰를 활용하여 김일성이 당을 장악해가는 과정을 한국공산주의의 기원부터 분석하였다.[2]

1980년대 중후반 탈냉전과 남북교류협력에 의해 북한 정치체제에 대한 연구가 활성화되었다. 하나는 북한 정치체제를 사회주의적 일반성에 기초하여 전체주의적 시각에서 분석한 것들이었고, 다른 하나는 북한적 특수성에 기초하여 수령제에 초점을 맞추어 분석한 것들이었다.

프리드리히와 브레진스키의 모델을 북한에 적용한 오일환은 유일사상으로서의 주체사상, 유일당으로서의 조선로동당, 사회통제 장치로서의 경찰 조직과 정치범 수용소, 북한 대중매체의 당적 장악, 체제유지 장치로서의 조선인민군, 자립적 민족경제건설 방도로서의 중앙집권적 계획경제 등을 근거로 북한 정치체제를 전체주의 체제로 규정하였다. 또한 이정수는 린쯔의 전체주의 특징인 일원적 지도체제, 유일 이데올로기, 조직적 참여 내지 동원 등을 북한에 적용하여, 1972년 사회주의 헌법으로의 개정을 계기로 정치·사회적으로 전체주의 체제가 제도화되었다고 바라보았다. 그리고 맥코맥은 북한체제에 관한 다섯 가지 규정(사회주의 국가, 유교적 국가·봉건적/파트리모니 국가, 유격대 국가/자폐적 국가, 조합주의 국가, 전체주의 국가)을 분석하면서 북한체제를 전체주의 체제로 규정하였다. 포스터-카터도 북한체제를 후기 스탈린주의로 규정하고 북한의 장래에 대해 하버마스의 위기이론을 적용한 결과, 결국 북한체제의 정당성은 소멸될 것으로 바라보았다.[3] 최완규는 북한의 정치체제는 특정 시점이나 부분에서는 북한적 특수성이라고 부를 수 있는 현상이 있으나 이러한 현상은 기실 스탈린식 전제주의나 술탄체제라는 좀더 일반적인 비교사회주의체제의 맥락 속에 포함할 수 있는 특수성이지 완벽한 체제 구분을 할 수 있는 배타적 특성은 아니라고 주장했다.[4]

한편, 북한의 독특한 정치체제인 수령제에 초점을 맞춘 연구도 진행되었다. 신정체제론을 내세운 이상우는 북한이 통치 권위를 사인인의 신성에서 찾고 있어 더 이상 전체주의 국가도 사회주의 국가도 아닌, '김일성교'라는 특이한 유일신을 가진 종교국가로 전변했다고 주장했다. 그러나 여타 학자들은 사회주의체제인 당국가체제와 '혁명적 수령관' 및 '사회정치적 생명체론'을 어떻게 이해할 것인가에 관심을 가졌다. 이종석은 북한의 '유일지도체계'를 혁명적 수령관에 기초해서 제시되는 '수령-당-대중의 통일체를 관통하는 지도체계'라 규정하였고, 스즈키 마사유키는 소련형의 당국가 시스템 위에 수령을 올려놓는 수령제라 규정하면서 수령의 영도를 대를 이어 계속 실현하는 것을 목적으로 하는 체제라고 주장했으며, 와다 하루키는 전쟁사회주의의 가장 순화된 극치인 유격대 국가로 바라보았다.[5]

1990년대 중반 이후에는 선군정치에 주목한 연구들이 제출되었다. 와다 하루키는 북한이 더 이상 '유격대 국가'가 아니라 '정규군 국가'가 되었다고 주장했다. 서동만은 북한의 국가체제가 1961년 제4차 당대회 이후 김일성 사망 시까지 당-국가체제를 유지하였으나 그 이후에는 '당-군-국가체제'로 전환했는데, 이는 당이 전 사회의 조직자, 동원자로서 국가의 우위에 서 있던 체제에서 군도 종래보다 질적으로 강화된 역할을 하게 된 체제라는 것이었다. 서대숙은 현역 군인들의 정치 개입이나 그들이 과도한 정치적 영향력을 행사하는 군국주의 국가의 일반적 형태는 아니지만, 군인들의 정치 개입을 제도화한 '군인지상주의 정치체제'로 규정하였다.[6] 반면 이종석은 김정일이 북한 군대를 높이 평가한 것은 다름 아닌 군대의 당 사업을 높게 평가했기 때문이지 군이 당보다 우위에 있지는 않다고 바라보았고, 정영태와 정성장도 북한이 군에 대한 당의 영도를 관용적으로 사용하고 있음을 높게 평가하면서 당 우위의 군중시체제 또는 당 중심의 군중시체제라 규정하였다.[7]

한편 군의 부상뿐만 아니라 국가기관 강화에도 초점을 맞춘 연구들도 진행되었다. 유광진은 북한의 정치체제를 유일지도세력으로서의 당을 중심으로 한 당·정·군의 유기적 삼각관계라는 체제의 특수성을 갖고 있는 매우 폐쇄적인 체제라고 주장하였다. 또한 장달중은 김정일 체제의 특성을 이데올로기, 당,

군중을 중심으로 살펴보면서 변화된 당군관계와 당정관계를 분석하였는데, 여타 연구와는 달리 군의 부상뿐만 아니라 정의 강화에도 많은 비중을 두었다.[8]

김정일시대의 정치체제 성격에 대한 논의는 1990년대 중반 이후 선군정치, 내각책임제, 헌법 개정 등에 대한 설명을 중심으로 진행되었는데, 이에 대해 박형중[9]은 당국가론에 입각한 '당우위론'(이대근, 정성장)과 '직할통치론'(서재진, 최진욱)이 대치하였고 전통적인 '내재적 비판적 수령제론'(김갑식, 김근식)과 '전체주의와 술탄주의의 결합론'(최완규, 박형중)이 병존하였다고 주장하였다.[10]

북한의 정치체제, 수령제

사회주의 정치체제에서 당-정-군 관계가 왜 중요한가? 셔만(Franz Schurmann)이 1960년대 중국의 정치체제를 세 가지 위계조직(중국공산당, 인민해방군, 정부)을 중심으로 분석[11]했지만, 이는 사회주의 국가의 권력구조가 당-정-군의 삼위일체로 구성되어 있고 이 삼각관계에서 당 주도의 지배 패턴으로 특징지어지기 때문이다.[12] 즉 최고권력의 소재와 그 관계를 알아보기 위함이다. 북한도 해방 이후 당·국가를 건설하는 데 있어 건당, 건국, 건군의 3대 방침을 내세웠고, 정치사상진지, 군사진지, 경제진지 등 사회주의 3대 진지론과 사상중시, 총대중시, 과학기술중시 등 강성대국 건설의 3대 기둥론을 제시하였다. 이는 북한의 권력구조 분석에서 당-정-군 관계가 중요하다는 것을 보여준다.

하지만 북한의 정치체제를 여타 사회주의 국가의 정치체제와 비교하면 본질적 차이가 있다. 바로 수령제이다. 일반적으로 사회주의 국가에서는 당 정치국이 정책의 최고결정권을 가지는 집단지도체제이다. 비서국의 당총서기(당총비서)가 정치국원을 겸직하며 실권을 장악하고 있으나 그의 지도는 '수령'이 아니라 정치국원들 중에서 '첫 번째(First among them)'에 불과하다. 따라서 당-정-군 관계를 분석함으로써

사회주의 집단지도체제 레닌은 프롤레타리아독재를 집행함에 있어 노동자 전부가 통치에 참여할 수 없으므로, 전위당인 공산당이 실제적인 권력의 행사를 독점적으로 담당해야 한다고 주장했다. 이러한 당독재의 형태에서는 상의하달(上意下達)의 원칙에 의해 모든 권력이 중앙에 집중되게 된다. 당 내의 모든 결정권은 권력구조의 정점인 정치국이 소유하게 되며, 정치국은 소수의 핵심 지도자가 집단적으로 운영한다.

최고권력의 소재와 그 관계를 파악할 수 있다. 그러나 수령제 사회주의인 북한에서는 최고결정권이 오직 수령에게만 있다. 거칠게 표현하면, 당조직, 국가기관, 인민군대 등은 수령이 활용할 수 있는 하나의 기관에 불과하며 독자적으로 정책의 최고결정권을 갖지 못한다. 결국 이들은 정책결정구조라기보다는 정책집행구조로서 이해해야 한다. 그러므로 북한의 권력관계를 살펴보려면 수령제와 당-정-군 관계를 함께 살펴봐야 한다.

사회주의 국가의 당국가체제

사회주의 국가의 정치체제는 일반적으로 당국가체제(party-state system)로 불린다. 이는 당의 역할이 여타 정치기구(정부나 군대 그리고 근로단체 등)의 역할에 우선하고 있다는 것이다. 사회주의 체제는 프롤레타리아독재를 기본으로 하고 있는데, 프롤레타리아독재는 다름 아닌 당의 독재를 의미하며, 따라서 사회주의 국가에서 당의 역할은 절대적이며 모든 정치권력의 원천이다. 또한 이는 사회주의 국가의 정치체제에서 독점적인 권한을 행사하고 있는 당이 유일당이거나, 아니면 복수정당제를 도입하고 있더라도 이것이 경쟁적 정당체제가 아닌 패권적 정당체제로서 실질적으로 유일당 지배체제라는 것을 의미한다. 패권정당은 공식적으로도, 사실적으로도, 권력을 둘러싼 경쟁을 허용하지 않는다. 패권정당 이외의 정당도 존재 자체는 허용되지만 어디까지나 2차 범주의 정당, 허가를 받은 정당으로서만 허용될 뿐이다.

사회주의 정치체제 아래서 공산당의 전위적 역할은 다른 비당적인 조직과 모임의 등록, 노멘클라투라체제 아래 모든 관료에 대한 중앙집권적인 통제, 다른 조직과 모임에 당원의 침투, 방송매체에 대한 검열을 통한 커뮤니케이션의 통제 등에 의해 보장된다. 특히 당통제가 효율성이 있으려면 책임이 있고 영향력이 있는 지위와 관직에 있는 이른바 '간부'에 대한 통제가 이

노멘클라투라 소련의 권력엘리트라 불리는 노멘클라투라는 최고권위를 지닌 정치기관을 조정하는 직위들의 목록 또는 이러한 직위에 오르거나 이러한 직위에 예정된 사람들의 목록으로 이해된다. 민주주의 국가와는 달리, 사회주의 국가에서의 노멘클라투라는 의회와 법 그리고 여론의 제약에 구애됨이 없이 모든 결정을 자의적으로 내린다.

루어져야 한다. 옛 소련의 경우 하층의 행정 간부는 보고와 재가 라인을 자기의 상층 행정 라인에 있다고 생각하는 것이 아니라 상층 당위원회에 있다고 생각하였다. 이러한 행정 간부의 당귀속성은 사회 내에서 당의 지위를 유지하는 데 중요하였다.

사회 모든 분야에 대한 당적 통제를 할 수 있는 공산당의 공통적인 기능과 역할을 살펴보자. 첫째, 공산당은 사회주의 체제와 현존 정권을 보호한다. 사회주의 체제 수립부터 몰락 이전까지 공산당은 일체의 국내외의 도전을 무력화시키고 권력을 통제해왔다. 둘째, 공산당은 중요한 사회적 통제의 기능을 한다. 공산당은 일체의 선전선동을 독점하고 언론을 통제하며 정치 교육을 담당한다. 셋째, 공산당은 국가의 모든 정책결정을 주도한다. 반대당이나 파벌을 허용치 않고 모든 정책결정은 공산당의 주도로 이루어지며 이 결정이 국가기관을 통해 집행된다. 넷째, 공산당은 다른 사회주의권의 공산당과 국제적 연대를 모색한다. 국제적 연대를 통해 사회주의권을 강화하고 공산혁명을 지원한다.[13]

공산당의 절대성과 전위성을 토대로 구축된 당국가체제에서, 국가권력 획득을 목표로 조직된 공산당이 권력을 장악한 후에는 강고한 국가권력을 건설하는 초석이 되며 국가 위에서 국가를 지도한다. 당은 사회의 의지를 조직적으로 반영하여 사회와 국가를 연결시키는 고리, 양자의 모순을 해결하는 역할을 담당한다. 따라서 국가의 기능은 올바른 정치 노선을 내고 실천 활동의 방향을 결정하는 공산당의 지도하에서만 성공적으로

당세포 당세포는 당의 최하위 말단 기층조직을 유기체의 세포에 견주어 이르는 말이다. 당세포의 기본 임무는 당원들의 당 생활을 조직지도하여 당원들을 혁명과업 수행에 조직동원하는 것이다. 보통 당세포는 당원이 5명부터 30명까지 있는 단위에 조직하도록 되어 있다. 북한에서는 고위 간부에서부터 말단 평당원까지 모두 당세포에 소속되어 있으며, 당 총화를 통해 평가를 받는다. 그 평가 내용은 상부에 보고되어 각 개인의 평가 자료로 사용될 뿐만 아니라 사안의 경중에 따라 비판과 처벌까지 받게 된다. 즉 당원의 모든 생활은 당세포 활동을 통해 이루어진다고 할 수 있으며, 이에 따라 북한은 당세포의 역할을 강화하는 데 주력하고 있다.

조직지도부와 선전선동부 조선로동당의 양대 핵심 권력 부서는 조직지도부와 선전선동부다. 조직지도부는 최고지도자의 직속 부서로서 당내 최상의 권력 부서이다. 조직지도부는 핵심 기관들의 간부 인사권을 갖고 있으며 모든 공안기관들에 대한 당 조직생활을 검열 및 통제한다. 따라서 최고지도자는 조직지도부를 통하여 당 군 정 고위간부들을 비롯하여 그들의 지시를 받는 하위 경제부문 간부들까지 확고하게 장악하고 있다. 당의 사상생활 지도를 담당하고 있는 선전선동부는 당 및 중앙 기관에 대한 지도업무를 비롯하여 교양, 영화, 예술, 신문, 출판 등의 분야를 통제하고 있다.

수행된다. 단 공산당은 국가 장치가 아니므로 명령하지 않고 오직 정책을 제출할 뿐이며 오히려 대중에 가까이 가는 군중노선으로 국가의 관료화 경향에 투쟁하고 국가와 사회 간의 모순을 해결하는 도구로 기능해야 한다.[14]

다시 말하면, 사회주의 국가의 당정관계에서는 공산당이 지배(rules)하고 국가기관이 관리(governs)한다. 이는 당의 노선과 정책을 결정하는 지배가 그것을 집행하는 관리보다 우위에 있음을 보여준다. 그런데 당의 동의 없이 어떠한 정책결정도 국가기관에 의해서 내려질 수가 없지만, 또한 당이 국가기관을 대신하여 행정대행(行政代行)을 해서도 안 된다고 덧붙인다. 이것은 당이 국가기관에게 지도 방향은 제시하지만 국가기관의 업무 수행의 독립성을 제한하지는 않는다는 것을 의미한다.[15] 그러나 현실은 당이 최종적 결론을 내리고 국가기관은 당의 대행기관으로서 당의 결정을 수행할 뿐이다. 당이 국가기관 요직의 임명을 독점하고 국가기관의 업무 수행을 감시하기 때문이다.

사회주의 체제가 해체되기 전의 소련 헌법은 공산당을 소비에트의 지도적·선도적인 세력이며 정치 제도와 국가 및 사회적 조직의 중핵으로 규정하여 공산당의 영도성을 주장하였다. 당정관계를 보면, 소련의 공산당과 국가기관은 하부 단위부터 상부 핵심 단위까지 서로 연결되어 있었다. 각 조직들은 수평적·병렬적으로 연계되어 있으며 보완적 성격까지 띠었다. 그러나 이들 관계는 대등한 것이 아니라 당이 최고 권력으로서 국가기관 위에 항상 군림하였다. 소련에서의 군은 활동적인 정치적 역할을 수행하지 못했다. 군대 내에는 정규적인 직이 있었지만 정치장교(political commissar)를 당에서 파견하여 당이 군을 통제하였다. 더욱이 장교의 충원이 대부분 당원 중에서 이루어졌기 때문에 당의 지도나 복종에 익숙해져 있었다.

공산당의 국가기관에 대한 영도의 견지는 중국에서도 마찬가지였다. 헌법과 당 강령에 중국공산당의 영도가 규정되어 있고, 각 국가기관 내부의 기층 당 지부도 당원이 당의 노선과 정책을 제대로 실천하는지 여부를 감독할 책임을 지니며, 업무 부문과 결합해서 임무를 수행해야 한다. 또한 당료가 국가기관 요

직에 임명되는 겸직 현상도 당의 정에 대한 지배를 제도화하였다.[16]

중국의 당군관계는 마오쩌둥의 군사사상에 영향을 받아 혁명 목적을 위한 당의 무장화 조직으로서의 군이 존재한다(以黨領軍). 따라서 중국의 군은 소련처럼 직업적 군이 아닌 혁명적 군(revolutionary military)으로 분류되었다. 문화혁명 기간까지는 '정권은 총구로부터 나오지만 군사(軍事)는 군인에게만 맡기기에 너무 중요한 일이므로 총구를 통제해야 한다'는 마오쩌둥의 군사노선에 의해 군에 대한 당의 통제가 제도화되어 있었다. 예를 들어 군조직 내에 상응하는 당 조직을 병설시키고 군 지휘관과 당 책임자를 공동으로 정책결정과정에 참여시켰다.

물론 사회주의 국가의 정책결정과정에서 국가기관의 역할이 미비하다 하여 그들의 역할을 무시할 수는 없다. 가장 포괄적인 인전대(transmission-belt)로서 국가기관이 정책결정과정에서 당의 결정을 합리화 또는 정당화하는 역할을 수행하고 있기 때문이다. 즉 국가기관은 당의 정책지시를 받아 이를 사회주의 생활에 맞게 입법화하고 규율화한다. 또한 군은 기본적으로 당의 군대이지만, 강력하고 능률적이며 전술적으로 무장된 군은 국가와 혁명을 옹호하고 대외적으로 혁명 목표를 추구하기 위해 절대적으로 필요한 존재이기 때문에 사회주의 정치과정에서 군은 무시할 수 없다.

수령중심의 당국가체제

북한도 헌법에서 "조선민주주의인민공화국은 조선로동당의 영도 밑에 모든

조선인민군의 총정치국과 총참모부 일반적으로 사회주의 국가는 군대 내에 군령조직과 정치조직을 두고 이원적 지휘체계로 군대를 운영한다. 북한 역시 인민군에 대한 당의 통제를 위해 군대에 총정치국을 두고 있다. 이런 점에서 총정치국은 북한에서 조선로동당의 군 통제를 실질적으로 집행하는 군대 내의 기관인 것이다. 반면, 총참모부는 당의 지도 아래 무력의 전반을 총지휘하는 군 최고집행기관으로 육 해 공군의 군사작전 종합계획을 지휘 관리 통솔한다. 북한군에 대한 군령권을 갖고 있어 우리의 합동참모본부에 해당된다고 볼 수 있다. 현재 총정치국장이 총참모장보다 서열상 우위에 있다.

인전대 북한이 이해하는 인전대란 '동력을 전달하는 벨트라는 뜻으로 당과 광범한 대중과의 유기적 연계를 보장하며 광범한 대중을 당과 수령의 주위에 튼튼히 묶어 세워 혁명과업 수행에로 조직 동원하는 역할을 하는 사회정치적 조직들'이다. 여기에는 가장 포괄적 인전대로서 국가기관(최고인민회의, 내각 등)과 근로단체(직업총동맹, 민주여성동맹, 청년동맹, 농업근로자동맹)가 포함된다.

활동을 진행한다(11조)"며 국가기관에 대한 당의 영도를 천명하고 있고, 또한 조선로동당규약이 조선인민군을 "조선인민군은 모든 정치활동을 당의 영도 밑에 진행한다(46조)"라며 인민군대에 대한 당적 지도를 명문화하고 있어, 당국가체제의 기본적 특징을 가지고 있다. 그러나 북한은 1967년부터 유일사상체계를 건설하는 과정에서 당, 정, 군 위에 수령이 위치하는 이른바 '수령의 유일적 영도체계'를 구축하면서 여타 사회주의 국가의 당국가체제와는 근본적으로 다른 '수령중심의 당국가체제'를 수립하였다.

하지만 수령중심의 당국가체제에 대한 이론적 토대는 중국의 개혁·개방이 실시되고 북한체제 발전의 교착이 시작되는 1980년대 중반에 이르러서야 정식화되었다. 바로 김정일에 의해 1986년 '사회정치적 생명체론'과 1987년 '주체의 혁명관'이 제기되면서 수령중심의 당국가체제의 이론적 토대가 완성된 것이다.[17]

사회정치적 생명체론은 뇌수로서의 수령, 수령과 인민을 결합시키는 혈관(신경)으로서의 당, 그리고 생명체로서의 인민대중을 삼위일체로 하는 사회유기체론이다.[18] 여기서 수령은 노동계급과 인민대중의 최고대표자로서 그들의 의사와 요구를 체현하고 인민대중의 혁명투쟁을 유일적으로 지휘하는 혁명의 최고뇌수이며, 인민대중을 전일적인 통일체로 결합시켜 위력한 혁명 역량으로 만드는 통일단결의 중심이고 혁명투쟁을 승리로 이끄는 혁명의 최고영도자이다. 당은 노동계급의 전위조직으로서 수령의 사상과 영도를 실현하기 위한 투쟁을 통일적으로 조직·지도한다. 당은 사회의 심장, 자주적인 사회정치적 생명체의 중추로서 사회의 모든 성원들에게 수령의 혁명사상의 영양소를 제공하여 수령의 사상과 의도대로 온 사회를 혁명적으로, 공산주의적으로 개조해 나간다. 수령이 아버지라면 당은 어머니이다. 국가기관(政)은 가장 포괄적인 당의 인전대로서 당의 노선과 정책의 집행자이며 인민대중의 자주적이며 창조적인 생활을 보장해주는 정치적 무기이다. 한편 군대가 사회정치적 생명체에 결합하는 근거는 혁명군대가 인민대중의 한 부분으로서 무장한 사람들로 조직된

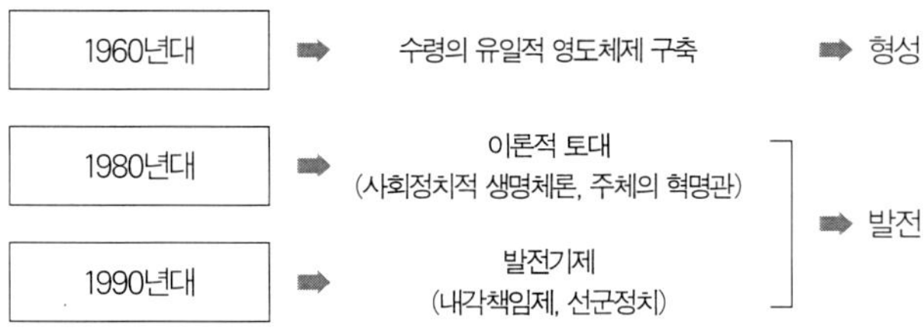

그림 2-1 '수령중심의 당국가체제'의 형성과 발전

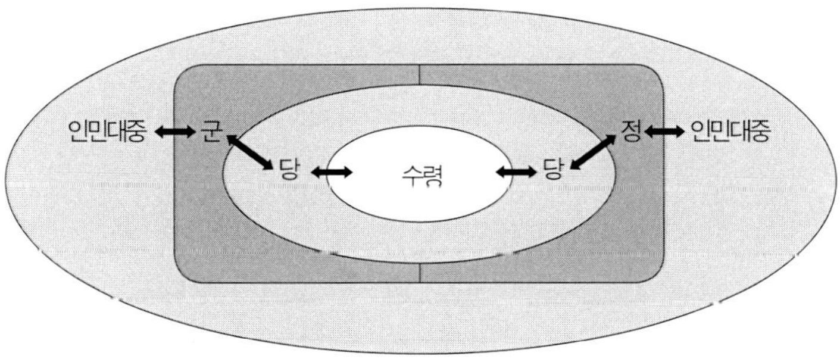

그림 2-2 '수령중심의 당국가체제'의 상호관계도

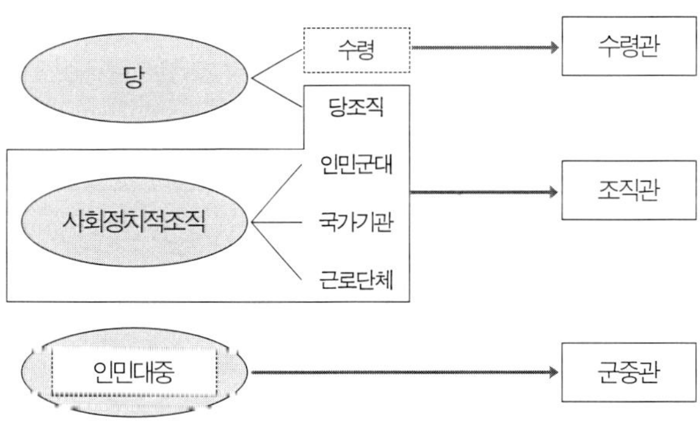

그림 2-3 주체의 혁명관 구성도

큰 집단이라는 데 있다. 왜냐하면 인민대중의 한 부분인 혁명군대는 수령, 당, 대중의 통일체인 혁명의 주체, 사회정치적 생명체를 보위하며, 공산주의의 위업을 위하여 싸우는 수령의 군대, 당의 군대, 인민의 군대이기 때문이다. 따라서 혁명군대는 당의 영도 밑에 수령과 혈연적으로 연결되어 있다.

수령 1940~50년대 북한에서 '수령'이라는 단어는 김일성보다는 레닌과 스탈린 그리고 마오쩌둥 등 사회주의 종주국의 최고지도자를 호칭할 때 일반적으로 사용되었다. 김일성을 공식 석상에서 수령으로 본격적으로 거론한 것은 남로당을 숙청하기 시작했던 한국전쟁 때였는데, 이때까지만 해도 수령은 최고지도자에 대한 존칭에 불과하고 특별한 의미를 갖지는 않았다. 1967년 북한에서 김일성의 유일적 지배체제가 수립되자, 수령이라는 표현에는 '노동자계급에 정확한 노선과 방침을 제기하고 혁명역량을 결속시켜 그들을 조직동원하고 혁명의 승리를 보장하는 결정적 역할을 맡는' 정치사회적 의미가 부여되었다.

이렇듯 수령중심의 당국가체제는 사회정치적 생명체를 이루고 있는 유기체적 체제로서, 혁명과 건설의 최고영도자로서의 노동계급의 수령, 혁명의 참모부로서의 노동계급의 당, 당과 인민대중을 연결시키는 인전대로서의 국가기관들, 그리고 당의 혁명적 무장력으로서의 인민군대로 이루어진 전일적인 조직체이다.

그런데 사회정치적 생명체론과 함께 수령중심의 당국가체제의 이론적 토대인 주체의 혁명관은 수령과 당-정-군 관계를 더 명확히 보여준다. 주체의 혁명관은 수령관, 조직관, 군중관, 도덕관 등으로 구성되어 있다. 여기서 특이한 것은 당관이라고 하지 않고 조직관이라고 한 점이다. 북한에서 당은 수령을 중심으로 하는 당조직들의 결합체이다.[19] 따라서 당에 대한 관점과 입장은 수령에 대한 관점과 입장, 당조직에 대한 관점과 입장을 다 같이 포괄한다. 수령관을 혁명관의 독자적인 구성부분으로 보는 조건에서 당조직에 대한 관점과 입장을 독자적인 구성부분으로 할 수 없고, 그럴 경우 수령-당조직의 위계적 체계인 사회정치적 생명체론과도 충돌할 여지가 있다. 그 해결책이 당조직뿐만 아니라 당의 영도 밑에 수령과 대중을 연결시키는 모든 사회정치적 조직들에 대한 관점과 입장인 조직관인 것이다. 물론 당조직은 사회정치적 집단에서 중추적 기능을 수행하는 정치조직이라는 점에서 다른 모든 사회정치적 조직들과 구별된다.

이러한 논리적 구성을 가지고 있으므로 수령이 당(조직), 국가기관, 내각 위에 군림할 수 있고 더 나아가 수령은 혁명과 건설의 필요에 따라 3자 간의 역할과 관계를 재조정할 수 있다.

1956년 8월 종파사건 '8월 종파사건'이란 1956년 8월 당 중앙위원회의 개최를 계기로 김일성을 당에서 축출하고자 하였으나, 사전에 누설되어 주도자들이 체포된 사건을 말한다. 김일성은 이 사건을 주동하였던 연안파와 소련파 공산주의자들을 대대적으로 숙청하였고, 당권을 완전히 장악하여 일인지배의 독재권력 기반을 공고히 하였다.

1950년대 북한은 내부적으로 가장 치열한 권력투쟁을 벌였다. 본래 북한 정권은 단일한 정치적 세력에 의해서 수립된 것이 아니라 만주파, 국내파, 소련파, 연안파 공산주의자들의 정치연합에 의해서 수립되었다. 이는 어느 정파도 패권적이거나 지배적이지 못했기 때문이다. 따라서 사회주의 건설 노선에 대해 정파들 사이에서 합의가 부족한 상황에서 정권이 출범하게 되었다. 그리고 권력투쟁은 전후 복구건설 노선과 사회주의적 개조 문제를 둘러싼 논쟁이 전개되면서 표출되기 시작하였다.

김일성 중심의 핵심 지도부는 '중공업을 우선으로 한 경공업, 농업의 동시 발전'과 농업협동화를 제시하였다. 반면 최창익, 박창옥 등을 중심으로 하는 연안파와 소련파 세력들은 처음에는 북한 경제재건의 발전 방향을 둘러싸고 김일성의 노선에 이의를 제기하는 정도였으나, 시간이 흐르면서 점차 김일성의 권력 독점과 개인숭배 등을 비판하였으며 점차 전면적인 반(反)김일성 운동으로 발전시켰다.

당시 반김일성 운동이 본격화될 수 있었던 것은 1956년 2월 소련공산당 제20차 당 대회에서 스탈린 개인숭배가 비판되었기 때문이다. 그러나 '연안파'와 '소련파'는 소련과 중국 등 외세의 지원에도 불구하고 김일성 세력을 꺾기에 역부족이었다. 김일성은 반대 세력을 소련의 지도노선을 추종하는 교조주의로 몰아세우면서 '주체'를 강조하며 본인의 세력을 확대하였다.

8월 종파사건이 북한권력구조에 미친 영향은 매우 컸다. 종파사건의 결과, 북한사회에서 김일성 비판세력은 거의 완전하게 소멸되었고 명실상부한 김일성 중심의 단일지도체계가 수립되었다.

1967년 당 중앙위원회 제4기 15차 전원회의 김일성의 유일지배체제 확립의 결정적 사건은 1960년대 중반에 있었던 당 중앙위원회 제4기 14차 전원회의와 제4기 15차 전원회의였다.

1966년 10월에 열린 당중앙위원회 제4기 14차 전원회의에서 북한의 정치체제가 사회주의적 당국가체제에서 북한 유일의 '수령중심의 당국가체제'로 이행하는 데 필요한 획기적인 제도적 조치가 채택되었다. 이 회의에서 당 및 국가사업에서 제기되는 문제들을 일상적으로 협의하기 위하여 당중앙위원회 정치위원회 안에 상무위원회를 조직할 것을 결정하고, 김일성을 수반으로 하는 당중앙위원회, 정치위원회, 상무위원회를 구성하였다. 또한 당중앙위원회 위원장, 부위원장 직제를 총비서, 비서 직제로 개편하고 비서국을 설치하기로 결정하였다. 그 이전의 위원장, 부위원장 직제에서는 위원장 외에 부위원장의 권위도 용인되었다. 정치위원회만으로는 각 정치위원이 담당하는 전문부서가 있었고 그 속에서 독립성을 가질 가능성이 있었다. 그런데 총비서, 비서 직제로 개편됨에

개인숭배

북한의 개인숭배 현상은 북한 역사에서 초기에 이미 일반화되어 있었다. 김일성보다 조선공산주의 운동의 지도자로 먼저 부각된 박헌영과의 경쟁 문제, 한반도 전체의 지도자로서 부각되어 있는 김구와 이승만의 존재가 개인숭배 현상을 자극시켰기 때문이다.

1956년 2월에 개최된 소련공산당 제20차 당대회에서 흐루시초프의 스탈린 개인숭배에 대한 비판은 북한에게도 영향을 주었다. 하지만 이러한 국제공산주의 운동에서의 개인숭배에 대한 비판은 1956년 4월에 열린 조선로동당 제3차 당대회에서는 별다른 반향을 일으키지 못하고 박헌영의 '국내종파주의자'의 짓으로 마무리되었다. 제3차 당대회에는 오히려 국제공산주의 운동의 경향과는 달리 김일성에 대한 개인숭배 비판은 봉쇄되었고 당중앙위원회에서 김일성파가 다수를 차지하게 되었다.

그럼에도 국제공산주의 운동의 탈스탈린화에 고무된 상업상 윤공흠 등은 국제적 지지를 업고 1956년 8월 전원회의에서 개인숭배에 대한 비판을 하였다. 그러나 그 결과는 김일성파의 승리로 마무리되었고, 김일성 개인숭배는 더 강화되었다.

따라 제도적으로 총비서의 지위가 강화되는 수령중심의 당국가체제로의 전환이 시작된 것이다.

1967년 5월 당중앙위원회 제4기 15차 전원회의는 수령중심의 당국가체제로의 전환에 있어 마지막 걸림돌이 되었던 박금철, 리효순, 허석선 등의 '범빨치산파'를 숙청하고 당의 유일사상체계를 확립하는 계기가 되는 회의였다. 북한은 반당·반혁명분자들이 김일성의 혁명사상을 반대하고 수령의 높은 권위와 위신을 훼손시키기 위하여 책동했다며, 이 대회가 김일성을 중심으로 하는 당의 통일과 단결을 더욱 강화하며 전당을 수령의 혁명사상, 주체사상으로 일색화하는 데서 새로운 획기적 계기가 되었다고 주장하였다. 여기서 당의 유일사상체제란 다름 아닌 수령중심의 당국가체제이다.

유일사상 10대 원칙 유일사상체계 확립의 10대 원칙은 북한 주민들을 일상적으로 규율하는 최고의 규범으로, 공식적으로는 '당의 유일사상체계 확립의 10대 원칙(이하 10대 원칙)'이라 불린다. 유일사상체계는 1967년에 조선로동당이 채택한 지도체계이다. 유일사상체계는 전당을 수령의 혁명사상만이 유일적으로 지배하게 하고 수령의 유일적 영도 밑에 전당이 하나와 같이 움직일 것을 요구하는 수령의 사상체계, 영도체계이다. 10대 원칙은 실질적으로 북한을 지배하는 원리가 되고 있다. 당이 법과 인민 위에 있고, 수령이 당 위에 군림하는 북한체제에서 10대 원칙은 모든 북한사회를 움직이는 지침이 되고 있다.(최근 '당의 유일사상체계 확립을 위한 유일사상 10대 원칙'을 '당의 유일적 령도체계 확립의 10대 원칙'으로 개정하고, 김일성과 김정일을 동급으로 위치 지었으며, 수령뿐만 아니라 당에 대한 충실성을 강조했다고 한다.)

1. 김일성의 혁명사상으로 전체사회를 일색화하기 위하여 목숨바쳐 투쟁하여야 한다.
2. 김일성을 충성으로써 우러러 받들어야 한다.

3. 김일성의 권위를 절대화시켜야 한다.

4. 김일성의 혁명사상을 신념으로 받아들이고 수령의 교시를 신조화하여야 한다.

5. 김일성의 교시 집행에서는 무조건성 원칙을 지켜야 한다.

6. 김일성을 중심으로 한 전당의 사상의지적 통일과 혁명적 단결을 강화하여야 한다.

7. 김일성에게 배워서 공산주의적 풍모와 혁명적 사업방법, 인민적 사업작풍을 가져야 한다.

8. 김일성으로부터 부여된 정치적 생명을 소중히 지키고 수령의 커다란 정치적 신임과 배려에 대하여 높은 정치적 자각과 기술에 입각한 충성으로써 보답하여야 한다.

9. 김일성의 유일한 영도 밑에 전당, 전국, 전군이 시종일관 변함없이 활동할 수 있는 강력한 규율을 확립하여야 한다.

10. 김일성이 개척한 혁명위업을 대를 이어 끝까지 계승하여 완성시켜 나가야 한다.

조선로동당규약 북한 조선로동당규약은 당의 성격, 당조직 및 당원들이 지켜야 할 규범과 활동 원칙을 규정하고 있다. 북한에서 당은 국가에 우선하므로, 당규약이 북한 헌법보다 상위 규범이라 할 수 있다. 규약 내용은 전문에서 당의 성격, 활동 목표를 규정하고 있으며, 각 장에서는 당원의 자격, 입당 절차, 임무와 권한, 조직 원칙과 구조, 그리고 각 조직의 활동 범위, 군 당의 조직, 당비 등을 규정하고 있다.

2012년 4차 당대표자회에서 개정된 당규약의 핵심 내용은, 첫째, '김정일은 조선로동당의 영원한 총비서, 김일성은 조선로동당과 조선인민의 영원한 수령, 조선로동당은 위대한 김일성 동지와 김정일 동지의 당'이라고 규정한 것, 둘째, '조선로동당은 김일성·김정일주의를 유일한 지도사상'으로 하고 '온 사회의 김일성·김정일주의화를 당의 최고 강령'으로 하며, '김정은의 영도 밑에 김일성과 김정일의 위업, 주체혁명위업의 승리를 위하여 투쟁'함에 대하여 규정한 것, 셋째, '조선로동당 제1비서직을 새로 내오는 것,' '조선로동당 제1비서는 당의 수반으로 당을 대표하고 전당을 영도하며 김일성과 김정일의 사상과 노선을 실현'해나간다는 데 대하여 규정한 것이다.

북한 헌법 북한은 1948년 9월 최고인민회의 제1차 회의에서 최초의 헌법을 채택하여 국호를 '조선민주주의인민공화국'이라 정한 후, 2012년 4월 개정하기까지 11번 헌법 개정을 실시했다. 그 중 대표적 개정은 1972년과 1992년, 그리고 1998년에 있었다.

1972년 헌법은 사회주의헌법이다. 이 헌법 제1조는 "조선민주주의인민공화국은 전체 조선 인민의 리익을 대표하는 자주적인 사회주의 국가"라고 규정함으로써 국가의 성격을 명문화하였다. 그리고 정치에 있어서 '주체사상'을 국가의 통치 이념으로 명문화하고 있다. 북한의 수도를 서울에서 평양으로 수정하였으며(제149조), 주석제가 처음으로 등장했다. 1992년 개정된 헌법의 특징은 국가지도지침으로써 주체사상을 강조한다. 헌법 제3조는 주체사상을 마르크스-레닌주의 이념의 퇴조에 따라 '사람 중심의 세계관이며 인민 대중의 자주성을 실현하기 위한 혁명사상'으로 수정했다. 1998년에는 '김일성헌법'을 채택했다. 이 헌법에서는 주석제의 폐지와 국방위원회의 기능 강화, 정무원의 폐지와 내각 구성 등의 변화가 있었다. 즉 김일성을 '영원한 주석'으로 추대하고 중앙인민위원회가 없어짐에 따라 주석제를 폐지한 것이다. 김정일 사망 이후인 2012년 4월 개정 헌법에서는 '핵보유국'임을 천명하고 '김일성헌법'을 '김일성·김정일헌법'으로 개칭했다.

당대회와 당대표자회 북한의 당대회는 당의 최고기관이다. 당대회는 당중앙위원회가 소집하며 당대회 소집 날짜는 여섯 달 전에 발표한다. 당대회의 사업은 다음과 같다. 1) 당중앙위원회와 당중앙검사위원회의 사업을 총화한다. 2) 당의 강령과 규약을 채택 또는 수정 보충한다. 3) 당의 노선과 정책, 전략전술의 기본문제를 토의결정한다. 4) 당 총비서를 추대한다. 5) 당중앙위원회와 당중앙검사위원회를 선거한다. 당대표자회는 당중앙위원회가 당대회와 당대회 사이에 필요에 따라 소집하는 회의를 말한다. 통상적으로 '임시 당대회'의 성격을 가지고 있다. 현재까지 당대회는 6번, 당대표자회는 4번 개최되었다.

북한이 2010년과 2012년 당의 최고지도기관인 당대회 대신 '임시 당대회' 격인 당대표자회를 개최한 것은 당조직 개편이 일차적인 목적이었던 것으로 분석된다. 1980년 6차 당규약에 따르면 당대표자회는 당대회 사이에 소집되는데, 당의 노선과 정책에 관한 긴급한 문제들을 결정하고 당 중앙위원들을 제명 · 보선한다. 이런 측면에서 당규약 상 당대회와 당대표자회의 기능은 크게 다르지 않아 보이지만, 실제 기능에는 다소 차이가 있다. 1960년대 이래 10년 단위로 개최된 당대회는 북한의 장기 전망을 발표하는 자리였다. 그런데 북한은 1990년대 전후로 대외정세가 불투명하고 경제가 어려워지자, 6차 당대회 이후 30년 동안 당대회를 개최하지 않았다. 현재도 핵문제 · 경제문제 등 불확실한 상황으로 인해 중장기 발전전략을 수립 · 제시하기에 역부족이다. 그러나 1994년 김일성 사후 거의 방치된 당조직의 개편을 더 이상 미룰 수 없는 상황이기 때문에 당대회 대신 당대표자회를 선택한 것이다. 1958년 1차 당대표자회는 당내 권력투쟁 이후 당조직 개편의 필요성 때문에, 그리고 1966년 2차 당대표자회는 총비서제 도입을 위해 개최된 바 있다. 2009년 3차 당대표자회에서는 당조직을 새로 구성하고 김정은을 후계자로 공식 인정하였다. 2012년 4차 당대표자회서는 김정은을 명실상부한 북한의 최고지도자인 당 제1비서에 등극시켰다. 이처럼 네 차례의 당대회에서는 북한의 장기 전망에 대한 계획은 제시되지 않았다.

당중앙위원회 당중앙위원회란 당대회와 당대회 사이의 모든 당사업을 관장하는 당조직의 최고지도기관을 말한다. 당중앙위원회는 전원회의를 1년에 한번 이상 소집할 수 있다. 당중앙위원회 전원회의는 해당 시기 당 앞에 제기된 중요한 문제들을 토의결정하며 당중앙위원회 정치국과 정치국 상무위원회 선거, 당중앙위원회 비서들 선거, 비서국 조직, 당중앙군사위원회 조직, 당중앙위원회 검열위원회 선거의 의무를 가진다. 필요에 따라서는 중앙과 지방의 당 정기관 및 경제기관 등의 책임자들이 참가하는 확대 전원회의를 개최하기도 한다.

당정치국 당정치국은 조선로동당의 최고정책결정기관이자 당중앙위원회 위원들 중 권력 서열이 가장 높은 간부들의 집합체이다. 정치국과 정치국 상무위원회는 전원회의가 개최되지 않은 기간 당중앙위원회의 명의로 당의 모든 사업을 조직·지도하도록 되어 있다. 정치국은 정위원과 후보위원으로 구성되는데, 이들은 북한 당·정·군의 핵심 엘리트라고 할 수 있다. 2012년 현재, 정치국 상무위원 4명, 정치국원 16명, 후보위원 15명이다.

당비서국 당비서국은 당 내부 사업에서 나서는 문제와 그 밖의 실무적 문제들을 주로 토의결정하고 그 집행을 조직지도 한다. 비서국은 중앙위원회의 필요에 따라 설치된 부서를 일상적으로 지휘 감독하는 역할을 하며 당의 중추기관이다. 2012년 현재 제1비서인 김정은 휘하에 9명의 비서와 당중앙위원회 산하에 20개의 전문 부서가 설치되어 있다.

당중앙군사위원회 당중앙군사위원회는 당의 군사노선과 정책을 관철하기 위한 대책을 토의결정하며 혁명무력을 강화하고 군수공업을 발전시키기 위한 사업을 비롯하여 국방사업 전반을 당적으로 지도한다. 당중앙군사위원회는 당대회와 당대회 사이에 군사 분야에서 나서는 모든 사업을 당적으로 조직지도한다. 2012년 현재, 위원장에 김정은, 부위원장에 최룡해와 현영철이 있고, 18명의 위원이 있다. 김정일시대의 당중앙군사위원은 군부의 원로들로 구성되었던 반면, 김정은시대에는 야전군인이 상당수를 차지하고 있다. 이러한 특징으로 짐작건대, 김정은시대에 들어 당중앙군사위원회가 군부의 이익을 대변하는 역할도 수행하는 것으로 추정된다.

국방위원회 북한의 국방정책을 총괄적으로 관장하는 '국가주권의 최고국방지도기관'이다. 1998년 9월 주석제가 폐지되면서 북한의 최고권력기관으로 격상되었다. 제1위원장, 부위원장과 위원들로 구성되며, 임기는 5년이다. 2009년 4월 최고인민회의 제12기 1차 회의에서 국방위원회의 위상과 역할은 더 강화되었다. 국방위원회 구성 인원이 늘어났고 그 범위도 확대되었다. 군부인사 이외에 사회통제기구인 당행정부, 국가안전보위부, 인민보안성, 군총정치국 등의 책임자들이 총망라되어 있다. 국방위원회의 공안기구에 대한 일원적 통제를 가능하게 하였다.

김정일시대의 권력구조

수령중심의 당국가체제는 1980년대 후반 이후 사회주의권의 붕괴와 북한의 위기 심화를 기점으로 하여, 1996년 정치사상적 진지, 군사적 진지, 경제적 진지 등 '사회주의 3대 진지론'과 1998년 정치사상강국, 군사강국, 경제강국 등 '주체의 강성대국 건설론'이 김정일에 의해 정식화되고 1998년 헌법 개정으로 강화·발전되었다. 수령인 김정일은 당총비서, 국방위원장, 최고사령관 등의 직위를 가지고 당, 국가, 군대의 전반을 직할통치하고, 정책집행의 차원에서는 당이 정치사상적 진지를, 군이 군사적 진지를, 정이 경제적 진지를 담당하게 되었다.

1990년대 북한의 위기

수령중심의 당국가체제 강화는 그 이론적 정합성에, 현실적으로 1990년대 북한의 위기가 결합되면서 가능했다. 김일성시대 북한의 정치체제는 냉전체제라는 국제적 상황과 사회주의 저발전이라는 국내적 조건에 부합되었다. 냉전으로 인해 중국·소련 등으로부터 무상으로 정치적·경제적 도움을 받을 수 있었으며, 당에 의한 강행적 발전전략은 저발전 사회주의 국가인 북한이 세계인들을 놀라게 할 정도의 경제적 발전을 하는 데 유용하였다. 그러나 1990년대 북한의 총체적 위기는 김일성시대의 수령-당 중심의 권력구조를 변화시켰다.

수령중심의 당국가체제의 3대 특징 수령의 유일적 최고결정권과 직할통치, 당조직의 여타 사회정치적 조직에 대한 우위, 당(정치사상진지[陣地])·군(군사진지)·정(경제진지) 역할 분담

첫째, 북한정권에 안정성을 제공했던 사회주의권의 붕괴는 냉전체제의 해소와 시장경제의 전 세계적 확산이라는 국제관계질서의 빅뱅을 몰고와 북한으로 하여금 체제위기의식을 느끼게 하였다. 북한은 냉전체제의 해소로 사회주의 우방이 사라져 세계정치의 고아라는 외롭고 어려운 처지에 놓이게 된 것이다. 이러한 상황은 북한으로 하여금 더더욱 제국주의가 우리식 사회주의를 침탈하려 한다는 피포위 의식(siege mentality)을 심화시키게 만들었다. 또한 사회주의 체제의 붕괴와 세계적 차원에서의 시장경제의 확산은 달러가 부족한 북한 경제에 심대한 타격을 주었다.

둘째, 김일성시대에는 정치와 경제가 밀접히 연관되어 있었을 뿐만 아니라, 정치가 경제를 압도했다. 이러한 특징은 경제정책을 힘 있게 추진할 수 있는 장점이 있지만 계획경제 자체를 왜곡시키는 문제점도 있었다. 이러한 '경제의 정치화'는 결국 경제의 경직성과 비효율성을 초래하였다. 북한이 침체된 경제를 살리려고 해도 경제의 정치화가 이 노력에 발목을 잡았던 것이다.

여기에 김정일이 당의 활동을 매우 부정적으로 평가한 점도 정치체제 변화의 요인으로 작용하였다. 1996년 12월 김정일은 당조직들이 맥을 추지 못하고 당사업이 잘 되지 않아 사회주의 건설에서 적지 않은 혼란이 조성되고 있다며 당중앙위원회 간부들을 강하게 비판했다.[20] 김정일은 북한체제 위기의 원인으로 당조직의 비혁명성을 제기했던 것이다.

발전기제: 내각책임제와 선군정치

북한이 체제유지와 경제발전을 위해 1990년대 초중반 도입한 선군정치와 정

무원책임제(내각책임제의 전신)는 수령중심의 당국가체제 발전의 기제였다. 이 기제들이 도입되어 국가와 사회에서 작동하다가 1998년 헌법 개정으로 수령중심의 당국가체제는 강화·발전되었던 것이다.

북한은 당이 '경제 합리성'보다는 '이데올로기 합리성'을 중심으로 경제를 운영해 경제가 어려워지자 1980년대부터 행정경제사업에 대한 당적 지도를 약화시키기 시작했고, 1990년대 초반에는 '정무원책임제, 정무원중심제'를 도입하였다. 그리고 이 정무원책임제는 1998년 헌법개정으로 '내각책임제, 내각중심제'로 확대·개편됨으로써 경제정책 전반에 있어 내각의 자율권이 상당히 확보되었다. 또한 헌법개정으로 과거 정무원을 지도하던 중앙인민위원회가 폐지되어 국가기관체계 내에서 내각(정무원의 후신)의 경제정책을 지도할 당적 연결선이 사라지게 되었다.

북한은 내각책임제의 도입에 즈음하여 내각의 역할을 강화하는 조치를 단행하였다. 첫째, 북한은 전문가인 기사장이나 지배인의 역할을 확대함으로써 당에 대한 경제실패의 원성을 피하고, 당간부의 부패 기회를 축소시키기 위해 협동농장이나 기업소의 관리체계를 개선하였다. 둘째, 1990년대 후반 이후부터 경제 관련 당 전문 부서의 숫자 자체가 현저하게 줄어든 것은 내각의 경제사업에 대한 당적 지도가 약화되고 있음을 시사해준다. 셋째, 2001년 4월 최고인민회의 제10기 제4차 회의부터 '내각의 사업정형과 과업'이 의제로 상정되었고 최근 중앙 및 지방기관, 주요 공장·기업소의 간부들이 참석하는 '내각 전원회의 확대회의'를 분기마다 개최하여 신년공동사설, 최고인민회의 등에서 제시한 경제과업 수행을 위한 대책들을 토의하였다.

한편, 김정일이 내세운 선군정치는 군사선행의 원칙에서 국정을 운영해 나가며 인민군대를 혁명의 주력군으로, 그리고 기둥으로 하여 사회주의 위업 전반을 이끌어 나가는 정치이다.[21] 여기서 군사선행의 원칙은 군사를 국사 중의 제일국사로 내세우고 군력 강화에 선차적인 힘을 넣는 것을 의미한다. 즉 군사를 첫 자리에 놓고 노선과 정책을 작성하고 인민군대를 사회의 그 어느 집단보다 먼저 최정예부대로 만들며 국방력 강화에 최우선적인 힘을 넣는 것이다. 따라서 군사선행의 선군정치에서는 인민군대를 혁명의 제1기둥, 주력군으로 바라본다.

주석단 북한의 공식행사에서 그 사업을 지도하고 집행하기 위해 구성하는 지도성원 집단을 의미한다. 주석단 순서가 바로 권력 서열이라고 단정할 수는 없지만, 통상 내부 권력의 변화와 흐름을 가늠해볼 수 있는 계기로 활용된다. 1994년 김일성 사망 이전의 주석단 서열에서는 당 정치국 (후보)위원들이 군부 인사보다 앞에 호명되었는데, 1996년 경부터는 주요 군부 인사가 정치국 후보위원보다 앞에 놓이기 시작했다.

선군정치의 개시와 더불어 인민군대가 북한 사회에서 주도적 역할을 담당하고 있고 그 위상이 강화되었다. 대표적인 것이 혁명적 군인정신의 전 사회적 확산, 군민일치 · 원군(援軍)기풍 강조 등을 비롯하여 군인사의 주석단 서열 상승, 사회통제기구의 인민무력부 편입, 김정일의 인민군 현지지도 강화 그리고 국방위원장과 국방위원회를 격상시킨 1998년 헌법 개정이다.

이러한 선군정치의 가장 큰 특징은 인민군대를 혁명의 주력군으로 하고 있다는 사실이다. 이러한 군 강화 현상에 대해 한 탈북 엘리트는 이제 당이 군의 시녀로 추락하였다고 증언하고 있다.

> "사회주의 국가에서 당은 절대적이다. 실제적으로 국가보위부가 권력기구 첫 순위를 달렸던 시절에도 당에 대해서만은 보위부도 감히 간섭을 할 수 없었다. 하지만 선군정치 이후 당은 군의 시녀노릇을 하고 있을 뿐이다."[22]

북한은 2003년부터 선군사상 일색화를 시도하였다. 특히 2004년 12월 31일 '선군정치 10돌 기념 중앙보고회'를 열어 선군정치의 위대성을 부각시키고 전 사회적인 선군혁명진군 분위기 조성에 주력하였으며 2005년 2월에는 평양에서 인민군 장병, 일꾼, 근로자들이 대대적으로 참여한 '선군혁명총진군대회'를 개최하였다. 이처럼 북한은 선군사상 중심의 사상적 일색화에 박차를 가했고 이는 군의 역할 강화로 이어짐으로써 군이 당에 대해 상대적 자율성을 좀더 많이 획득하였던 것으로 보인다.

수령의 직할통치와 당·정·군 역할 분담

수령중심의 당국가체제의 발전은 김정일 후계 작업 차원에서 정과 군을 분리하는 것에서 시작되었다. 1992년 헌법 개정으로 기존 중앙인민위원회의 부문별 위원회의 하나였던 국방위원회를 중앙인민위원회와 동급 또는 상위에 배치하여 일체 무력 지휘·통솔권을 부여하였다. 그리고 중앙인민위원회의 지도를 받는 정무원의 '인민무력건설에 대한 사업' 권한을 삭제하였다. 이후 1993년 김정일은 국가주권의 최고군사지도기관인 국방위원회의 위원장에 선출되었다. 그런데 김정일의 인민군 최고사령관 추대는 이미 1991년 12월에 이루어졌다. 당시 헌법에서는 국가주석이 최고사령관을 당연직으로 하고 있었기 때문에 헌법에 위배되는 조치였다.

1997년 김정일의 당총비서 추대 과정 역시 당규약의 절차와 달랐다. 당규약 24조는 "당중앙위원회 전원회의가 '당중앙위원회 총비서'를 선거하도록" 규정하고 있다. 그런데 김정일은 '당중앙위원회 총비서'가 아닌 '당총비서'로 추대되었다. 당규약에 없는 직제이다. 이는 당중앙위원회 전원회의를 개최할 수 없고 또한 1982년 당중앙위원회 군사위원회가 당중앙군사위원회로 승격되어 당중앙위원회와 동급이 된 상황에서, 김정일을 당중앙위원회와 당중앙군사위원회 두 기구 위의 '당총비서'로 추대한 것으로 추정된다. 또한 예전에는 당대회가 개최되고 여기서 당중앙위원회가 선출되어 이들이 당중앙위원회 총비서를 선거하였다. 그러나 1997년에는 '조선로동당 조선인민군대표회, 도(직할시) 대표회, 성, 중앙 및 도당 기능을 수행하는 당조직들의 대표회'에서 김정일을 당총비서로 추대하였다. 수령이나 수령의 후계자는 '선거'되는 것이 아니라 인민대중의 절대적인 지지와 신뢰에 기초하여 인민대중 스스로 '추대'해야 한다는 수령론·후계자론과도 연결되는 대목이다.

수령중심의 당국가체제는 1998년 김일성 헌법으로 공고화되었다. 김일성 헌법의 특징은 국가주석직과 중앙인민위원회를 폐지하고 국방위원회, 최고인민회의 상임위원회, 내각의 역할을 강화했다는 점이다. 국가기관이 정비됨에

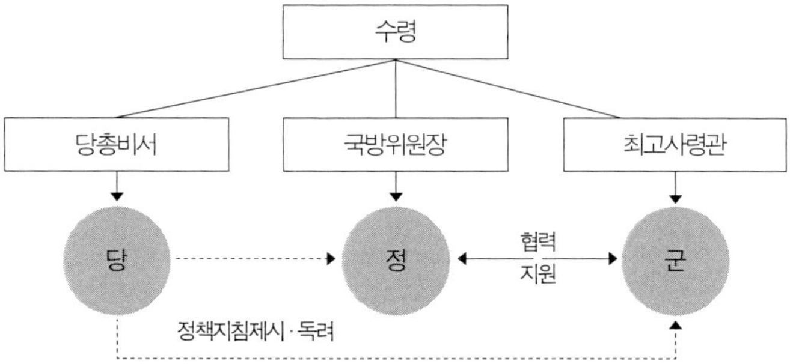

그림 2-4 김정일시대 권력구조

따라 김정일은 당총비서, 국방위원장, 최고사령관의 직위를 가지고 당, 인민군대, 국가기관 등을 직할통치할 수 있게 되었고, 이에 따라 당, 정, 군은 정책 집행의 차원에서 정치사상적 진지, 경제적 진지, 군사적 진지를 각각 기능적으로 역할을 분담할 수 있게 되었다. 이러한 점에서 수령의 직할통치와 당 · 정 · 군의 역할 분담은 동전의 양면이라 할 수 있다.

1998년 헌법 개정에 의한 중앙인민위원회의 폐지는 당의 타 기관과의 협의 채널을 없앰으로써 당 · 정 · 군 관계에서 배타성이 두드러졌고 수령의 직할통치와 당 · 정 · 군의 역할 분담을 구조적으로 뒷받침하였다. 하지만 수령중심의 당국가체제를 여전히 유지하고 있기 때문에 정과 군에 대한 당의 우위성은 지속되었다. 다만 예전처럼 지시나 명령, 그리고 행정대행의 방식이 아닌 정책적 지침 제시나 독려의 방식으로, 그리고 정과 군의 역할을 배가시키는 방향으로 정 · 군과의 관계를 맺었다. 가령 당정관계의 측면에서 당은 기존 정치 우위, 혁명 우위의 경향보다 이제 경제 우위, 건설 우위의 방향으로 사업을 진행하고 있고 '경제의 정치화'에서 점차 '정치의 경제화'에 집중하였다.

한편, 정과 군은 협력 및 지원 관계에 있었다. 정과 군의 수위는 공히 김정일이지만, 정이 군을 지원할 때는 국방위원회 명령으로 내각과 주민을 동원하고 군이 정의 경제사업을 지원할 때는 최고사령관 명령으로 인민군대를 동원하였다. 대표적으로 최고사령관 명령은 1995년 1월 9일 '금강산발전소 건설을 다그쳐 끝낼 데 대한 명령', 1997년 4월 초 '인민군대가 책임지고 농사를 지울 데 대하여' 등이 있고, 국방위원회 명령은 1999년 1월과 4월 '주민대피호 건설 등 후방의 요새화 건설 관련 명령', 1999년 1월 '전당, 전군, 전민이 동원되여 대규모 수력발전소 건설을 힘 있게 다그칠 데 대하여' 등이 있었다.[23]

수령중심의 당국가체제와 당·정·군 관계

군이 강화되고 당이 상대적으로 약화된 상황에서 과연 당과 군의 위치가 전도되었는가? 북한은 인민군대가 혁명의 주력군으로서의 지위와 역할을 하기 위해서는 당의 영도를 받아야 한다는 사실을 빼놓지 않고 있다. 선군정치는 군대가 당의 위업에 끝없이 충실해야 하는 것을 그 전제로 하고 있는 것이다. 즉 김정일시대의 당군관계도 당은 혁명의 참모부이고 군대는 당의 전략적 목표, 과제 실현을 무장으로 받드는 기둥이라는 기존의 당군관계 기본 원칙이 지속되었다. 선군정치에서도 당의 영도는 '군대의 생명선'이 되며 군대의 강화발전을 위한 원동력이었다. 따라서 당과 군대가 서열상 누가 선차냐 할 때 당이 앞자리에 놓이며 '군당'이 아니라 여전히 '당군'으로 당과 군의 관계가 정립되었다. 현실에서도 군이 당을 압도하지는 못하였다. 인민군대 내에는 당중앙위원회의 지시를 받는 각급 당조직과 군당위원회 그리고 당중앙군사위원회의 지도를 받는 조선인민군 총정치국 등 당조직들이 조직되어 있어 이들이 군을 통제하고 있었다. 특히 총정치국은 인민군대의 하부 말단 전투 단위인 중대에 이르기까지 방대한 당지도기관과 정연한 당정치조직을 가지고 군인들을 조직 및 사상적으로 지도·통제하는 기능과 역할을 담당하고 있었다.

그리고 김정일시대에 들어 경제정책에 있어 내각의 역할과 책임이 제고된 것은 부인할 수 없는 사실이었다. 하지만 북한체제 성격 상 한계도 분명하였다. 북한의 경제는 크게 군수경제, 당경제, 인민경제 등으로 구성되어 있다. 따라서 내각의 경제 결정권이 강화되었다고 하더라도 북한 경제 전체를 포괄하는 의미는 아니었다. 또한 경제관리에 있어 당의 간섭을 제도화하고 있는 '대안의 사업체계'의 문제이다. 즉 당위원회의 집체적 지도라는 경제 관리 운영체계의 변화가 있어야 '경제의 정치화'를 극복할 수 있는데, 여전히 이에 대한 뚜렷한 개선책을 제시하지는 못했다.

일반적으로 당대회, 전원회의, 정치국회의 등 당의 제도화는 최고지도자의 자의적 권력행사를 제한한다. 그런데 김정일시대에 들어 당 대회나 당 중앙위원회 전원회의가 장기간 열리지 않는 상황에서, 당비서국이 정치국 상무위원회를 대신하여 당중앙위원회를 실질적으로 주도하기 시작했다. 즉 당의 최고지도기관들이 회의조차 열지 못하고 그 위상이 떨어진 것과 반대로, 당의 모든 정책은 김정일의 측근들이 포진한 당비서국을 통하여 이루어졌던 것이다. 당비서국 회의는 당총비서 또는 조직비서의 사회로 진행되는데, 당과 국가, 군대, 행정 및 경제 등 모든 부문의 고위 간부들의 임명 및 해임 등 중요 인사 업무에 대한 결정, 모든 당적 조치들의 채택 등을 주관하고, 해당하는 〈비서국 결정〉, 〈비서국 지시문〉 등을 전당에 하달하는 사명을 수행하였다. 황장엽의 증언에 따르면 당중앙위원회는 정치국과 비서국을 두고 있으며, 정치국은 지도기관, 비서국은 최고집행기관의 성격을 가지고 있었다. 당중앙위원회는 형식상 당의 최고기관으로 되어 있지만 심의에 제기된 정책안들은 비서국의 지도를 받는 집행부서들이 작성하며, 중앙위원회의 심의는 형식에 불과했다고 한다. 그리고 당정책안의 비준 또한 담당비서의 역할이라고 했다. 따라서 김정일시대 실질적으로 당사업을 책임지고 지도해 나가는 것은 비서국 성원들이라고 했다.

궁정경제, 군수경제, 당경제, 인민경제 북한의 경제는 최고지도자가 직접 챙기는 '궁정경제'와 내각이 관장하는 '인민경제'로 나눌 수 있다. 그리고 궁정경제는 '당경제'와 '군수경제'를 포함한다. 내각의 인민경제(일반국가경제)와는 별도로 제2경제라고 하는 군수경제가 존재하는데, 제2경제위원회는 북한의 군수경제를 총괄하는 기관이다. 당경제와 관련된 핵심 기구는 재정경리부, 39호실, 38호실, 조직지도부, 기계공업부 등이 있다. 이러한 북한의 궁정경제는 최고지도자의 비자금 통치자금 마련 및 관리, 체제수호와 유지에 필요한 군수산업육성 등을 담당하고 있다.

대안의 사업체계 1960년대 초반 도입된 대안의 사업체계는 공장의 최고 지도기관으로서 공장당위원회의 집체적 지도체계(공장 당위원장, 지배인, 기사장 등)를 확립하고 계획 생산 기술을 통일적 종합적으로 지도하는 생산지도체계를 뜻한다. 그 이전에는 공장 지배인이 모든 권한과 책임을 갖는 지배인 유일관리제였다. 그러나 대안의 사업체계는 경제적 효율성보다는 경제관리에 대한 당의 지배를 제도화함으로써 기업의 창의력을 위축시키는 결과를 가져왔다.

권력승계과정 비교

국가권력이 고도로 중앙집권화되고 한 사람에게 과도하게 집중된 정치체제에서 최고지도자의 건강 상태는 체제 안정에 절대적 영향을 미친다. 수령제 사회주의인 북한 역시 최고지도자의 건강 이상이라는 정치·사회적으로 큰 문제가 제기될 수밖에 없는 약점을 가지고 있다. 1970년대 초반 김일성의 목 뒤에 혹이 발견되자 이 문제가 중요한 정치적 의제로 부상하였고, 혁명 1세대들 사이에서 후계 문제를 서둘러 해결해야 한다는 공감대가 확산되기 시작하였다. 2008년 8월 이후 건강에 자신이 없어진 김정일도 더 이상 후계문제를 늦출 수 없었다. 하지만 후계과정은 초고속으로 그리고 압축적으로 진행되었다.

김정일은 1973년 당 조직부와 선전부를 장악하고 1974년 정치국원에 임명됨으로써 내부적으로 후계자로 결정되었다. 그 이후 6년간의 후계 검증 기간을 거쳐 1980년 당 정치국 상무위원과 당 중앙군사위원에 피선됨으로써 공식적 후계자임이 대외적으로 공표되었다. 군 관련 직책은 1990년대에 들어 갖게

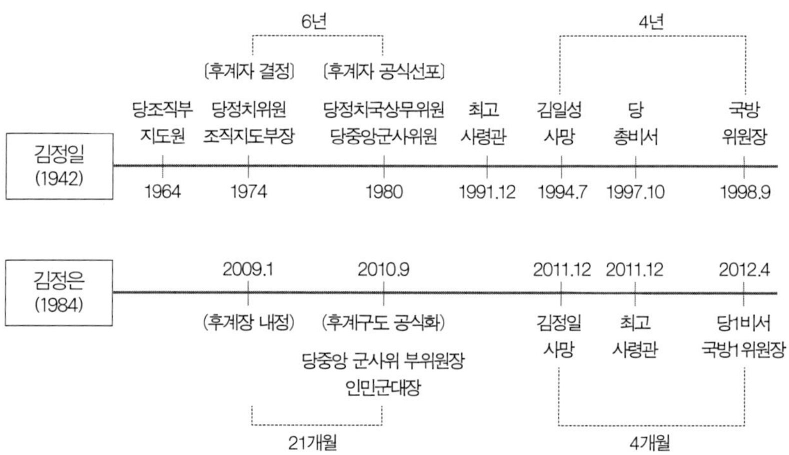

그림 2-5 김정일과 김정은 후계구도 비교

되었는데 1990년 국방위 제1부위원장, 1991년 최고사령관, 1992년 공화국 원수, 1993년 국방위원장에 취임하였다. 반면 김정은은 2009년 1월 후계자로 내정된 이후 21개월간 대외적으로 비공개 활동을 하다가, 2010년 9월 당 중앙군사위 부위원장과 당 중앙위원, 그리고 인민군 대장 등 공식 지위에 선출되었다. 김정일에 비해 김정은은 공개 시 나이(38세와 26세)[24]가 어렸고 후계검증 기간(6년과 21개월)도 너무 짧았다.

유훈통치 북한에서 유훈통치는 1994년 7월 김일성이 사망한 뒤 삼년상을 이유로 김일성의 유훈을 내세우며 김정일이 얼굴 없이 통치하던 시기를 일컫는다. 김정일이 2011년 12월 사망한 뒤에, 그 뒤를 이은 김정은은 북한의 두 번째 유훈통치를 실시하였다. 북한에서 유훈통치는 전임자에 대한 절대적 충성을 다짐하고 전임자의 유훈에 의해 후계자에 대한 충성을 유도하는 것이다. 그리고 그 과정에서 전임자인 김일성 김정일에 대한 우상화가 진행되었고, 그 우상화는 김정은의 우상화로 이어졌다. 이는 김일성–김정일–김정은은 일체화된 백두혈통임을 부각시켰다.

김정일은 김일성이 생존해 있었던 때에 최고사령관직을 물려받았지만, 나머지 직책의 이양은 김일성 사망 이후에도 한참 걸렸다. 1994년 7월 김일성이 사망하자, 김정일이 3~4년의 유훈통치 기간을 설정한 것이다. 당 총비서에는 1997년 10월에, 국가기관 최고직책으로 강화된 국방위원장에는 1998년 9월에야 취임했다. 김정일의 경우, 20년 정도의 지도자 수업으로 리더십이 확고하고 고난의 행군으로 불릴 만큼 북한 경제가 대단히 어려웠기 때문에, 3년 이상의 유훈통치 기간을 둘 수 있었고, 또 둘 수밖에 없었던 것이었다. 1998년 북한 경제의 추락세가 멈추자, 김정일은 강성대국 슬로건을 내세우면서 자신의 정권을 공식 출범시켰다. 하지만 김정은 정권의 공식 출범은 '4개월'만에 이루어졌다. 최고지도자의 리더십이 상대적으로 유약한 상황에서, 체제 동요를 차단하려는 핵심 엘리트들의 집체적 합의에 따라 김정은 정권은 조기에 출범한 것으로 추정된다.

제한적 단일지배체계로 출범

김정일은 사회 분위기를 일신하고 김정은의 새로운 권력 기반을 구축하기 위해 이익집단화된 군을 제압하고 당을 복원시키고자 하였다. 이 계획은 두 축으로 진행되었다. 한 축은 김정은 후계체제에 대한 사회적 동요를 막고 반대 세력을 축출하고자 공안기구를 개편하고 그 책임자로 김정일의 매부(妹夫) 장성택을 선택했다. 다른 한 축은 군부의 세대교체를 위해 구군부를 제압할 신군부의 책임자로 리영호를 발탁했다.

김정일은 공안기구 개편의 사전 정지작업으로 2009년 4월 최고인민회의를 활용했다. 4월 9일 제12기 1차 회의에서 국방위원회의 위상과 역할을 크게 강화하면서, 국방위원회 구성 인원을 늘리고 그 범위도 확대했다. 2003년 최고인민회의 제11기 1차 회의에서는 9명이었는데 13명으로 4명을 더 추가했고, 군부 인사 이외에 사회통제기구인 당 행정부, 국가안전보위부, 인민보안성, 군 총정치국 등의 책임자들을 총망라했다. 그런데 이때까지만 해도 인민보안상은 국방위원회 구성원이었지만 인민보안성은 국방위원회 산하 기구가 아닌 내각 소속이었다. 기구와 그 책임자 간 명령 계통에 불일치가 있었던 것이다. 이에 김정일은 2010년 4월 인민보안성을 인민보안부로 개칭하고 이를 국방위원회 산하에 배치함으로써 국가안전보위부, 인민무력부, 인민보안부 등 공안기구 전부가 국방위원회로 모아지게 되었다. 공안기구에 대한 일원화된 통제가 가능하게 된 것이다. 이후 김정일은 2010년 6월 당 행정부장이었던 장성택을 국방위 부위원장으로 승격시켜 국방위원회를 통한 공안기구의 일원적 관리를 하게 하였다.

한편, 김정일은 군부 내 세력교체를 단행하고 당을 복원시키고자 2010년 9월 제3차 당대표자회를 개최했다. 김정일은 김정은을 도와 군 개혁을 추진할 내부 인물을 수 년 전에 낙점했다. 빨치산 유자녀들이 다니는 만경대혁명학원 출신으로 알려진 리영호는 당시의 군 실세보다 열 살 정도 젊었는데(1942년생) 이미 2000년대 초 평양방어사령관에 임명되었고, 2007년 인민군 창군 75돌 열병식을 지휘하고 2008년 북한정권 수립 60주년 기념 열병식에서도 열병보고를 할 정도로 김정일의 각

열병식과 열병보고 열병식은 군기와 군율이 얼마나 잘 유지되고 있는지를 간접적으로 보여준다. 열병식에서 모든 대오는 중앙에 위치한 주석단에 예를 표시함으로써 통수권자와 체제에 대한 충성심을 드러낸다. 열병식의 주요 참가자는 주석단, 인민무력부장이나 총참모장이 맡는 열병보고자, 열병대오를 직접 사열하는 제병지휘관, 인민군과 동원대중이다. 열병보고자와 제병지휘는 해당 시기 북한군부의 권력지도를 그대로 반영한다.(서유석)

별한 신임을 받았다. 그러다 김정은이 후계자로 내정된 직후인 2009년 2월 리영호는 인민군 총참모장과 대장에 임명되었다. 리영호의 상승세는 제3차 당대표자회로도 이어졌는데, 그는 정치국원도 거치지 않고 곧바로 정치국 상무위원, 인민군 차수, 당 중앙군사위 부위원장 등에 기용되었다. 당대표자회 직후에 찍은 사진에서 리영호는 김정일과 김정은 사이에 배치되어 있어 김정은 후계체제 구축과 군부 개혁에 있어 그의 위상을 단적으로 보여주었다.

또한 제3차 당대표자회의 의미는 지난 15년간 형해화된 당을 정상화한 것이었다. 2009년 말과 비교하여, 신규 충원율이 당정치국 32명 중 25명, 당중앙군사위원회 19명 중 16명, 당중앙위원회 정위원 124명 중 94명, 당중앙위원회 후보위원 105명 중 99명(정위원에서 후보위원 강등 3명 제외) 등 70~80% 수준으로 매우 높았다.

2012년 4월 제4차 당대표자회는 김정은 정권의 권력구조에 큰 변화를 가져왔다. 먼저 김정은은 제4차 당대표자회와 제12기 5차 최고인민회의에서 사회주의 국가의 3대 핵심 권력인 당·정·군의 최고직책을 다 갖게 되어 명실상부한 수령의 반열에 오를 수 있는 자격을 갖게 되었다. 다음으로 군부 서열 1위인 총정치국장에 민간 당료 출신인 최룡해를 임명하여 권력의 핵심에서 리영호 중심의 야전군인들을 약화시켰다. 여기에 군에 대한 감시와 통제를 담당하는 총정치국 출신들이 인민무력부장(김정각 제1부국장)과 국가안전보위부장(김원홍 조직부국장), 그리고 인민무력부 제1부부장 겸 후방총국장(현철해 상무부국장)에 임명되어 군에 대한 당의 장악력이 강화되었다.

북한은 김정일이 사망한 그날부터 김정은이 유일적 영도를 하고 있다고 주장하였다. 그러나 현실은 유일지배체계는 물론이거니와 단일지배체계에도 못 미치는 상황이다. 권력의 집중도에서 단일지배체계보다 낮은 수준인 세안서 단일지배체계라 할 수 있다. 주요 국가정책을 김정은 혼자 최종 결정하기보다는 그를 후견·지지하는 세력과 또는 각 진영의 대표들(또는 개인들)과의 협의를 통해 결정한다고 보는 것이 타당하다.

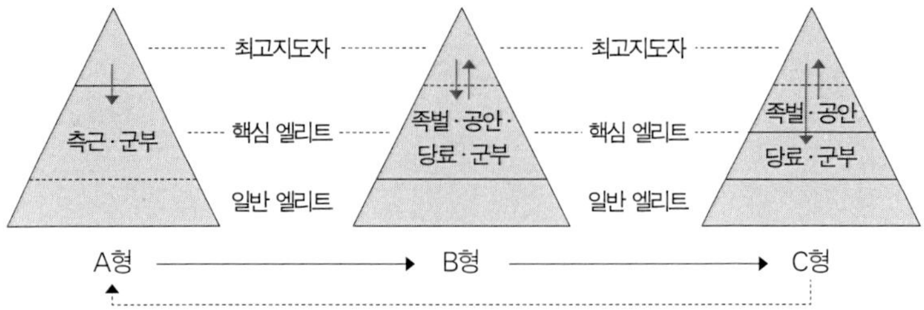

그림 2-6 최고지도자와 엘리트 관계도

김정일 정권과 김정은 정권의 최고지도자와 핵심 엘리트 간 수직적 지배체계의 모습은 서로 다르다(〈그림 2-6〉의 A형과 B형 참조). 김정일 정권에서는 최고지도자와 핵심 엘리트 간 경계가 명확하고 최고지도자가 핵심 엘리트 위에 군림하였다. 절대적 존재인 김정일은 권력 운용 중추 기구를 당·정·군 중 어느 하나에 특정하지 않고 필요에 따라 선택할 수 있었다. 김정일은 당 제도화를 약화시킴으로써 당·정·군에 대한 직할통치(수직적 역할 분담)를 실시한 것이다.

현재 김정은 정권에서는 최고지도자와 핵심 엘리트 간 경계가 흐릿해지고 군림보다는 핵심 엘리트가 최고지도자를 떠받들고 있는 모양이다. 최고지도자와 핵심 엘리트 간 관계가 일방적 지시에서 상호 의존 형태로 변화한 것이다. 최고지도자의 직할통치가 약화된 상황에서 당 제도화가 일정하게 회복되고 선군정치 아래에서 제한적·간헐적으로 실시되었던 내각책임제가 강화됨으로써 당·정·군의 수평적 역할 분담이 진행되었다.

2012년 4월 제4차 당대표자회와 7월 리영호 숙청을 지나면서, 김정은과 핵심 엘리트 간 힘의 균형 상태가 김정은에게 권력이 집중되는 방향으로 변화하였다(〈그림 2-6〉의 B형과 C형 참조). 핵심 엘리트 사이에서 분화가 발생하였고 족벌과 공안세력을 중심으로 김정은의 측근이 형성되었다. 비대해진 군의 역할과 권한(혁명의 주력군, 외화벌이 사업권 등)이 재조정되면서 정치군인(총정치국)에 의한 야전군인(총참모부, 당중앙군사위원회)의 통제가 이루어진 것이다. 김정은 후계자 내정 이후 4년 동안 군 지휘부와 공안기관 책임자들이 전원 교체되었다. 신임 책임자는 동일 조직 내부에서 발탁하기보다는 다른 조직의 인물을 투입하는 방식이었고, 김정일이 임명한 인물을 김정은이 다시 교체하였다. 이러한 과정을 거치면서 김정은의 권위와 권력의 집중도가 더욱 강화되었고, 2012년 말 현재의 권력구조는 제한적 단일지배체제가 점차 단일지배체제로 이행하는 과정에 있는 것으로 보인다.

단일지배체계와 유일지도체계 이종석은 단일지도체계와 유일지도체계를 구분한다.(『조선로동당 연구』, 이종석 지음, 역사비평사, 1995년, 16쪽) 전자는 1인의 절대권력자에 의해 물리력을 기초로 해서 운용되는 지도체계 일반이고, 후자는 권력이 1인에게 집중되어 있을 뿐 아니라 최고지도자를 중심으로 전체 사회가 전일적인 하나의 틀로 편재되어 있으며 이 체제를 뒷받침하는 이론적 체계까지 갖추고 있는 지도체계이다. 또한 전자는 주로 힘의 통치에 의존해서 존립하지만, 후자는 힘뿐만 아니라 이 체계를 합리화시켜 주는 이데올로기와 사회문화적 정서까지도 스스로 재생산한다. 북한의 경우 1967년을 중심으로 전자에서 후자로 이동했다고 볼 수 있다.

권력엘리트

북한의 세대 구분

북한에서 세대를 바라보는 기본 관점은 '매 세대들이 그들이 살며 투쟁하여 온 역사와 생활경위, 생활체험에서 각기 자기의 특성을 가진다'는 것이다. 그러나 북한은 김정일시대에 들어 세대를 주체사상의 관점에서 재해석하고 있다. 즉 북한은 이전의 세대 구분이 사회연령적 구분이었다며 이제는 세대를 '사회와 역사 발전에서 차지하는 해당 역사적 시대의 인민대중의 지위와 역할, 특히는 청년들의 사회적 활동을 기본으로 하여 규정'하여야 한다고 주장한다.

북한은 이전의 세대이론에 대해 "세대는 거의 동시에 출생하고 동일한 연령기에 처해 있는 사람들, 사회연령적으로 이해해 왔다. 또한 세대를 동시대인, 즉 같은 역사적 시기에 사는 가이한 연령의 사람들의 십단으로 바라보았다. 대체로 출생의 동시성, 생활 기간 등을 위주로 하여 이해하는 경우가 많았으며 한 세대를 30년으로 보고 '3세대 1세기론'을 주장하였다"라고 평가하면서, 주체사상의 관점에서 "우리 혁명의 1세대, 2세대는 조국을 광복하고 우리의 조국땅 우에 인민대중 중심의 가장 우월한 우리식 사회주의를 건설하는데서 위훈을 세운 세대이며, 혁명의 3세대, 4세대는 그것을 튼튼히 고수하고 제국주의자들과 반동들의 책동으로부터 우리나라 사회주의 제도를 공고발전시키며 옹호고수하기 위하여 투쟁하는 세대"[25]라는 해당 역사발전의 시기에서 인민대중의 지위와 역할을 중심으로 세대를 정의하고 있다.

결국 북한의 세대 구분에서는 단순연령효과(age effect)보다 동기효과(cohort effect)를 기본으로 하여 역사적 경험을 중요한 기준으로 내세우고 있다. 즉 역사적 격변을 통해 세대가 구분되며 각 세대별로 의식에 차이가 있다는 것이다. 비슷한 시기에 태어나 동일한 생애주기(life stage) 단계에서 동일한 역사적 사건을 경험하는 출생 코호트(cohort)를 기본 준거로 삼고 있다는 것이다.

하지만 북한의 세대 구분은 모호한 점이 많다. 1세대, 2세대에 대한 규정은 명확하나 3세대, 4세대에 대해서는 이 두 세대를 이전 두 세대와 구별하지만 각각에 대한 엄밀한 규정을 찾기가 쉽지 않다. 그리고 3세대와 4세대를 이른바 '새 세대'로 함께 포함시킬지에 대해서도 논란의 여지가 있다. 북한의 공식 문헌에 따르면, 혁명 1세대는 식민지 시기 항일혁명투사들을 가리키고 2세대는 한국전쟁 참가자들과 전후 천리마운동 시기의 참여자들을 의미한다. 그리고 새 세대는 주체사상이 구현된 우리식 사회주의가 수립된 이후 태어난 세대를 지칭한다.

여기서 새 세대는 사전적 의미로 '청소년, 청년 학생'을 의미한다. 청소년이란 '청년과 소년'이다. 따라서 새 세대는 청소년기와 소년기에 있는 모든 연령층인데, 조선소년단원(9~13세), 김일성사회주의청년동맹(14~30세) 등이 포함된다. 하지만 현실에서는 이러한 연령층에 따른 구분보다는 사회역사적 경험, 즉 시대의 변화와 과업에 따른 구분이 더 의미가 크다. 즉 '3세대 1세기

천리마운동 천리마(千里馬)를 탄 기세로 생산성을 획기적으로 높이자는 의미로 사용되는 사회주의 경쟁운동의 하나이다. 1956년 제기된 천리마운동은 사회주의 생산경쟁운동 형태로 시작하여 1960년대 경제성장의 밑바탕이었으며, 이후 북한의 '사회주의 건설과 혁명을 촉진하는 강력한 추동력, 사회주의 건설의 총노선'이 되었다. 그러나 자본투자와 기술혁신이 뒷받침되지 않은 노력동원방식은 한계생산체감에 의해 성장한계에 직면하게 되었다.

표 2-2 북한의 세대 구분과 특징

세대	활동 시기 및 출생 년도	지도자	특징
1세대	항일무장투쟁 참가자	김일성	- 정규교육 못 받음 - 사상성 강함
2세대	한국전쟁, 전후복구 참여	김일성	- 정규교육 못 받음 - 사상성 강함
3세대	50년대 중반~70년대 중반 출생자	김정일	- 일제폭압과 전쟁 겪지 않음 - 정규교육 받기 시작 - 김정일 당사업 개시時 출생함 - 성장기 물질적 혜택받음
4세대	70년대 중반 이후 출생자	김정일	- 일제폭압과 전쟁 겪지 않음 - 정규교육 수혜자 - 김정일 후계자 확정 이후 출생함 - 성장기 물질적 혜택받음. 그러나 고난의 행군을 겪기도 함

론'을 부정한 북한의 세대 구분에서 1세대와 2세대가 김일성과 함께 혁명과 건설을 한 세대라면, 새 세대인 3세대와 4세대는 김정일과 혁명과 건설을 함께 한 세대이다. 따라서 3세대와 4세대인 새 세대는 '선군혁명세대', '고난의 행군, 강행군을 체험한 세대'로 불린다.[26]

그런데 위의 구분에서 1세대, 2세대와 구분되는 3세대의 규정을 유추할 수 있는 단서를 발견할 수 있다. 바로 "1970년대 주체혁명위업계승의 력사적인 시기에 자라난 세대들"이다. 이 단서에 따르면, 3세대가 '1970년대에 자라났다'고 했기 때문에 그 출생을 1950년 중반까지 추정할 수 있다. 이 시기에 태어난 세대들은 북한의 전후복구사업이 비교적 '성공적으로' 추진되어 이전 세대에 비해 물질적 혜택을 상당히 많이 받고 1975년부터 시작된 11년 의무교육의 수혜자로서 정규교육을 받은 세대이다. 또한 김정일이 대학을 졸업하여 당사업을 개시한 시기이다.

그렇다면 3세대와 4세대는 어떻게 구분하나? 단서는 1993년 2월 28일 『로동신문』에서 고등중학교 졸업을 앞두고 농촌과 탄광 부문으로 진출하기로 결심한 학생들을 '혁명의 4세대'로 지칭한 것에서 찾을 수 있다. 이 주장에 따르면

4세대는 1970년대 중후반 출생자들이다. 정규교육체계가 완비되어 본격화된 교육 수혜를 받았으며 성장기를 고난의 행군 시기에 보냈다. 그리고 김정일이 후계자로 결정된 이후에 태어난 세대들이다. 북한의 세대 구분을 〈표 2-2〉와 같이 정리할 수 있다.

그러나 이러한 세대 구분에도 불구하고 현실적으로 세대를 20년 간격으로 봐야 한다는 주장도 있다. 최근 북한에서는 '인구재생산주기'가 어머니가 첫 아이를 낳을 때의 나이와 그 딸이 성장하여 첫 아이를 낳은 때까지의 나이 간격이라며 일반적으로 20년 이상이라는 것이다.[27] 이를 근거로 세대를 나누었을 경우 사회연령적 구분이라는 비판에 직면하지만, 1세대 항일빨치산 세대, 2세대 한국전쟁 참전세대, 3세대 전후세대, 4세대 '고난의 행군 세대' 등 명료하다는 장점이 있다.

엘리트 충원과 세대교체

북한에서 간부 선발의 표징은 첫째, 당에 대한 충실성이다. 당에 충실하다는 것은 당정책을 집행하기 위하여 무조건 투쟁하는 것을 의미한다. 이 원칙은 정권 초기부터 현재까지 일관적으로 가장 중요한 원칙이다. 둘째, 실질적 수행 능력이다. 간부 선발 배치에서 이력서에만 의존하는 현상을 없애고 당사자의 실제 사업 능력을 정확히 파악하여 정치실무적 자질이 높고 조직적 수완이 있는 사람들을 간부로 등용한다는 것이다. 셋째, 당의 계승성을 보장하기 위해 노(老) 간부와 젊은 간부를 적절히 배치하여 간부 대열을 노·장·청 배합의 형태로 만들어야 한다는 원칙이다. 특히 후속세대(새 세대) 양성 사업에 각별한 관심을 두고 있다.

그런데 김일성시대와 김정일시대 간부 등용 원칙에서 차별적인 부분도 있다. 김일성시대에는 간부 등용에 있어 출신 계급이 중요시되었는데 노동계급, 고농·빈농 출신이 우대되었다. 당국가건설에서 이들이 기본토대이고 이때까지만 해도 인텔리에 대한 신뢰가 그리 높지 않았던 점을 반영한 것이다. 반면,

표 2-3 최고인민회의 대의원 구성 비교

분류		9기(1990년)	10기(1998년)	11기(2003년)	12기(2009년)
직업	노동자	37%	31.3%	33.4%	10.9%
	협동농장원	10.4%	9.3%	9.3%	10.1%
	기타	52.6%	59.4%	57.3%	79%(군인16.9)
정당	조선로동당	87.5%	87.5%		
	조선사회민주당	7.4%	7.6%		
	천도교청우당	3.2%	3.4%		
	기타	1.9%	1.5%		
성	남성	79.9%	79.9%	79.9%	84.4%
	여성	20.1%	20.1%	20.1%	15.6%
연령	35세 이하	2.9%	1.9%	2.2%	1%
	36~55세	56.8%	48.5%	50.1%	48.5%
	56세 이상	40.3%	49.6%	47.7%	50.5%
학력	대졸 이상	68.2%	85%	9139%	94.2%
	전문대 이하	31.8%	15%	6.1%	5.8%
기타	명예칭호	63.8%	52.3%	48%	42.4%
	전문가	64.5%	72.2%	89.5%	90.4%

1980년대 이후 김정일시대에는 새 세대들을 대담하게 등용하자는 입장으로 선회하였다. 간부 충원에 있어 전문성, 능력, 학력 등이 중요하게 된 것이다. 2006년 1월 김정일은 "이제는 사회생활 전반에서 사람들의 학력을 중시해야 한다." "간부는 지식이 있어야 발언권이 서고 제 구실을 할 수 있고 공부를 하지 않아 지식이 없는 간부는 발언권이 설 수 없다"라고 강조한 바 있다.

시간은 세대교체를 당연시한다. 최근 북한 권력 엘리트의 세대교체는 2.5세대 또는 3세대로 일정 정도 진행되었고, 중앙 차원의 변화보다는 지방 차원(공장·기업소)의 변화가 많고, 정치·군사관료의 변화보다는 경제 전문가의 변화가 많았다. 그런데 북한의 혁명 3, 4세대는 일제폭압과 전쟁을 겪지 않고 정규교육을 받았으며 김정일의 당사업 개시와 더불어 출생하거나 성장한 세대이다. 그리고 성장기에 물질적 혜택을 받았지만 또한 고난의 행군으로 인해 경제적 고통도 받았다. 따라서 이들은 혁명 1, 2세대에 비해 혁명과 건설의 역사가 부족한 반면, 젊음으로 인해 외부 문화에 쉽게 동화되어 정치사상적으로도 그리 견결하지 않을 수 있다.

일반적으로 젊은 세대로의 교체는 변화 지향적이다. 이것을 북한에 적용하면 정치적으로는 민주화, 경제적으로는 개혁·개방에 친화적이라 할 수 있다. 하지만 중국의 경우 4세대 기술 관료가 등장하였지만 이들은 정치제도에 회의적이며 정치적 민주주의의 개방성과 평등에 대해 무관심하다. 오히려 민주주의를 경제기술적 성취의 장애물로 여기기까지 한다. 따라서 북한의 일정 정도 진행된 세대교체를 두고 단편적으로 민주화와 개혁·개방으로 연결시키는 것은 성급할 수 있다.

결국 북한 사회에서 세대교체가 진행되고 있지만 이 방향이 중국식으로 흐를 수 있다는 점을 잊어서는 안 된다. 정치적으로는 통제하되 경제적으로는 혁신을 요구하는 것이다. 장시간 후에는 통제와 혁신이 충돌할 수밖에 없지만 당장 이러한 현상이 벌어질 가능성은 그리 높지 않을 수 있다. 경제적 공간에서는 최대한 실리가 보장되겠지만, 정치적 공간에서의 민주주의는 북한에서 큰 변화가 발생하지 않는 한 지체될 것이다.

| 북한의 권력구조에 대해 더 읽을거리 |

단행본

『북한 권력의 역사』, 백학순 지음, 784쪽, 한울, 2010년.

해방 이후 2010년 현재까지의 북한 권력의 역사를 구성주의적 시각에서 분석했다. 북한의 권력투쟁을 권력자들의 '사상'과 '정체성' 간의 투쟁으로 접근했으며, 그들이 주어진 '정치기회구조'에 다양하게 반응한 이유들을 심층적으로 설명한다.

『현대 북한의 지도자 : 김일성과 김정일』, 서대숙 지음, 320쪽, 을유문화사, 2000년.

김일성이 북한을 어떻게 이끌어 왔고, 김정일이 미완의 과제를 어떻게 해결해 나갈 것인지를 설명했다. 북한의 주체사상, 권력승계, 정치체제, 대외관계 등에 대해서도 알기 쉽게 서술했다.

『조선로동당 연구』, 이종석 지음, 400쪽, 역사비평사, 1997년.

해방 이후 40년간의 『로동신문』을 시계열적으로 분석하여 주로 북한의 사상과 정치체제 부문에 초점을 맞추었다. 북한의 역사부문도 유일지도체계가 형성되어가는 과정을 정치사적 측면에서 살펴보고 있다.

논문

최완규, "북한 국가 성격의 이론과 쟁점: 비교 사회주의적 관점", 『현대북한연구』 4권 1호, 2001년.

북한의 국가성격을 비교 사회주의적 맥락에서 분석하고 있다. 특히 스탈린 치하의 소련 및 차우셰스쿠 치하의 루마니아와 비교론적 접근을 통해서 북한 국가 성격의 특수성과 일반성을 규명한다.

한병진, "북한의 권력게임과 빗장전략", 『현대북한연구』 16권 1호, 2013년.

북한 국내 정치와 정책을 다양한 이론적 관점에서 연구할 것을 제안한다. 합리적 행위자 모델, 전망이론 등을 통해 북한 독재정권의 권력투쟁과 정책을 설명하고, 조정게임을 통해 북한 엘리트의 협력과 딜레마를 조명한다.

| 김정은 정권의 파워 엘리트 |

① 김정은(최고지도자)

- 북한 당·정·군의 최고직책 겸직, 제3대 수령
- 1982(또는 83 또는 84). 1.8 출생
- 스위스 유학
- 조선로동당 제1비서, 국방위원회 제1위원장, 당 정치국 상무위원, 당 중앙군사위 위원장, 인민군 최고사령관, 공화국 원수

② 김영남(최고인민회의 상임위원장, 국제통)

- 최고원로, 공식서열 2위, 1998년부터 최고인민회의 상임위원장직 수행
- 1928.2.4 평양 출생
- 김일성종합대학 졸업, 모스크바대학(외교학 전공)
- 최고인민회의 상임위원장, 당 정치국 상무위원, 당 정치국 위원, 김일성훈장 수훈, '노력영웅' 칭호, 김정일훈장 수훈

③ 최룡해(인민군 총정치국장, 청년동맹 출신)

- 김정은 정권의 실세, 공식서열 3위, 최현(전 인민무력부장)의 아들
- 1950.1.15 황남 신천군 출생
- 만경대혁명학원, 김일성종합대학 정치경제학부 졸업
- 인민군 총정치국장, 당 정치국 상무위원, 당 중앙군사위 부위원장, 국방위원회 위원, 인민군 차수, 김일성훈장 수훈, '공화국영웅' 칭호, 김정일훈장 수훈

④ 장성택(국방위원회 부위원장, 후계승계 담당)

- 김정일 여동생의 남편, 김정일·김정은 후계승계의 공신, 공안담당 책임자
- 1946.1.22 함북 청진시 출생
- 김일성종합대학, 모스크바 유학
- 국방위원회 부위원장, 당 정치국 위원, 당 중앙군사위 위원, 당 중앙위 부장, 인민군 대장, 국가체육지도위원장, '노력영웅' 칭호, 김일성훈장 수훈, 김정일훈장 수훈

⑤ 김경희(당 비서, 경제통)

- 김정일의 여동생, 김정은 정권의 지지세력, 경공업 담당
- 1946.5.30 평양 출생

- 김일성종합대학, 모스크바대학
- 당 중앙위 비서, 당 정치국 위원, 인민군 대장, 김일성훈장 수훈, '노력영웅' 칭호, 김정일훈장 수훈

⑥ 박봉주(내각총리, 경제통)

- 개혁개방의 상징, 7·1조치 주도 후 낙마, 2013년 내각총리 복귀
- 1940년생
- 덕천공업대학 졸업
- 당 중앙위 부장, 당 정치국 위원

⑦ 김영철(인민군 정찰총국장, 군부)

- 군부강경세력의 상징, 남북회담 경험, 대남공세 책임자
- 1946 양강도 출생
- 만경대혁명학원, 김일성군사종합대학 졸업
- 인민군 정찰총국 총국장, 당 중앙군사위 위원, 당 중앙위 위원, 인민군 대장, 김정일훈장 수훈

⑧ 김양건(통일전선부장, 대남통)

- 2007년 남북정상회담 실무책임자, 대남관계 책임자
- 1942.4.24 평남 안주시 출생
- 김일성종합대학 불어과 졸업
- 당 중앙위 비서, 당 통일전선부장, 당 정치국 후보위원, 조선아시아태평양평화위원장, 조선대풍국제투자그룹 이사장, 김일성훈장 수훈, 김정일훈장 수훈

⑨ 로두철(내각부총리, 경제통)

- 개혁개방인물, 국가계획위원회 장기 근속
- 1944년생
- 내각 부총리 겸 국가계획위원장, 당 정치국 후보위원, 조선국제합영총회사 이사장

⑩ 김기남(당 비서, 선전담당)

- 당 선전선동 책임자, 국가원로
- 1929.8.28 함남 금야군 출생
- 김일성종합대학, 만경대혁명학원, 모스크바국제대학
- 당 중앙위 비서, 당 선전선동부 부장, 당 정치국 위원, 조국평화통일위원회 부위원장, 6·15공동선언실천 북측위원회 명예위원장, 김일성훈장 수훈, 김정일훈장 수훈

⑪ **강석주(내각부총리, 대외통)**

- 대외담당 부총리, 북미협상 정통
- 1939.8.29 평남 평원군 출생
- 평양외국어대학(영어), 국제관계대학(불어) 졸업
- 내각 부총리, 당 정치국 위원, 김일성훈장 수훈, 김정일훈장 수훈

⑫ **최영림(경제관료, 당관료)**

- 김정일시대와 김정은시대를 이어주는 내각총리, 내각총리의 현지요해로 민생탐방, 2선 후퇴
- 1930.11.20 함북 경흥군 출생
- 만경대혁명학원, 김일성종합대학 졸업
- 내각 총리, 당 정치국 상무위원, 당 정치국 위원, 국가비상방역위원회 위원장, 김정일훈장 수훈

⑬ **리영호(야전군인)**

- 김정은 후계체제 구축의 일등공신, 2012년 7월 숙청
- 1942.10.5 강원도 통천군 출생
- 김일성군사종합대학 졸업
- 평양방어사령관, 인민군 총참모장, 당 정치국 상무위원, 당 중앙군사위 부위원장, 인민군 차수, 김정일훈장 수훈

⑭ **김원홍(국가안전보위부장, 정치군인)**

- 김정은 정권에 들어 출세가도, 보위사령관과 총정치국 부국장 등 공안계통 전문가
- 1945년생
- 김일성정치군사대학 졸업
- 국가안전보위부장, 당 정치국 위원, 당 중앙군사위 위원, 국방위원회 위원, 인민군 대장, 김정일훈장 수훈

⑮ **박도춘(당료)**

- 연형묵 사망(2005년) 이후 자강도 당비서를 기반으로 승승장구
- 1944.3.9 자강도 낭림군 출생
- 김일성고급당학교 졸업
- 당 중앙위 비서, 당 정치국 위원, 국방위원회 위원, 인민군 대장, 김정일훈장 수훈

⑯ **문경덕(당료, 청년동맹 출신)**

- 핵심엘리트 중 가장 나이가 어리다. 평양시(최영림 후임)와 청년동맹(장성택과 인연)이 정치기반

- 1957.10.12 평양 출생
- 김일성종합대학 졸업
- 당 중앙위 비서 겸 평양시 당위원회 책임비서, 당 정치국 후보위원, 당 중앙위 위원, 김일성훈장 수훈, 공화국 영웅 칭호, 김정일훈장 수훈

⑰ 리영수(당료, 청년동맹 출신)

- 청년동맹(장성택과 인연)과 조국통일민전에서 활동
- 1946년생
- 김일성종합대학 졸업
- 당 중앙위 부장, 당 중앙위 위원, 국가체육지도위원회(위원장: 장성택) 부위원장, 김일성훈장 수훈

⑱ 전승훈(내각부총리, 경제통)

- 금속공업 담당, 남북경제협력공동위원회 북측위원장
- 1951년생
- 김책공업대학 졸업
- 내각 부총리, 최고인민회의 제12기 대의원

III

탈냉전기 대외정책과 대외관계

냉전 시기 북한의 외교는 **對사회주의권 진영외교**를 중심에 두고 제3세계 국가들과의 비동맹외교를 보조적으로 결합하는 방식으로 전개되었다. 1948년 정권 수립 이후 1950년대 중반까지 북한은 안보와 경제를 소련(및 동구)과 중국에 전적으로 의존하면서 양자 사이에서 균형을 유지하는 등거리외교를 추진하였다. 또한 1950년대 중반 신생독립국들을 중심으로 비동맹운동이 출범하자 중소 의존외교에 비동맹외교를 결합하는 외교적 다변화를 추진하였다. 그러다 1960년대 들어 중소분쟁이 촉발되자 북한은 **자주외교를 표방하고 비동맹외교를 한층 강화**하는 한편, 중소갈등을 이용하여 양국 사이를 오가며 자국의 이익을 극대화하는 **역동적 등거리외교, 시계추외교**를 추진하였다. 냉전 말기까지 지속된 자주외교를 통해 북한은 안보와 경제 모두에서 큰 실리를 거두게 된다.

탈냉전과 함께 북한외교는 새로운 도전에 직면한다. 사회주의권이 붕괴된 데 더해 최대의 후견국이던 소련과 중국이 한국과 수교를 맺었으며, 전 세계의 자본주의화로 비동맹운동 역시 침체에 빠지게 되었다. 그 결과 북한은 완전한 외교적 고립에 직면하게 된다.

이러한 상황을 돌파하고자 북한은 한·미·일과의 관계개선을 목표로 한 남방외교를 추진한다. 1차 **남방외교는 대남관계, 대일관계 개선을 경유하여 북미수교를 달성하려는 전략**이었다. 1차 남방외교는 **〈남북기본합의서〉, 〈북일 3당 공동선언〉, 북미 차관급회담** 등 일정한 성과를 거두었으나 1992년 말 북핵문제가 다시 대두되면서 좌절하고 만다. 이에 북한은 핵카드를 활용하여 북미수교를 직접 강제하는 2차 남방외교를 추진, **〈북미 제네바합의〉**라는 북미수교 약속을 받아내는 데 성공한다. 그러나 합의 직전 김일성의 사망으로 북한 내정이 불안해지고 미국에서도 대북 관여정책에 반대하는 공화당이 상·하 양원을 차지하면서 제네바합의는 제대로 이행되지 못하고 표류하고 만다.

탈냉전 2기의 외교는 1998년 9월 김정일 정권의 공식 출범과 함께 시작되었다. 북한은 대포동미사일 시험발사를 통해 미국을 협상장으로 이끌어내는 한편, 한국, 중국, 러시아, 유럽, 동남아시아(옛 비동맹권)에 이르기까지 동시에 관계개선을 추진하는 **전방위외교**를 가동하였다. 전방위외교는 일본의 대

임수호 (삼성경제연구소 수석연구원)

북접근도 유도하였다. 결과적으로 북한은 2000~2005년에 이르는 기간 동안 한국, 일본, 중국, 러시아와 정상회담을 가졌고, 미국과도 정상회담 직전까지 가는 외교적 성과를 거두게 된다. 나아가 대부분의 유럽연합(EU)국가들과 수교를 맺고 동남아시아 국가들과의 국교도 재개하였다.

그러나 전방위외교는 부시 행정부의 출범으로 좌절을 맞게 된다. 부시 행정부의 대북 강경정책과 이에 대한 북한의 반발은 2002년 말 2차 **북핵위기**를 초래하였고, 그 결과 미국, 일본, 한국을 대상으로 한 관계개선 프로세스는 정체기를 맞게 된다. 이에 북한은 2000년대 중반부터 핵무기 보유선언, 핵실험 등으로 대미 협상력 강화를 추진하는 한편, 중국과 러시아라는 냉전시대 동맹국과의 관계를 강화하는 데 힘을 쏟기 시작한다. 특히 북한은 중국과의 관계개선을 통해 **북중관계를 냉전시대의 혈맹관계에 버금가는 수준으로 개선**하는 데 힘을 쏟았다. 이는 2000년대 중반 이후 본격화된 중국의 부상과 주변국으로의 영향력 확장정책에 편승한 정책이었다.

이명박 정부와 오바마 행정부 출범 이후 북한의 對북방 밀착은 가속화되었다. 한국과 미국은 '전략적 인내' 기조에 따라 북한의 핵카드를 무시하는 정책으로 일관하였고, 이에 대해 북한이 로켓발사와 2차 핵실험, 대남도발 등으로 맞서면서 한·미·일과의 관계개선을 위한 기회의 창은 점점 닫혀지는 상황이 초래되었다. 이에 북한은 글로벌 금융위기 이후 G2로 부상하기 시작한 중국과의 관계개선에 집중하여 바야흐로 **북중밀착 시대**, **신북방외교 시대**가 전개되었다.

2011년 12월 김정일 사망 이후 북한외교는 다시 한 번 유턴을 준비하고 있는 것으로 보인다. 북한은 3차 핵실험을 통해 핵무장 노선을 노골화하는 한편, 이를 강력히 규탄하는 중국과도 일정한 거리두기를 시작했다. 현재 북한은 핵보유국의 지위를 인정받는 조건에서 핵군축과 평화협정 체결을 맞바꾸자고 미국에 요구하고 있다. 북한의 핵도박이 성공할지 아니면 더 큰 고립을 자초할지, 국제사회의 관심이 집중되고 있다.

은하 3
은하 3

북한은 비합리적 행위자인가

우리는 보통 북한의 외교 행태를 묘사할 때 '벼랑 끝 외교', '곡예외교', '롤러코스터 외교'와 같은 비유적 용어를 사용하곤 한다. 북한의 외교행태가 그만큼 불규칙적이고 예측이 어렵기 때문이다. 북한은 국제사회와 관계개선을 추진하다가도 어느 순간 핵실험이나 장거리 로켓 시험발사와 같은 도발적 행동으로 폭주하곤 했다. 오바마 대통령의 표현을 빌리자면, '같이 밥을 먹다가 어느 순간 갑자기 숟가락으로 밥상을 두드리고, 여의치 않으면 숟가락을 내팽개치고 밥상을 엎는 일'이 다반사였던 것이다.

이런 일이 20년 이상 반복되다 보니 오늘날 북한의 대외행보를 예측하는 일은 주식시장의 등락을 예측하는 것보다 더 어려운 일로 받아들여지고 있다. 주식시장에서 유일하게 예측이 가능한 것은 떨어진 주가는 다시 오르고, 오른 주가는 다시 떨어진다는 사실이다. 하지만 언제 어떤 조건에서 주가가 오르내리는지는 예측이 어렵고 일이 벌어지고 난 다음에야 사후적으로만 알 수 있다. 마찬가지로 북한외교에서 작동하는 유일한 법칙은 도발은 대화로 이어지고, 대화는 다시 도발로 이어진다는 사실뿐인 것처럼 보인다. 언제 어떤 조건에서 도발적 행동과 유화적 제스처를 취하는지 예측이 어려운 것이다. 예측이 어려울 뿐 아니라 주식시장과 달리 사후적 분석도 어렵다. 외부에서는 북한의 외교정책 결정 메커니즘을 들여다볼 길이 없기 때문이다.

대북외교에 대한 피로감과 분석적 좌절감은 북한을 비합리적 존재로 간주하게 만드는 배경이 되고 있다. 이러한 인식은 한국과 미국을 비롯한 국제사회 외교가에 널리 퍼져 있다. 그러나 북한의 최고지도자들이 비합리적 존재였다면, 자신보다 수십 배, 수백 배나 큰 강대국들의 틈바구니에 끼인 약소국 북한이 수십 년 동안 존립할 수 있었을까? 오히려 북한은 강대국들의 틈바구니 속에서 교묘한 줄타기를 통해 생존을 도모해왔다고 보는 것이 더 그럴싸한 가정이 아닐까?

이 장에서는 북한도 자신의 국익을, 자신이 생각하는 합당한(reasonable) 수단을 통해 실현하고자 하는 합리적인(rational) 존재라고 가정한다. 물론 북한이 합당하다고 생각하는 외교수단들은 외부에서 보면 합당하지 않은 것들이 많다. '벼랑 끝 외교'나 핵·미사일 카드, 대남도발과 같은 것들이 대표적인 예가 된다. 또한 인간과 마찬가지로 국가라는 존재도 합리성에 제약이 따르기 마련이다. 정책결정자의 인지적 한계에 더해 합리성을 제약하는 국내정치가 작동하기 때문이다. 그러나 사회과학적 분석을 위해서는 북한 역시 이러한 제한적 합리성(bounded rationality)의 범주를 벗어나지 않는다고 전제하는 것이 필요하다.[1]

여기에서는 암상자(black box)와도 같은 북한의 외교를 이해하기 위해 반드시 필요한 기초지식들을 제공하고자 한다. 북한외교의 기조와 정책결정·집행체계를 설명하기 위해, 우선 냉전시대에 형성된 외교적 유산과 지정학적 환경을 종합적으로 분석함으로써 북한이 주장하고 있는 자주외교의 실질적 의미에 대해 살펴본다. 다음으로 외교정책의 결정·집행체계와 관련하여 조선로동당 국제부와 외무성의 역할분담을 검토하고, 당 정치국 등 집체적 의사결정기구 속에서 관료정치의 작동 가능성을 검토하였다.

탈냉전기 북한외교의 전개과정을 자세히 살펴볼 필요도 있다. 탈냉전기 북한의 대외정책은 외부환경의 변화에 적응하면서 역동적으로 변화해왔다. 이 글에서는 1980년대 후반부터 1992년 말까지를 남방외교 1기, 1993년 초반부터 1990년대 후반까지를 남방외교 2기, 1990년대 후반부터 2000년대 초반까지를 전방위외교 시기, 2000년대 초반부터 2000년대 후반까지를 6자외교 시기, 그리고 2000년대 후반 이후 현재까지를 냉전시대의 북방외교와 구분하여 신북방외교 시기로 구분하고 각각의 논리와 전개 과정을 설명하였다. 아울러 김정은 정권 출범과 함께 나타나고 있는 외교정책 변화 조짐에 대해서도 간략히 검토하였다.

마지막으로 북한 외교정책의 양대 현안인 핵문제와 평화체제 문제에 대한 북한의 입장을 설명하였다. 핵문제에 대한 북한의 대응 방식을 이해하기 위해서는 국제사회가 말하는 핵문제와 북한이 말하는 핵문제, 국제사회가 말하는 비핵화와 북한이 말하는 비핵화가 어떻게 다른 것인가를 파악해야 한다. 뿐만 아니라 핵문제와 비핵화에 대한 북한의 인식 자체도 지난 20여 년의 기간 동안 진화해왔다는 점을 인지할 필요가 있다. 북한은 비핵화를 평화체제와 연관해서 사고하고 있다. 비핵화는 북한이 말하는 '새로운 평화보장체제'의 한 구성요소이다. 평화체제 수립은 비핵화의 전제조건이고 비핵화는 평화체제 수립의 구성요소라는 것이다. 이 점을 고려하지 않은 대북 비핵화 시도들은 지금까지 그래왔던 것처럼 앞으로도 실패할 가능성이 높다.

북한외교의 기조와 외교정책 결정 · 집행체계

북한외교의 이념과 기조

자주·평화·친선 북한은 자주·평화·친선을 대외정책의 기본이념이자 외교활동의 원칙으로 삼고 있다고 주장하고 있다. 예컨대 북한이 유일당인 조선로동당은 2012년 4월 개정된 당 규약 전문(前文)에서 "조선로동당은 자주·평화·친선을 대외정책의 기본이념으로 하여, 반제자주역량과의 연대성을 강화하고

사진 3-1 조선로동당 제6차대회에서 대회 준비에 대해 이야기를 나누는 김일성 주석과 김정일 당 조직비서의 모습.

다른 나라들과의 선린우호관계를 발전시키며, 제국주의의 침략과 전쟁책동을 반대하고 세계의 자주화와 평화를 위하여, 세계 사회주의운동의 발전을 위하여 투쟁한다"라고 명시하고 있다. 또한 2012년 9월 개정된 북한헌법 제17조 역시 "자주·평화·친선은 조선민주주의인민공화국 대외정책의 기본이념이며 대외활동 원칙이다. 국가는 우리나라를 우호적으로 대하는 모든 나라들과 완전한 평등과 자주성, 호상존중과 내정불간섭, 호혜의 원칙에서 국가적 또는 정치·경제·문화적 관계를 맺는다. 국가는 자주성을 옹호하는 세계인민들과 단결하며 온갖 형태의 침략과 내정간섭을 반대하고 나라의 자주권과 민족적·계급적 해방을 실현하기 위한 모든 나라 인민들의 투쟁을 적극 지지 성원한다"라고 규정하고 있다.

자주·평화·친선의 외교이념은 1980년 10월 10일 조선로동당 6차대회에서 김일성에 의해 정식화된 것이다. 김일성은 "우리 당은 지난날과 마찬가지로 앞으로도 대외활동에서 자주성을 확고히 견지하고, 세계 여러 나라들과의 친선협조관계를 발전시키며, 세계의 평화와 안전을 보장하기 위해 적극 노력할 것이다. 자주·친선·평화, 이것이 우리 당 대외정책의 기본이념"이라고 천명하고, 그 의미를 상세하게 설명하였다.

김일성에 따르면, 자주란 "모든 대외정책을 우리나라의 실정과 우리 인민의 이익에 맞게 독자적으로 결정하며 자신의 판단과 주견에 따라 외교활동을 벌려나가는 것", "국제관계에서 나서는 모든 문제를 우리혁명의 이익에서 출발하여 풀어나가는 것"을 의미한다. 따라서 북한은 타국이 "민족의 이익을 침해하거나 내정에 간섭하는 것을 허용하지 않을 것이며, 우리 역시 다른 나라에게 자기의 의사를 강요하지 않을 것"이라고 주장하고 있다. 다음으로 친선과 관련해서는 "우리나라의 자주권을 존중하는 세계 모든 나라들과 친선관계를 발전"시킬 것이라며, 그 대상으로 사회주의국가, 제3세계 비동맹국가, 그리고 북한을 우호적으로 대하는 자본주의 나라들, 특히 아시아 국가들을 지목하고 있다. 마지막으로 평화와 관련해서는 "평화와 안전은 제국주의자들의 침략과 전쟁정책을 반대하는 투쟁을 통해서만 수호할 수 있다"며, 군사동맹 해체, 해외주둔군 철수, 비핵지대 창설을 구체적인 과제로 제시하였다.[2]

국익외교와 혁명외교 일반적으로 외교란 타국과의 관계에서 자국의 국가이익을 도모하기 위해 취하는 제반 활동을 의미한다. 물론 국가이익(national interest)의 구체적 내용은 나라별로 다르겠지만, 생존과 번영이 핵심적 국가이익 범주라는 데는 별다른 이견이 없다.[3] 특히 북한의 경우에는 강대국에 둘러싸인 약소국이라는 지정학적 특성상 어느 나라보다 생존(survival)의 문제에 민감할 수밖에 없고, 이는 북한외교의 국익추구적 성격을 강화시키는 요인으로 작용한다.

그런데 위에서 살펴보았듯이, 북한의 외교이념에는 '국익추구행위로서의

비동맹운동(Non-Aligned Movement)

비동맹운동은 냉전이 한창이던 1961년, 티토 대통령(유고슬라비아), 네루 수상(인도), 나세르 대통령(이집트), 수카르노 대통령(인도네시아), 엔크루마 대통령(가나) 등 5인의 주도로 창설되었다. 제3세계 개도국은 서구(자본주의)나 동구(사회주의)와는 다른 '제3의 길'을 걸어야 한다는 것이 비동맹운동의 모토였다. 비동맹운동은 신생독립국들 사이에서 급속히 뿌리를 내렸고, 이들이 대거 유엔 회원국이 됨에 따라 미국과 소련 중심의 기존 유엔 정치역학을 위협할 정도로 영향력이 확대되었다. 그러나 사회주의권의 붕괴로 제3세계라는 개념 자체가 무의미해진 1990년대 이후에는 비동맹운동의 존재감은 크게 약화되었다. 2010년 현재 비동맹운동에는 118개국이 가입되어 있고, 유엔 의석의 약 2/3를 차지하고 있다.

티토 네루
나세르 수카르노
엔크루마

외교'라는 관념에 더해 '혁명운동으로서의 외교'라는 관념이 착종되어 있다. 반제자주, 민족적 · 계급적 해방, 세계사회주의 운동의 발전 등이 그것이다. 여기에는 두 가지 요인이 작용하고 있다.

첫째, 한반도 공산화 통일 전략이다. 북한은 1964년 2월 27일에 열린 당중앙위원회 제4기 3차 전원회의에서 '조선혁명의 전국적 승리'(공산화 통일)를 위해서는 북한('민주기지')의 혁명역량만이 아니라 남한의 혁명역량과 국제혁명역량을 함께 길러야 한다며, 이른바 '3대혁명역량 강화노선'을 채택했다. 이후 한반도 공산화 통일을 위한 국제혁명역량 강화는 북한외교의 핵심 목표 중 하나로 편입되었다. 같은 회의에서 김일성은 국제혁명역량 강화를 위해 사회주의 국가들과의 단결, 반미 · 반제국주의 투쟁을 벌이고 있는 제3세계 인민들과의 단결, 그리고 중립적 신생독립국들과의 단결을 제시하였다.[4]

물론 북한이 아직 공산화 통일 노선을 유지하고 있는지에 대해서는 논쟁이 있다. 한편에서는 탈냉전 이후 북한은 공산화 통일 노선을 사실상 포기했으며, 오히려 흡수통일을 방지하는 수세적 현상유지로 목표를 하향조정했다고 보고 있다.[5] 반면 다른 한편에서는 공산화 통일은 조선로동당 규약에 당면 임무로 명시되어 있는 목표이므로 북한이 이를 포기하거나 먼 미래의 일로 미뤄두고 있다고 보는 것은 잘못이라고 보고 있다. 실제 2012년 4월 개정된 조선로동당 규약 전문(前文)에는 "조선로동당의 당면목적은 공화국 북반부에서 사회주의 강성국가를 건설하며 전국적 범위에서 민족해방민주주의혁명의 과업을 수행하는데 있다"라고 하여 공산화 통일(전국적 범위에서 민족해방민주주의혁명)이 당면 목적임을 명시하고 있다.

둘째, 북한의 유일집권당인 조선로동당의 공산당적 정체성과 관련이 있다. 사회주의 · 공산주의 이데올로기에서 국가란 전 세계의 공산화라는 공산당의 혁명이념을 실현하기 위한 도구로 규정된다. 이를 위반하는 것은 공산당으로서의 정체성과 존립기반을 포기하는 일이 된다. 물론 현실 사회주의에서 당과 국가는 하나로 융합되어 당-국가체제(party-state system)를 이루고 있지만, 이론상으로나 현실상으로나 이 체제를 주도하는 것은 당이다. 따라서 북한만이 아니라 역사적으로 존재했던 모든 사회주의 국가의 외교는 혁명운동의 성격을 띠게 된다.

프롤레타리아 국제주의와 자주외교 세계혁명운동에의 기여라는 각국 공산당에게 부여된 국제적 임무는 '프롤레타리아 국제주의(proletarian internationalism)'로 불린다. 레닌에 따르면, 프롤레타리아 국제주의란 일국의 혁명운동을 세계적 규모의 혁명운동의 이익에 복종시키는 것을 의미한다. 즉 민족주의와 자국 이기주의를 배격하고 오직 세계혁명의 관점에서 활동해야 한다는 것이다. 이를 위해 레닌은 코민테른으로 불리는 국제공산당을 조직하고 각국의 사회주의, 공산주의 운동을 일괄적으로 지도하고자 하였다. 그러나 코민테른은 소련공산당에 의해 창립된 것이고 소련공산당의 지원에 의해서 운영된 것이기 때문에 소련의 국가이익에 영향을 받을 수밖에 없었다. 특히 스탈린은 소련이라는 세계혁명의 기지를 먼저 공고히 한 후 그것을 토대로 다른 나라에서 반제국주의 투쟁을 활성화한다는 일국사회주의론(一國社會主義論)에 기반한 세계혁명론을 제시하였다.[6] 이에 따르면 세계 모든 국가의 공산당과 혁명운동은 소련의 국가이익에 종속돼야 하고 소련의 지시를 따라야 했다. 이로부터 프롤레타리아 국제주의는 소련의 지배주의로 변질되었다.

그런데 지배주의의 문제는 소련만이 사회주의 국가이던 상황에서는 현실적 문제로 대두되지는 않았다. 그러다 2차 대전의 종식과 함께 각국에서 공산당이 정권을 장악하면서 프롤레타리아 국제주의와 국가이익 간 충돌이 시작됐다. 혁명운동으로서의 외교와 국익 추구 행위로서의 외교가 충돌하기 시작한 것이다. 중소분쟁은 그 대표적 사례였다. 그런데 북한과 같은 아시아 약소국의 입장에서 보면 프롤레타리아 국제주의 명목의 지배주의적 위협은 소련만이 아니라 중국으로부터도 제기되었다. 왜냐하면 소련이 유럽에 치중하면서 아시아 공산당과 공산국들에 대한 관리는 일정 부분 중국에 위임하고 있있기 때문이다. 따

라서 북한은 두 개의 지배주의에 대처해야 하는 상황에 직면하게 된다.[7]

북한이 프롤레타리아 국제주의와 국가이익 간 충돌에 대처하기 위해 개발한 논리가 바로 자주외교였다. 자주외교의 기본 논리는 "각국이 프롤레타리아 국제주의를 실천하는 최선의 길은 다름 아닌 자기나라 혁명을 완성하는 것"이라는 주장이다. 뒤집어서 이야기하면 자국의 국익에 충실한 것이 곧 세계혁명에 기여하는 것이며, 프롤레타리아 국제주의는 국익의 범위 내에서 실천되어야 한다는 것이다. 또한 세계혁명에서 소련의 지도적 지위를 부정하는 것은 아니지만, 자기 나라 혁명을 가장 잘 아는 것은 소련(이나 중국)이 아니라 바로 그 나라의 공산당이므로 프롤레타리아 국제주의는 각국의 정책적 자율성과 배치되지 않는다는 것이다. 자율성(자주성)에 기초하되 소련을 중심으로 형제적 단결을 이루는 것이 북한이 그리는 이상적인 사회주의 국제질서였다. 이처럼 자주외교는 냉전 시기 대(對)사회주의권, 특히 소련이나 중국과 같은 사회주의 대국과의 관계에서 지켜야 할 외교원칙, 대(對)동맹외교를 규제하는 규범으로 제시된 것이었다.

시계추외교와 갈등적 편승외교 자주외교론의 맹아는 교조주의와 형식주의를 비판한 1955년 12월 28일자 김일성의 연설에서 발견된다.[8] 소련이나 중국을 모방할 것이 아니라 '조선혁명', 다시 말해서 국익을 중심에 두고 사고하라는 요구였다. 이후 1956년 8월 종파사건에 대한 소련과 중국의 내정개입, 그리고 이후 터져 나온 중소분쟁을 겪으면서 북한의 자주외교론은 주체사상(사상에서의 주체, 정치에서의 자주, 경제에서의 자립, 국방에서의 자위)으로 심화되었고, 1960년대 후반부터는 소련과 중국에 대한 의존을 벗어나 제3세계 비동맹국가들과의 관계를 강화하는 비동맹외교로 외연이 확대되었다. 나아가 1970년대부터는 일부 자본주의권 국가와의 접촉과 개방외교로 이어졌다. 이른바 '친선외교'의 시작이었다. 북한이 평화를 반제자주투쟁으로 이해하는 것처럼, 친선외교 역시 자주외교의 외연 확장이었던 것이다.

그러나 외연 확장에도 불구하고 냉전 시기 자주외교의 중심 대상은 역시 북한의 생존과 번영에서 절대적 비중을 차지한 소련과 중국일 수밖에 없었다. 그리고 1960년대 중반 이후 자주외교는 지배주의에 대한 수동적 저항에서 벗어나, 소련과 중국 사이를 오가며 적극적으로 국익을 극대화하는 시계추외교(pendulum diplomacy)로 나타났다.

시계추 외교가 가능했던 것은 주위에 두 개의 대립하는 강대국이 존재했던 북한의 지정학적 환경 때문이었다. 중소분쟁이 바로 그것이다. 중소 간 전략적 경쟁과 분규는 북한의 지정학적 가치를 증가시켰고, 북한은 이를 기회적으로 활용하여 안보적, 경제적 이익을 극대화할 수 있었던 것이다. 중소분쟁 기간이 북한의 경제적 전성기와 일치하는 것은 우연이 아니다. 그러나 중소분쟁은 1989년 5월 중소 정상회담으로 종식되었다. 이와 함께 탈냉전이 시작되었다. 국익을 극대화할 수 있었던 사회주의 진영 내부의 갈등이 사라졌을 뿐 아니라 사회주의 진영 자체가 사라져버린 것이다. 특히 1990년 9월 한소수교로 인

중소분쟁(中蘇紛爭)

1960년에서 1989년까지 소련과 중국 사이에 벌어진 이념적, 정치적, 군사적, 전략적 논쟁과 분규, 경쟁과 충돌을 의미한다. 1956년 소련이 제기한 동서 평화공존론에 대해 중국이 불만을 가지면서 분쟁의 씨앗이 내연했다. 1958년 대만해협 위기와 중국-인도 국경분쟁에서 소련이 중립적 입장을 취하자 중국은 소련을 수정주의(변절)라고 비판하기 시작했고 이에 소련이 중국을 교조주의로 비판하면서 분쟁이 촉발되었다. 이후 분쟁은 알바니아 문제, 유고슬라비아 문제, 핵무기 문제 등 외교적 문제로까지 확산되었고, 1969년에는 양국 간 국경선을 둘러싸고 군사충돌이 발생하기도 했다. 1970년대 들어 미국 닉슨 행정부가 미중수교를 통해 소련을 고립시키는 정책을 추진하고 이에 중국이 편승하면서 중소분쟁은 전략적 영역으로까지 확산되었다. 1985년부터 소련이 개혁개방정책을 추진하면서 중소분쟁은 완화되어 1989년 종식되었다.

중소분쟁 상황에서 북한은 북소관계가 좋을 때는 교조주의(중국)에 대한 비판, 북중관계가 좋을 때는 수정주의(소련)에 대한 비판의 목소리를 높였다. 그러면서도 어느 일방으로의 완전한 밀착은 경계하였다. 그리고 이러한 중립성을 자주와 주체의 이름으로 정당화했다.

중소분쟁 당시 소련을 공격하는 중공군.

해 북한은 냉전 시기 최대의 후견국인 소련으로부터 버림을 받았고, 1992년 10월에는 한중수교로 인해 또 다른 후견국인 중국마저 상실하였다. 반면, 냉전 시기 내내 자신의 안보를 위협해온 한·미·일 삼각동맹은 여전히 강고하게 유지되고 있었다.

현실주의 국제정치이론에 따르면, 외부에 강대한 적대세력이 존재하는 상황에서 이를 견제할 동맹세력을 발견할 수 없는 약소국은 생존을 위해 불가피하게 적대세력에 편승하는 길을 선택할 수밖에 없다.[9] 북한 역시 탈냉전 세계질서를 주관하는 미국에 편승하는 길 이외에 대안이 없었다. 그러나 북한의 독특한 점은 일방적 굴복이 아니라 갈등적 방식의 편승을 추구했다는 것이다. 현실적으로 일방적 굴복은 정권과 체제의 붕괴를 의미했다. 그러나 북한은 정권과 체제를 유지하는 가운데 통제 가능한 방식으로 탈냉전 국제질서에 편입되고자 했다. 이를 위해 북한이 활용한 것이 핵·미사일 카드였다. 냉전시대 자주외교가 시계추외교로 나타났다면, 탈냉전기에는 갈등적 편승으로 나타났던 것이다.[10] 냉전시대 자주외교가 동맹외교의 규범이었다면, 탈냉전기에는 적대국 외교의 규범으로 전환되었던 것이다.

그러나 시계추외교는 전략환경의 산물이었다. 북한이 자주외교를 고수하는 한 환경이 다시 변하면 재등장할 수 있는 것이었다. 뒤에서 다시 소개하겠지만, 2000년대 중반 이후 북한은 나진항 개발을 둘러싼 중국과 러시아 간 경쟁을 활용하여 이익을 극대화하는 전략을 추진하였다. 특히 2008년 글로벌 금융위기 이후 미국과 중국의 전략경쟁이 심화되면서 북한은 양국 사이의 갈등을 활용할 새로운 기회를 맞게 되었다. 물론 아직은 미국이 대북 무시정책을 견지하고 있어 시계추외교를 재연할 기회를 얻지 못하고 있다. 그러나 향후 미국의 대북 관여정책이 본격화되는 경우 북한은 냉전시대와 유사한 자주외교의 전성기를 맞을지도 모를 일이다.

사진 3-2 2009년 김양건 통일전선부 부장과 현인택 통일부 장관이 만나는 모습(왼쪽)과 2010년 김영일 조선로동당 국제부 비서와 후진타오 국가 주석이자 중국 공산당 중앙위원회 총서기의 모습(오른쪽). 통일전선부는 남북관계, 조선로동당의 국제부는 공산당 사이의 관계를 담당한다.

외교정책 결정 · 집행체계

집행체계 북한의 외교는 크게 당 외교(당 대 당 외교)와 국가외교(정부 대 정부 외교)로 구분된다. 이외에도 의회외교(최고인민위원회 소관)나 민간외교(조선로동당 산하단체 소관)가 있지만, 비중이나 중요도는 높지 않다. 참고로 남북관계의 경우 국가관계가 아닌 민족내부관계로 간주되어 조선로동당 중앙위원회 비서국 산하의 통일전선부(부장 김양건)가 관장하고 있다. 한국 역시 남북관계를 민족내부관계로 보고 외교부가 아닌 통일부에서 관장하고 있다.

북한에서 당 외교를 담당하는 부서는 조선로동당 중앙위원회 비서국 산하의 국제부(부장 김영일)이다. 당 국제부는 이른바 '형제당'으로 불리는 외국 공산당들이나 북한을 우호적으로 대하는 외국 정당들과의 교류협력을 담당하는 부서이다.[11] 당 외교는 '프롤레타리아 국제주의'의 유산으로서 사회주의 외교의 고유한 특징이다. 북한은 '프롤레타리아 국제주의'를, "맑스-레닌주의 당의 영도 아래 노동계급이 자본주의 제도를 뒤집어엎고 사회주의/공산주의 사회를 건설하는 투쟁에서 국제적으로 단결하고 서로 돕는 사상", "세국주의를 빈대히고 공산주의 위업의 승리를 위한 투쟁에서 국제노농계급이 서로 지지성원하고

© 연합뉴스

사진 3-3 2005년 10월 후진타오 중국공산당 총서기와 김정일 조선로동당 총비서의 회동.

단결을 도모하는 사상과 원칙"으로 규정하고 있다. 이처럼 반(反)제국주의, 반(反)자본주의 세계혁명을 도모하기 위해 각국의 공산당(노동당)들이 "서로 지지성원하고 단결을 도모하는" 과정이 바로 당 외교인 것이다.[12] 물론 당 외교의 실제는 이러한 규범대로 움직이지는 않는다. 세계혁명의 대의와 국가이익이 반드시 일치하지는 않기 때문이다.

오늘날 북한의 당 외교에서 가장 큰 비중을 차지하고 있는 것은 두말할 것도 없이 중국을 상대로 한 외교이다. 현실에서 북한에게 도움을 줄 수 있는 사회주의 국가는 중국밖에 없기 때문이다. 북중외교는 국가외교의 성격도 갖고 있지만 핵심은 당 외교라고 할 수 있다. 예컨대 언론에서는 김정일과 후진타오의 회담을 국방위원장과 국가주석 간 정상회담으로 묘사하는 경우가 있었다. 하지만 정확히 말하자면 이 회담은 국가수반 사이의 회담이 아니라 조선로동당 총비서와 중국공산당 총서기 사이의 당 대 당 최고위급 회담이다. 마찬가지로 김정은과 시진핑 간 회담 역시 국방위원회 제1위원장과 국가주석 간 정상회담이 아니라 조선로동당 제1비서와 중국공산당 총서기 간의 최고위급회담으로 기록되게 된다.

ⓒ연합뉴스

사진 3-4 2008년 8월 23일 싱가포르에 모인 6자회담 참가국 외교장관들. 왼쪽부터 세르게이 라브로프 러시아 외무장관, 유명환 외교장관, 콘돌리자 라이스 미국 국무장관, 양제츠 중국 외교부장, 박의춘 북한 외무상, 고무라 마사히코 일본 외상. 국가외교의 자리이므로 박의춘 북한 외무상이 참가하였다.

북중외교는 1958년 2월 체결된 〈북중 수뇌방문에 관한 협정〉에 따라 양국 최고지도자 간 회담을 중심으로 이루어진다. 이 협정에 따라 중국에서는 북한문제에 관해서는 아무리 사소한 일이라도 마오쩌둥·저우언라이→덩샤오핑→장쩌민→후진타오로 이어지는 최고지도자가 직접 처리했고, 북한 역시 중국과 관련된 문제는 아무리 사소한 문제라도 김일성과 김정일이 직접 처리해왔다. 이런 점에서 현재 조선로동당 국제부의 가장 중요한 역할은 북중 최고위급 회담을 실무적으로 준비하는 데 있다고 해도 과언이 아니다.

북한에서 국가외교를 관장하는 곳은 내각 산하 외무성(외무상 박의춘)이다. 북한의 외무성은 다른 나라 외무부와 기능과 역할에 있어 별다른 차이가 없다. 현재 북한은 161개국과 외교관계를 맺고 있고, 대사관, 영사관, 무역대표부 형식으로 49개의 재외공관을 운영하고 있다. 이에 맞춰 외무성 역시 10개의 지역국(局)과 다수의 기능국(局)으로 구성되어 있으며, 이외에도 '핵 상무조', '인권 상무조', '북미회담 상무조', '북일회담 상무조'와 같은 다수의 태스크포스를 운영하고 있는 것으로 알려지고 있다.[13]

그런데 북한 외무성은 형식적으로는 내각 산하지만 내각 총리(최영림)의 지시는 받지 않는 것으로 알려지고 있다. 왜냐하면 북한의 내각은 경제문제만을 관리하는 곳이기 때문이다. 비경제부서인 인민무력부(부장 장정남), 국가안전보위부(부장 김원홍), 인민보안부(부장 최부일)가 내각이 아니라 국방위원회(제1위원장 김정은) 산하에 있는 것도 이 때문이다. 북한 내각에서 오직 외무성만이 비경제기구이다. 이 때문에 외무성은 형식적으로는 내각 소속이지만 실제로는 최고지도자의 직할기구라는 평가가 많다. 외무성을 국방위원회 산하로 이관하지 않은 것은 대외 이미지를 고려했기 때문으로 보인다.

외무성이 최고지도자의 직할기구라면 북한의 외교정책 결정과정에서 외무성은 당 국제부보다 더 큰 영향력을 행사할 수 있을 것이다. 실제 황장엽과 같은 최고위 탈북자들의 말을 들어보면, 냉전시대에는 당 국제부가 대외관계를 주도했지만 탈냉전 이후에는 주도권이 외무성으로 넘어갔다고 한다.[14] 물론 여기에는 사회주의권의 붕괴라는 현실이 반영됐을 것이다. 냉전시대 북한외교의 대부분은 사회주의권을 상대로 이루어졌고, 따라서 당 외교를 담당하는 국제부의 역할이 중요했지만, 탈냉전 이후 사회주의 국가는 중국, 베트남, 쿠바 정도로 축소되었고, 미국과 같은 자본주의 국가가 주된 외교 대상이 되었기 때문이다.

결정체계 그러나 당 국제부든 외무성이든 이들은 외교정책의 실무 집행기구에 불과하다. 주요 외교문제에 대해 건의를 할 수도 있고 이 과정에서 영향력을 행사할 수도 있겠지만, 실제 외교정책 결정을 결정하는 단위는 아니다. 그렇다면 북한의 외교정책은 어디서 누가 내리는 것일까? 북한의 헌법에 따르면, 외교정책은 민주주의 국가의 의회에 해당하는 최고인민회의(의장 최태복)에서 수립하게 되어 있다. 또한 최고인민회의 상임위원회 위원장(김영남)에게는 대외적으로 북한을 대표하는 국가수반의 지위가 부여된다. 그러나 당 우위체제인 사회주의 국가에서 의회는 당에서 결정된 사항을 사후 추인하는 '고무도장' 이상의 역할은 하지 못한다. 최고인민회의 상임위원장 역시 실권 없는 '얼굴마담'에 불과하다는 것이 정설이다.

사회주의는 당이 국가를 지도하는 체제이다. 따라서 원칙적으로 외교정책을 포함한 모든 중요한 정책결정은 당에서, 구체적으로 말하면 당 중앙위원회 전원회의나 당 중앙위 정치국과 같은 집체적 의사결정기구에서 하도록 되어 있다. 북한의 조선로동당 규약에 따르면, 6개월에 한 차례 이상 열리도록 되어 있는 당 중앙위 전원회의는 당 대회와 당 대회 사이의 기간 동안 최고 정책결정기구이고, 당 정치국은 당 중앙위 전원회의와 전원회의 사이의 기간 동안 최고 정책결정기구이다.

대체로 북한은 김일성 생존 시까지는 이러한 집체적 의사결정시스템을 형식적이나마 유지해온 것으로 알려지고 있다. 이는 1980년 10월 6차 당 대회 이후 1994년 7월 김일성 사망 때까지 14년간 21차례의 당 중앙위원회 전원회의가 열린 것이나 그보다 훨씬 빈번하게 정치국회의가 열린 것에서도 알 수 있다. 그러나 김일성 사후에는 전원회의나 정치국회의가 거의 열리지 않았다. 예컨대 전원회의의 경우 1993년 12월 21차 회의를 마지막으로 열리지 않았고, 정치국회의 역시 1994년 7월 김일성 사망 이후 2009년 말까지 불과 네 차례 정도만 열린 것으로 알려지고 있다.[15]

김일성의 사망과 함께 집체적 의사결정시스템이 작동을 중지한 것은 김정일의 통치 스타일과 관련이 있다. 고위 탈북자들의 증언을 종합해보면, 김일성 시대 북한의 정책결정에서는 형식적이나마 공식체계가 중시되었으나, 김정일은 공식체계를 무시한 채 일부 소수 측근의 조언을 받아 독단적으로 정책을 결정하는 경우가 많았다고 한다. 이 때문에 김정일의 통치 스타일은 곧잘 측근정치, 밀실정치, 비준정치로 지칭되곤 한다. 측근정치, 밀실정치라 함은 공식체계를 무시한 채 소수 측근만 의사결정 과정에 참여시킨다는 의미이고, 비준정치라 함은 모든 주요 결정이 집행단위에서 올려 보낸 제안서에 김정일이 서명(비준)하는 방식으로 이루어진다는 의미이다.[16]

그러나 김정일의 사망을 전후로 북한에서도 다시 집체적 의사결정시스템이 되살아난 조짐을 보이고 있다. 북한은 2010년 9월 제3차 당대표자회를 전후

하여 당 중앙위원을 대거 충원하고 중앙위원회 전원회의를 개최하였다. 2013년 3월에 열린 전원회의에서는 경제 건설과 핵무력 건설을 병진하는 전략노선이 새로 채택됐다. 정치국 성원들 역시 대거 충원하고 몇 차례의 정치국회의를 소집하였다. 특히 2012년 7월의 정치국회의에서는 군부 실세로 알려진 리영호 총참모장을 해임하는 결정이 이루어졌고, 2013년 2월의 정치국회의에서는 유엔 안전보장이사회의 대북제재에 맞서 위성발사와 장거리로켓 발사를 지속한다는 중요한 외교적 방침이 결정되기도 했다. 이는 집체적 의사결정시스템이 되살아나고 있음을 의미한다.

북한의 집체적 의사결정과정은 거의 알려진 바가 없다. 그러나 상식적 추론은 가능하다. 예컨대 한국에서 중요한 외교정책은 대통령이 주재하는 국가안전보장회의(NSC)에서 결정된다. 여기에는 외교부만이 아니라 국방부, 통일부, 국정원 등의 장관급 인사들이 참여하는데, 이들은 각기 다른 신념체계와 조직문화, 그리고 조직이익을 통해 문제를 바라보기 때문에 외교정책을 둘러싸고 견해의 충돌이 발생하기 마련이다. 이 경우 조직이익을 조정하고 국가이익에 부합하는 방향으로 정책을 조율하는 것은 결국 대통령의 몫이다.

북한에서도 이와 유사한 관료정치(bureaucratic politics)가 작동할 것으로 추정된다. 현재 당 정치국은 김정은을 포함한 4명의 상무위원과 14명의 정위원, 그리고 12명의 후보위원으로 구성되어 있는데, 이들은 순수당료 출신, 외교관료 출신, 경제관료 출신, 그리고 군부 출신 등 네 부류로 분류가 가능하다. 본질적으로 관료정치는 제한된 자원의 분배를 둘러싼 갈등이므로 자원제약이 심각할수록 관료정치 역시 치열하게 전개될 수밖에 없다. 물론 북한은 관료정치를 기관본위주의로 규정하고 오래전부터 근절을 위해 노력해왔다. 그러나 기관본위주의에 대한 비판이 사라지지 않고 있는 것은 여전히 관료정치가 작동한다는 사실을 반증하는 것이다.

기관본위주의 조직이기주의의 북한식 표현으로, 국익이나 공익보다 자기가 속한 기관, 기업, 조직 등의 이익을 우선하는 태도를 의미한다. 주로 남는 생산 자재나 설비를 국가에 반납하거나 필요한 기업에 넘겨주지 않고 숨겨두는 행위를 비판할 때 사용된다. 본위주의나 이기주의는 인간 본성에서 유래하는 것이지만 북한에서는 이를 자본주의 사상의 잔재라고 규정하여 계급투쟁의 대상으로 삼고 있다.

특히 현재 북한의 경제난, 즉 심각한 자원제약 상황을 감안하면 관료정치는 더욱 치열하게 전개되고 있을 가능성이 높다.

김정은시대 관료정치가 활성화될 수밖에 없는 원인 중 하나는 다름 아닌 김정은의 리더십 부족 때문이다. 과거 김일성은 절대적 카리스마와 외교 현안에 대한 풍부한 경험을 바탕으로 외교정책을 둘러싼 조직이기주의를 통제할 수 있었다. 김정일 역시 절대적 카리스마와 경험을 보유하고 있었다. 또한 집단적 의사결정기구를 무력화시키는 방식으로 외교정책 결정과정을 사유화함으로써 관료정치의 작동을 제어할 수 있었다.[17] 그러나 김정은은 연륜이나 경험에 비춰 볼 때 이러한 카리스마나 국정 장악력이 아직 취약하다고 보는 것이 타당할 것이다. 그렇다면 현재 북한 내에서는 외교정책 결정을 둘러싸고 관료정치가 작동하고 있을 소지가 다분하며, 이는 김정은이 충분한 경험을 쌓아 국정을 장악할 때까지 상당 기간 지속될 가능성이 높다.

북방정책

1988년 〈7·7선언〉('민족자존과 통일번영을 위한 대통령 특별선언')에서 시작되어 1992년 10월 한중수교로 막을 내린 노태우 정부의 공산권 및 대북 접근 정책이다. 북방정책의 모토는 "모스크바와 베이징을 경유하여 평양의 문을 연다"는 것으로, 옛 사회주의권과 단기간 내 국교를 수립하여 탈냉전기 한국의 생존 여건을 개척하는 한편, 이를 토대로 북한의 대남 접근과 개혁개방을 유도, 한국 주도의 통일을 성취한다는 대전략이었다. 북방정책 추진 결과 한국은 불과 3~4년 만에 대부분의 사회주의 국가들과 국교를 수립했고, 남북관계에서도 〈남북기본합의서〉라는 성과를 이룩했다. 그러나 북방정책은 노태우 대통령의 레임덕과 함께 좌초되고 만다. 한중수교로 더 이상 개척할 북방 영토가 남아 있지 않게 된 점, 대북 접근을 둘러싼 보수진영의 분열, 그리고 북핵문제의 재등장 역시 북방정책을 좌절시킨 원인이 되었다. 그러나 북방정책은 한미협력 아래 한국이 주도하였고, 그 성과 역시 대단했다는 점에서 한국 외교사의 백미로 꼽힌다. 김대중 정부의 대북 포용정책 역시 북방정책의 연장선상에서 이해될 필요가 있다.

헝가리 의회에서 연설하는 노태우 대통령.

탈냉전기 북한 대외관계의 전개

남방외교

탈냉전은 진영 간 오랜 적대와 반목의 구조를 와해시키면서 새로운 화해와 협력의 가능성을 창출했다. 그러나 동아시아의 탈냉전은 대단히 비대칭적인 방식으로 이루어졌고, 이 과정에서 북한은 탈냉전의 세례를 받지 못한 유일한 국가로 낙오되었다. 노태우 정부의 북방외교(Nordpolitik)는 한소관계, 한중관계를 빠른 속도로 밀착시키면서, 북소동맹, 북중동맹을 사실상 와해시켰다. 반면 한미동맹은 레이건 행정부에 이어 부시 행정부에 들어서도 최고의 밀월기를 구가하고 있었다. 또한 탈냉전 이후 동아시아에서 영향력을 유지, 확대하려는 미국과 독자외교를 모색하던 일본 사이에 갈등의 가능성이 내연되기는 했지만, 한·미·일 3각 공조체제 역시 무난하게 작동하고 있었다.

1990년 9월 한소수교와 1992년 10월 한중수교에 따른 냉전형 동맹관계의 해체는 북한에게는 절박한 생존의 위기를 의미했다. 그간 북한의 안보와 경제는 절대적으로 소련과 중국에 의존하고 있었기 때문이다. 위기에 직면한 북한은 무엇보다 비대칭전력인 핵무기 개발에 박차를 가했다. 그러나 북한은 핵개발을 군사적 용도로 활용하는 동시에 고립을 탈피하기 위한 외교적 협상카드로도 활용하는 전략을 구사했다. 탈냉전기 북한의 외교 목표는 북미관계와 북일관계 개선을 중심에 두고 남북관계를 보조적으로 활용하는 북한식 교차승인 전략, '남방외교'였다.[18]

김일성의 남방정책은 한국과 일본을 통해 미국에 접근하는 우회전략으로 특징지어진다. 남방정책의 목표는 탈냉전기 세계질서를 주도하는 미국과의 관계개선이지만, 대미협상의 통로가 막혀 있는 조건에서 "서울과 도쿄를 거쳐 워싱턴으로" 가는 길을 우회하고자 했던 것이다. 즉 미국이 "서울을 경유하지 않고서는 워싱턴으로 올 수 없다"라는 입장을 고수하고 있었고, 한·미·일 3각 동맹체제 아래에서 일본 역시 미국과 한국의 눈치를 보지 않을 수 없었던 만큼,

사진 3-5 1990년 북·일 3당 공동선언을 위해 평양을 방북하여 김일성 주석(가운데)을 만나고 있는 가네마루 신 자민당 부총재(왼쪽)와 다나베 마코토 사회당 부위원장(오른쪽).

북미관계와 북일관계를 개선하기 위해서는 적절한 선에서 대남관계를 개선할 필요가 있었던 것이다.

남방정책은 초기에는 상당한 성과를 내는 듯 했다. 일본과는 비록 정부 간 합의는 아니지만 1990년 9월에 조기 국교수립을 약속한 〈조선로동당·자민당·사회당 3당 공동선언〉을 도출했고, 한국과는 1990년 9월부터 총리급회담을 개최하여 1991년 12월 〈남북기본합의서〉와 〈한반도 비핵화 공동선언〉을 채택했다. 이에 힘입어 1992년 1월에는 비록 일회성 회담에 그치기는 했지만, 김용순 조선로동당 국제비서와 아놀드 캔터 미 국무부 정부차관 사이에 역사상 첫 번째 북미 고위급회담이 개최되었다.

그러나 1992년 가을부터 문제가 꼬이기 시작했다. 1992년 10월 안기부는 남로당 이래 최대의 간첩단이라는 '중부지역당' 사건을 발표한다. 조선로동당의 거물인 남파간첩 이선실이 조직했다는 이 간첩단의 규모는 점점 커져, 나중에는 관련자 숫자가 400명에 육박했다. 이후 남북관계는 급속히 악화되었다. 공교롭게도 같은 날 일본에서는 〈3당 공동선언〉의 주역인 가네마루 신 자민당 부총재가 불법 정치자금을 받은 사실이 드러나 정치적으로 몰락하는 사건이 발생한다. 가네마루는 집권 자민당 내 최대 실력자로 북일수교를 배후에서 지휘해온 인물이었다. 따라서 그의 몰락은 북일수교를 향한 정치적 동력의 상실을 의미했다. 이에 따라 1991년 1월부터 진행되어온 수교 협상은 1992년 11월 제8차 협상을 마지막으로 중단되고 만다.[19]

북미관계 개선을 위해 필수 통로였던 북일관계와 남북관계가 모두 막히자 북한은 미국과의 직접 담판을 목표로 과감한 핵외교를 전개하기 시작했다. 1차 남방외교가 한국과 일본을 경유하여 미국에 접근하는 정책이었다면, 2차 남방외교는 북미수교로 직행하려는 핵 강압 외교였다. 1993년 3월 12일 핵확산금지조약(NPT) 탈퇴 선언은 그 시발점이었다. 당시 클린턴 행정부는 핵을 포함한 대량살상무기의 확산 방지를 가장 중요한 외교 목표로 상정하고 있었기 때문에 북한의 NPT 탈퇴 선언은 미국의 양보를 유도하기에 충분한 카드였다. 북한과 미국은 1993년 6월부터 1994년 10월까지 3차례 고위급회담을 열어 핵문제를 협상, 1994년 10월 제네바합의(US-DPRK Agreed Framework)를 도출했다.

제네바합의는 북한이 1992년 이전에 추출한 핵물질('과거 핵')과 1994년에 인출한 폐연료봉('현재 핵'), 그리고 영변 핵시설('미래 핵')을 폐기하는 대가로 미국은 북한에 소극적 안전보장(북한을 핵무기로 위협하거나 사용하지 않는다는 약속)과 북미수교, 그리고 2003년까지 200만 Kw급 경수로를 건설해준다는 약속이었다. 탈냉전 이후 북한이 줄기차게 추진해온 북미수교가 현실로 다가온 것이다.

핵확산금지조약(NPT, Nuclear Nonproliferation Treaty)

5대 핵보유국(미국, 소련, 중국, 영국, 프랑스)의 핵군축 및 핵무기 해외 이전 금지와 비핵보유국의 핵무기 개발 금지 및 국제원자력기구(IAEA) 사찰을 의무화한 국제협정이다(1970년 3월 5일 발효). 협정에 따르면, 발효 뒤 25년간은 5년마다 갱신하되 1995년에 검토회의를 열어 연장 여부를 검토하게 되어 있었다. 1995년 열린 검토회의에서는 격론 끝에 NPT를 영구조약으로 승격시켰다. 북한의 NPT 탈퇴 선언이 미국을 긴장시킨 이유 중 하나도 1995년 검토회의를 앞두고 있었기 때문이다. 현재 189개국이 가입되어 있으며, 한국은 1975년 가입하였다. 북한은 1985년 12월 가입했다가 1993년 3월 탈퇴를 선언했으나 북미협상 결과에 따라 1993년 6월 탈퇴를 유보했다. 그러다 2차 북핵위기가 발발한 직후인 2003년 1월 정식으로 NPT를 탈퇴했다.

사진 3-6 1994년 제네바합의 타결 직후 악수를 교환하고 있는 로버트 갈루치 미 국무부 차관보와 강석주 외무성 제1부상.

문제는 합의이행의 정치적 의지였다. 합의 직후 미국은 '공화당 혁명'(공화당의 상·하원 장악), 북한은 '선군혁명'에 직면했다. 양국 내부에서 보수주의 세력이 대두되면서 합의이행에 제동이 걸리게 됐다. 클린턴 행정부는 공화당과의 갈등 사안이 산적한 상황에서 굳이 북한문제 때문에 정치적 자본을 소진할 필요를 느끼지 못했다. 또한 1994년 7월 김일성 사망 이후 북한 붕괴에 대한 기대감이 팽배하면서 합의이행은 불필요한 일로 간주되기도 했다. 김일성 사망 이후 유례없는 위기('고난의 행군') 속에서 김정일 정권의 관심도 대내안정에 쏠렸다. 대외관계는 전략적으로 관리되지 못했고, 그 결과 선군정치와 함께 급부상한 군부의 분파적 이익에 포획되고 말았다. 이로 인해 제네바합의의 이행은 표류하기 시작했다.[20]

전방위외교

1998년 9월 공식 출범한 김정일 정권은 대내안정을 바탕으로 과감한 외교적 접근을 추진하기 시작했다. 대포동미사일 시험발사(1998년 8월 31일)가 그 신호탄이었다. 제네바합의를 낳은 것이 전쟁위기(1994년 6월)였다면, 죽어가던 합의를 되살린 것은 대포동 위기였다(1998년 8월). 대포동 시험발사는 제네바합

사진 3-7 2000년 미 백악관을 방문한 북한 조명록 차수와 빌 클린턴 대통령.

사진 3-8 2002년 9월 평양에서 김정일 위원장과 악수하고 있는 고이즈미 일본 총리.

의를 결정적 좌초 위기로 몰아갔다. 합의파기 목소리가 한·미·일 정계를 지배하자 클린턴 대통령은 윌리엄 페리 전 국방장관에게 대북정책 재검토를 지시했다. 의회 및 관련 국과 조율을 거쳐 페리가 내린 결론은 다음과 같았다.

첫째, 제네바합의가 파기될 경우 북한은 핵무장을 재개할 것이다. 국제사회가 제재를 취하더라도 북한정권이 무릎을 꿇기 전에 동아시아에 지정학적 지진(geopolitical earthquake)이 발생할 개연성이 높다. 둘째, 따라서 기존의 '제한적 관여정책'을 버리고 '전면적 관여정책'을 취하는 수밖에 다른 대안은 없다. 셋째, 북미수교를 포함한 과감한 정치경제적 보상을 제공함으로써 북한의 핵·미사일 문제를 일괄타결 방식으로 해결한다. 넷째, 대북관여는 효과가 나올 때까지 장기간 인내심을 가지고 추진한다.

'페리 프로세스'는 급속도로 추진됐다. 경수로 공사와 미사일 협상에 속도가 붙으면서 북미수교가 현안으로 부상했다. 이에 따라 2010년 10월 북한 군부의 실력자 조명록 차수가 워싱턴을 방문, 올브라이트 국무장관과 〈북미 공동코뮤니케〉를 발표했다. 핵·미사일 문제와 북미수교·평화협정을 일괄타결한다는 것이 골자였다. 올브라이트 역시 평양에 가서 김정일을 면담했다. 북미수교를 확정짓기 위한 클린턴 대통령의 방북 일정이 잡혔다. 지구적 탈냉전의 완성이 임박했다.[21]

페리 프로세스의 성공은 김대중 정부가 추진한 대북 포용정책에 의해 뒷받침되었다. 한국이 반대했다면 북미 접근은 사실상 불가능했다. 역으로 대북 포용정책은 페리 프로세스에 의해 뒷받침되었다. 미국이 반대했다면 남북관계 개선 역시 한계를 가질 수밖에 없었을 것이다. 김대중 정부의 대북 포용정책은 2000년 6월 남북정상회담으로 이어졌고, 남북관계는 급속히 진전되었다.

한편 북한은 북미 · 남북 관계만이 아니라 그간 단절됐던 북중 · 북러 관계 복원에도 나섰다. 1990년대의 남방외교와 구분되는 전방위외교였다. 북한은 김정일 체제 출범 직후부터 북중관계 개선에 나서 1999년 6월, 김영남 최고인민위원회 상임위원장이 이끈 대규모 대표단의 방중을 성사시켰다. 1992년 한중수교 이후 7년만의 관계복원이었다. 여기서 양국은 "피로써 맺어진 조중친선"을 재확인했다. 이후 2000년 5월과 2001년 1월 김정일의 방중, 2001년 9월 장쩌민의 방북으로 양국 최고지도자 간의 협의채널이 복원되었다.

북러관계 역시 개선되었다. 1999년 3월 한소수교 직후 폐기된 〈북소 동맹조약〉을 대신해 〈북러 우호선린협력조약〉이 가조인되었다. 2000년 7월 러시아(옛 소련 포함) 역사상 최초로 최고지도자(푸틴)이 평양을 방문했다. 여기서 양국

일본인 납치자 문제

요코타 메구미.

북한이 1977~1983년 사이 15명의 일본인을 납치한 사건이다. 2002년 9월 북일 정상회담 당시 김정일은 그 동안 14명을 납치했는데, 이 중 8명이 사망하고, 1명은 행방불명 상태이며, 5명이 살아 있다고 밝혔다. 그러나 일본은 이외에도 1명이 더 납치됐다고 보고 있다. 정상회담 직후 북한은 생존자 5명의 일본 방문을 허용하였다. 그러나 일본은 방문자들을 영구 귀국시켰고, 이에 따라 북일관계가 냉각되었다. 그러다 2004년 5월 2차 북일 정상회담이 열리자 북한은 영구 귀국한 납치자의 북한 내 가족들까지 일본으로 돌려보냈다. 그러나 2004년 11월 열린 북일협상에서 일본이 피랍실종자 10명(사망자 8명, 행불자 1명, 북한이 납치를 부인하고 있는 1명)의 안부문제를 제기하자 북한은 "10명 가운데 8명은 사망했고, 2명은 입국한 사실이 없다"라고 주장했다. 그러면서 13세 때 납치됐던 요코타 메구미의 유골을 일본에 건넸다. 그러나 이후 이 유골이 메구미의 것이 아닌 것으로 판명되었고 일본 내 반북 여론이 일면서 2006년 2월을 마지막으로 수교 협상은 중단되었다.

은 〈북러공동선언〉을 발표하고 "침략위험이 조성되거나 평화와 안전에 위협을 주는 상황이 조성되면 지체 없이 서로 접촉할 용의"를 표명했다. 이어 2001년 8월 김정일이 모스크바를 방문, 푸틴과 함께 "깊은 역사적 뿌리를 가지고 있는 전통적인 북러 친선협조관계를 더욱 발전"시킨다는 〈모스크바선언〉을 발표했다.[22]

주변국의 잇따른 대북 러시는 일본의 대북 접근을 유도했다. 북일 양국은 1992년 이후 중단됐던 수교협상을 2000년부터 재개하고 북송 재일교포들 일본인 처의 고향방문을 성사시켰다. 이어 2002년 4월 북일 적십자회담과 국장급회담을 거쳐, 같은 해 9월 고이즈미 총리의 방북으로 사상 첫 번째 북일 정상회담이 개최되었다. 여기서 김정일은 일본인 납치를 인정하고 사과하는 등 적극적인 대일관계 개선 의사를 표명하였다. 또한 2004년 5월에 열린 제2차 정상회담에서는 일본인 가족들을 송환하는 조치가 취해졌다. 그러나 이후 '메구미 사건' 등 납치문제가 다시 불거지면서 일본 내에서 대북 강경 여론이 부상, 북일수교는 또 다시 좌절하고 만다. 2002년 10월 발생한 2차 북핵위기 역시 북일관계에 장애물이 되었다. 국내 여론의 견제와 미국의 견제라는 안팎의 장애물에 부닥치자 일본은 북일관계 개선을 포기하고 대북 강경정책으로 급선회하였다.[23]

한편 북한의 전방위외교는 주변국을 넘어 유럽연합(EU)과 동남아시아로까지 확대되었다. 북한은 2000년 1월 이후 유럽연합 국가들과의 국교수립을 추진하여 27개 회원국 중 25개국과 수교를 성사시켰다(프랑스와 에스토니아 제외). 미미하기는 하지만 북-EU 경제교류도 시작됐다. 이와 함께 북한은 동남아시아와도 외교관계를 복원했다. 동남아시아는 냉전 시기 비동맹외교 차원에서 북한이 중시했던 지역이었으나, 사회주의권 붕괴로 비동맹외교가 무의미해지면서 탈냉전 상황에 들어서부터는 경제협력 파트너로서의 의미가 부각되었다. 1999년 1월 북한 외무성은 "앞으로도 자주, 평화, 친선에 기초해 우리에게 우호적인 모든 국가들, 특히 지역적으로 가까운 동남아시아 국가들과 관계증진을 위해 노력하겠다"라고 천명하고 동남아시아 경제외교를 본격화했다. 여기에는 냉전 시기 사회주의 국가군에 속했던 베트남, 캄보디아, 라

오스, 미얀마나 비동맹국가군에 속했던 인도네시아, 말레이시아, 싱가포르만이 아니라 친미·친서방 자본주의 국가로 분류되었던 태국, 필리핀까지 포괄되었다. 북한은 1999년 1월 브루나이, 2000년 7월 필리핀과 수교하여 1983년 아웅산 테러로 국교가 단절된 미얀마를 제외한 모든 동남아시아 국가들과 국교를 정상화하고, 그에 힘입어 2000년 7월에는 아세안지역안보포럼(ARF)에도 가입하였다. 이후 북한은 동남아시아 국가들을 대상으로 적극적인 양자 및 다자 외교활동을 전개하였고, 2007년에는 미얀마와도 국교를 회복하였다.[24]

6자외교

1999년 시작된 전방위외교는 2001년 부시 행정부의 출범과 특히 2002년 10월 2차 북핵위기의 발발로 상당기간의 쇠퇴기로 접어들게 된다. 물론 남북한 간 화해협력무드는 2007년까지 지속되었고 북일관계 개선 노력 역시 2000년대 중반까지 유지되었다. 그러나 탈냉전 외교의 핵심인 대미외교는 쇠락의 길로 접어들었다. 국제질서는 여전히 미국을 중심으로 돌아가고 있었기 때문에 대미외교의 쇠락은 전방위외교의 쇠락을 의미했다. 북중·북러 관계 역시 2000년대 초반 수준을 넘어서지 못한 채 정체되었다.

클린턴 행정부는 비확산(non-proliferation) 관여정책 차원에서 북핵문제에 접근했다. 북한 핵개발이 비확산체제의 안정성을 훼손할 뿐 아니라 동북아시아에 핵무장 경쟁을 촉발시킬 수 있다고 보고, 주고받는 협상을 통해 핵개발을 저지하고자 했다. 반면 부시 행정부는 반확산(counter-proliferation) 강경정책 차원에서 북핵문제에 접근했다. 협상을 통한 핵개발 저지는 어렵다고 보고 외

6자회담(Six-Party Talk) 북한 핵문제 해결을 위해 남북한과 미국, 중국, 일본, 러시아가 개최한 다자회담. 2003년 8월 1차 회담을 시작으로 2008년 12월까지 만 5년 6개월간 진행되었다. 1~3차 회담은 탐색전 성격이 짙었고, 4차 회담에서 무려 한 달간의 집중협상 끝에 〈9·19 공동성명〉이 도출되었다. 그러나 성명 도출 직후 미국이 북한에 대해 금융제재를 실시하면서 협상은 장기교착 국면에 돌입하였다. 2006년 10월 북한의 1차 핵실험 이후 상황이 급진전되어 2007년에는 공동성명 이행 로드맵인 〈2·13 합의〉와 〈10·3 합의〉를 도출하였다. 6자회담은 핵문제만 아니라 동아시아 다자안보협력체의 맹아로 주목받았으나, 2008년 12월을 마지막으로 지금까지 한 번도 열리지 못하고 있다.

부확산 방지에 초점을 두는 한편, 북한의 핵위협은 미사일방어망이나 선제공격능력 강화와 같은 억지력 증강을 통해 대처하고자 했다.

물론 비핵화 협상을 배제하지는 않았지만, 협상은 어디까지나 북한의 비협력성을 공개 입증함으로써 '처벌을 위한 국제연대' 형성을 뒷받침하는 수단으로 간주됐다. 비핵화는 정권붕괴나 그것이 임박한 상황에서 북한의 백기투항으로만 가능하다고 간주됐다. 따라서 양자회담보다는 다자회담을(탈출구 봉쇄), 동시행동에 따른 점진적 비핵화보다는 '선 핵포기 후 보상'의 일방적 비핵화를 선호했다(비협력성 입증). 그 결과 부시 행정부 1기 동안 세 차례의 6자회담이 열렸지만 아무런 성과도 도출하지 못했다.

2005년 들어 북한과 미국은 정책 전환을 시도했다. 2005년 2월 10일 북한은 핵보유를 선언하고, 핵무기를 포기하자면 미국의 대남 핵우산도 함께 폐기되어야 한다고 주장하기 시작했다. 핵 프로그램은 북미수교·평화협정·경수로 등과 교환할 수 있지만 "이미 만든 핵무기"는 수교나 평화협정 체결 이후 핵우산 폐기와만 교환할 수 있다는 주장이었다. 기존의 비핵화 프로세스를 비핵화 프로세스와 핵군축 프로세스로 나누어 접근하겠다는 것이었다.

미국에서는 부시 행정부 2기를 맞아 네오콘에 억눌려 있던 현실주의자들의 목소리가 분출했다. 콘돌리자 라이스 국무장관으로 대표되는 이들 역시 대북 강경론자들이고 반확산 정책 지지자들이지만 반확산에만 매달려 북한의 핵능력 증강을 방치하는 것은 미국의 국익에 바람직하지 않다고 보았다. 이들은 반확산 정책과 함께 문제 해결을 위한 진지한 협상이 다시 시도되어야 하며, 이를 위해서는 비핵화와 한반도 평화체제 수립이 병행돼야 한다고 보았다. 2005년 9월 제4차 6자회담에서 채택된 〈9·19 공동성명〉은 이러한 정책전환의 결과물이었다.

〈9·19 공동성명〉은 북한이 핵무기와 모든 핵 프로그램을 폐기하는 대가로, 미국 등 6자회담 당사국은 소극적 안전보장, 북미·북일수교, 평화체제 수립, 경수로를 제공한다는 약속이었다. 그런데 〈제네바합의〉와 달리 〈9·19 공동성명〉에는 합의이행의 로드맵이 없었다. 로드맵에 대한 합의는 BDA 금융제재(2005년 9월~2007년 1월)와 이에 대한 반발로 감행한 북한의 1차 핵실험(2006년 10월)을 거친 후 2007년에 가서야, 그것도 부분적으로만 이루어졌다.

BDA 금융제재(BDA Sanction) 2005년 9월 미국이 마카오 소재 은행인 방코델타아시아(Banco Delta Asia)를 북한의 돈세탁 창구로 지목해 미국 금융회사와의 거래를 중단시킨 사건. 파산을 우려한 BDA는 미국의 제재에 호응해 북한 자금 2,000만 달러를 동결했다. 뿐만 아니라 미국의 금융제재를 우려한 타국 은행들도 북한과의 금융거래를 거부하는 바람에 북한은 대외결제가 불가능한 사태에 직면했다. BDA 제재는 북한 1차 핵실험 이후 해제되었고, 2007년 6월 북한은 동결됐던 자금을 돌려받았다. BDA 제재 이후 북한은 해외계좌를 대부분 중국 본토로 옮기고, 가능한 경우 전산망을 통한 결제 대신 현금다발(bulk-cash) 거래로 결제방식을 바꾸었다.

'9·19 프로세스'의 1단계에 대한 합의가 〈2·13 합의〉(2007년 2월)였다. 북한이 플루토늄 핵시설을 폐쇄·봉인하는 대가로 미국 등 관련국은 중유 5만 톤을 제공하고 관계개선 논의를 시작한다는 것이 골자였다. 1단계는 2007년 8월 완료됐다. 2단계에 대한 합의는 〈10·3 합의〉(2007년 10월)였다. 북한이 핵시설을 불능화하고(핵심 부품 제거 후 북한 내 특별 관리) 우라늄농축을 포함한 모든 핵 프로그램을 신고하는 대가로 미국 등 관련국은 중유 95만 톤을 제공하고 테러지원국 지정 및 적성국교역법 적용을 해제하며, 평화체제 협상틀을 가동한다는 내용이었다. 2단계는 불능화가 약 80%가량 진행되고 미국이 테러지원국 지정 등 제재를 해제한 상황에서 핵사찰 준비협상이 최종 결렬되면서 중단됐다(2008년 12월). 이후 북한은 불능화한 핵시설을 복원했다. 따라서 현재 〈9·19 공동성명〉 자체는 살아 있지만, 로드맵에 대한 합의들은 파기된 상황이다.

그 이후 단계는 합의된 바가 없다. 핵심 쟁점은 핵무기 폐기 시점과 경수로 건설 시점이다. 북한은 북미·북일수교, 평화협정, 경수로와 핵 프로그램 폐기를 맞바꾼다는 입장이지만, 미국은 핵무기 폐기도 포함되어야 한다는 입장이다. 반면 북한은 핵무기는 수교 및 평화협정 체결 이후 핵우산 폐기와 연계하여 폐기한다는 입장이다. 또한 미국은 비핵화 완료 이후 경수로 건설을 시작한다는 입장인 반면, 북한은 핵 프로그램 해체 완료와 함께 경수로가 완공되어야 한다는 입장이다. 따라서 향후 '9·19 프로세스'가 재가동되더라도 합의는 쉽지 않다.[25]

신북방외교

6자회담이 결렬되자 북한은 민주당 오바마 행정부를 상대로 장거리로켓을 시험발사하고(2009년 4월), 연이어 2차 핵실험(2009년 6월)을 감행했다. 핵문제 및 미사일문제와 북미수교·평화협정을 일괄타결할 수 있는 협상판을 짜려는 시도였다. 민주당 클린턴 행정부와 합의한 2000년 10월의 〈북미 공동코뮤니케〉를 염두에 둔 조치였다. 그러나 오바마 행정부는 "같은 말을 세 번 사지 않겠다"며 '전략적 인내(strategic patience)' 기조로 대응했다. 북한이 먼저 비핵화에서 성의를 보이기 전에는 도발이나 유화에 일희일비하지 않겠다는 것이다. 전략적 인내는 '아시아 재균형(re-balancing)'[26] 시대의 대북 반확산 전략이었다. 국제공조를 통해 북핵의 외부확산을 막는 한편, 북한의 핵위협을 명분으로 동아시아 미사일방어망과 군사동맹을 강화하여 중국 견제에 활용하려는 구상이다. 따라서 북한의 위기조성 행위는 부시 행정부 1기 때와 마찬가지로 반향을 얻을 수 없었다.

이에 북한은 한층 강화된 도발로 정면 돌파를 시도했다. 2010년 말 우라늄 농축시설을 공개하고 한국전쟁 이후 처음으로 대한민국 영토인 연평도에 포격을 감행했다. 이에 미국은 상황 관리의 필요성을 인정하고 2011년 여름부터 북미협상을 재개했다. 그러나 전략적 인내 기조를 바꾼 것은 아니었다. 미국의 관심은 문제의 해결이라기보다는 오바마의 대통령 재선 때까지 한반도 상황을 관리하는 것, 특히 장거리로켓 발사(위성발사)와 3차 핵실험을 지연시키는 데 있었다. 오바마 행정부는 두 차례(2012년 4월과 8월)나 특사를 북한에 보내 재선 때까지 도발을 자제하면 재선 이후 협상을 재개한다는 언질을 준 것으로 보인다.

북한은 오바마 재선 때까지 김정일 유훈 집행사업(위성발사)을 미뤘다. 그러나 재선에 성공한 오바마 행정부는 예상을 깨고 채찍을 휘둘렀다. 위성발사(2012년 12월)에 대해 의장성명을 예상했으나 강력한 제재결의안(2013년 1월)이 채택된 것이다. 제재결의안 채택 직후 북한은 핵정책 전면 전환을 선언했다. 외무성(1월 23일)은 김일성의 유훈인 "조선반도 비핵화 노선"을 포기한다고 발표

사진 3-9 2011년 8월 24일 김정일 · 메드베데프 정상회담.

했다. 국방위원회(1월 24일)와 조국평화통일위원회(1월 23일)은 〈한반도 비핵화 공동선언〉과 〈9 · 19 공동성명〉 전면 백지화를 선언했다. 그리고 3차 핵실험(2월 12일)을 감행했다. 비핵화 프로세스에 종말을 고한 것이다.[27]

이처럼 오바마 행정부 출범 이후 북미관계는 갈수록 악화된 반면, 북중관계는 냉전시대에 버금가는 수준으로 밀착되었다. 2차 핵실험 이후 중국은 대북정책 재검토를 거쳐 북한문제와 핵문제를 분리하고 북한 안정화를 최우선하는 정책을 채택한다. 이와 함께 북중 간 경제협력을 확대시켜 북한을 자국의 영향권 아래 두는 한편 장기적으로 북한을 개혁 개방시킨다는 포괄적 관여정책을 추진하였다.[28]

북미관계, 남북관계가 막힌 상황에서 북한은 중국의 관여정책에 적극적으로 호응하는 한편, 2005년부터 나진항 개발을 두고 전개되고 있던 중러 경쟁을 부추기는 전략을 추진했다. 냉전시대 북방외교의 복원인 것이다. 김정일은 2010년 5월과 8월, 그리고 2011년 5월 중국을 방문하여 각지를 돌아보며 후진타오 주석을 비롯한 중국 최고위 지도부와 회담을 가졌고, 2011년 8월에는 9년만에 러시아를 방문하여 메드베데프 대통령과 정상회담을 가진 후 중국을 경유하여 평양으로 돌아갔다. 탈냉전 이후 북한의 최고지도자가 이처럼 자주 북방의 동맹국들을 방문한 것은 유례가 없는 일이었다.

북방외교란 중국 및 러시아와의 관계 강화, 그리고 중국과 러시아 사이의 경쟁적 대북 접근을 기회적으로 활용하는 외교를 의미한다. 중국은 동북3성 개발을 위한 인접 지역(북한 포함) 연계개발(육로·항만·구역 일체화) 프로젝트를 그간의 지방정부 프로젝트에서 2009년부터는 중앙정부 프로젝트로 격상시키고 인프라 건설에 막대한 자본을 투자하고 있다. 그런데 이러한 인접 지역 연계개발은 단순히 낙후한 동북3성 개발이라는 경제적 필요만이 아니라, 초국경 경제공동체를 건설하여 주변 인접국들을 자연스럽게 자국의 정치, 경제적 영향권 내로 끌어들이려는 지정학적 견지에서 추진되고 있는 것이다.[29]

이러한 중국의 동진은 이 지역에 대한 러시아의 경계심을 불러일으키고 있다. 탈냉전 이후 러시아는 유럽 편향적 대외정책을 펼쳐왔다. 그러나 최근 서시베리아의 에너지 자원이 고갈되고 유럽 에너지시장이 포화 상태에 이르렀기 때문에, 동시베리아 자원 개발과 아태 지역에서 새로운 에너지 자원 수출시장을 창출할 필요성이 커진 상황이다. 또한 중국과 인접한 극동 지역 자국 영토에서 자국 인구가 감소하고 대신 그 자리를 중국 이주민들이 채우면서 이 지역은 정치적으로도 매우 민감한 지역이 되었다. 이에 따라 현재 러시아는 한편으로는 극동 지역 개발을 위해 중국과 경제적으로 협력해야 하면서도, 다른 한편으로는 극동 지역에 대한 중국의 독점적 영향력을 견제해야 하는 상황이다. 중국의 영향력 확대를 견제하고 극동 지역에서 자국의 지정학적, 지경학적 거점을 마련하기 위해 남북한과의 협력 강화가 절실한 상황인 것이다.

북한은 이러한 중국과 러시아의 동진을 기회적으로 활용함으로써 자국의 이익을 극대화하는 전략을 펼치고 있다. 예컨대 그간 북한은 중러 양국이 모두 눈독을 들이고 있는 나진항과 청진항 사용권을 테이블 위에 올려놓고서 만족할 만한 가격을 부르는 쪽에게 넘기겠다며 경쟁을 붙여왔다. 나진항과 청진항을 대가로 북한이 요구하는 항목에는 정치적, 경제적 협력만이 아니라 군사협력까지 포함된 것으로 보인다. 또한 김정일은 2011년 8월 메드베데프와의 정상회담에서 남·북·러 가스관 프로젝트에 'OK 사인'을 보냄으로써 이 프로젝트를 레버리지로 활용하여 대(對)중국 가스가격 협상에서 우위를 점하려는 러시아를 거들고 나섰다. 남·북·러 가스관 프로젝트가 성사되면 동아시아와 한반도에 대한 러시아의 지경학적, 지정학적 입지가 강화될 것이고, 이는 결국 이 지역에 대한 미국과 중국의 독점력 약화로 귀결될 소지가 크다. 북한은 그 대가로 110억 달러로 추정되는 대(對)러시아 부채 탕감을 챙겼다.

이러한 북한의 행태는 냉전시대 김일성이 소련과 중국을 상대로 펼쳤던 시계추외교를 연상시키는 것이 사실이다. 그러나 그 때의 북방외교와 지금의 북방외교는 그 성격이 매우 다르다는 점을 인식할 필요가 있다. 우선, 현재 중러 관계는 갈등보다는 협력이 지배적이기 때문에 북한이 양국의 경쟁을 활용해서 얻어낼 수 있는 보상은 많지도 않고, 안정적이지도 않다는 점이다. 1984년 김일성은 23년만의 모스크바 방문에서 나진항의 군항 사용과 북한 영공을 통한 항공정찰을 소련에 허용하는 대가로 수십억 달러의 군수지원을 얻어낼 수 있었다. 당시 소련에게 아시아에서 미국과 중국의 반소제휴를 견제하는 것은 그만큼 절실한 과제였고, 이에 따라 북한의 지정학적 가치도 그만큼 높아졌던 것이다. 반면 현재는 중러 간에 이런 구조적 분쟁은 존재하지 않는다. 중소분쟁 시기 중국은 소련을 견제하기 위해 미국과 협력했지만, 현재 중국은 미국을 견제하기 위해 러시아의 협력이 필요한 상황이다. 러시아 역시 푸틴이 말하는 '미 패권주의'를 견제하기 위해서는 현실적으로 중국과 손을 잡을 수밖에 없는 상황이다. 더욱이 러시아는 중국의 자본이 필요하고, 중국은 러시아의 자원이 필요한 상황이다. 부분적으로 경제적, 지역적 갈등과 경쟁이 없는 것은 아니지만 냉전시대의 그것에 비할 바는 아니다.

다음으로, 냉전시대와 달리 현재 북방외교는 진영외교가 아니라는 점이다. 그간 북한의 중국, 러시아 밀착을 두고 대미, 대남, 대일 남방외교의 포기와 진영외교로의 회귀라는 해석이 제기되었다. 그러나 2009년 하반기 중국이 대북정책 재검토를 거쳐 북한을 전략적 부담이라기보다는 전략적 가치라고 판단을 내리게 된 배경에는 러시아와의 경쟁이 아니라 미국과의 경쟁이 깔려 있다. 북한도 이 사실을 모를 리 없다. 따라서 북한 입장에서는 중국과 러시아 사이가 아니라 중국과 미국 사이에서 시계추외교를 벌이는 것이 전략적으로 훨씬 크고 안정적인 게임인 것이다. 이런 점에서 현재 북한의 북방외교는 남방외교를 대체하는 것이 아니라 그것과 병행해서 혹은 그것을 전제로 전개되고 있는 것이라고 봐야 한다. 김정은 체제 등장 이후 2009년 이후 밀착된 북중관계를 재조정하려는 움직임이 나타나고 있는 것도 이와 무관하지 않다.

2010년 12월 김계관 외무성 제1부상은 방북한 빌 리처드슨 전 미국 뉴멕시코 주지사에게 김정은시대의 북한은 '포괄적 세계전략'을 추진할 것이라고 밝혔다고 한다.[30] 그것은 아마도 남방외교와 북방외교를 모두 아우르는 외교로의 전환일 것으로 보인다. 그러나 그것이 1990년대 후반부터 2000년대 초반까지 추진되다 좌절된 전방위외교의 부활을 의미하는 것인지, 아니면 중국을 중심으로 하는 북방과 미국을 중심으로 하는 남방을 모두 아우르는, 그야말로 동아시아 전체를 무대로 한 시계추외교를 의미하는 것인지는 아직은 불명확하다.

북한은 과연 어떤 선택을 하고 있을까? 분명한 것은 향후 미중관계의 전개 양상이 북한의 선택에 결정적 영향을 미칠 것이라는 점이다. 부상하는 중국과 이를 견제하기 위해 '아시아 재균형'을 선언한 미국 사이의 갈등이 구조적 양상으로, 이른바 신냉전적 양상으로 심화될수록 자신의 지정학적 가치를 활용한 시계추외교에 대한 지향이 강해질 것이다. 반면 미중 갈등이 완화되고 협력적 국면이 전개된다면 북한의 지정학적 가치는 그만큼 떨어질 것이고, 이에 따라 북한은 좀더 협력적인 전방위외교를 추진할 가능성이 높다.[31]

핵심 현안에 대한 북한의 입장

핵문제

통상적으로 한국과 미국은 현재 진행되고 있는 핵문제를 '북한 핵문제'라고 표현한다. 이 표현에는 핵에 대한 북한의 야망과 집착이 핵문제의 근본 원인이라는 시각이 함축되어 있다. 따라서 비핵화는 본질적으로, 그리고 주요 내용에 있어 '북한의 비핵화'를 의미한다. 반면 북한은 시종일관 '조선반도 핵문제'라는 표현을 사용해왔다. 이 표현에는 미국의 핵위협이 핵문제의 근본 원인이자 주요 내용이라는 시각이 함축되어 있다. 자신이 핵무기 개발을 선택할 수밖에 없었던 것도 미국의 핵위협을 억지하고, 나아가 제거하기 위해서라는 것이다. 따라서 비핵화는 자신만의 비핵화로 끝나는 것이 아니라 미국의 핵위협까지 제거되어야 완성되는 것이며, 나아가 자신의 비핵화를 위해서는 미국의 핵위협이 먼저 혹은 최소한 동시에 제거되어야 한다고 본다. 미국의 핵위협이 사라지지 않는 한 북한 역시 핵무기를 포기할 수 없으며, 위협에 대응해 핵 억지력을 더욱 증강해나갈 수밖에 없다는 것이다. 이것이 김일성의 유훈이자 김정일의 유훈인 '조선반도 비핵화'의 기본 구상이다.

그러나 한국과 미국은 '미국의 핵위협' 주장은 핵보유를 정당화하기 위한 궤변에 불과하다고 본다. 왜냐하면 미국은 이미 한반도에 배치됐던 핵무기를 1991년에 모두 철수시켰고, 한국은 〈한반도 비핵화 공동선언〉과 〈9·19 공동성명〉에서 그것을 재반입하지 않기로 약속했으며, 나아가 미국은 〈제네바합의〉와 〈9·19 공동성명〉에서 한반도 외부에 있는 핵무기로도 북한을 공격하거나 위협하지 않겠다고 약속했기 때문이다. 따라서 북한은 존재하지 않는 핵위협을 가지고 억지를 부리고 있다는 것이다.

그러나 북한은 〈제네바합의〉나 〈9·19 공동성명〉과 같은 서면 안전보장만 믿고 핵무기를 포기하라는 것이 오히려 궤변이라고 주장한다. 북한은 "미국은 서면 안전보장이라는 문서장 하나를 가지고 우리의 핵 억지력을 송두리째 들어내보자고 하는 것 같다. 서면 안전보장은 하나의 공약에 지나지 않는다. 우리가 적대 상대방인 미국의 미온적 공약 하나만을 믿고 스스로 무장해제된다는 것은 상상할 수도 없는 일이다"라고 주장하고 있다.[32] 다시 말해서 북한이 핵무기를 포기하자면 북미 간 적대관계가 종식되어야 하고, 서면 안전보장을 넘어서는 실질적 안전보장이 제공되어야 한다는 것이다.

이와 관련하여 북한 외무성 국장이자 6자회담 부대표인 리근은 2003년 12월 16일 미국 국가정책센터(CNP)에 보낸 글에서, 적대관계 종식과 실질적 안전보장이 의미하는 바가 북미수교와 "우리가 믿을 수 있는 방식의 불가침보장"이라고 밝힌 바 있다.[33] 여기서 북미수교의 의미는 명확하지만 "우리가 믿을 수 있는 방식의 불가침보장"이 의미하는 바는 불분명하다. 리근 역시 이에 대해서는 구체적인 설명을 하지 않았다. 다만 당시 북한은 2002년 10월부터 주장해오던 북미 불가침조약 체결 요구를 막 철회하고 그 대신 부시 대통령이 제안한 다자간 서면 안전보장을 수용한 직후였으므로, "우리가 믿을 수 있는 방식의 불가침보장"은 다자간 서면 안전보장을 뒷받침하는 어떤 제도적, 물리적 조치였을 것으로 추정된다. 그리고 북한은 2005년 2월 10일 핵보유선언 이후 그것을 정전체제의 평화체제로의 전환과 대남 핵우산 폐지로 정식화한다.

북한은 자신의 핵무기를 포기하자면 북미수교, 정전협정의 평화협정으로의 대체를 포함하는 평화체제 수립, 그리고 대남 핵우산 폐지라는 3가지 요건이 충족되어야 하며, 만일 미국이 이 요건을 들어줄 수 없다면 더 이상 비핵화를 운운할 것이 아니라 차라리 핵보유국 대 핵보유국으로서 핵군축 회담을 하자는 입장이다.[34] 2012년 2월 29일 제3차 북미고위급회담 합의문에 대한 미국 측 발표문을 보면, 회담에서 북한과 미국은 주로 핵·미사일 모라토리엄과 IAEA 감시단 복귀, 식량 지원 등 6자회담 재개에 필요한 사전 조치들을 논의한 것처럼 보인다. 반면 북한 측 발표문을 보면, 북미관계 개선을 위한 신뢰조성조치, 한반도의 평화와 안전보장문제, 그리고 6자회담 재개와 관련한 문제들이 심도 있게 논의되었다고 되어 있다.[35] 이는 비핵화와 관련하여 북한의 우선 관심 사항이 북미협상을 통해 북미수교, 평화체제, 그리고 실질적 안전보장문제를 해결하는 데 있다는 것을 보여주는 것이다.

물론 북한이 이러한 3대 요건이 충족되지 않으면 어떠한 비핵화 프로세스도 무의미하다고 주장하고 있는 것은 아니다. 앞서 리근의 글이나 〈9·19 공동성명〉, 그리고 그 후속 조치인 〈2·13 합의〉와 〈10·3 합의〉를 살펴보면 북한의 비핵화 구상은 크게 3단계로 구성되어 있는 것으로 보인다. 우선 1단계는 '동결 대 보상' 단계로서 북한은 핵 활동을 동결하고 이에 대한 IAEA 감시를 수용하는 대신 미국은 서면안전보장과 에너지 지원을 제공한다. 다음으로 2단계는 '해체 대 보상' 단계로서 북한은 핵시설을 해체하고 미사일 수출·시험발사를 중단하는 대신 미국은 평화협정과 북미수교를 체결하고 경수로를 제공한다. 마지막으로 3단계는 '비핵화 완성' 단계로서 북한은 핵무기와 그 운반수단인 장거리 탄도미사일을 해체하는 대신 미국은 대남 핵우산을 폐지한다는 구상이다.

비핵무기지대(Nuclear Weapon Free Zone)

이러한 북한의 비핵화 구상에서 가장 문제가 되는 것은 대남 핵우산 폐지 문제일 것이다. 사실 북한의 비핵화 구상은 한마디로 말해서 핵시설 해체는 북미수교 및 경수로와 맞바꿀 수 있지만, "이미 만든 핵전력(핵무기와 그 운반수단인 장거리 탄도미사일)"의 해체는 북미수교 이후 미국의 대남 핵우산 폐기와 맞바꾼다는 것이다. "설사 조미관계가 외교적으로 정상화되더라도 미국의 핵위협이 조금이라도 남아 있는 한 우리의 핵보유국 지위는 추호도 달라지지 않을 것이다"라는 북한의 주장에서, 그 핵위협의 실체가 바로 미국의 대남 핵우산인 것이다.[36]

예컨대 유엔 주재 북한대표부 한성렬 차석대사는 미국의 대남 핵우산 폐지를 요구한 북한 외무성 담화(2005년 3월 31일) 직후 한국 연합뉴스와 가진 인터뷰에서 "미국의 핵위협이란 구체적으로 무엇인가?"라는 질문에 대해 "우리가 알기로는 공화국(북한)까지 날아올 수 있는 핵미사일 등이 미국 본토와 해외 기지에 배치돼 있고, 핵잠수함은 수시로 남한에 들락날락하고 있다"고 대답했다.[37] 이는 주한미군 핵무기가 철수된 이후 미국의 대남 확장억지(extended deterrence), 즉 핵우산의 보증 수단을 정확히 지적한 것이다. 그런데 큰 틀에서 볼 때 이는 1991년 12월 〈한반도 비핵화 공동선언〉 체결 이후 물밑으로 잠복했던 한반도 비핵무기지대화에 관한 문제제기이다.

표 3-1 비핵무기지대와 비핵지대의 사례

구분	명칭	내용
비핵지대	남태평양 비핵지대조약(Treaty of Rarotonga, 1986.12 발효)	원자력의 군사적·평화적 이용금지
비핵무기 지대	남극조약(Antarctic Treaty, 1961.6 발효) 중남미 비핵지대조약(Treaty of Tlatelolco, 1968.4 발효) 아프리카 비핵무기지대조약(Treaty of Pelindaba, 1996.4 체결) 동남아시아 비핵무기지대조약(Bangkok Treaty, 1997.3 발효)	원자력의 군사적 이용금지, 평화적 이용 허용
	한반도 비핵화 공동선언(1992.2 발효)	원자력의 군사적 이용금지, 평화적 이용 허용 (단, 농축〔enrichment〕 및 재처리〔reprocessing〕 금지)

비핵무기지대(Nuclear Weapon Free Zone, NWfZ)란 원자력의 군사적 이용(핵무기의 시험·제조·생산·접수·보유·비축·배치·사용)이 금지된 물리적 공간을 의미한다. 반면 원자력의 군사적 이용만이 아니라 원자력발전과 같은 평화적 이용까지 금지된 물리적 공간은 비핵지대(Nuclear Free Zone, NFZ)로 분류된다. 남북한은 〈비핵화 공동선언〉에서 한반도를 비핵무기지대로 만들기로 합의했을 뿐 아니라, 원자력의 평화적 이용에도 군사적 이용에도 모두 쓰일 수 있는 우라늄농축과 재처리까지 포기하기로 하여 비핵지대 요소까지 일부 도입했다.

북한은 1980년 10월 제6차 조선로동당 당대회 때부터 비핵무기지대화를 '조선반도 핵문제' 해결의 비전으로 일관되게 주장해왔다. 원래 북한의 비핵무기지대화 방안은 ① 미국, 중국, 러시아(소련) 등 동아시아의 핵보유국들은 한반도에 배치된 모든 핵무기를 철거하고 이후 재배치하지 않는다, ② 남과 북은 핵무기를 시험, 생산, 반입, 배치 등을 하지 않는다, ③ 핵무기를 적재한 외국의 비행기, 함선 등이 한반도 경내로 '출입, 통과'하지 않는다 등의 3가지 요소로 구성되어 있었다.[38]

한미 양국은 1991년 9월 부시 대통령의 전술핵무기 철수 선언과 같은 해 11월 노태우 대통령의 핵부재선언으로 ①은 기본적으로 달성된 것으로 보고 있다. 그러나 북한은 주한미군기지에 대한 사찰이 실시되지 않았기 때문에 아직 ①의 과제가 달성되지 않은 것으로 보고 있다. 이와 관련하여 2008년 8월 26일 북한은 핵 불능화 중단을 선언하면서 북한 핵시설을 사찰(검증)하려면 "남조선과 그 주변에 미국의 핵무기가 없으며 새로 반입되거나 통과하지도 않는다는 것을 확인하는 검증이 동시에 진행되어야 한다"라고 주장한 바 있다.[39]

②는 〈한반도 비핵화 공동선언〉의 핵심 내용이다. 선인의 1항은 "남과 북은 핵무기의 시험, 제조, 생산, 접수, 보유, 저장, 배치, 사용을 하지 아니한다"라고 규정하고 있다. 또한 선언의 3항은 핵무기 생산을 좀더 적극적으로 통제하기 위해 핵무기 생산에 사용될 수도 있는 이중 용도 시설인 재처리시설과 우라늄농축시설을 남과 북 모두 보유하지 않는다고 규정하고 있다. 그러나 이러한 조항들에도 불구하고 북한의 재처리시설은 아직 폐기되지 않았으며 최근에는 우라늄농축시설까시 획보한 것이 확인되었다. 특히 북한은 아직 핵무기를 실전배치하지는 않은 것으로 보이지만 시험, 생산, 보유, 저장하고 있는 상태이다.

가장 민감한 부분은 외국 핵무기의 '출입, 통과' 금지를 의미하는 ③이다. 흥미로운 것은 1991년 12월 26일 판문점에서 열린 남북한 비핵화협상에서 북측이 이 조항을 고집하지 않았다는 사실이다. 이에 따라 〈한반도 비핵화 공동선언〉에는 이 조항이 포함되어 있지 않다. 당시 남측 협상단의 일원으로 참석했던 임동원 전 통일부장관은 북한이 우라늄농축과 재처리시설을 포기한 것도 놀라웠지만, '출입, 통과' 금지조항을 고집하지 않은 것은 더 놀라웠다고 회고한 바 있다.[40] 그렇다면 북한은 1991년 12월에 이르러 그간의 비핵무기지대화안을 포기한 것일까? 그렇다기보다는 북한은 때를 기다리는 전략을 썼을 가능성이 높나.

〈한반도 비핵화 공동선언〉은 남과 북의 의무만을 규정하고 있는 남북한 사이의 합의이다. 반면 북한의 비핵무기지대화 방안에는 남과 북의 의무사항(②)에 더해 핵보유국의 의무사항(①과 ③)이 포함되어 있다. 다시 말해서 북한은 〈한반도 비핵화 공동선언〉으로 비핵무기지대화안을 포기한 것이 아니라, 남북한 사이의 합의와 북미 사이의 합의를 구분한 것이며, 후자는 여전히 북한 핵정책의 중심부를 차지하고 있었다고 봐야 할 것이다. 이는 마치 북한이 오랫동안 북미 평화협정을 요구하다가 한미 양국에 의해 거부당하여 뜻을 이루지 못하자 우선 〈남북기본합의서〉를 체결하여 남북한 사이에 상호 불가침을 약속한 이후 1994년부터 다시 미국을 상대로 평화협정 체결 공세를 강화한 것과 유사한 패턴인 것이다. 사실 북한은 미국의 군사전략과 직결되는 '출입, 통과' 금지를 '강제'할 수 있는 상황, 예컨대 자신도 핵무기를 보유하는 순간을 오랫동안 기다렸는지도 모른다. 북한이 대남 핵우산 폐지를 공개적으로 주장하기 시작한 것이 핵보유 선언(2005년 2월 10일) 직후인 2005년 3월 31일이라는 점도 이와 무관하지 않을 것이다.

2008년 8월 26일 북한이 미국 핵무기가 한국과 그 주변을 "통과하지 않는다는 것을 확인하는 검증"이 필요하다고 했을 때, 북한은 정확히 이 '출입, 통과' 금지조항을 부각시키고 있는 것이다. 이처럼 북한이 이 조항을 중시하고 있는 이유는 바로 이것이 핵위협 중단, 체제보장, 불가침담보 등 이른바 '소극적 안전보장(Negative Security Assurance, NSA)'의 물리적 기반이기 때문이다. 북한 입장에서는 주한미군의 전술핵무기가 철수되었더라도 일본이나 괌 등에 배치된 전폭기 및 전투기, 미사일, 항공모함, 그리고 핵잠수함 등의 수단을 통해 언제라도 미국 핵무기가 한반도 경내로 '출입, 통과'할 수 있기 때문에 이 부분에 대한 분명한 제어장치가 마련되지 않는 한 미국이 백 번 문서로 핵 위협 중단이나 불가침을 보증하더라도 그것이 "우리가 믿을 수 있는 방식"이라고 보지 않는 것이다.

결국 북한의 요구사항은 단순한 말이 아닌 구속력 있는 소극적 안전보장을 제공하라는 것이다. 그러나 미국의 입장에서는 '출입, 통과' 금지조항이 포함된 구속력 있는 소극적 안전보장을 제공하는 경우 동아시아에서 자국의 핵전력(nuclear force) 운용이 크게 제한받기 때문에 수용하기 힘든 입장이다.[41] 더욱이 한미 양국의 입장에서 볼 때 '출입, 통과' 금지조항을 수용하게 되면 한국에 대한 적극적 안전보장(Positive Security Assurance, PSA)과 충돌하는 문제가 발생

사진 3-10 한국전쟁 정전협정 제4조 60항의 규정("3개월 내 외국군 철수 및 한국문제의 평화적 해결을 위한 고위급 정치군사회담 개최")에 따라 1954년 4월 26일부터 6월 15일까지 남과 북을 포함해 미국, 소련, 중국 등 19개국이 참여한 제네바정치회담 전경. 연합군 측과 공산군 측의 의견 내립으로 별다른 성과를 도출하지 못한 채 끝났다.

한다.

비핵보유국에 대한 안전보장은 적극적 안전보장(핵우산)과 소극적 안전보장으로 나뉜다. 전자는 어떤 비핵보유국이 핵보유국으로부터 핵공격을 받거나 핵위협을 받을 때 제3의 핵보유국이 군사적 지원을 통해 안전을 보장한다는 개념으로서, 핵우산이 대표적인 예이다. 그러나 비핵보유국을 둘러싸고 핵보유국 간에 위기가 고조된다면 핵전쟁의 위험을 피하기 위해 안보공약을 후퇴시킬 가능성이 높기 때문에 완전한 안보대책은 되지 못한다. 반면 소극적 안전보장은 핵보유국이 비핵보유국에 대해 핵사용 및 핵위협을 가하지 않겠다는 약속을 제공하는 것이다. 여기서 문제는 그 약속이 신뢰할 만한가 하는 점이다. 따라서 비핵보유국은 법률적 구속력이 있는 약속을 원하는 반면, 핵보유국은 그러한 구속은 자국의 행동 능력을 제약하기 때문에 꺼려하는 경향이 강하다. 특히 한국, 북한, 미국의 관계처럼 어떤 나라(미국)가 A(한국)라는 비핵보유국에 적극적 안전보장을 제공하고 있는 경우, 동시에 B(북한)라는 비핵보유국에 구속력 있는 소극적 안전보장을 제공하는 것은, 만일 A와 B가 적대국일 경우, A에게는 핵우산의 약화, 안보공약의 후퇴로 비치게 된다.[42]

요컨대 북한은 이미 만든 핵무기의 해체문제를 한미 군사동맹의 요체인 대남 핵우산 폐지와 맞교환하려는 목표를 갖고 있으며, 그것이 북한이 요구하는 핵위협 중단의 요체이다. 그러나 한미 양국의 입장에서는 주한미군의 전술핵무기가 철수한 상황에서 '출입, 통과' 금지조항이 마련되면 핵우산이 무력화되고 한미군사동맹이 심각하게 훼손되기 때문에 수용하기 힘든 문제이다. 이것이 현재 북한 핵문제가 처한 딜레마의 본질이다.

평화체제

현재 북한은 핵문제가 해결되자면 평화협정을 비롯한 '새로운 평화보장체계'가 수립되어야 한다고 주장하고 있다. 뿐만 아니라 남북한 간 군사적 충돌을 방지하기 위해서도 '새로운 평화보장체계'가 필수적이라고 주장하고 있다. 평화보장체계는 평화체제에 대한 북한식 표현이다. 그렇다면 과거에 비해 무엇이 새롭다는 것인가? 나아가 북한이 구상하고 있는 한반도 평화체제는 도대체 무엇인가?

북한은 1954년 제네바정치회담에서 남북한 주도의 평화체제 구축을 제안한 이래 1973년까지는 평화체제 구축의 당사자가 남과 북임을 계속 주장하였다. 그런데 이 시기 북한의 주장은 동질적인 것이 아니며, 평화협정의 성격과 관련하여 다시 두 시기로 구분할 필요가 있다. 우선 1954년 6월 제네바정치회담에서 남일 외무상의 제안으로부터 1971년 말까지 북한이 주장한 평화협정은 '정전협정을 대체하는' 고유한 의미의 평화협정이 아니라 실제로는 정전체제 아래에서의 혹은 정전체제의 공고화를 전제로 한 '남북 불가침협정'이었다. 이는 1962년 10월 김일성의 공식적인 '남북 평화협정' 제안도 예외가 아니다. 당시 북한의 핵심 주장은 우선 주한미군을 철수시킨 후 남북한 군축을 단행하고,

그 직후 남북한 사이에 평화협정을 맺어 이를 보장하는 동시에 남북한 사이에 불가침을 약속하자는 것이었다. 즉 당시 평화협정은 미군 철수, 군축, 불가침 등 "남북한 사이의 실질적 평화의 조건을 마련하자"라는 취지였던 것이다. 이런 의미에서 북한이 북미 평화협정 체결을 주장하기 이전에는 줄곧 남북 평화협정을 주장했다는 해석은 그렇게 정확한 해석은 아니라고 보인다. '정전협정을 대체하는' 고유한 의미의 평화협정이라는 측면에서 보면 북한의 남북 평화협정론은 1972년 1월에서 1973년 말까지만 존재했던 제안인 것이다.[43]

다음으로 1972~1973년의 기간 동안에는 북한은 '정전체제를 대체하는' 고유한 의미의 남북 평화협정을 주장하였다. 이 제안은 1972년 1월 김일성이 요미우리신문 기자들과 대담하는 과정에서 처음 대외적으로 공개된 것으로 과거의 남북 평화협정, 즉 남북 불가침협정과는 다른 고유한 의미의 평화협정에 관한 제안이다.[44] 한편 이때부터 북한은 기존의 선 미군 철수, 후 평화협정 주장 대신 선 평화협정, 후 미군 철수를 주장하기 시작했는데, 이는 북한이 '정전협정을 대체하는 평화협정'(남북 평화협정이든 북미 평화협정이든)을 주장한 배경이 미군 철수를 위한 여건을 조성하는 데 있었음을 의미하는 것이다.

한편 1954~1973년의 시기 동안 특기할 만한 것은 당시 북한이 미군 철수를 호소한 대상은 미국이 아니라 한국 정부였다는 점이다. 그러다 1974년부터 북한은 북미 평화협정으로 입장을 급격히 선회하였다. 물론 이 때의 평화협정 역시 '정전협정을 대체하는' 고유한 의미의 평화협정이었다. 이때부터 북한은 평화협정의 당사자는 자신과 미국이며 한국은 당사자가 될 수 없다는 입장으로 일관하였다. 한편 이 때도 북한은 1972년 1월부터 제기한 선 평화협정(남북평화협정[1972~73]→북미평화협정[1974~]), 후 미군 철수의 입장을 지속하였다. 그러나 과거에는 미군 철수 제안이 한국에게 하는 제안이었다면, 북미 평화협정 제안 이후에는 미군 철수 제안의 대상은 미국으로 국한되었고 한국정부에 대한 제안에서는 남북한 긴장완화 등의 주제에 국한되었다.[45]

그러나 미국이 선 북미대화 제안이나 북미 평화협정 제안에 대해 계속 관

표 3-2 '새로운 평화보장체계' 이전까지 평화체제 관련 북측 제안

당사자	제안	시기	제안 대상 및 형식	미군 철수 문제
남북당사자주의	남북평화협정 (사실상 남북 불가침 협정)	1954~1971	한국. 남북대화	선 미군 철수 및 남북 군축, 후 남북평화협정
	남북평화협정	1972~1973	한국. 남북대화	선 남북평화협정, 후 미군 철수
북미 당사자주의	북미평화협정	1974~1983	미국. 북미대화	선 북미평화협정, 후 미군 철수
북미 당사자주의 (+남북당사자주의)	북미평화협정+ 남북불가침선언	1984~1993	미국 및 한국 (3자회담)	선 남북 군축, 후 미군 철수 (평화 협정과의 선후 차 문제는 불분명)

심을 보이지 않자, 북한은 1984년부터 남·북·미 3자회담을 제안하기 시작했다. 그러나 이는 한국을 평화협정의 주체로 받아들인 것이 아니라 "3자회담의 틀 내에서 평화협정은 북한과 미국 사이에 체결하고, 남북 간에는 불가침선언을 체결하자"는 주장이었다. 즉 북미 간 평화협정 체결협상에서는 핵무기 및 미군 철수를 골자로 하는 평화보장문제를, 남북 간 불가침선언 체결협상에서는 남북 간 무력사용반대 및 군축문제를 중심으로 다루자는 주장이었다. 이는 남북대화 우선을 요구하며 북미대화를 거부해온 미국을 견인하려는 의도가 내포된 것이었다. 그리고 3자회담을 보다 확실히 성사시키기 위해 북한은 1986년 12월 3자회담 틀 내에서 정상회담을 포함한 남북한 간 고위급 정치군사회담을 할 수 있다고 제안하고,[46] 곧이어 1987년부터 일련의 군축 제안을 통해 기존의 선 미군 철수, 후 남북 군축이 아닌 선 남북 군축, 후 미군 철수를 주장하기 시작했다. 즉 남북이 먼저 각기 10만 명 수준으로 군축하고, 이후 미군이 철수한다는 주장으로 남북한 사이의 실질적 군축 이전까지는 주한미군의 주둔을 용인할 수 있다는 입장이다. 이는 큰 틀에서 보면 3자회담 제안, 즉 북미 평화협정과 남북 불가침협정의 동시 추진을 위한 제안이었다.

그러나 이러한 제안 역시 한국과 미국 정부에 의해 계속 거부되었다. 그러자 북한은 한 단계 더 나아가 기존의 3자회담 제안을 철회하고 남북회담과 북

미회담을 분리하여 접근하기 시작했다. 즉 선 남북대화의 입장을 수용하고 이를 통해 북미회담을 압박한다는 구상이었다. 이것이 1990년부터 남북 고위급회담으로 나타났고, 그 결과 1991년 12월 〈남북기본합의서〉가 타결될 수 있었던 것이다. '새로운 평화보장체계'는 이러한 배경에서 제기된 것이다. 즉 남북한 사이에는 이미 기본합의서가 타결되어 불가침문제를 포함한 군축문제 해결의 기본 토대가 마련되었으므로, 이제는 북미 평화협정을 타결짓는 것이 급선무라는 것이다.

북한은 이러한 주장을 관철하기 위해 먼저 정전체제를 흔들기 시작했다. 북한은 1992년 8월 군사정전위에서 철수하고 1994년 12월에는 중국 대표단도 철수시켰다. 또한 1993년 4월과 1995년 2월에는 중립국감독위원회에서 각기 체코와 폴란드 대표단을 철수시켰다. 그리고 1996년 4월에는 조선인민군 판문점 대표부 명의로 군사분계선과 비무장지대의 관리업무 등 정전협정 준수 임무를 포기한다고 선언하였다. 이렇게 정전체제를 뒤흔든 다음 북한은 '새로운 평화보장체계'를 공식화하기 시작했다.

1994년 4월 28일 북한은 외교부 성명을 통해 더 이상 정전협정으로는 평화를 보장할 수 없으며 군사정전위원회 역시 유명무실해졌다며, 정전협정을 평화협정으로 바꾸고 '새로운 평화보장체계'를 수립할 것을 미국에 제안하였다. 또한 1995년 2월 25일에는 외교부 대변인 담화를 통해 '새로운 평화보장체계' 수립의 당사자는 자신과 미국이고 한국은 자격이 없다며 자꾸 "분수없이 끼어들게 되면" 남북기본합의서마저 백지화될 수 있다고 위협했다. 그렇다면 '새로운 평화보장체계'는 1974년 이래의 북미 평화협정체결론의 구태의연한 재탕일 뿐인 것인가? 다음 몇 가지 점에서 차이점이 발견된다.

우선은 평화협정 체결 이전에 잠정협정 단계를 설정하고 있다는 점이다. 이는 1996년 2월 22일 북한 외교부 대변인 담화를 통해 '새로운 평화보장체계'를 구체화하는 차원에서 제안된 것인데, 그 내용은 다음과 같다. ① 정전상태를 평화적으로 유지하기 위하여 북미 잠정협정을 체결한다. 잠정협정은 완전한 평

사진 3-11 4자회담을 마치고 악수를 나누는 각국 대표들(왼쪽부터 북한 김계관 외무성 부상, 미국 찰스 카트먼 한반도 평회회담 특사, 중국 첸용넨 대사, 한국 박건우 4자회담 담당대사). 4자회담은 1997년 3월~6월까지 3차례의 3자(남·북·미) 공동설명회, 8월~11월까지 3차례의 4자(남·북·미·중) 예비회담을 통해 참여 당사국의 범위와 의제를 조율한 후, 1997년 12월~1999년 8월까지 본회담을 6차례 갖는 방식으로 진행되었다. 한반도 평화체제 구축과 긴장완화 문제를 두고 심도깊은 논의가 진행됐으나, 나라별 의견 차이로 성과는 내지 못했다.

화협정이 체결될 때까지 정전협정을 대신한다. 여기에는 군사분계선과 비무장지대의 관리, 무장 충돌과 돌발 사건 발생 시 해결 방도, 군사공동기구의 구성과 임무 및 권한 등의 내용을 담는다. ② 잠정협정을 이행, 감독하기 위하여 판문점에 군사정전위원회를 대신하는 북미 공동군사기구를 조직, 운영한다. ③ 잠정협정 체결과 북미 공동군사기구 조직과 관련하여 (북미) 협상을 진행한다는 것 등이다. 물론 이 제안 역시 북미 당사자주의를 전제하고 있지만, 잠정협정 단계를 설정함으로써 이후 북한이 북미 평화협정을 계속 주장하면서도 잠정협정 단계에서는 한국을 당사자로 인정할 수 있는 발판을 마련한 것으로 평가할 수 있다. 사실 지난 1990년대 후반 4자회담 과정에서 북한은 계속 북미 평화협정을 주장했지만, 평화체제 논의의 장에 한국의 참여를 인정했다는 것 자체는 큰 의미가 있는 것이다. 또한 북한에서 남·북·미 잠정협정 이야기가 흘러나오기 시작한 것도 정확히 4자회담 시점부터였다.

다음으로는 주한미군 철수문제에 있어서의 좀더 유연한 태도이다. 앞서 살펴보았듯이 북한은 1987년 경부터 선 남북 군축, 후 미군 철수를 주장하면서 남과 북이 실질적 군축 단계에 들어갈 때까지 미군이 주둔할 수 있다는 입장을 표명한 바 있다. 그러나 '새로운 평화보장체계'가 등장하는 시점부터는 북한은 주한미군 철수문제에서 더욱 유연한 태도를 보이기 시작하여 사실상 '통일 이후 주한미군 주둔 용인론'으로까지 이어졌다.

앞서 살펴보았듯이, 북한이 평화협정 체결을 주장하고 있는 이유는 결국 주한미군 철수를 겨냥한 것이라는 점에서 이러한 주한미군 주둔 용인론이 잠정협정 체결론과 더불어 나온 것은 함의하는 바가 크다. 통일 후 주한미군 주둔 용인 발언이 사실이라면 북한은 평화협정을 추상화하고 그 대신 그 자리를 잠정협정으로 대체한 것은 아닐까? 따라서 원칙적으로는 북미 당사자주의를 계속 주장하면서도 실제로는 남·북·미 당사자주의를 수용한 것은 아닐까?

1996년 북한이 잠정협정 제안을 할 당시만 해도 한미 양국 정부나 국내외 전문가들은 이를 북미 평화협정 체결론의 재탕으로 치부하고 별다른 관심을 기울이지 않았다. 그러다 잠정협정 제안이 다시 주목받기 시작한 것은 10년이 지난 2006년 부시 대통령의 하노이 발언부터이다. 2006년 11월 18일 하노이 APEC 정상회담 당시 열린 한미 정상회담에서 부시 대통령은 "북한이 핵무기 프로그램을 포기하면, 종전을 공식적으로 선언하고 평화조약을 체결할 용의가 있다"라고 발언했다. 비핵화와 연계하여 평화협정을 종전선언→평화협정의 2단계 프로세스로 진행하자는 의미였다. 예컨대 〈2·13합의〉에 비추어보면, 북한이 핵 불능화를 완료하면 종전선언을 추진하기 시작하고 이후 북한의 핵 폐기가 완료되면 평화협정을 추진한다는 구도로 해석이 가능한 부분이다.

종전선언 제안과 함께 북한의 잠정협정안이 주목받기 시작한 것은 종전선언 이후 평화협정에 이르기까지의 기간 동안 정전협정을 대신해 한반도 평화를 관리할 법적·제도적 장치인 '종전협정'이 필요한데 북한의 잠정협정안이 이러한 요소를 일부 포함하고 있기 때문이다.[47] 그런데 앞서도 살펴보았듯이 1996년 당시 북한의 잠정협정안은 북미 잠정협정이었기 때문에 한국이나 미국 입장에서는 수용할 수 없는 것이었다. 그러나 북한은 1990년대 후반부터 잠정협정의 당사자를 더 이상 미국과 북한으로 국한하지 않고 한국을 포함시키는 제안들을 한 것으로 알려지고 있다. 예컨대 1998년 10월에 열린 유엔사-북한군 장성급회담에서 북측은 한국의 당사자 자격을 인정해 잠정협정을 관리할 새로운 군사공동기구인 남·북·미 '3자 공동안보위원회'를 설치하자고 제안하였다. 이는 사실상 남·북·미 잠정협정을 제안한 것으로 볼 수 있다.[48]

평화협정에 대한 북한의 입장이 북미 당사자주의에서 남·북·미 당사자주의로 전환되었을 수도 있다는 징후는 2000년대 들어서 더 뚜렷해지고 있다. 예컨대 2004년 5월 12일 한성렬 유엔 주재 차석대사는 미국 『유에스에이 투데이(USA Today)』와의 인터뷰에서 평화협정을 체결하지 않는 한 핵무기를 포기할 수 없다고 발언했는데, 당시 그는 평화협정 체결의 당사자로 "한반도에 군대를 두고 있는 모든 나라"를 지목했다. 비록 비공식 언급이었지만 남·북·미 3자 평화협정을 제안한 것이다.[49] 또한 북한은 2005년 7월 22일 정전협정 체결 52주년을 맞아 발표한 외무성 대변인 담화에서 미국에 평화체제 수립을 요구하면서도 북미 당사자주의를 함축하는 어떠한 단어도 포함시키지 않았다. 물론 한성렬이 말한 평화협정은 실제 평화협정이라기보다는 잠정협정으로 보는 것이 타당할 것이다. 또한 한성렬의 주장을 기존 남측의 방안과 유사한 '남북+미'의 구도로 해석할 것인지(남측 방안으로의 수렴), 아니면 북측이 1980년대에 주장해온 '북미+남'(3자회담) 구도로 해석할 것인지, 혹은 남·북·미가 동일한 자격으로 참여하는 협정 체결을 의미하는 것이지도 아직은 불분명한 상황이다. 그러나 평화협정의 당사자문제와 관련한 북한의 입장이 변화되고 있음을 보여주기에는 충분하다고 보인다.

한편 한반도 평화체제 수립에서 북한의 입장이 남·북·미 당사자주의로 전환되고 있다는 것을 가장 잘 보여주는 사례는 2007년 10월의 남북정상회담이다. 당시 노무현 대통령과 김정일 국방위원장은 공동성명을 통해 "현 정전체제를 종식하고 항구적인 평화체제를 구축해 나가야 하는 데 인식을 같이 하고, 직접 관련된 3자 또는 4자 정상들이 한반도 지역에서 만나 종전을 선언하는 문제를 추진하기 위해 협력해 나가기로 했다"고 밝혔다. 이는 북한이 평화협정까지는 아니더라도 최소한 종전선언 및 종전협정(잠정협정)의 주체를 남·북·미(3자) 또는 남·북·미·중(4자)으로 보고 있다는 가장 뚜렷한 증거라고 하겠다(〈10·4 공동성명〉 4항).

한편 북한은 한반도 평화체제 수립 협상에서 4자보다는 3자 당사자주의를 더 선호하는 것으로 알려지고 있다. 이는 과거 4자회담 준비 과정에서 북한이 중국의 참여를 강하게 반대했다는 사실이나, 앞서 "한반도에 군대를 주둔하고 있는 나라" 사이에 평화협정을 체결하자는 한성렬의 발언에서도 확인이 가능하다. 그러나 이는 북한이 평화체제 협상 과정에서 실제 중국을 배제하거나 또는 그럴 능력이 있다는 것을 의미하는 것은 아니다. 과거 4자회담 준비 과정에서 중국배제론을 주장하다 결국 중국으로부터 일정한 보상을 받고 중국의 참여에 동의했듯이, 북한의 중국배제론은 미중 간에 등거리외교를 펼쳐 최대의 이익을 산출하겠다는 의도라고 보는 것이 타당할 것이다. 또한 현재 동아시아의 역학 구도 상 중국을 배제한 평화체제 수립 협상은 불가능한 것이 현실이다.

이처럼 현재 북한은 한반도 평화체제 수립을 잠정협정→평화협정의 두 단계 프로세스로 나누어 접근하고 있으며, 또한 잠정협정 단계에서는 기존의 북미 당사자주의 입장을 탈피하여 남·북·미 또는 남·북·미·중 다자주의의 입장을 취하고 있는 것으로 보인다. 혹자는 잠정협정만이 아니라 평화협정 단계에서도 북한이 남·북·미·중의 다자주의를 수용할 것이라고 전망하고 있으나, 아직은 이를 뒷받침할 만한 증거는 없는 실정이다. 그러나 그렇다고 하여 북한의 남·북·미 잠정협정론이 북미 평화협정과 주한미군 철수를 위한 사전 포석이기 때문에 이에 말려들지 말아야 한다는 해석 역시 지나친 감이 있다. 이와 관련해서는 앞으로도 섣부른 전망보다는 향후 북한의 태도를 좀더 세밀하게 관찰하고 분석하는 작업이 필요할 것이다.

| 북한의 대외정책과 대외관계에 대해 더 읽을거리 |

단행본

『북한의 외교정책과 대외관계』, 김계동 지음, 483쪽, 명인문화사, 2012년.

북한의 외교정책 및 대외관계 전반에 대해 체계적, 종합적으로 서술한 개론서. 풍부한 사례가 첨부되어 있는 북한 대외관계 입문서이다.

『북미대립: 탈냉전 속의 냉전대립』, 장달중 외 지음, 368쪽, 서울대학교출판문화원, 2011년.

탈냉전기 북한의 대외정책 및 북미관계의 전개 과정에 대해 심도 깊은 이해를 원하는 독자들에게 추천. 1부에서는 북한과 미국의 원 자료를 분석하여 북미대립의 역사를 서술하고 있으며, 2부에서는 한반도문제에 대한 정책적, 이론적 쟁점들을 분석하고 있다.

『북한·중국관계 60년: '순치관계'의 구조와 변용』, 히리이와 슌지 지음, 이종국 옮김, 480쪽, 도서출판선인, 2013년.

북중관계의 기원/전개/현재에 대해 깊이 있는 이해를 원하는 독자들에게 추천. 국내외 정세와 북한 및 중국 측 원 자료를 심도 있게 분석하여 북중 '순망치한' 관계를 재해석하고 있다.

논문

장노순, "약소국의 갈등적 편승정책: 북한의 통미봉남 정책," 『한국정치학회보』 제33집 1호, 1999년.

국제정치이론의 균형/편승 이론을 적용하여 탈냉전기 북한의 대외정책을 분석한 학술논문. 북한 대외정책의 국제정치학적 맥락을 이해하고자 하는 독자들에게 추천한다.

장용석, "북한의 자주-의존의 딜레마와 헤징전략," 평화재단 평화연구원 제54차 전문가 포럼 발표문. 서울: 평화재단, 2012년 5월 22일.

미중시대(G2)라는 국제정치적 맥락에서 김정은시대 북한의 對중국정책을 분석한 학술논문. 웹사이트에서 논문을 다운받을 수 있다.

http://www.peacefoundation.or.kr/board/view.php?&bbs_id=pds06&page=&doc_num=106

북한 자료

아래의 자료들은 신분증을 지참하고 국립중앙도서관 통일부 북한자료센터를 방문하면 열람할 수 있다. 단 대출과 복사는 별도의 추천서가 필요하다. 자세한 사항은 북한자료센터 홈페이지(http://unibook.unikorea.go.kr) 참조.

김일성(1955), "사상사업에서 교조주의와 형식주의를 퇴치하고 주체를 확립할 데 대하여," 『김일성저작집』 제9권, 평양: 조선로동당출판사, 1980년.

_____(1964), "조국통일위업을 실현하기 위하여 혁명력량을 백방으로 강화하자," 『김일성저작집』 제18권, 평양: 조선로동당출판사, 1982년.

_____(1972), "조선민주주의인민공화국의 당면한 정치, 경제 정책들과 몇 가지 국제문제에 대하여," 『김일성저작집』 제27권, 평양: 조선로동당 출판사, 1984년.

_____(1973), "민족의 분렬을 방지하고 조국을 통일하자," 『김일성저작집』 제28권, 평양: 조선로동당 출판사, 1984년.

_____(1980), "조선로동당 제6차대회에서 한 중앙위원회 사업총화보고," 『김일성저작집』 제35권, 평양: 조선로동당 출판사, 1987년.

_____(1986), "사회주의의 완전한 승리를 위하여," 『김일성저작집』 제40권, 평양: 조선로동당 출판사, 1994년.

외국 자료

Lee, Chae-Jin(2006), *A Troubled Peace: U.S. Policy and the Two Koreas*. Johns Hopkins U.P.

재미 정치학자 이채진 교수의 역작으로, 미국의 한반도정책을 중심으로 남·북·미 관계 60년의 역사를 역동적으로 조명하고 있다.

Oberdorfer, Don(2001), *The Two Koreas: A Comtemporary History*. Basic Books.

한반도 문제를 오랫동안 취재했던 필자가 한반도 정책에 깊이 관여한 인물들을 심층취재하고 새롭게 자료를 발굴하여 써낸 역작. 한반도 외교에 대한 필독서로 꼽힌다.

Wit, Joel et.al.(2004), *Going Critical: The First North Korean Nuclear Crisis*. Brooking Institute Press.

1990년대 북미 핵협상에 깊이 관여했던 3인(로버트 갈루치, 다니엘 폰만, 조엘 위트)이 대북 협상 경험과 기밀 해제 자료를 바탕으로 작성한 북미협상의 기록. 사료적 가치가 뛰어납니다.

IV

선군경제, 시장 그리고 개혁

건국 이래 북한의 지도부는 **소비에트식 강행성장**(forced growth)**모델을 경제체제의 원형**(prototype)**으로 채택**하였다. **중공업 중심의 축적 전략과 동원형 발전 모델**을 결합한 이 체제는 시장에 의거하기보다는 자본재 투자를 보호해줄 수 있는 경제구조를 강제로 조성하기 위해 시장을 대체하는 체제였던 것이다. 강제저축에 의한 급격한 자본축적, 중공업에 대한 집중 투자, 농업·경공업에 대한 통제와 국가소유 부문의 확대, 시장의 계획종속, 대외 관계의 자급자족화(autarky), 소비에 대한 극단적 통제 등을 내용으로 하는 이 체제의 목적론적(teleological) 지향은 고스란히 북한체제의 원형으로 자리하였다. 이렇게 성립된 북한체제는 계획경제라는 특성으로부터 주기적인 경제발전계획을 수립하고 이를 위해 전 사회의 가용자원을 총력 동원하는 경제체제로 기능해왔다. 북한은 이러한 전통적 발전방식에 의거해 경제건설을 다그쳐 왔다.

북한에서 사회주의 경제 체제를 바탕으로 하여 본격적으로 경제계획을 추진한 것은 1960년대 이후라고 할 수 있다. 1971~1976년의 제1차 6개년 계획기간을 제한다면 북한은 3차에 걸친 7개년 계획을 통해 장기발전계획을 수립, 시행하였다. 1961~1970년의 제1차 7개년 계획, 1978~1984년의 제2차 7개년 계획, 1987~1993년의 제3차 7개년 계획이 그것이다. 그리고 그 과정에서 북한은 몇 번의 조정기와 완충기를 통해 인위적 경제발전이 낳은 불균형과 그 후과를 조정하기 위해 노력하였다. 1977년은 6개년 계획 완료 후 1년간의 조정기였고, 그 외에도 2차 7개년 계획 완료 후의 1985~1986년의 조정기, 그리고 3차 7개년 계획 완료 후 1994~1996년은 3년간의 완충기였다.

1960년대 북한 경제를 특징짓는 담론은 **대안의 사업체계와 경제-국방 병진노선**이었다. 북한 공

이정철 (숭실대학교 정치외교학과)

장에 대한 경영 시스템을 의미하는 대안의 사업체계는 지배인보다도 당조직인 공장 당위원회에 더 큰 힘을 실어주는 관리 체제로서 사회주의 경영 체제의 원형을 마련한 것으로 받아들여졌다. 동시에 중·소 갈등과 베트남 전쟁을 체제에 대한 위협으로 인식한 김일성은 동맹 정책보다는 독자 방위를 우선시하는 경제-국방 병진 노선을 정립하였다. 이 과정에서 갑산파 숙청 사건이 발생한 것은 주지의 사실이다.

한편 1970년대 북한 경제를 특징짓는 개념은 후계자가 주도하는 각종 '전투'였다. 70일 전투로 대표되는 **동원식 경제 건설**은 전투 기간 동안 당이 행정 조직을 전면적으로 대체하는 방식으로 진행되었다. 결과적으로 당에 대한 후계자의 조직 장악력을 높이는 데는 도움이 되었지만, 체제 효율성에 미칠 부작용을 피할 수는 없었다. 북한은 지금도 1970년대의 향수를 강조한다. 가장 살기 좋았던 시절이라고 하지만, 그 시절의 성과는 '차관'이라는 보이지 않게 조달된 외부 자원의 도입이 뒷받침된 결과였다.

1980년대 북한 경제의 침체는 **부족의 경제라는 사회주의 체제 자체의 모순에 더해 북한식 동원 체제의 부작용**이 더해진 후과였다. 북한이 분권화와 자율성이라는 개혁의 모토를 검토하기 시작한 것은 이와 같은 성찰을 근거로 하고 있었다. 그러나 1988년 서울올림픽에 대항하기 위해 유치했던 1989년 평양청년학생축전을 끝으로 남북의 체제 대결은 종말을 고하게 되었다. 북한 경제에 엄청난 부담을 남기고 축전이 끝났기 때문이다.

이어서 시작된 소련과 중국 등 사회주의 국가들의 체제 전환은 북한을 고립무원의 잔존 사회주의 국가로 남겨 놓았고 **북한의 지도부는 역사상 최초로 경제 실패를 자인**하기에 이르렀다.

© Joseph A Ferris III
http://americaninnorthkorea.com

북한 경제는 마이너스 성장 중인가

2011년, 한국은행은 북한 경제가 연속 마이너스 성장을 기록하고 있다는 비관적 평가를 내놓았다. 유엔 제재와 한국의 대북 제재인 5·24 제재로 북한 경제 환경이 급속히 악화되고 있다는 평가였다. 북한 경제 통계를 발표하는 한국은행은 "장마로 인한 냉해와 태풍 등 기상 조건의 악화로 농업과 어업 생산이 전년대비 2.1% 감소한데다, 식료품과 담배 등 경공업 분야에서 생산이 감소"하여 북한 경제가 2010년도에 마이너스 성장을 하였다고 발표하였다.

그러나 북한의 마이너스 성장의 원인으로 지목된 2010년 농업 생산에 대해서 FAO(Food and Agriculture Organization, 국제연합 식량농업기구)와 WFP(World Food Program, 세계식량계획)는 오히려 그 전년도에 비해 3.1% 정도 늘어난 것으로 추산하였다.[1] 이렇게 국제기구의 통계를 기준으로 북한의 국내총생산을 재계산해보면 2010년 북한 경제성장률은 마이너스 성장이 아니라 플러스 성장을 보인 것으로 드러난다. 이러한 현상이 발생하는 이유는 북한의 농수산 부문이 북한 총 경제생산액의 20% 이상을 점하고 있기 때문에 그 변동률을 잘못 계산하면 편차가 매우 크게 나타나기 때문이다. 2010년 통계에 대한 이러한 논란이 있은 후 한국은행은 2011년 북한의 경제성장률이 0.8% 플러스

표 4-1 북한의 주요 거시경제 지표

	1990	91	92	93	94	95	96	97	98	99	2000	01	02	03	04	05	06	07	08	09	2010	11
명목 GNI (조)	16.4	16.8	16.4	16.4	17.0	17.2	17.3	16.8	17.6	18.7	19.0	20.3	21.3	21.9	23.8	24.8	24.4	24.8	27.3	28.6	30.0	32.4
1인당 GNI (만 원)	81	82	79	78	80	79	79	76	79	83	84	89	92	94	102	105	103	104	114	119	124	133
성장률 (%)	4.3	4.4	7.1	4.5	2.1	4.4	3.4	6.5	0.9	6.1	0.4	3.8	1.2	1.8	2.1	3.8	1.0	1.2	3.1	0.9	0.5	0.8
대외무역 규모 (억 달러)	41.7	25.8	25.6	26.5	21.0	20.5	19.8	21.8	14.4	14.8	19.7	22.7	22.6	23.9	28.6	30.0	30.0	29.4	38.2	34.1	41.7	63.2
예산규모 (억 달러)	166	172	185	187	192	n.a.	n.a.	91	91	92	96	98	n.a	n.a	25	29	30	32.2	34.7	36.6	52.4	58.4

자료: 한국은행 웹 및 통계청 『2012 북한의 주요 통계 지표』(통계청) 자료를 참조하여 작성.
한국은행, http://www.bok.or.kr/broadcast.action?menuNaviId=2237
통계청, http://kosis.kr/bukhan/(검색일자 2013년 10월 1일)

성장을 기록하였다고 발표하였다. 소폭 반등하였지만 그래도 여전히 저성장에 머무르고 있다는 기조였다. 다만 마이너스 성장은 벗어난 것으로 인정하였다.

2010년 통계에 대해서 이런 저런 논란이 있었지만 결과적으로 북한 경제는 2009년 바닥을 친 이후 조금씩 성장세를 보이고 있는 것이 사실이다. 〈그림 4-1〉에서 보듯이 북한 경제의 추세는 한국은행이 강조하는 A직선의 형태보다는 2008년 이후 반등하고 있는 B곡선 형태가 실상을 더욱 잘 반영하고 있다고 볼 수 있다.

B곡선의 형태는 국제사회와 한국 정부가 북한에 대해 각종의 경제 제재를 가하고 있는 상황에서 나타난 현상이라는 점에서 주목할 만하다. 한국의 대북 제재인 5·24 조치나 UN의 대북 제재 조치가 생각한 만큼의 성과를 거두지 못하고 있음을 의미하기 때문이다. 오히려 북한 경제를 체감하고 돌아온 많은 경험자들은 평양의 경제 사정이 2000년대 초반을 월등히 앞서

5·24조치 2010년 천안함 사태가 발생하자 당시 이명박 정부는 진상 조사를 통해 천안함 침몰이 북한의 소행이라고 결론지었다. 5월 24일 진상 조사 결과를 발표하며 북한에 대해 〈북한 선박의 우리 해역 운항 전면 불허, 남북교역 중단, 우리 국민의 방북 불허 및 제3국 접촉 제한, 북한에 대한 신규투자 불허 등〉을 요지로 하는 경제 제재 조치를 발표하였다.

그림 4-1 북한 경제성장률 추이도 A선 vs. B선

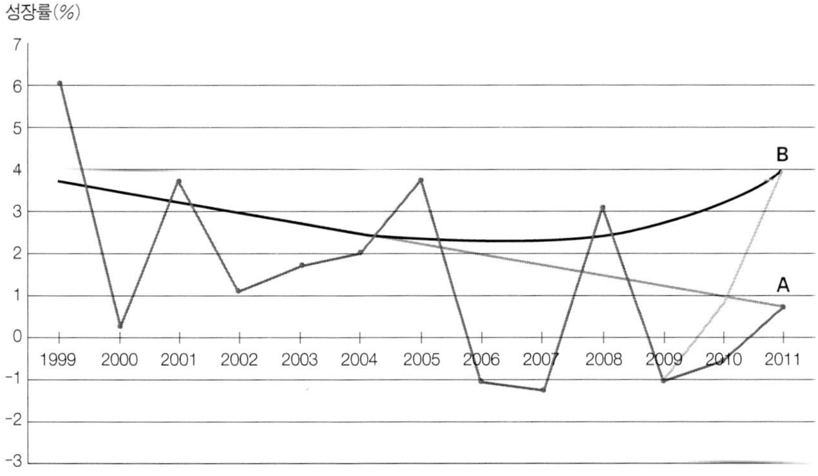

주: 각 점을 연결한 꺾쇠선은 한국은행 발표 당해연도 경제성장률을 이은 선임.
A선과 B선은 각 성장률들을 연결하여 추세선을 만들어본 것임.
A: 한국은행 발표 수치를 기준으로 필자가 추세선을 그린 것임.
B: 2010년 농업부문 성장률을 수정할 경우 나타나는 대안적 성장률과 현대경제연구원 2011년 경제성장률 추론값을 활용하여 필자가 대안적으로 작성한 추세선임.

고 있다고 평가하고 있다.

대북 제재에 따른 북한의 교역량 감소분은 대체로 중국과의 교역을 통해 대체재를 찾았다는 것이 일반적인 분석이다. 물론 북한 경제의 중국 의존도는 매우 높다. 〈그림 4-2〉와 〈표 4-2〉에서 보듯이 북한의 대중국 무역의존도는 60%를 넘어선 지 오래이다. 이는 한국의 대북 제재를 북중 교역이 대체하고 있고 그 부작용을 극복하는 메커니즘이 형성되어 있음을 의미한다. 한국의 입장에서 북한의 대중국 의존도는 걱정스러울 정도이지만, 북한의 입장에서 볼 때 그것은 체제 생존 메커니즘으로 이미 오랫동안 형성되어온 생태계적 현상일 따름이다.

이와 같은 통계들은 최근 북한 경제에 대해 두 가지를 이야기해주고 있다. 먼저 1990년대의 마이너스 성장 시대를 극복하고 플러스 성장 시대로 진입했다는 점이다. 유엔 제재나 한국의 대북 제재가 오랫동안 계속되었지만 그것이

표 4-2 북한의 대외무역 및 남북교역 추이

(단위: 억 달러)

	1990	91	92	93	94	95	96	97	98	99	2000	01	02	03	04	05	06	07	08	09	2010	11
대외무역	41.7	25.8	25.6	26.5	21.0	20.5	19.8	21.8	14.4	14.8	19.7	22.7	22.6	23.9	28.6	30.0	30.0	29.4	38.2	34.1	41.7	63.2
남북교역	0.1	1.1	1.7	1.9	1.9	2.9	2.5	3.1	2.2	3.3	4.3	4.0	6.4	7.2	7.0	10.6	13.5	18.0	18.2	17.0	19.1	17.1
대외무역 + 남북교역	41.8	26.9	27.3	28.4	22.9	23.4	22.3	24.9	16.6	18.1	24.0	26.7	29.0	31.1	35.6	40.6	43.5	47.4	56.4	51.1	60.8	80.3

자료: 한국은행 웹 및 통계청 『2012 북한의 주요 통계 지표』(통계청) 자료를 참조하여 작성.

한국은행, http://www.bok.or.kr/broadcast.action?menuNaviId=2237

통계청, http://kosis.kr/bukhan/(검색일자 2013년 10월 1일)

그림 4-2 북한의 대중국 교역 실적

(백만 달러)

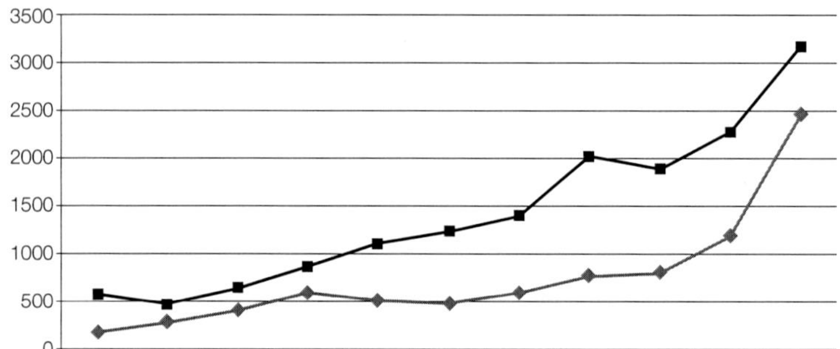

	2001	2002	2003	2004	2005	2006	2007	2008	2009	2010	2011
수출	167	271	395	586	499	468	582	754	793	1188	2464
수입	571	467	628	800	1081	1232	1392	2033	1888	2278	3165

주: 2011년 북한의 대중국 수출(남북 교역 제외 시)은 24억 6418만 달러로 전체 수출의 88.4%를 점유했고, 수입(남북 교역 제외 시)은 31억 6518만 달러로 전체 수입의 89.7%를 점유했음.

자료: 한국은행 웹 및 통계청 『2012 북한의 주요 통계 지표』(통계청) 자료를 참조하여 작성.

한국은행, http://www.bok.or.kr/broadcast.action?menuNaviId=2237(검색일자 2013년 10월 1일)

통계청, http://kosis.kr/bukhan(검색일자 2013년 10월 1일)

북한 경제에 미치는 영향을 극복할 만큼의 내구력을 획득했다는 정황 증거가 드러나고 있는 셈이다. 다른 하나는 북한 경제 성장의 많은 동력이 중국과의 교역에 의존하고 있다는 점이다. 북한의 대외교역 물품은 거의 중국을 통해서 거래되고 있다고 해도 과언이 아니다. 한동안 남북교역이 이를 대체할 수 있을 만큼 성장했지만 2008년 이후 한국에 대한 북한의 의존도는 30% 미만으로 하락했다. 그나마 개성공단이 폐쇄될 경우 그 영향력은 거의 0에 가깝게 떨어진다. 남한의 입장에서 이와 같은 현상은 매우 우려스러운 것이지만, 체제 생존 문제를 우선시하는 북한의 입장에서는 무역의존도는 부차적인 문제일 것이다. 사실상 '대북 제재는 누구를, 그리고 무엇을 위한 것인가'라고 반문하게 된다.

물량물동적 경제체제와 부족의 경제 메커니즘

'현존사회주의'는 '물량물동적(物量物動的) 경제체제'[2] 혹은 '생산물 경제(product economy)'[3]를 지향하는 계획-이데올로기 체제이다. '물량물동적 경제체제' 혹은 '생산물 경제'라 함은 생산, 투자, 판매 등에 관한 일체의 의사결정 권한이 기업이 아니라 국가(중앙정부 혹은 지방정부)에 집중되고 자원 배분이 물량표시로 행해지는 체제를 말한다. 이 체제에서 생산은 교환가치, 즉 거래 수요의 창출을 위한 '상품'의 생산이 아니다. 사용가치, 즉 소비 수요 충족 자체를 생산의 목적으로 한다. 따라서 소비 수요를 통제하기 위해서 이 체제는 생산수단을 국가 소유 아래에 두는 정치적 독재를 수립하여 소비자 선호를 계획자 선호로 대체하였다.

사실 물자대차대조표(material balances)를 중심으로 하는 물량물동적 현물경제체제는 전시공산주의의 경험을 사회주의의 원형으로 해야 한다는 주장에 가장 가까운 경제체제이다. 그것은 옛 소련에서 전시공산주의 기간 동안 벌어진 다양한 상황과 경험, 예를 들면 러시아 10월혁명 이후 적군과 백군이 내전을 벌이던 1919~1920년 동안의 상황과 경험에서 비롯된 것이다.

노동자의 임금은 대체로 현물로 지급되었으며 부속하기 싹이 없는 식료품이 무료로 배급되었으며……전차와 기차 또한 시 당국의 공공 서비스처럼 공짜였다…… 현물경제를 작동시키는 문제들에 주의가 집중되었다. 예산 분야에서 중심적인 문제가 된 것은 현물로 국가예산을 짜거나 수지를 맞춤으로써 요컨대 물적 경제자원을 활용하는 통일된 계획을 세움으로써 화폐를 대체하는……[4]

–알렉노브 지음, 김남섭 옮김, 『소련경제사』, 71~72쪽.

물량물동적 현물경제체제는 철저한 국가소유와 시장 폐지, 즉 전시 체제가 완전한 공산주의의 사전적 모습이라는 인식을 전제하고 있는 체제였다. '전시 공산주의가 사회주의의 이념형으로 유의미한가'의 문제는 이후 다양한 논란의 대상이 되었지만, '현존사회주의'의 경제 운용에서 그 시기의 경험이 중요한 준거를 제시해주었다는 것만은 사실이었다.

어쨌든 사회주의 체제가 '탈 화폐 경제'를 지향하는 과정에서, 이데올로기적 이유에서나 효율성의 측면에서나 계획이 곧 경제를 운영하는 직접적 기제로 등장하였다. 이제 경제 전반을 국가의 통제권 아래에 두고 국가기구를 통해 전 인민적 이해를 실현하는 것, 이를 위해 '역사적 합리성의 구현체'를 자처하는 당과 관료-엘리트가 국가운영 기제, 즉 계획과 거래를 직접 장악하는 것이 필요했다. 이 점에서 '현존사회주의' 체제의 경제운용은 가격신호체계의 미발달을

물자대차대조표, 현물수량신호체계, 물량물동적 현물경제체제

계획경제는 가격신호를 통해 움직이는 시장경제와는 다른 시스템이다. 이 체제에서는 중앙 계획 당국이 주민들의 수요에 따라 생산을 결정하는 것이 아니라 생산 요소의 투입 비용과 자원 배분의 정치적 우선순위에 따라 투자 및 생산을 결정한다.

따라서 중앙 계획 당국은 가로 세로 투입 물자 항목을 배치하고 그 교차에 따라 만들어지는 매트릭스에 따라 요소 투자 항목과 생산 항목을 조정한다. 이렇게 구성된 물자대차대조표(material balances)에 따라 모든 계획이 이루어지므로 가격 신호는 생산에서 별로 중요한 역할을 하지 못한다.

이 같은 중앙집중적 경제 체제에서 계획 당국이 주민이나 기업의 억제된, 그래서 감춰진(suppressed and hidden) 수요를 파악하는 방법은 가격 변동이 아니라 현물 수량에 대한 주민들의 물리적 반응이다. 즉 물자를 사기 위해 주민들이 줄을 얼마나 서는가, 대기 시간이 얼마인가 그리고 기업이 재고를 얼마나 비축하고 있는가 등과 같은 현물 수량신호에 관심을 갖고 계획을 조정하게 된다. 그만큼 비효율적이라는 얘기이다.

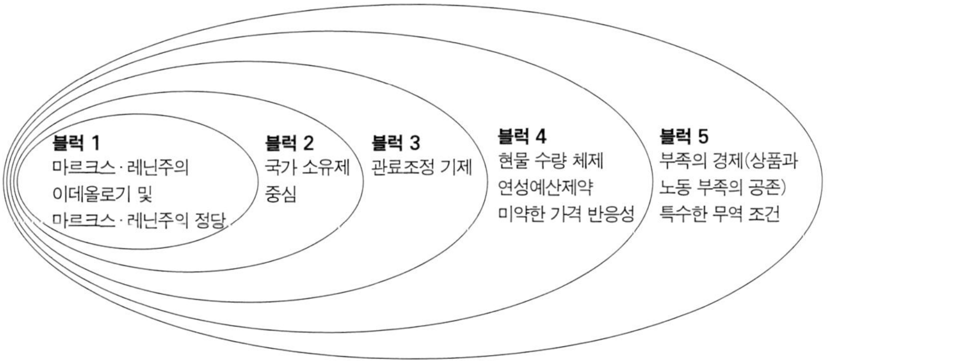

그림 4-3 '고전적 사회주의' 체제 속성의 심급[4]

동반하고 있는 물량물동체제였던 것이다. 곧 관료적·물량적 경제조정기제, 즉 명령관계나 현물수량신호체계(quantity signals)에 의한 거래와 교섭 관계가 경제 운영과 조정의 중심으로 등장하는 체제인 것이다.

부족의 경제(Economics of Shortage)로 유명한 코르나이는 화폐신호가 미발달한 체제가 성숙될 때 어떻게 경제가 운영되고 그 과정에서 아랫단위와 윗단위가 어떠한 메커니즘을 통해 상호 교류하고 거래하는가를 보여줌으로써, '사회주의' 체제의 현실적 운영 과정을 비판적으로 잘 설명하였다. 무엇보다도 코르나이의 주장은 사회주의 체제 안에서 기업의 행동을 거시적인 관점으로 분석하

코르나이(J. Kornai, 1928~)

헝가리의 경제학자. 사회주의 체제의 비효율성을 부족의 경제학(Economics of Shortage)이라는 개념을 통해 공개적으로 비판한 학자 중의 하나이다. 그는 헝가리 공산당 기관지의 경제 담당 편집장으로 일하다가 1955년 공산주의 신념의 부족으로 해고당한 이후 지속적으로 비판적 입장을 견지하였다. 특히 계획경제의 효율성을 강조한 계산 가능한 사회주의 이론에 대한 비판적 입장을 견지하며 자신의 경제학인 '부족의 경제론'을 정립하였다. 1985년이 되어서야 해외 방문이 가능해진 그는, 1985년부터 2002년까지 하버드대학에서 교직을 갖고 연구하면서 『사회주의 체제(*Socialist System*)』를 저술하였다. 그는 '노르마'라고 불리는 노동량에 따른 투입 및 산출량 계산 개념에 근거한 사회주의 체제는 사실상 화폐 경제의 장점을 거부하는 체제로 기능하게 된다고 비판하였다. 기업과 개인들이 모두 화폐와 가격이 아니라 수량 지표와 명령 체계에 근거해 움직이는 한, 그 경제 체제는 효율성을 상실하고 소비재 부족과 노동 부족이 공존하는 부족의 악순환 체계를 탈피하기 어렵다고 비판하였다.

는 것이 무의미하다는 것을 대전제로 하고 있다. 개별 경제 주체들이 가격지표에 의해 움직이기보다는 관료적 조정 기제나 '노르마(norma)'라는 노동 기준량에 의한 조정 기제에 의해 움직이고 있는 상황에서, 기업에게 가격반응성을 기대하는 것은 무의미한 것이다. 따라서 '현존사회주의'에서의 문제해결 기제는 반화폐상태(semimonetized)의 기업의 행태에 주목하고 이에 대응하는 방식이어야 한다는 것이 코르나이의 주된 고민이었다. 그가 내린 결론은 '현존 사회주의'가 이 때문에 '부족의 만성화'라는 본질적 문제를 벗어날 수 없다는 것이었다.

코르나이는 '현존사회주의' 체제에서 경제 조정 수단은 가격신호보다는, 주로 자본 저량(stock), 상품을 구매하기 위해 기다리는 길이, 주문이나 명령, 대기 시간 등으로 나타나는 현물수량 신호체제에 의거한다고 한다. 이처럼 물량물동경제의 특성을 포착하는 현물수량 신호들이 '부족'을 재생산하고 체제를 침체의 균형으로 몰아가는 경로는 두 가지이다.[5] 하나는 현물수량 신호체계에 의한 현물수량 추동력이고, 다른 하나는 연성예산제약(soft budget constraints) 개념이다.

현물수량 추동력의 핵심은 비용에 개의치 않고 가능한 한 많은 양의 생산을 추구하는 현상이라는 점이다. 뒤로 후퇴하는 것이 불가능하다는 데서 유래한 톱니바퀴효과(ratchet effect), 즉 지속적으로 더 많은 투입량을 요구하는 현상이다. 이 과정은 지배인의 보상을 높이고 기업의 교섭력을 높이기 때문에 계속된다. 또한 이를 위해 엄격하고 과도한 계획이 수립되지만, 계획 미달이 반복되는 상황 역시 이 같은 현물수량 추동력의 결과다.

연성예산제약은, 예산제약이 연성이고 따라서 파산이라는 것을 상정할 수 없다는 극단적인 상황이 사회주의권 동유럽 경제를 어떻게 침체의 균형으로 몰아가는가를 설명한 코르나이의 개념이다. 코르나이는 ① 비용 부분의 비효율을 일방적으로 소비자에게

톱니바퀴효과 레칫(ratchet)이란 본래 한쪽으로만 도는 톱니바퀴로, 레칫 효과란 결국 역진 불가 효과를 의미한다. 계획경제에서는 한번 계획을 세우면 다음해 계획 수립 시점에는 그것보다 낮은 실적을 목표로 세우는 것이 불가능하고, 따라서 전년도보다 조금이라도 높은 목표치를 제시하지 않을 수 없게 된다. 그러다보면 실적 달성이 불가능한 상황이 초래되기 때문에 사전에 목표 수치를 낮게 세우는 부작용 현상이 빈번하게 나타나게 된다.

전가할 수 있는 가격 결정 구조, ② 세율과 면세가 교섭 가능한 연성과세체제, ③ 다양한 목적으로 전용 가능한 국영 보조금, ④ 미래수익과 관련도가 낮고 상환 조건이 연성이며 미상환에 대한 제재가 미약한 연성신용체계의 네 가지에 주목한다.[6] 다만 여기서 한 가지 지적할 것은 연성예산제약은 기업 측, 즉 공급부문의 현상이라는 점이다. 수요 부문은 지속적인 부족 상태에 놓여 있고 동시에 노동자들은 저임금 체제에 구조화되어 있다. 따라서 수요 부문은 심한 예산제약 상태인 경성예산제약이라고 할 수 있다.

이런 현상들은 물량물동경제 지향성에 기인하는 '현존사회주의'의 탈화폐적 특징이다. 그것은 단순히 수직적인 명령-통제 경제의 특성만을 언급하는 것이 아니라 비가격 신호 방식에 익숙한 경제 주체들 간에 벌어지는 수평적 정보교환(horizontal communication of information)의 다양한 양상까지 포괄하는 것이다. 이는 앞서 코르나이가 지적한 바 있는 관료주도체제의 수동성이나 저생산의 위기 역시 물량물동경제의 탈화폐적 특성과 이에 따른 대중적 이니셔티브의 부재, 그리고 이를 주도하는 관료체제와 그들 간에 형성된 비공식적 네트워크의 형성과 연관된 것이었다.

이 같은 지향점에도 불구하고 사회주의 체제는 상품-화폐 경제의 병행을 인정하지 않을 수 없었다. 상품이 시장을 전제로 하는 개념이라는 점에서 사회주의 체제에서도 상품과 시장의 존재를 부인할 수 없기 때문이다. 소위 과도기라는 이름으로 수용되는 시장과 상품 거래의 범위를 두고 현존사회주의 체제들은 내부 논쟁을 벌이곤 했다.

이런 메커니즘은 때로는 자연 발생적인 기제로 용인되어 물량물동경제의 부속 메커니즘으로만 운용되기도 했다. 또한 때로는 적극적으로 조정, 이론화되어 물량물동경제의 조정 기제로 제시되기도 했다. 시대와 국가에 따라 부침을 거듭했던 것이지만, 과도기 범주에 따른 상품-시장 관계의 허용 정도는 '현존사회주의'의 중요한 경제 운용 원리의 한 부분이었던 것이다. '현존사회주의' 경제들이 대체로 '루블에 의한 통제(control by the rouble)'와 같은 이론적 전제에서 가격, 화폐 지표에 의해 움직이는 재무 체제를 추구하였고, 북한 역시 '원에 의한 통제(control by the won)'를 강조하면서 화폐, 금액지표에 의한 통제를 강조해왔다. 이는 물량물동경제 내에서 필요에 따라 과도기적 경제운영 원리로서 가격 시스템을 국가 차원에서 활용한 결과였다.

루블에 의한 통제 사회주의 경제 체제가 기본적으로 계획에 의한 현물 교환 체제라고 하지만, 이 체제에서도 화폐는 사용된다. 이 때 국가 부문에서 회계나 거래상 목적 등의 편의를 위해 화폐가 사용될 때, 그것은 시장경제에서 통용되는 화폐와는 차원이 다른 것이라고 한다. 계획적 생산과 유통에 복무하는 한도 내에서 국가가 기업을 화폐적 수단으로 제어하고 통제한다는 의미로 사용되는 것이다. 그것이 바로 '루블'에 의한 통제이다. 루블이 옛 소련의 화폐였기 때문에 물론 북한에서는 '원'에 의한 통제라고 불린다.

물론 국가 통제 밖에서 국가의 묵인 아래 작동하는 제2경제 현상이나 소비재 시장은 아래에서 발생, 기능하는 체제였다. '루블에 의한 통제'가 물동 경제의 조정기제로 도입된 상부동학이라면, 제2경제나 소비재 시장은 배급과 공급 중심의 계획체제와 긴장 관계에 있는 하부동학이었다. 여기서 옛 사회주의 체제들이 끊임없이 시장의 범위를 어느 정도까지 허용할 것인가를 두고 고민을 거듭할 수밖에 없었고, 이를 바라본 외부자들의 시각에는 계획과 시장 현상이 상호 대립적인 것으로 비춰졌던 것이다.

따라서 사회주의 체제는 물량물동적 경제체제와 그를 보정하거나 또는 이와 대립하는 시장의 범주가 상호 밀고 당기기를 지속하는 경제 동학을 보여 왔다. 그런 진동이 오랫동안 지속된 후인 1980년대 후반기에 와서 시장은 폭발적으로 성장하였고 급기야 시장에 의한 계획 대체 현상이 불가피해지면서 비로소 대규모 체제 전환이 시작되었던 것이다.

북한체제 역시 이 같은 물결 앞에 자유로울 수 없었지만, 북한의 1990년대는 사회주의 이념형을 고수하는 방식으로 이 물결에 맞섰다. 소위 선군 이념, 선군경제론은 이 같은 배경에서 시작된 것이었다.

야심가, 음모가, 사회주의 배신가들과의 투쟁, 선군경제론

1990년대 초 북한을 가장 어렵게 한 것은 역시 대외관계에서부터 시작된 충격이었다. 북한은 옛 소련과 관계가 악화되고, 중국을 포함한 모든 나라와의 대외 교역이 경화 결제 형태로 전환을 요구받았다. 이는 외화 부족 상태에 놓여 있던 북한을 유래 없는 교역 악화 상황으로 몰아갔다. 결과적으로 수입 여력이 부족한 에너지 부문부터 위기가 시작되었고, 그 여파는 다시 제 각 부문으로 확산되었다. 전 공장의 가동률이 급격히 떨어지고, 운송에 동맥경화 현상이 나타났으며, 화학비료 생산이 중단되면서 농업생산이 붕괴되기에 이르렀다. 소위 주체농법은 밀식재배와 고비료 투여를 특징으로 하고 있었기 때문에, 비료의 생산과 수입 중단은 농업 생산에 결정적인 영향을 미쳤다.

원사재 위기는 에너지 위기, 식량 위기로 연쇄적 파급 효과를 가져왔고, 전반적인 생산 하락은 생필품난으로 이어졌다. 사회주의 체제의 근간을 이루고 있던 배급제에 위기가 닥쳤고, 배급에 의존하던 노동자들은 공장에서 이탈하지 않으면 생존할 수 없는 상황에 직면하게 되었다. 이제 국가 기간 사업으로 보호받지 못한 부문의 노동자들은 직장을 떠나더라도 자급자족하기를 요구받았고, 이탈된 노동자들이 스스로 먹을거리를 만들어가는 과정에서 시장이 자연스럽게 확장되기 시작했다. 시장이 이제는 오히려 생존 공간으로 작동하기 시작한 것이

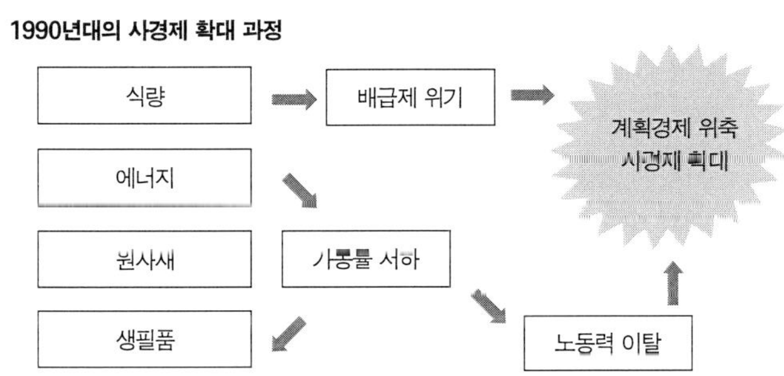

그림 4-4 북한 경제의 위기 구조

다. 1990년대 초반 북한의 자생적 시장화는, 이러한 위기가 창출한 공간이기도 했다.

1993년 당시 시장을 활성화하는 전략이 모색되어 시장사회주의를 허용하는 노선이 '농업, 경공업, 무역의 3대 제일주의'라는 명칭으로 공식화되었다. 그러나 1994년 7월 김일성 주석의 사망과 연이은 거대한 자연재해를 맞은 후계자 김정일은 시장을 통한 생존이라는 상식과는 다른 방식의 전략, 즉 '고난의 행군'이라는 극단의 노선을 선택하였다. 북한 경제가 지금까지 겪어보지 못한 전혀 다른 방식의 생존 경제를 모색하기 시작한 것이다. 이 시기 김정일의 선택은 군대가 중심이 되어 정치와 경제를 이끌어가고, 군사 부문에서의 생산을 최우선적으로 보장하는 조건에서 민간 부문에 자원을 배분하는 방식이었다. 사실상 지방과 경공업은 자력갱생의 이름으로 방치되었고, 시장을 통한 생존을 포함해 주민들은 다양한 생존 방식을 모색하고 경험하게 되었다.

고난의 행군 1937년 김일성이 일본군의 동계 토벌에 맞서 100일간 유격전을 벌였던 경험을 상징화한 노선이다. 1995년 북한이 수해와 냉해로 대규모 식량난을 겪게 되자 김정일은 이후 2~3년간을 '고난의 행군기'라고 명명하여 항일 운동 시기의 인내력을 강조하는 상징 운동을 통해 내핍 체제를 정당화하였다.

물론 북한의 지도부는 위기의 근원이 수정주의와 사대주의 그리고 일부 사회주의 배신자들에 있다는 비사(非社) 비판을 놓치지 않았다. 체제 위기의 근원이 외부에 있다는 것을 강조함으로써 사회주의 경제체제의 내적 모순에 대한 비판을 비켜가려 했고, 내핍에 대한 인내를 독려하면서 동원체제를 유지하는 데 최선을 다했다.

> 겉으로는 수령을 받드는 척하고 혁명과업에 충실한 척 하면서 속으로 딴 꿈을 꾸며 뒤에서 딴 장난을 하는 것은 야심가 음모가들의 비열한 본색이다. 소련에서 스탈린 이후 시기 당과 국가의 지도적 지위를 차지했던 현대수정주의자들과 사회주의배신자들은 모두 야심가 음모가들이었다……야심은 결국 배신과 변절에로 굴러떨어지고 혁명에 엄중한 해독을 끼치는 독약, 죽음의 약이었다.
>
> – "야심가 음모가들의 비렬한 본색," 『로동신문』(1996.5.10)

『로동신문』을 장식했던 이런 정치적 선동들은 고난의 행군[7]이 공식 선포되고, "나의 사상은 붉다", "비겁한 자여 갈라면 가라"는 담론으로 국내 고위층의 권력 투쟁과 탈북 사태에 대응하면서 절정에 달했다.

> 천리마는 자력갱생 창조자의 것이다. 우리의 천리마는 남의 힘을 바라는 것, 남의 덕을 바라고 우만 쳐다보는 자에게 나래를 펴주지 않으며 앉을 자리를 내주지 않는다. 제국주의는 우리에게 한 그람의 강재도 한 와트의 전기도 공짜로 주지 않는다……
>
> – "다시한번 천리마를 타고 내달리자," 『로동신문』(1998.4.2).

> 우는 소리를 하는 사람들이나 남을 넘겨다보는 사람들을 우리에게 보내주십시오. 이 타닝반으로 그 허물을 빗겨주겠습니다.
>
> – "주체의 신념이 강한 자강도 사람들," 『로동신문』(1998.8.12).

이 같은 주장들은 원조나 차관 등과 같은 외부 지원에 의한 경제 성장 전략이나 주민의 생존적 요구에 응답하기 위한 수요 충족을 주장하는 논리 혹은 시장의 활성화를 통한 성장동력의 마련 등과 같은 개혁론을 소극주의, 패배주의, 사대주의로 보고 격렬히 성토하는 내용으로 채워져 있었다.

1990년대 초중반 북한이 맞이한 사상 초유의 위기에 대해서 북한 내부에서는 격렬한 논쟁이 있었지만 결국 그 논쟁을 최종적으로 정리하고 마무리한 것은 역시 김정일이었다. 그리고 이를 마무리한 담론이 바로 1998년 김정일이 공식화한 '강계정신'이라는 구호였다. '강계정신'은 군수공업이 밀집한 자강도의 강계 주민들이 보여준 자력갱생의 정신이야말로 북한체제가 위기를 극복해낸 기본 방식임을 구호화한 것이다. 이것은 다시 시장과 자본주의를 찬양하는 '황색사조'에 맞서 사회주의를 고수하고 역사와 전통에 의거하는 데 북한체제의 발전의 길이 있다는 '강성대국론'으로 이어졌다.

마르크스·레닌주의의 잔영을 벗어나 김일성주의의 사회주의를 준비하기 시작한 북한은, 경제 위기가 일정 정도 정리되는 1998년 경에 새로운 발전 목표인 '강성대국론'을 정식화한 것이다. '사회주의 완전승리'라는 과거의 과도기 담론을 대신하고 2012년을 목표로 하는 새로운 발전 목표를 수립한 것이었다.

과도기론 과도기론은 사회주의 체제가 공산주의 체제로 이행하는 과정에서 어떤 과도적인 정치 경제적 시스템을 갖춰야 하는가에 대한 이론을 일컫는 개념이다. 중국과 소련은 정치체제로서의 독재의 정도와 경제체제로서의 국가 소유권의 정도를 두고 수정주의와 교조주의 논쟁을 벌였다. 북한은 중국과 소련의 절충적 노선에 가까운 과도기론을 정립하고 이를 '사회주의 완전 승리'라는 개념으로 정립하였다.

'혁명적 군인정신'으로 시작한 북한의 구호도 이때에 이르러 선군정치라는 이름으로 정식화되기 시작했다. 곳곳에서 선군체제에 맞는 이론화 작업들이 진행되기 시작했다. 경제체제 역시 마찬가지여서, 선군경제론이 준비되기 시작했다. 마르크스주의의 고유한 발전단계론인 '과도기론'과의 결별이 완성되고 북한식의 새로운 발전관을 정식화한 것이다.

이는 한편으로 자력갱생과 군중노선의 정치(mass line politics)라는 전통적 노선으로 선회하는 과정이면서 동시에 군수산업을 정점으로 하는 계획 부문이 시장을 가장자리에 두고 잉여를 전취하는, 소위 선군경제의 디자인을 만들어가는 과정이었다. 이제 선군(military first)체제가 직면한 문제는 군수산업을 정점으로 한 계획경제부문이 1990년대에 확산된 시장권력과 어떻게 화해하고 어떻게 조정하는가 하는 문제였다. 확실히 그것은 1990년대 초반 북한체제가 시도한 3대혁명제일주의, 즉 '새로운 혁명적 경제전략'이나 개혁노선과는 맥을 달리하는 것이었다.

구획경제와 시장의 동학

7·1 조치 – 가격 신호의 강화

1998년을 기점으로 마이너스 성장을 멈추고 플러스 성장세로 돌아선 북한은 새로운 경제 정책과 이를 기반으로 한 제도적 정비에 나서기 시작했다. 북한의 이러한 시도는 2002년 7월 1일 가격 조정을 중심으로 하는 일련의 정책 변화를 시작함으로써 대외적으로 공개되었다. 이에 대해서는 사경제 부문의 비대화를 막고 사회주의 계획경제체제를 정상화하기 위한 것이라는 평가와, 호랑이 등에 탄 개혁 정책의 본격화라는 상반된 평가가 나오기 시작했다. 계획과 시장의 두 영역을 동시에 강화하는 정책 제안들을 담고 있고, 두 가지 평가 모두 근거가 있는 것이어서 논란은 쉽게 가라앉지 않았다. 오히려 이 논쟁을 계기로 북한체제를 계획과 시장의 대립이라는 이분법적 틀에서 보는 것이 적절한가에 대한 자성론이 제기되기 시작했다. 어쨌든 가격 인상, 환율 현실화, 기업경영의 독립성과 노동 성과급제 실시, 각종 복지 혜택의 폐기와 인센티브제의 강화 등을 골자로 하는 경제관리개선조치는 일단 개혁조치의 형태를 띠고 시작되었다.

이 날을 기점으로 북한은 쌀값을 기준으로 생필품 가격을 재조정하고 이에 대응하여 노동자의 임금을 인상하였다. 또한 이미 유명무실해진 생필품의 국정가격을 시장가격 수준으로 현실화하여 장마당(농민시장)의 물가 수준에 근접하도록 인상하였다. 쌀값의 경우 수매 가격은 50배, 판매 가격은 550배 인상하였으며, 생활용품 등 공업제품의 가격을 평균 25배 인상하였다. 근로자의 경우 고급 기능을 보유한 탄부의 임금을 6,000원(북한)으로 30배가량 인상하는 등 평균적으로 임금을 18배 인상하였다. 동시에 개별 노동자의 노동 의욕을 높이기 위한 과감한 인센티브제의 도입을 추진하였다. 이후 북한의 노동자는 자기 노동에 따라 3,000원에서 30,000원까지의 다양한 성과급을 받을 수 있는 임금체계에 편입되기 시작했다.

북한은 이전까지 석탄과 전력 가격을 가격 제정의 기준으로 삼아 왔으나, 이때를 기점으로 하여 쌀값을 기준으로 모든 가격을 제정하기 시작하였다. 그것은 원자재를 중심으로 하는 가격 제정 원칙에서부터 소비자의 생활필수품인 식량을 중심으로 하는 가격과 임금 수준 책정으로 변화를 의미하는 것이었다.

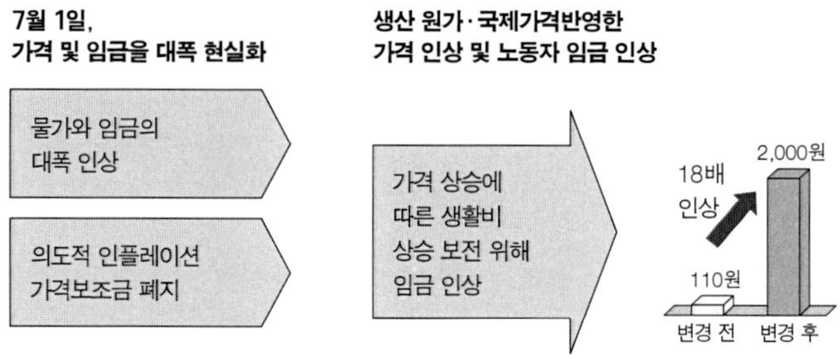

그림 4-5 북한의 7·1 조치에 따른 물가와 임금 인상

표 4-3 7·1 조치 이전과 이후의 북한 경제 시스템의 변화 구분

구분	7.1 조치 이전	7.1 조치 이후	현황 및 부작용
계획	중앙정부: 세부 계획을 지시 계획의 일원화-세부화 유지	중앙정부: 중요 지표만 제시 계획의 일원화만 유지	기업 자율결정 확대
재정	재분배 기능에 중점	안정화 기능에 중점 사실상 세금인 '사용료' 징수	'사용료' 확대 지방 인센티브 허용
생산	산출량 극대화 (ratchet effect귀결)	이윤 마인드 허용	경영청부 확산
가격	비용 중심 가격책정	이윤 개념을 가격에 도입	인플레이션 유발
유통	국가 독점수매와 독점공급	생산재: 물자교류시장 거래 소비재: 종합시장 거래	사적 상업유통 출현
판매	배급소와 국영상점	국영상점망과 시장 동시 활용	종합시장 확대
노동	노동 定量에 의한 임금제 (국가가 임금 지급)	번수입에 따른 분배 (기업이 임금 지급)	인센티브 확대

석탄과 전력이 아닌 '식량'이 중요한 경제정책 변수임을 보여준 조치였다.

사회주의 체제가 가격 제정의 기본 단위로 삼는 물품은 그것이 곧 경제 정책의 중심이 되는 제품이라는 것을 의미한다. 석탄을 가격 제정의 중심으로 삼은 것은 중공업 우위 체제와 원자재 생산의 강화와 절약이라는 스탈린체제의 원론에서 출발한 것이었다. 이를 식량인 쌀값으로 대체한 것은 북한 당국이 소위 먹고사는 문제에 얼마나 큰 관심을 두는가를 알려주기에 충분했다. 북한의 높은 엥겔계수를 감안한다면 이 같은 논리는 충분히 이해할 만한 것이었다.

이 정책의 또 다른 특징은 식량 이외에 거의 무상 수준으로 제공하던 교통

서비스와 주택사용료 등 소위 복지 비용을 대폭 인상하였다는 점이다. 주택사용료의 경우 7·1 조치 이전에는 사용자가 월 생활비(수입)의 0.3%를 부담하고 협동농장원의 경우 무상으로 국가가 임대료를 보조해주었으나 7·1 조치 이후 평양을 기준으로 한 세대(60m²) 주택의 월 사용료는 78원(m²당 월 1.2원)으로 인상된 것으로 알려지고 있다.[8]

사실상 인민적 시책비로 통용되어 국가 재정의 중요한 부분을 차지하던 복지 혜택들이 시장가격 수준으로 정상화되었다는 점은 의미심장한 변화였다. 흥미로운 것은 협동농장의 사례이다. 협동농장에도 이 같은 조치들이 적용되었는데, 조합적 소유 형태의 협동농장체제를 무리하게 국유 형태의 국영농장체제로 변환시키기보다는 협동농장을 그대로 둔 채 토지 소유권만을 국유화했다. 내신 협동농장원으로부터 '토지 사용료'를 받기 시작하였다. 이는 농업의 협동적 소유를 형식적으로 국영화하여 무리하게 농민을 농업 노동자로 전환시키기보다는 토지만을 국유화하고 그 사용료를 내게 하여 농업과 농민에 대한 국가의 지배력을 강화하는 방식이었다. 가격 지배력을 강화하는 동시에 국가의 자산, 즉 토지에 대한 지배력을 동시에 강화하는 이중적 조치였던 셈이다. 이런 조치들은 '국가가 주민들의 삶을 책임진다'는 가족주의 담론을 포기하고 국가가 또 다른 시장과 경제 거래의 주체로 인식되게 만드는 계기가 되었다.

7·1 조치와 정책 패키지 전환

사실 7·1 조치의 핵심은 거시정책의 변화이다. 인플레이션 정책을 통해 기존 물량물동체제의 저가격(低價格)체제, 즉 가격 왜곡 시스템을 제거하고자 하였다. 이에 따라 가중 보조금을 완전히 철폐하고 물가, 이자, 노동보수, 환율 등 모든 영역에서 성역 없이 저가격정책을 포기한 것이다. 이는 스탈린체제 이래 중공업 우위 노선을 유지하기 위해 마련된 저곡물가, 저임금, 저생필품가, 저이자의 저가격 패키지 체제를 시장 가격 수준으로 수정하는 전환점이 되었다.

이를 계기로 북한체제는 스탈린식 물량물동형 중공업우위체제가 추격받

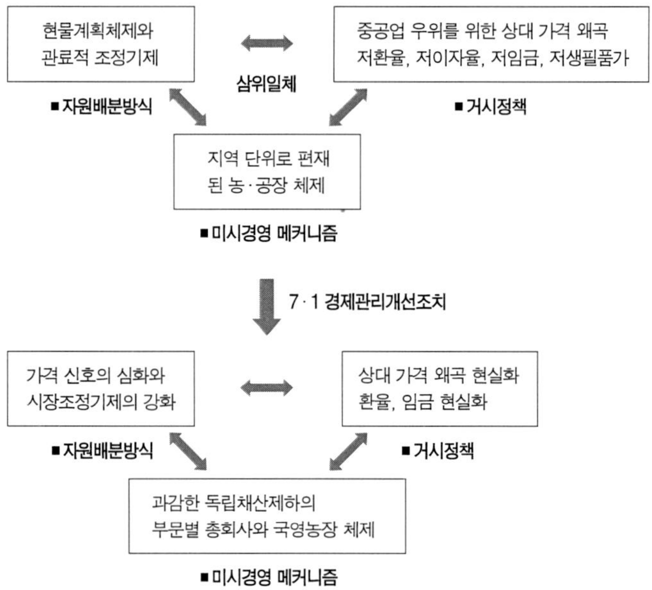

그림 4-6 7·1 조치의 정책 패키지 변화 개념도와 삼위일체론적 접근

전을 위해 도입했던 가격왜곡과 저가정책을 수정하였다. 거시정책에서의 이 같은 변화는 물량물동체제의 계획기구 대신에 시장 가격을 통해 수요-공급 사이의 괴리를 해결하는 방식으로 계획경제를 정상화하고 안정화하는 것을 목표로 하고 있었다. 사실 이것의 성공을 위해서는 관료가 주도하는 자원배분방식을 시장이 주도하는 자원배분체제로 그리고 중앙 집중화된 미시경영체제를 과감하게 분권화된 미시경영체제로 동시에 변환시켜야 했다.

스탈린체제의 저가격 정책은 이를 유지하기 위한 강제적 자원배분제도(배급제 등)와 국가가 지배하는 미시경영 메커니즘을 쌍으로 하는 삼위일체의 패키지였으므로,[9] 가격 왜곡과 저가 정책을 중심으로 하는 거시정책의 수정은 〈그림 4-6〉과 같이 나머지 두 가지, 즉 자원배분제도와 미시경영제도를 동시에 해체·변환시키는 것으로 보완되지 않을 수 없었다.

북한의 7·1 조치는 삼위일체식의 변화를 의도한 것은 분명했으나, 기존에 존재하고 있던 계획경제의 다양한 메커니즘과의 충돌을 사전에 해결하지 못하였고, 외부 시스템과의 연결을 순조롭게 준비하지 못하였다. 거시정책에서의 이런 변화가 성공하기 위해서는 등가교환의 경제시스템이 구축되어야 한다. 하지만 북한체제가 시스템 전반의 이런 변화를 따라가기에는 더 많은 시간이 필요했다. 즉 북한의 7·1 조치에 대해서 외부 세계가 적극적으로 호응하여 공급 부문에서 변화가 있었다면 성과를 거둘 수 있었을 것이다. 그러나 7·1 조치와 동시에 시작된 2차 핵 위기는 북한의 계획을 도와줄 겨를도 없이 급속히 대외 관계를 냉각시켰다. 사실상 공급 부문이 의도대로 뒷받침되지 못하였던 것이다. 다른 한편으로 7·1 조치가 1990년대의 대규모 체제 전환을 목도한 주변국들의 기대치에 턱없이 미치지 못하는 찻잔 속의 태풍에 불과한 수준이었다는 점 또한 그 실패 요인으로 지적하지 않을 수 없었다.

7·1 조치는 공식적, 표면적으로는 사회주의 계획경제시스템의 정상화를 위한 것이라고 간주되었지만, 실질적 내용에 있어서는 시장경제로의 이행을 향한 여러 가지 요소를 동시에 내포하고 있었던 것 또한 사실이다. 하지만 전자와 후자 간의 관계가 해명되지 않았고, 또한 전자의 요소가 있다고 해서 후자의 요소가 간과되어서도 안 된다. 7·1 조치에서 나타난 양자 간의 관계를 계획과 시장으로 이분화시켜본 관찰자의 시각이 너무 단순한 이분법에 근거한 것은 아닌지 돌아볼 필요도 있다. 7·1 조치를 장기 변환 과정의 시발이자 여전히 현재 진행형이라고 보고, 이후 몇 차례에 걸쳐 북한은 7·1 조치를 리셋(reset)하는 방식으로 개혁을 진행하고 있다고 보는 시각은 이러한 성찰의 필요성을 강조한다.

성공하지 못한 개혁 조치가 종종 그렇듯이, 실패의 원인은 정책의 구체성이나 정책 합리성이 아닌 체제 비효율성 문제로 환원되곤 한다. 북한체제가 2000년대 이후 10여 년간 성취해온 경제 정책과 시스템의 진화 과정을 간과하고 개혁 실패의 원인을 사회주의 체제로 돌리는 것은 이 같은 관행 때문인지도 모를 일이다. 이러한 관행을 완전히 부정해서도 안 되겠지만, 동시에 북한의 경제 정책에 대한 보다 미시적인 그리고 제도 수준의 분석을 통해 다른 변환의 경로를 발견하려는 노력 역시 필요하다.

7·1 조치와 구획경제론 – 선군경제 노선의 병행

7·1 조치의 이면에는 북한 당국이 7·1 경제개혁조치를 실시하면서 동시에 국방공업을 강화하는 이중적 조치를 공표했다는 다소 이해하기 어려운 특징이 있다.[10] 당시 일부 학자들은 북한이 2002년 7월에 7·1 조치를 실시, 9월에는 신의주 개방 조치, 11월에는 금강산과 개성에 대한 공업지구특별법을 제정 등 일련의 개혁과 개방 조치를 취한 데 집중하여 이를 시장경제의 도입이라고 흥분하였다. 그러나 이듬해 북한이 '선군경제 노선'을 정식화하고 국방공업 우위 노선을 대외적으로 공표하기 시작하자 개혁 퇴행이라는 비판과 기대의 좌절에 대한 실망과 분노에 이르기까지 다양한 반응이 쏟아졌다.

앞서 보았듯이 7·1 조치는 민간경제 부문에서 스탈린식 물량물동 공급제 사회주의 체제를 탈피하고 유통, 가격, 재정 등 경제 전 분야에 걸쳐 가격 지표형 경제체제를 착근시키고자 한 시도였다. 그러나 그것은 전체 경제시스템 모두에 해당되는 것이 아니었고, 이면에 계획과 명령 방식이라는 기존의 운영체제를 고수하는 국방공업 부문과 '당-군경제' 부문이 독자적으로 구획되고 있었음을 간과해서는 안 된다.

당-군경제 부문은 일반경제 부문의 잉여를 수탈하는 '우선'적 지위에 있다. 따라서 당-군경제 부문으로부터 지원을 받기는커녕 이에 잉여를 제공해야 하는 피수탈의 지위에 놓인 일반경제 부문은 소비재 공업과 농업, 그리고 새롭게 형성된 시장 부문이라 할 수 있다. 시장 부문은 특히 외부경제와의 연계를 적극적으로 활용하여 생존을 모색하는 대외 연계형 공간이었다.

북한 경제가 이렇게 구획됨으로 해서 소위 "국방공업 우위의 경공업-농업 동시 발전 노선"이 정식화된다. 지난 1955년에 정립된 "중공업 우위의 경공업-농업 동시 발전" 노선에서 기존의 '중공업 우위'의 자리를 '국방공업 우위'론이

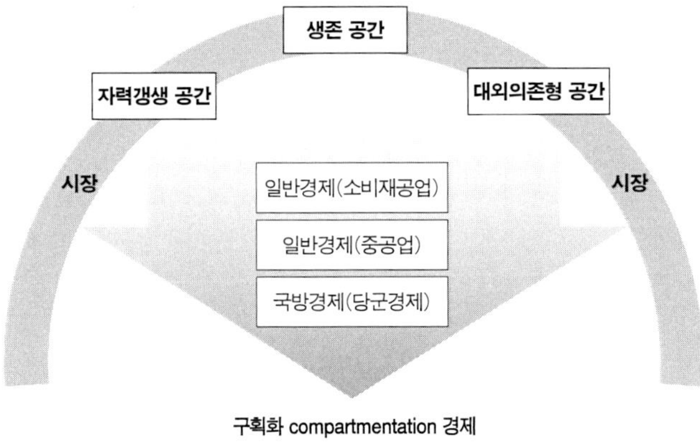

그림 4-7 북한의 구획경제구조와 시장

중공업 우위 경공업 농업 병진 발전론 북한은 1955년 8월 "쌀이 사회주의다"라는 소비재 산업 강화론자와 "기계가 왕이다"라는 중공업 강화론자 간의 논쟁을 경험하였다. 전자가 소련과 중국에서 들어온 공산주의자들의 입장이었다면, 김일성파는 후자의 입장을 견지하였다. 이 때 확립된 중공업 우위론은 이후에 자립경제론의 원형이 되는데, 어쨌든 이는 인민소비 생활의 희생을 전제로 축적 체제를 강화하는 방식이므로 주민의 노력 동원을 위한 동원 체제와 결합되어야 했다. 그것이 바로 천리마 운동이다.

대체하게 된 것이다.[11]

설계의 구도는 이렇다. 기존의 중공업 중 당과 군의 운영에 핵심적인 이권 부문과 국방 관련 부문을 분리하여 관리한다. 나머지 부문에 해당되는 중공업 공장들은 중복 투자의 폐해를 피하고 규모의 경제를 고려할 수 있도록 개혁할 수 있게 한다. 동시에 경공업과 농업을 주로 하는 일반경제 부문은 더욱 효율적으로 시장형 변화를 수용하고 자체의 생존력을 높일 수 있도록 대외 연계형 구조를 띨 수 있게 허용한다.

따라서 디자인된 대로 정상 작동한다면 각 부문은 구획된 틀 내에서 자기 발전을 하게 될 것이다. 그러나 그것은 어디까지나 의도일 따름이고, 북한 경제의 파이가 커지지 않는다면 잉여 분배 과정에서 양 구획의 상호 침범은 불가피하다. 특히 경제의 전체 파이가 커지지 않고 생존이 문제되는 상황이 지속된다면 당-군경제가 일반경제 부문의 잉여를 이전 수취하는 영역 침범이 심화될 수밖에 없다.

구획화론은 7·1 조치 이후 북한체제가 계획경제 부문과 시장경제 부문이라는 이분법적 패러다임으로 이해될 수 없는 새로운 거시체제로 전환했다는 가설이다. 이 새로운 구획화론에서 가장 중요한 것은 시장이 종국적으로 당국 및 국가 부문과 어떤 관계에 놓여 있는가 하는 것에 대한 설명일 것이다. 이는 결국 북한의 시장과 계획 당국은 적대적인가, 즉 북한에서 시장의 성장이 필연적으로 국가 부문의 쇠퇴로 이어지는가, 그렇지 않기 위한 디자인과 구획이 있다면 그것은 여전히 유효한가라는 질문들에 대한 답이 될 것이다. 〈그림 4-7〉은 북한의 이중적 거시 관리 체제의 디자인 형태이다.

북한 경제의 부문별 특성과 변화 양상

경영 계획시스템의 변동과 대안의 사업체계

모든 것이 국영화된 사회주의 체제인 북한의 경우, 기업 경영이 국가에 의해서 관리되어야 한다. 따라서 경영 이론이 국가에 의해 수립되어 체계화되어야 했다. 물론 북한의 경영 시스템은 중국과 소련의 경험을 따라가는 것이었지만 또한 나름의 북한식 모델을 양성한 측면도 있었다.

> 대안의 사업체계가 창조됨으로써 낡은 경제관리질서인 지배인 유일관리제가 없어지고 행정기술적 지도를 기본으로 하는 관료주의적 경제관리체계의 잔재가 청산되게 되었다…… 대안의 사업체계를 창조하신 기초 우에서 이 사업체계의 요구에 맞게 군협동농장 경영위원회를 기본으로 농업지도체계를 새로 내오시고 계획의 일원화, 세부화를 실현하는 계획화 체계를 세우심으로써 주체의 사회주의 경제관리체계를 인민경제 모든 부문에 전면적으로 확립하시였다.
>
> – "위대한 령도자 김정일 동지께서 밝히신 사회주의 경제관리 체계문제와 그의 빛나는 해결," 『경제연구』 1994년 4호, 4쪽.

1994년 『경제연구』의 글에서 보듯이, 북한의 전통적 경영시스템은 공업기업 부문에서는 '대안의 사업체계', 농업 부문의 농장체제에서는 '새로운 농업지도체계' 그리고 이들 모두를 국가계획 아래에서 관리하는 계획화 방식에서의 '계획의 일원화 세부화' 방침의 세 가지로 구분되어 있다. 그 시작은 1960년대 초반 김일성이 경영시스템을 제도화하기 위해 마련한 현지지도들을 통해서 정착된 메커니즘이다.

'대안의 사업체계'라는 명칭은 김일성이 1961년 12월 남포시 대안 구역의 대안전기공장을 방문하여 경영시스템을 수립한 데서 비롯된다. 당시 '대안의 사업체계'가 고민하고 있던 가장 중요한 문제는 공장 관리를 누가 주도할 것인가 하는 문제였다. 즉 국가에서 파견하는 전문경영인과 노동자를 대표하여 혁명적 열의에 충만한 당비서 중 어디에 힘의 중심을 둘 것인가 하는 문제였다. 당시 소련은 지배인 유일관리제라는 이름으로 전자의 방식을 채택하고 있었고, 중국은 당위원회를 상조하는 후자의 방식에 기울고 있었다.

김일성은 이 양자의 논쟁을 절충하는 형식으로 문제를 풀려고 하였다. 즉 당위원회의 집체적 지도라는 이름 아래 당비서와 지배인 그리고 순수 공장 노동자의 대표인 기사장이 당위원회를 집단적으로 책임지고 대표하는 방식이었다. 중앙 국가 기구에서 파견된 지배인, 중앙당에서 파견된 당비서에게 전권을 주지 않고 현장 노동 기술자의 대표격인 기사장까지 3명에게 동시에 의사결정권을 갖게 하는 방식이었다.

대안의 사업체계는 이런 기획이라는 점에서 보면 중국과 소련과 다른 북한식의 독특한 형태의 제도라고 할 수 있었다. 그러나 실제 현장 공간에서 대안의 사업체계는 당 우위 체제라는 사회주의 체제의 특성상 당비서가 주도하는 당위원회가 주도하기도 하였다. 1980, 1990년대 김정일은 당비서의 역할을 빈급 낮추라는 지시를 내려 당비서의 역할을 낮추려고 했고, 또한 지배인·당비서·기사장의 삼위일체론을 강조하여 당비서의 전횡을 견제하고자 하였다. 소위 '당의 행정대행' 현상을 제어하는 것이었다. 그러나 여전히 그것은 사회주의 경제 경영 시스템을 유지하는 가운데 당과 내각 그리고 현장 간의 역할을 조정하는 것에 불과하였다. 2000년대에 들어서면서 시장 운영 방식이 도입되면서 북한 당국이 대안의 사업체계를 강조하는 빈도는 훨씬 줄어들었고, 사실상 지배인이 주도하는 자본주의적 분권화 방식이 허용되기 시작하였다. 7·1 조치 이후 나타난 다양한 기업 운영 과정에서 당비서들의 역할이 최소화되었고, 심지어 개별 공장들에서 지배인실과 기사장실이 이웃하고 있지만 당비서실은 따로 떨어진 공간에 배치되는 것과 같이 기술과 효용 우위성이 도입되고 있었다.

한편 농업경영시스템 또한 주목할 부문이 있었다. 중국의 경우 소위 인민공사라고 하여 정-사 합일체의 농촌 자치 조직을 만드는 방침이 도입되었다. 그러나 북한은 농촌 지역에서 행정 조직과 협동농장은 별개의 운영 원리를 지닌다는 원칙을 세우고, 행정을 담당하는 도, 군 인민위원회와 협동농장 농업을 담당하는 도, 군 협동농장경영위원회라는 이중조직체계를 만들었다. 도, 군 인민위원회는 당연히 도와 군 단위의 행정사업과 함께 지방 공업 공장들을 지도하는 역할을 맡았다. 반면 농촌 경리는 도, 군 협동농장 경영위원회가 조직되어 농업 지도 업무를 맡게 된 것이다. 중국식 체제를 따랐다면 북한도 도, 군에 하나의 인민공사를 만들고 이 인민공사가 협동농장과 지방공업공장 그리고 주민행정 사업까지 모두 담당하는 형식이었었을 것이다.

그러나 김일성은 1960년 청산리 협동농장에 대한 현지지도 과정에서 이미 이런 원칙을 확립하고 정-사 분리체제를 구상하였다. 소위 '새로운 농업지도체계'였다. 이 때 '새로운' 이라는 수식어는 중국과는 다른 식의 구상이라는 점과 공업체계와는 다른 농업체계의 구상이라는 이중적 의미를 지니고 있었다. 물론 1990년대 이후 북한은 농업을 공업식으로 관리해야 한다는 원칙을 강하게 세우고 농업지도체계에서도 '대안의 사업체계'의 원칙을 관철시키고자 하였다. 1998년 헌법에서 농업지도체계에서 '새로운'이라는 수식어를 생략하고 "농촌경리를 기업적 방법으로 지도하는 농업지도체계"라는 표현어로 대체한 것은 이런 시도의 결과였다. 그럼에도 불구하고 북한의 농업지도체계는 여전히 공업적 방식과는 다소 거리가 있는 독립성을 띤 것으로 받아들여지고 있다.

1964년 김일성은 '계획의 일원화-세부화' 방침을 정식화하였다. 그것은 국가계획 과정에서 공장 단위의 계획 일꾼들이 국가에 대해 허위 보고를 하는 공장 본위주의, 즉 공장 이기주의에 따른 비효율성과 비리들을 제어할 필요가 있다는 논리에서 출발하였다. 이를 해결하기 위해 북한 당국은 모든 공장의 계획 일꾼들을 중앙 국가 기구, 즉 국가계획위원회에서 파견하는 데서 시작하였다. '일원화' 방침은 각 공장의 계획 일꾼들은 공장의 당비서나 공장 지배인의 이해관계를 옹호하지 않고 중앙 국가계획위원회의 방침에 따라야 한다는 것을 강조하기 위함이었다. 동시에 치차(톱니바퀴의 북한어)와 같이 계획을 일치시키기 위해, 계획을 최대한 세부화해 중앙에 보고하여 계획의 일체성과 구체성을 획득하는 것이 물량경제를 운영하는 가장 좋은 방식이라고 생각하였다. 소위 '세부화' 방침이었다.

일원화와 세부화 방침은 조직 사회주의 체제에 걸맞게 생산의 조직화를 최대한 짜고 들기 위한 조직 동원 체제적 운영 원리의 극치를 이루고 있었다. 그러나 계획의 일원화, 세부화 방침은 그러나 과잉된 계획화 시도 때문에 역풍을 피할 수 없었다. 1990년대 고난의 행군 시절 사실상 북한은 계획의 일원화와 세부화를 포기하고 각 지방 공장의 재량권을 인정하고 자력갱생을 허용했다. 심지어 기업들에게 계획 외 생산, 즉 시장에 직접 내다팔고 국가에 보고하지 않는 부문들까지 인정하기 시작했다. 이제 계획의 일원화 세부화라는 것은 전 국가적 원리로 수용되기 어려운 부분적 현상으로 제한되기 시작한 것이다. 그러나 현행 북한 헌법 34조에서 "국가는 계획의 일원화, 세부화를 실현하여 생산장성의 높은 속도와 인민경제의 규형적발전을 보장한다"라고 하여 여전히 동 원칙을 명기하고 있다. 북한 당국에서 이는 계획경제의 골간을 이루는 원리이기 때문이다. 다만 최근 북한 당국은 시장을 활용하는 재량을 주기 위해서 세부화를 포기하되, 국가 운영 원리로서의 계획의 유일성과 통제관리체제를 포기하지 않는다는 차원에서 계획의 일원화를 강조하고 있다.

세금 없는 나라(?)의 재정 및 예산과 화폐 금융 부문

북한체제는 사회주의 체제이다. 고전적 의미에서 사회주의 체제는 토지 및 기본 생산 요소들이 모두 국영이다. 그리고 북한이 이런 고전적 시스템을 고수하고 있다는 점에서 중국이나 여타 개혁 사회주의 체제와는 다른 경제 운영 원리를 갖고 있다고 할 수 있다. 바로 이 때문에 재정·예산이나 금융 부문도 일반적인 시장경제시스템에서 상상하는 것과는 매우 다른 점을 지니고 있다.

세금 부문의 수입에 의존하는 다른 나라와는 달리 북한의 재정 운용은 대부분 국가예산 수입, 그중에서도 국영기업이나 협동농장의 수입금에 의존하고 있다. 그 수입금이 총 예산의 70~90%대를 오르내리고 있는 것이 북한의 특성이다. 북한은 1970년대에 세금을 폐지한 이래 명목상으로는 세금 없는 나라이다. 즉 소득세나 소비세가 예산 수입 항목에 없기 때문에, 오로지 국영 부문의 수익금으로 국가 예산을 채우고 있는 것으로 보면 된다.

물론 이에 대해서는 여러 가지 반론이 있다. 어차피 노동자 임금 부문을 이윤으로 돌리고 그만큼을 국가예산 부문으로 돌리는 것이기 때문에 세금과 마찬가지 아니냐는 것이다. 또한 중앙집중적 소득이라는 명목으로 가격의 일정한 비율로 국가가 거두어 가는 거래수입금 항목은 사실상 간접세나 마찬가지라는

거래수입금, 국가기업리득금, 번수입

사회주의 체제의 기업이나 농장은 국영이기 때문에 그 수입은 모두 국가의 재정 수입으로 된다. 국가는 전통적으로 두 가지 방식으로 기업과 농장의 수입을 거두어가는데, 그 하나가 거래수입금이고 다른 하나가 국가기업리득금이다. 북한의 기업 수입 중 일정 부분은 가격에 비례해서 국가 수입으로 이전된다. 이 같은 방식으로 거두어들이는 수입이 거래수입금인데 이는 국가가 재정 수입을 정액으로 확보하는 데 유용하기 때문에 시장경제 체제의 간접세에 비유되곤 한다. 반면 국가기업리득금은 기업의 최종 수입금을 국가가 거두어들이는 부분인데, 이 중 일정액 혹은 일정 비율을 기업에게 유보시켜 자율 처분권을 줄 수 있기 때문에 이는 인센티브제로 활용되곤 한다.

번수입은 2002년부터 2005년 사이 북한의 재정 수입 과정에서 일시적으로 사용된 개념이다. 이는 두 가지 의미가 있는데, 하나는 기업이 당국에 보고한 계획 지표 활동 외에 이루어진 생산 수입까지 합법화해서 총수입으로 잡게 하였다는 점이다. 다른 하나는 노동자의 생활비 부분을 비용보다는 수입 개념으로 잡게 하여 기업으로 하여금 이 부분에 대한 처분권을 주고자 하였다. 후자는 임금 착취의 가능성을 제기하기 때문에, 번수입 개념이 사회주의 원칙에 맞지 않다는 반론이 제기된 것으로 보인다.

것이다.[12]

물론 이런 비판을 의식이라도 한 듯 북한은 2000년대 중반 세제를 개편하여 거래수입금을 없애고 국가기업리득금으로 통합하기도 하였다. 그러나 역시 2010년 말에서 2011년 사이에 과거의 세제로 돌아가 거래수입금과 국가기업리익금 체제로 회귀한 것으로 나타났다. 북한 당국 내부에서는 새로운 기업 회계제, 즉 예산제가 노동자들의 임금을 제대로 보장하지 못하고 기업들 간의 불평등 배분 문제를 강화한다는 문제의식이 있었던 것으로 보인다.

한편 예산지출 부문의 경우 북한 당국은 인민경제비와 인민적 시책비의 양대 부문 외에 국방비, 관리비의 형태로 집행하고 있다. 인민적 시책비는 2001년 기존의 사회문화 시책비에 인민경제비의 항목이었던 추가적 시책비를 포함하여 새로 만들어진 예산지출 항목이다 2013년 최고인민회의에서 한 국가예산 결산보고에 따르면 2012년 총예산의 경우 경제발전과 인민생활 향상에

표 4-4 2000년대 북한의 국가예산 수입 및 지출 항목 변화 추이

<table>
<tr><th></th><th colspan="2">1990년대</th><th>2002년</th><th colspan="2">2010년</th></tr>
<tr><td rowspan="9">예산 수입
〈중앙 예산
+
지방 예산〉</td><td colspan="2">국가기업리익금</td><td rowspan="3">국가기업리득금</td><td colspan="2">국가기업리익금</td></tr>
<tr><td colspan="2">봉사료 수입금</td><td colspan="2">봉사료 수입금</td></tr>
<tr><td rowspan="2">거래수입금</td><td>국영기업소</td><td rowspan="2">거래수입금</td><td>국영기업소</td></tr>
<tr><td>협동조합</td><td rowspan="2">협동단체리득금</td><td>협동조합</td></tr>
<tr><td colspan="2">협동단리이익금</td><td colspan="2">협동단체이익금</td></tr>
<tr><td colspan="3">토지사용료</td><td colspan="2">부동산사용료</td></tr>
<tr><td colspan="5">사회보험료</td></tr>
<tr><td colspan="5">고정재산 감가상각금</td></tr>
<tr><td colspan="5">국가재산 판매 및 기타수입</td></tr>
<tr><td rowspan="4">예산 지출</td><td colspan="2">인민경제비</td><td colspan="3">인민경제비</td></tr>
<tr><td colspan="2">사회문화시책비</td><td colspan="3">인민적 시책비</td></tr>
<tr><td colspan="2">국방비</td><td colspan="3">국방비</td></tr>
<tr><td colspan="2">국가관리비</td><td colspan="3">국가관리비</td></tr>
</table>

44.8%가 투입됐고, 사회문화시책비, 즉 '인민적 시책과 사회문화시책 부문'에 38.9%가 투입된 것으로 공개되었다. 이는 총예산의 83.7%가 양 부문에 투자되었음을 의미한다. 따라서 국방과 일반 관리비는 17%대에 머물고 있다고 볼 수 있다.

인민경제비와 인민적 시책비 북한의 국가 예산 지출은 인민경제비와 인민적 시책비, 국방비 그리고 국가관리비로 나뉜다. 이 중 인민경제비가 생산 확대에 들어가는 기본 자금이나 원자재 혹은 중간재의 유통에 관한 비용 지출 등 가장 기본적인 예산 지출 항목이라면, 인민적 시책비는 사회보장 및 교육 문화 지원 등에 대한 비용 지출을 의미한다. 국방비는 말 그대로 군사 예산이라면 국가관리비는 공공기관 운영비 등에 대한 비목이라고 생각하면 된다.

북한의 총예산 규모에 대해서는 2002년과 2010년 북한의 가격 개혁 과정에서 큰 폭의 환율 조정이 이루어져 추정이 쉽지 않다. 그러나 한 가지 분명한 것은, 북한 당국이 발표한 추세에 따르면 예산 규모는 2000년대에 지속적으로 성장한 것으로 나타나고 있어 그 규모가 계속 증대하고 있다고 볼 수 있다.

한편 북한의 화폐 금융 부문에 관해서 특징적인 점은 북한 경제가 이미 이중화폐(dual monetary)경제로 작동한 지 오래되었다는 점이다. 이중화폐경제란 공식 환율(official)과 비공식이지만 합법적인 환율(unofficial but legal) 두 가지 환율이 국가에 의해 주도되고 있는 경제를 뜻한다. 다소 특이한 이런 화폐체제는 쿠바와 같이 비자발적으로 개방에 직면한 전환기 경제체제들이

화폐개혁

북한은 2009년 11월 말 신구 화폐를 1:100의 비율로 교환하는 조치를 취하였다. 당시 화폐개혁은 화폐의 액면단위 절하, 환율조정, 물가 및 임금 조정, 조건부 화폐 교환 등 여러 가지 조치를 동시에 포함하고 있었는데, 그 중 일정액 이상은 교환을 불허하는 한도부 교환에 초점이 있는 것으로 보는 견해가 다수이다. 한도부 교환론은 북한 당국이 계획경제 회귀와 시장 탄압을 목표로 몰수형 교환에 방점을 두고 있었다는 시각이다.

그러나 북한의 화폐개혁은 북한에 대한 미국과 유엔 등의 경제 제재 상황을 염두에 둘 때, 공급 부문의 개혁, 액면단위절하 조치와 가격 및 소득 정책을 통해 국제 제재 아래에서 경제 조정에 목적이 있는 것으로 보는 견해도 공존한다. 이는 2002년의 7·1 조치를 다시 한 번 리셋하면서 주기적으로 시장 부문의 이윤을 계획 부문으로 이전시키며 시장과 계획 부문의 공존을 추구하는 것에 주목하는 논리이다.

화폐개혁으로 바뀐 북한의 신권 화폐.

민간에 풀린 외화를 국가 부문이 독점적으로 수취함과 동시에 국내 산업 부문을 보호하기 위해 취하는 이중적 조치를 말한다. 국내에 들어온 외국인이나 공식 국가 부분의 외화 거래에 대한 공시 환율이 1:100이라면, 실제 외환거래 국영시장에서의 환율은 1:3,000과 같이 두 개의 환율을 동시에 운영하는 체제를 의미한다.

동시에 이중화폐의 여파이기도 하지만 재화의 부족이라는 기본적 특징 때문에 북한의 시장 부문은 지속적인 인플레이션 현상을 보이고 있다. 이런 상태에서는 양대 세력, 즉 실물과 외화 부문 접근성이 높은 계층들이 훨씬 더 유리한 위치를 지니게 된다. 급속한 인플레이션은 실물 소지자들을 유리하게 하고 있고, 외화에 접근성이 높은 세력일수록 이중화폐경제에서 많은 소득의 재분배를 독점하게 되어 있기 때문이다. 북한에서 소득 불평등과 새로운 자본 소유 계층의 등장을 기대하고 있는 이유도 이런 경제적 환경 때문이다.

국영 부문과 시장 부문이 이분화되어 있는 상태에서 시장 부문의 인플레이션이 계속되면서 국가는 주기적으로 화폐의 가치를 절상해주는 조치를 취하지 않을 수 없게 되었다. 지난 2010년 북한의 화폐개혁은 이에 연유한 바가 크다고 보아야 한다. 많은 연구자들이 이를 북한 당국의 경제 운영상의 실패 사례의 하나로 열거하고 있지만 북한 당국은 그에 대한 긍정적 의미를 부여하고 있다.[13] ① 과잉 통화량 흡수, ② 7·1 조치 수준으로 물가 재정비, ③ 국가공급망 강화를 통한 계획질서 강화, ④ 1:100 리디노미네이션을 통한 통화 구매력 증대, ⑤ 공식 부문 근로자의 우대, ⑥ 달러라이제이션(dollarization) 방지의 6가지 정도로 그 긍정적 의미를 나누어본다면 화폐개혁 조치를 실패라고만 규정할 수는 없다. 물론 이 같은 화폐 교환 조치가 계획경제 회귀와 시장 반압이라는 시대착오적 목표를 위한 것이라고 본다면, 그것은 명백히 당국에 대한 불

달러라이제이션 한 나라의 통화 수요에서 달러화 사용 비용이 늘어나다가 마지막에 가서는 해당국 통화를 대체하는 현상을 말한다. 북한은 달러화의 사용을 엄격히 금지하던 과거의 관행과 달리 최근에는 일부 시장과 상점에서 달러의 통용을 허용하기 시작했다. 제한적인 달러화 조치를 취하고 있지만, 일반 주민들의 경우 당국의 통화정책에 대한 불신의 표현으로 달러를 저축의 수단으로 사용하고 있어 달러화 추세가 더욱 강화되고 있다.

신만을 초래한 실패한 조치라고 볼 수 있을 것이다. 다만 공급 부문의 개혁, 액면단위절하 조치와 가격 및 소득 정책, 이중화폐경제에서의 환율 조정 문제 등을 종합적으로 판단한다면, 북한의 화폐개혁 혹은 교환 조치에 대해서 좀더 장기적 평가를 내리는 것이 필요하다.

대외 협력론의 강화와 경제·핵무력 병진 노선

북한은 최근 "령도자의 강성부흥구상은《경제》와《선군》을 대치시키는 일이 없다"고 강조하여[14] 90년대와 같이 경제를 희생하면서 군사를 강조하는 시대로 가지는 않는다는 뜻을 분명히 하였다. 심지어 북한은 "연, 아연, 마그네사이트를 비롯한 국내에 무진장한 광물자원을 가지고《최첨단가공제품》을 만들어 내는것이 시범사례의 하나로 간주되고있다…… 대규모 광산들의 개발과 2차, 3차 가공품의 판매를 담보로 하여 도로, 철도, 항만 등 하부구조개건에 필요한 자금을 확보하는 새로운 사업방식을 구상하고 있다"[15]며 광물 자원 개발권을 담보로 외자를 유치하는 경제 발전 방식에 열의를 보였다. 이는 "인민생활향상에 필요한 자금을 충분히 마련하는데서 중요한 문제는 무엇보다도 우리 나라에 무진장한 지하자원을 적극 개발하여 긴장한 자금수요를 보장하는 것이다"[16]라는 논리로 뒷받침되고 있다.

북한은 자신의 자원을 매각하고 그 개발권을 담보로 한 외자유치에 대해서도 적극적인 입장을 취하기 시작했다. 『김일성종합대학학보』에 실린 강철수의 글은 그것이 단순히 정책적인 논의가 아니라 이론적인 뒷받침으로부터 시작된 것임을 의미한다. 그는 "무역거래와 외자유치, 합영합작을 비롯한 대외경제사업은 첨단기술의 확보와 체득을 위한 공간으로 된다"[17]며 무역거래에 대해 적극적 입장을 피력한 북한은 동북아시아 공동번영이 북한과 중국의 협력, 그리고 남북협력에 의해 이루어진다는 점을 새삼 강조하였다. 이는 지역협력이 경제발전에 필수적인 것이라는 것을 강조하고 있다는 점에서, 자립경제만을 강조해온 북한이 지역협력과 경제발전을 연계하는 전략을 뒤늦게나마 수용하기 시작하고 있다는 징후로 받아들여지고 있다.

문제는 2013년 핵실험 이후 북한이 공식화한 경제-핵무력 병진 노선이 어떻게 전개될 것인가에 달려 있다. 1960년대 북한의 경제-국방 병진 노선은 실질적인 군비 증강을 위한 신호탄으로 해석되었다. 그로부터 50년이 지난 2013년의 경제-핵무력 병진 노선은 북한이 국방공업에 대한 투자를 줄이고 경제에 전념하기 위한 것이라는 해석과 여전히 군사주의적인 군비증강 노선이라는 해석 양론이 팽팽하다. 전자의 경우 북한이 핵을 강조하면서 재래식 무기에 대한 군비 투자를 줄이기 위한 것이라는 다소 비약적 해석을 전제하고 있기 때문에 설득력이 떨어진다. 후자는 국방공업이 아니라 왜 핵무력 건설로 특화하였는가에 대한 해석을 생략하고 있다는 점에서 또한 비약이 있다. 전자의 해석은 북한의 대외 노선이 변했다는 입장에 가깝다. 후자의 노선은 북한이 여전히 자립 사위론에 얽매여 있다는 본질 불변론에 가깝다. 어떤 해석이 맞을 것인가는 단기간에 판가름할 문제는 아닐 것이다.

다만 이에 대한 판단은 시장과 안보 간의 관계에 대한 평가를 제기하고 있다는 점에서 매우 중요한 논점이 되고 있다. 즉 민주주의와 안보, 시장경제가 동시에 보장되기 어렵다는 '삼위일체 불가능론(Impossible trinity)'에 따르면, 경제와 민주주의를 동시에 도입하는 경우 안보 레짐이 붕괴된다는 불안감이 있다는 점이다. 이는 시장경제를 도입하는 체제 전환 국가들에게 현실적 고민이라는 것이다. 따라서 개혁과 개방을 위해서는 안보가 보장되어야 한다는 점을 강조하고 있다고 본다면, 경제-핵무력 병진 노선의 문제의식은 북한의 개혁 의지를 대외 환경 변화의 종속 변수로 해석하는 일반론에서 분석을 시작하는 것이 적절할 것이다.

삼위일체 불가능론

지금까지 북한 경제를 스탈린식 사회주의 모델로 간주하고 지난 60년의 변형 과정을 분석하였다. 북한 경제의 원형은 중공업 위주의 추격발전체제인 스탈린 모형이다. 저가격, 고투자의 내핍체제였고, 내핍체제를 강행하는 과정에서 당국은 집단주의적 미시경영체제와 배급제를 위주로 하는 삼위일체의 자원분배 제도를 수립했다. 물론 스탈린체제 일반이 그러했듯이 북한의 내핍형 중공업체제 역시 '부족'의 만성화와 극도의 비효율성이라는 부작용을 피할 수 없었다.

사회주의 체제의 붕괴라는 충격적 현실을 직면한 북한체제는 국방공업 우위라는 선군경제 노선을 내세워 1990년대의 위기를 극복했지만, 기존의 사회주의 체제를 고수하는 것만으로는 해법을 찾을 수 없었다. 북한 당국이 2002년의 7·1 조치나 2012년의 부분 개혁 정책 등을 모색하는 것은 중공업주의에 연유하는 체제적 부작용을 인정하고 극복하기 위한 시도로 보아도 충분하다.

사회주의 경제체제의 내적 완결성을 해체하는 과정은 쉽지 않은 작업이다. 특히 이를 시장이라는 매우 자율적인 생태계와 접맥시키는 작업은 의도하지 않은 결과를 낳을 가능성이 매우 높다. 2002년 북한이 7·1 조치라는 개혁 조치를 도입하였지만 여전히 안보 논리를 제1의적인 요소로 하면서 경제 효율성보다는 체제 안정성을 우선시하는 것은 정권 안보와 체제 안보론의 입장에서 보면 이해 못 할 바는 아니다.

그러나 선군경제와 이중구획경제라는 북한식 경영시스템을 유지하고 있는 한 그 성과는 매우 늦게 나타나거나 아예 나타나지 못할 지도 모른다. 이 점에서 미중 화해와 핵 무장이라는 자위력으로 점진적 개혁에 성공한 중국 모델은 경제 개혁 전략 자체보다는 안보 보장 모델로서 북한에게 더 와 닿을 수도 있다. 민주주의와 안보, 시장경제가 동시에 보장되기 어렵다는 삼위일체 불가능론이야말로 북한 경제의 미래를 보여주는 매우 중요한 시준점이 될 듯하다.

| 북한 경제에 대해 더 읽을거리 |

단행본

『북한경제의 시장화: 양태, 성격, 메커니즘, 함의』, 양문수 지음, 456쪽, 한울, 2010년.
북한 경제의 시장화 과정을 체계적으로 분석한 가장 기본적인 교과서이다.

『2000년대 북한의 산업과 기업 : 회복 실태와 작동방식』, 이석기 외 지음, 249쪽, 산업연구원, 2010년.
북한 기업과 산업 부문들 간의 연계 등을 분석하여 북한의 공식 경제부문의 현황을 추론한 연구서이다. 시장이 주로 비공식 부문을 다룬다면 이 책은 공식 부문에 대한 연구를 시도한 흥미로운 책이다.

『2000년대 북한 경제 종합평가』, 이석기 외 지음, 567쪽, 산업연구원, 2012년.
2000년대 북한 경제를 종합적으로 분석한 가장 최근의 연구서이다. 북한 경제를 전공하는 주요한 북한 학자들이 모두 모여 작성한 연구서로 평가할 만하다.

통계자료

『북한경제통계포털』, 통계청, 각 년도.
『북한의 주요 통계지표』, 통계청, 각 년도.
『남북교류협력 동향』, 통일부, 각호.
『통일백서』, 통일부, 각호.

통일부나 통계청에서 발간하는 주요 자료로, 북한 경제에 대한 다양한 통계를 알고 싶다면 참고할 자료들이다.

V

핵무력과 경제건설의 딜레마*

김정은시대의 북한은 20여 년간 지속된 체제와 국가의 위기에 처해 있다. 1990년대 초 소련의 붕괴와 사회주의권의 해체에 따라 북한은 위기에 처했고, 1994년 김일성 사후 총체적 위기가 더욱 심화되었다. 북한은 먼저 **국가생존을 위해 핵무기 개발정책**을 폈고, 이를 이용하여 1994년 북미 간 제네바합의를 통해 경제지원 및 안보에 대한 보장을 받고자 했다. 그러나 일견 성공적이었던 핵개발 카드도 2002년 재발한 '제2차 북핵위기'에서 보듯이 북한의 생존을 위협하는 중대사가 되었다. 북한은 '북핵문제' 해결을 위한 6자회담에 나서는 한편, 세 차례의 핵실험(2006년 9월, 2009년 5월, 2013년 2월)을 강행하기도 하였다. 젊은 후계자 김정은은 김정일이 이루어놓은 핵무장과 선군정치 노선을 계승한 가운데 안보와 경제건설을 동시에 이룩해야 하는 대단히 어려운 과업을 안고 있다.

사회주의 체제의 **권력승계과정에서 군권의 이양은 특별한 의미**를 지닌다. 그리고 군부의 지위 및 역할을 볼 때 북한은 그 어느 때보다 군사화되어 있다. 김일성이 사망하기 이전 김정일은 이미 1970년대부터 수십 년간 가장 중요한 조선로동당(이하 '로동당' 혹은 '당')의 조직지도부를 통해 당·정·군을 통제해 왔으며, 1990년대 초의 위기 상황에서 **마지막 권력승계 과정은 그의 공식적인 군권장악**을 통해 이루어졌다. 김정일은 1991년 12월 조선인민군(이하 '인민군') 최고사령관직을 물려받았고, 1992년 4월 공화국 원수에 임명되었으며, 1993년 4월 국방위원회 위원장(이하 '국방위원장')에 취임하였다. 1994년 김일성이 사망하고 난 이후 김정일이 1997년 조선로동당 총서기 취임에 이어, 1998년 국가의 최고지도자라고 재규정된 국방위원장에 재추대되어 공식적으로 후계자에 올랐으나, 그는 이미 1994년부터 당권과 군권을 모두 장악하고 있었다.

2008년 김정일의 건강악화설 이후 외부세계에서는 북한의 급변사태 및 후계자 문제에 관심을 갖

한택영 (북한대학원대학교)

게 되었다. 결국 2010년 9월 28일 당대표자회 및 당중앙위원회 전원회의를 통해 김정일의 3남인 '청년대장 김정은'이 다른 직책이 아닌 유일하게 당중앙군사위원회 부위원장에 선출됨으로써 후계자로 등장하였다. 북한의 권력승계에서 군권이 얼마나 중요한지를 여실히 보여준 것이다. 2011년 12월 17일 김정일의 사망 이후 권력승계는 매우 신속하게 진행되었다. 김정일 장례 직후인 2011년 12월 30일 당중앙군사위원회 부위원장 김정은은 국가·군의 직책 가운데 공식적으로 가장 먼저 인민군 최고사령관직에 올랐다. 이어 잇달아 열린 2012년 4월 11일 4차 당대표자회와 4월 13일 최고인민회의 12기 5차 회의에서 김정은은 로동당 중앙위 제1비서와 국방위원회 제1위원장으로 선출되었다. 이로써 김정은은 북한의 당·군·정 3대 권력기구의 최고 위치를 차지하여 권력승계를 사실상 완료했다.

김정은은 그의 부친 김정일이 후계자로 내정되어 '당중앙'(1974), 당 정치국 상무위원(1980), 인민군 최고사령관(1991), 국방위원장(1993), 당 총비서(1997), 국방위원장(1998 재추대)에 이르렀던 20여 년의 권력승계과정을 1년 반만에 압축하여 경험한 것이다. 이 과정은 당의 실권자('당중앙' 혹은 당중앙군사위원회 부위원장), 최고사령관, 당의 총비서(제1비서), 국방위원장(제1위원장)의 순으로 김정일의 승계 과정과 일치한다. 또한 김정일이 1998년 8월 '광명성 인공지구위성'을 발사하며 침체된 국민사기와 국위를 고양하고자 **'사회주의 강성대국로선'**을 선언하였듯이, 김정은도 취임한 지 얼마 되지 않은 2012년 12월 '은하 3호(대포동-3)' 발사 성공, 2013년 2월 3차 핵실험 강행 등 대내외로 무인정권의 계승자다운 리더십을 과시하였다. 김정은은 또한 2013년 3월 **'경제건설과 핵무력건설의 병진로선'**을 선언하기에 이르렀다.

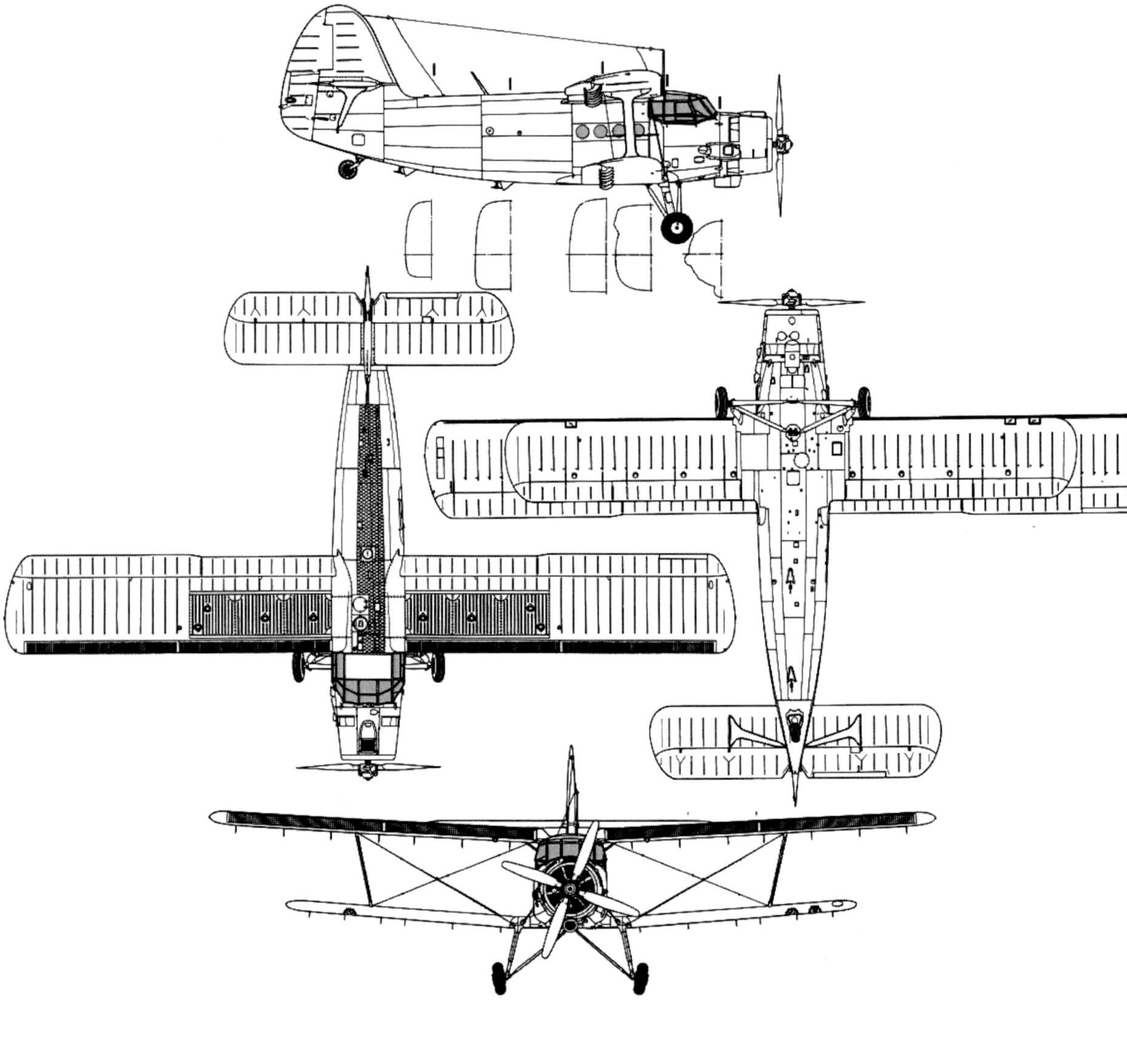

북한의 생존전략과 군(軍)

위기 그리고 선군

1990년대 북한은 사회주의권의 몰락·해체로 인하여 우방과의 동맹관계가 약화되었다. 특히 러시아·옛 소련과의 동맹은 사실상 해체되었다. 사회주의 경제협력의 악화는 북한 경제에 큰 타격을 주었다. 북한은 1993년 12월 제6기 21차 당중앙위전원회의에서 제3차 7개년계획(1987~1993)의 3년 연장을 선언했지만, 이 또한 달성하지 못했다. 경제침체는 1990년대에 가속화되어 연속 마이너스 성장을 기록했다. 북한은 사회주의권의 붕괴와 과중한 안보 위협, 그리고 자연재해 등 경제난의 외부적 요인을 강조했으나, 경제위기는 사회주의권 붕괴 이전에 이미 가시화되고 있었다. 오늘날 북한의 경제위기는 이미 자생력을 상실한 경제의 한 단면일 뿐이다. 물론 북한은 1990년대 이후 간헐적으로 경제개선조치를 취해왔다. 그러나 아직까지 북한은 경제위기를 극복할 수 있는 체계적이고 새로운 정책 비전을 마련하지 못했다.

1990년대부터 20년 가까이 지속된 막중한 경제난 때문에 북한을 지배하고 있는 조선로동당(특히 민간 부문)은 식량 및 생필품 배급 기능을 크게 상실하였고, 배급체계를 바탕으로 하여 작동하던 주민에 대한 통제·지도력을 크게 상실하였다. 당규약상 5년 주기로 소집토록 되어 있으나 통상 10년 주기로 개최하던 당대회를 1980년 제6차 당대회 이후 2013년 현재까지 아직 열지 못하고 있는 것 역시 당의 어려운 사정 때문인 것으로 보기도 한다.[1] 당중앙위원회 전원회의도 1993년 12월 제6기 21차를 마지막으로 김정일시대에는 소집이 보고되지 않았다가 2010년 9월 처음으로 다시 열렸다. 1995~1998년 사이에는 최고인민회의가 소집되지 않아 국가예산조차 공표하지 못할 정도였다. 북한은 오히려 탈냉전기에 당·정의 기능이 약화되었다.

그러나 조선인민군(이하 인민군)과 보안기관 등 강압적 통제기구는 강화되었다. 김정일의 지도이념이나 노선은 1998년 8월 처음 등장한 '사회주의 강성대국' 명제였다. 생존이나 위기관리를 위해 북한이 취할 수 있는 현실적인 정책 및 전략은 먼저 국가안보 분야, 즉 대외관계였다. 특히 대미관계에 초점을 맞추어 왔다. 그리고 대내외 생존전략의 핵심 수단은 대외적 관계에 유리한 위치를 차지하기 위한 군사력의 활용을 포함한 군사적 방법이었다. 1990년 전후 사회주의권의 붕괴에 직면한 북한 지배집단은 체제의 지속력에 회의감을 가지게 되었고, 남한의 '흡수통일'을 우려하는 등 위기의식에 사로잡혔다. 북한 지도층은 특히 1989년 12월 루마니아 차우셰스쿠(Nicolae Ceauşescu) 정권의 급격한 몰락을 지켜보면서 체제안보와 이를 뒷받침하는 군에 대한 절대적 통제를 무엇보다도 중시하게 되었다.

1990년대 중반 최대의 경제위기 상황에서 김정일은 "내가 혼자서 당과 군대를 비롯한 중요부문을 틀어쥐어야지 경제실무 사업까지 맡아보면 혁명과 건설에 돌이킬 수 없는 후과를 미칠 수 있습니다. 수령님께서는……경제사업에 말려들면 당사업도 못하고 군대사업도 할 수 없다고 여러번 당부하시었습니다. 오늘의 복잡한 정세 속에서는 군대를 강화하는 것이 무엇보다 중요하기 때문에 나는 자주 인민군 군부대를 현지지도하고 있습니다"라고 했다.[2] 김정일의 발언은 경제위기에 대한 자신의 책임회피뿐 아니라, 대외지향적 생존전략을 반영하는 것이다. 국내의 정치적·경제적 자원이 절대적으로 부족한 가운데 북한의 국가와 체제의 생존을 담보할 수 있는 군사력이 정권 유지의 유일한 수단인 것이다. 특히 식량배급의 사실상 중단 및 이에 따른 민간 노동력 동원과 통제의 어려움 때문에, 군이 비군사적인 영역에서도 사회 전면에 나서서 활동할 수밖에 없는 것이 '고난의 행군' 이래 지난 십여 년간 북한의 현실이었다.

1990년대 중반부터 북한의 언론매체들은 '군사선행,' '군사중시' 등의 용어를 사용하며 새로운 통치담론을 제기하였고, 1999년 "우리 당의 선군정치는 필승불패이다"라는 『로동신문』과 『근로자』의 논설을 통해 '선군정치'를 선언하였다.[3] 이와 같이 군에 의지하고 군을 선두에 내세워 국방을 튼튼히 하는 한편, 군을 경제사업과 사회통제에 대대적으로 동원하는 불가피한 국정운영 방식이 선군정치라는 이름으로 정착되고 가장 발전된 정치 형태라고 선전하였다. 선군정치는 김정일의 통치방식으로 부각되었고, 마침내 2009년 4월 9일 개최된 최고인민회의 제12기 제1차 회의에서 개정된 헌법에는 "조선민주주의인민공화국은……주체사상, 선군사상을 자기활동의 지도적지침으로 삼는다"(제3조)고 '선군사상'을 기존의 주체사상과 병기하기에 이르렀다. 또한 2010년 9월 28일 조선로동당 제3차 당대표자회에서도 당규약을 개정하고 "선군정치를 사회주의 기본정치방식으로 확립하고 선군의 기치밑에 혁명과 건설을 령도한다"라고 명시하였다. 이렇듯 선군정치는 위기에 직면한 북한의 생존전략이었다. 김정일은 선군정치를 통해 자신의 권력을 공고히 하고 체제 안정을 도모하였다고 볼 수 있다.

당의 군대, 지도자의 군대

북한에서 국방위원회는 "국가주권의 최고국방지도기관"(헌법 제106조, 1998년 헌법 제100조에는 '최고군사지도기관이며 국방관리기관'으로 명시)으로 "국가의 전반적 무력과 국방건설사업을 지도한다"(헌법 제109조)라고 되어 있다. 또한 국방위원회 위원장(국방위원장)은 "자기 사업에 대하여 최고인민회의앞에 책임진다"(헌법 제105조)로 명시되어 있으나, "국방위원회 위원장은 조선민주주의인민공화국의 최고령도자"(헌법 제100조)로 "조선민주주의인민공화국 전반적 무력의 최고사령관으로 되며 국가의 일체 무력을 지휘통솔한다"(헌법 제102조)라고 되어 있다.[4] 따라서 국방위원장과 국방위원회는 헌법에 명시되어 있듯이 국가 직위이자 국가기구로 인민무력부와 인민보안부(과거 인민보안성, 한국의 경찰에 해당), 국가안전보위부(한국의 국가정보원에 해당), 제2경제위원회(군수산업 담당) 등은 내각 소속이 아닌 국방위원회 소속이다. 이들 부서는 내각 산하의 일반 경제·행정 부서에 비해 정책결정과 자원배분에서 우선권을 갖는다. 내각 산하에서 외교안보문제에 영향력을 행사하는 기관은 대미관계에 힘을 쓰는 외무성 정도일 것이다.

국방위원회는 북한이 1960~1970년대 한국에서 빈발했던 '계엄령'체제와 유사한 선군정치를 시행해나가기 위해 당·정·군을 아우르는 제도적 필요성에 부합한다. 그러나 외부의 전문가들은 국방위원회가 명목상의 기관으로서 국방위원장인 김정일을 높이기 위해 격상된 기구라고 본다.[5] 실제 국방에 관한 정책결정 및 지도감독은 당의 '중앙위원회'와 '당중앙군사위원회'[6]에 있다. 사회주의 국가의 일반적인 특징이기도 하지만, 북한에서 군은 더욱 당의 철저한 통제 아래 있는 것이다. 헌법에도 "조선민주주의인민공화국은 조선로동당의 영도밑에 모든 활동을 진행한다"(헌법 제11조)고 명시되어 있다.

사회주의 국가에서 군

마식령 스키장 건설에 동원된 북한 군인들의 모습. 건설에 사용되는 물을 배낭으로 운반하고 있다.

보통 사회주의 국가는 당 우위의 국가이며, 군대도 '당의 군대'라고 한다. 따라서 '군의 정치화' 경향이 강하며 군은 체제 유지뿐만 아니라 정권의 생존과도 밀접한 관계를 지니고 있다. 북한도 이 점에서 다르지 않다. 북한은 "사회주의 위업수행에서 당과 군대는 떼려야 뗄 수 없는 불가분리의 관계에 있다"고 밝히고 있다. 사회주의 국가에는 이런 특성에 따라 군에 대한 정치사상 지도를 하는 기능이 따로 존재하며, 북한의 경우 군에 당의 지도를 관철하는 기관이 바로 총정치국이다. 사회주의 국가에서 군은 일반적인 안보적 역할 외에 사회·경제적 역할의 비중이 크며, 특히 북한에서 군은 경제건설과 인민지원, 사회적 모범 역할 등을 담당하고 있어 사회·경제적 부문에서 군의 역할이 특징적이다.

사실상 헌법보다 중요한 조선로동당 규약(이하 당규약)에도 “조선인민군은 위대한 수령 김일성동지께서 항일혁명투쟁의 불길에서 몸소 창건하신 혁명적 무장력”이라고 주장하고, “조선인민군은 당의 위업, 주체혁명위업을 무장으로 옹호하는 수령의 군대, 당의 선군혁명령도를 맨 앞장에서 받들어나가는 혁명의 핵심부대, 주력군”이며 “조선인민군은 모든 정치활동을 당의 영도 밑에 진행한다”(당규약 제46조)고 되어 있다.[7] 또한 “당중앙군사위원회는 당의 군사로선과 정책을 관철하기 위한 대책을 토의결정하며 혁명무력을 강화하고 군수공업을 발전시키기 위한 사업을 비롯하여 국방사업 전반을 당적으로 지도한다”(당규약 제27조)고 명시하고 있다.

물론 당조직의 관료화와 김일성 · 김정일에 의한 사인화(私人化)로 인해 당중앙위나 당중앙군사위 같은 협의 · 의결 기구나 당중앙위의 기능을 대행하는 정치국(명목상 집단지도체제의 최상위 엘리트 계층)이 유명무실해진 상황에서는 집행기구인 중앙위 비서국의 실무 부서들이 실권을 갖고 있었다. 비서국의 군사부가 군사 업무에 대한 지도감독을 담당하는 것으로 보이고,[8] 특히 막강한 조직지도부가 군의 정치사업에 대한 당적 지도를 철저하게 실시하며, 기계공업부(과거 군수공업부, 2010년 개칭)와 선전선동부도 부문별로 관련 사업을 지도 · 감독한다. 특히 인민군 당위원회의 집행기관인 총정치국에 대한 당중앙위원회의 지도와 통제는 비서국의 전문 부서들을 통해 이루어진다. 총정치국을 전담하는 조직지도부 당생활지도13과는 북한군 지휘관과 정치간부들의 당생활을 지도 · 통제하며, 간부4과가 정치군관들의 인사를 결정한다.

당규약에 의하면 “조선인민군 각급 단위에는 당조직을 두며 그를 망라하는 조선인민군 당위원회를 조직”하고, “조선인민군 당위원회는 당중앙위원회 지도밑에 사업한다”(당규약 제47조)고 규정하고 있어, 군내에 대한 당의 지도를 명확히 하고 있다. 그러나 당중앙위보다 그 집행기구인 비서국 전문 부서에 실권이 있듯이, 군당위원회보다 그 집행 기구로서 당정치사업을 조직하고 수행하는 조선인민군 총정치국, 그리고 산하 각급 당위원회의 정치부(연대 이상의 책임자는 정치위원, 대대·중대에는 정치지도원)가 당사업의 실권을 갖고 있다. 특히 2010년 개정된 당규약은 "조선인민군 총정치국은 인민군 당위원회의 집행부서로서 당중앙위원회 부서와 같은 권능을 가지고 사업"(당규약 제49조)한다고 명시하여 군대 내 당조직인 총정치국의 위상을 중앙당 부서와 같은 수준으로 격상시켜 군대를 통제하고자 하였다. 또한 "조선인민군 총정치국 아래 각급 정치부들은 해당 당위원회의 집행부로서 당정치사업을 조직집행한다"(당규약 제49조)고 규정함으로써 군의 최상층부에서 중간단위까지 당의 군에 대한 통제를 정당화하고 있다.

과거 김정일은 1991년 1월 5일 〈당사업을 더욱 강화하며 사회주의건설을 힘있게 다그치자〉(당 중앙위원회, 정무원 책임일군들 앞에서 한 연설)에서 "나는 앞으로도 당과 군대를 틀어쥐고 혁명을 끝까지 하려고 합니다……당조직들은 인민군대와의 사업을 잘하여 인민군대가 당의 군대로서의 사명과 임무를 훌륭히 수행하도록 하여야 합니다. 군사를 중시하는 사회적 기풍을 세워야 합니다"라고 군에 대한 당의 영도와 자신의 군권 장악을 강조했다.[9]

문제는 당의 사인화에 따라 '당의 군대'가 절대지배자인 최고지도자 '개인의 군대'로 변모되었다는 사실이다. 김정일은 이미 1969년 총정치국의 지위 강화와 '정치위원' 제도 수립 당시부터 군의 당적 통제에 관여했으며, 1973년 당중앙위의 조직 및 선전선동 담당비서, 이듬해 정치위원으로 선출됨으로써 당내에서 김일성의 후계자로 지목된 이후 '당중앙'이라는 신분으로 당·정·군에 대한 지배력을 키워왔다. 그는 특히 1980년 6차 당대회에서 사실상 후계자로 공표(당중앙위 군사위원회 위원, 정치국 비서 겸 상무위원)된 이후 수십년간 조직지도부와 선전선동부를 통해 군을 장악해 왔다. 북한체제에서 가장 막강한 부서인 조직지도부는 부장 없이 제1부부장들만 있는 김정일 직할의 조직이었다.

물론 김정일이 공개적으로 군권을 행사하게 된 것은 1990년 5월 국방위원회 부위원장에 선출된 이후였다. 그는 이미 제6기 19차 당중앙위 전원회의(1991.12.24) 결의에 의해 주석의 당연직인 '조선인민군 최고사령관'에 추대되었다.[10] 김정일은 나아가 1992년 4월 인민군 '창건 60주년'을 기념하여 600여 명의 장령급 승진 인사를 단행했고, 25일 창군기념행사에서는 직접 오진우 인민무력부장의 열병보고를 받아 위세를 떨쳤다. 또한 1992년 개정 헌법에서는 국방위원회의 지위와 권한을 격상시키고 국방위원장을 주석과 분리했다. 김정일은 이듬해 4월 국방위원장에 선출됨으로써 이미 김일성 주석 생존 당시에 최고군통수권자로서의 지위가 절정에 이르렀다. 김일성 사후 3년의 형식상 제도적 공백기에도 그가 당·정·군의 전권을 장악해왔음에는 의문의 여지가 없다. 김정일은 조선로동당 총비서 및 중앙군사위원회 위원장, 국방위원회 위원장, 조선인민군 최고사령관으로서 당·정·군의 전권을 장악하였다. 현재 김정은 역시 '당 제1비서'와 '당중앙군사위원장'직을 가지고 중요 군사정책과 군간부인사의 결정권을 행사하고, '국방위원회 제1위원장'직으로 국가의 무력기구인 인민무력부, 인민보안부, 국가안전보위부를 지도하며, 또한 군대의 최고직책인 '최고사령관'직을 가지고 군대를 직접 지휘 및 지도하고 있다.

조선인민군의 조직과 통제·감시 체계

북한도 다른 나라의 국방부에 해당하는 인민무력부(1972년 이전에는 민족보위부, 이하 '무력부')가 국방정책을 집행하는 국가기구의 주무 기관으로 알려져 왔다. 실제로 인민군 창건 이래 최용건, 김광협, 김창봉(1968년 숙청), 최현, 오진우 그리고 최광(1997년 사망)에 이르기까지 역대 민족보위상(이하 민보상)/인민무력부장(이하 무력부장)이 군의 최선임자였다. 또 2013년 현재까지 역대 11명의 민보상/무력부장 가운데 6인이 총참모장을 거쳐 임명된 바 있었다(김광협, 김창봉, 오진우, 최광, 김영춘, 김격식).[11] 그러나 1968년 말 김창봉 숙청에 따라 노상 최현이 민보상으로, 총정치국장 오진우가 총참모장에 취임한 이래 총참모부와 총정치국으로 상대적으로 많은 권한이 옮겨갔다. 1988년 현대전파 오극렬의 실각은 소위 '작은 김창봉 사건'으로 볼 수 있다. 젊고 야심찬 총참모장 오극렬이 항일 빨치산 출신인 오진우 무력부장과 갈등을 빚었던 것을 보면 당시에도

표 5-1 역대 총정치국장, 총참모장, 인민무력부장(민족보위상)

(2013년 8월 기준)

시대구분		총정치국장	총참모장	민족보위상(48.9~72.12) 인민무력부장 (72.12~현재)
1940년대	김일성시대 (1945.8 ~1994.7)		강건(1948.2~1950.9)*	민족보위상 최용건(1948.9~1957.9)
1950년대		박헌영(1950.10~51.7)	남일(1950.12~1953.8)	
		김재욱 · 강상호 · 최종학 (1951.7~1958.1)	김광협(1953.8~1957.8)	
		김태근(1958.1~1958.7)	리권무(1957.9~1959.7)	김광협(1957.9~1962.10)
		서철(1958.7~1960.5)	김창봉(1959.7~1962.10)	
1960년대		허봉학(1960.8~1967.4)	최광(1962.10~1968.12)	김창봉(1962.10~1968.12)
		오진우(1967.4~1969.1)		
		안영환(1969.1~1970.6)	오진우(1969.1~1976.5)	최현(1968.12~1972.12)
1970년대		한익수(1970.6~1973.8)		인민무력부장 최현(1972.12~1976.5)
		리용무(1973.8~1977.8)		
		서철(1977.8~1979.9)	김철만(1976.5~1979.9)	오진우(1976.5~1995.2)*
		(공석)		
1980년대		오진우 (1980.10~1995.2 겸직)*	오극렬(1979.9~1988.4)	
			최광(1988.4~1995.10)	
1990년대	김정일시대 (1994.7~ 2011.12)	(공석)		(공석)
		조명록 (1995.10~2010.11)*	김영춘(1995.10~2007.4)	최광(1995.10~1997.2)*
				(공석)
2000년대				김일철(1998.9~2009.2)
			김격식(2007.4~2009.2)	
2010년 이후	김정은시대 (2011.12~ 현재)	(공석)	리영호(2009.2~2012.7)	김영춘(2009.2~2012.4)
		최룡해(2012.4~현재)	현영철(2012.7~2013.5)	김정각(2012.4~2012.11)
				김격식(2012.11~2013.5)
			김격식(2013.5~2013.8)	장정남(2013.5~현재)
			리영길(2013.8~현재)	

* 임기 중 사망.

출처: 김동엽, "선군시대 북한의 군사지도·지휘체계: 당·국가·군 관계를 중심으로," 북한대학원대학교 박사학위논문 (2013), 201쪽의 자료 보완.

이미 무력부장이 총참모장을 통제하기 어려웠음을 시사한다. 오진우는 사망할 때까지 거의 20년간 무력부장 자리(1976~1995)에 있었으나, 그의 지위가 공고했던 것은 김일성·김정일 부자의 신임에 힘입어 상당 기간 동안 총정치국장을 겸임했기 때문이었다(〈표 5-1〉 참조).

오진우 사망 이후 무력부는 총정치국과 군령권을 행사하는 총참모부를 통제하지 못하고 형식상의 군정기관으로 바뀌었다. 그러나 군간부의 인사문제 등 주요한 군정권은 무력부가 아니라 정치사업의 명목으로 총정치국이 행사해 왔다. 무력부는 사실 후방총국을 중심으로 군의 행정·지원 업무와 대외적으로 군사외교 정도만을 담당하는 것으로 보인다. 사실 오진우 사망 이후 총참모장 최광이 승계할 때까지 무력부장직은 공석이었다. 김정일시대 10여 년 가까이 국방위원회 및 각종 주석단 서열에서 인민군 총정치국장(조명록, 국방위원회 제1부위원장 겸임, 2010.11 사망)이 인민무력부장(김일철)이나 총참모장(김영춘)보다 서열이 높았다. 또한 형식상 하위직으로 여겨왔던 총참모장도 무력부장보다 앞섰다.[12] 김정은의 권력승계 과정에서 군부의 실세로 보였던 총참모장 리영호가 2012년 7월 갑자기 실각한 이후 민간 당간부 출신의 최룡해 총정치국장이 총참모장(현영철, 김격식, 리영길)이나 인민무력부장(김정각, 김격식, 장정남)을 압도하고 있는 것으로 보인다. 군부 안의 일부 동요가 있을 수 있으나 당의 군에 대한 통제가 철저하게 관철됨을 시사하는 대목이다.

한편 국방위원회의 격이 높아진 이래 무력부를 '국방위원회 인민무력부'로 부르는 바와 같이, 국방위원회가 제도상 국방의 최고기관이라 말할 수 있다. 그러나 국방위원회는 명목상의 '최고국방지도기관'으로서, 최근 상무국을 갖추게 되었지만 자체의 규모 있는 조직과 전문 인력을 보유하지 않은 회의체이며, 실세적으로 정책을 결정하는 기구가 아니라 당중앙위원회와 당중앙군사위원회에서 결정한 정책과 방침의 집행을 통괄하는 국가기구라 할 수 있다(〈그림 5-1〉 참조).

2012년 4월 13일 최고인민회의에서 발표한 국방위원회는 위원들의 구성을 볼 때 정치군관, 군지휘관, 군수사업, 보안 등 네 집단 수뇌부의 연합체였다.[13]

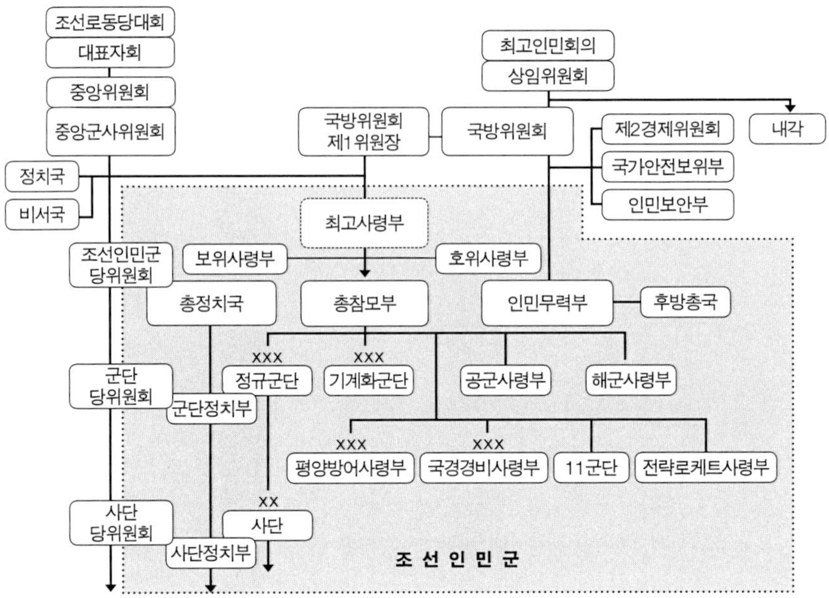

그림 5-1 북한의 군사기구 체계

국방위원회는 당중앙위·당중앙군사위의 당적 지도를 받는다. 2004년 당중앙군사위 위원장 김정일이 지시한 〈전시사업세칙〉에도 당중앙군사위가 항상 조선인민군 최고사령부, 국방위원회 인민무력부, 내각, 인민보안부 순으로 임무를 규정하고 있다.[14] 조명록 총정치국장이 국방위원회 제1부위원장이었던 점이 말해주듯이, 국방위원회의 회의는 오랫동안 총정치국 청사에서 열렸고 아직도 총정치국 요원들이 주로 국방위원회 상무국에서 일한다고 한다. 2010년 9월 28일 당중앙위 전원회의를 통해 당중앙군사위가 재정비되었고, 특히 김정은이 국방위원회가 아니라 당중앙군사위의 부위원장 자격으로 후계자에 올랐다. 이것은 아직 김정일에 비견할 만한 권력 집중이나 개인의 카리스마를 구축하지 못한 새 지도자가 당중앙군사위를 통하여 국방위원회에 대한 좀더 제도화된 당적 지도를 강화하고 있음을 보여준다.

군령권은 전시에는 최고사령부가 인민군과 인민경비대(인민보안부 산하 치안부대)와 예비병력 등 기타 무장력을 모두 지휘하게 되나, 평시에는 총참모부(한국의 합동참모본부에 해당)가 군령기관으로서 전군의 군사 업무를 관장한다. 인민군은 소련의 전통을 받아들여 육·해·공 통합군체제를 유지하고 있다. 총참모부는 산하의 작전국·정찰국·전투훈련국 등 수십 개 전문 부서를 통해 전후방 군단과 평양방어사령부·해군사령부·공군사령부 등에 군령권을 행사한다.

총참모부는 막강한 군령권을 지닌 듯이 보이나, 사실상 주요 군정 기능의 상당 부분을 담당한 총정치국이 군령권에도 개입하고 있다. 1969년 이래 각급 부대의 작전명령서에 군사지휘관들과 함께 정치위원이 서명함으로써 효력을 갖게 되는 군의 2원적 지휘체계가 수립되었기 때문이다. 1968년 민보상·총참모장을 비롯한 군수뇌부의 대규모 숙청은 군의 전문화와 대남 군사모험주의를 주도하여 당의 통제로부터 자율성을 키워가던 '군벌관료주의자들'에 대한 숙청이었다. 김일성은 "중대장이 맏형이라면 정치지도원은 맏누이와 같다"[15]고 규정했다. 김정일은 〈인민군대 당조직과 정치기관들의 역할을 높일데 대하여〉에서 당중앙위 조직지도부의 지도감독과 총정치국 요원들의 사상투쟁으로써 군사관료주의를 뿌리 뽑아야 한다고 강조했다.[16] 그러나 군사간부와 정치간부 사이의 갈등은 끊임없이 지속되어 왔다. 지속적으로 군사기구를 개편하는 등 시정 노력이 이루어졌으나, 군사·정치 2원제의 속성 때문에 갈등을 근본적으로 해소하기는 어려웠다.

김일성과 김정일은 막강한 세력으로 키워온 '양날의 칼'과 같은 군을 2원적 지휘체계를 통해 당의 통제 아래 두고 최고지도자 자신에 대한 충성을 담보하고자 노력했다. 기능과 영향력이 강화된 군을 통제하기 위해, 그리고 분야별로 실권 있는 책임자를 키우지 않는 용인술 때문에 김정일은 철저한 '분할통치(divide and rule)' 방식을 구사하였다. 절대 독재자들의 공통된 성향이지만, 김정일은 특히 공식적인 제도와 서열을 무시하고 신임과 충성에 따라 힘을 실어주는 '측근정치'의 달인이었다. 인민군은 무력부와 총정치국, 총참모부가 각기 국방위원회와 최고사령관 김정일에게 직접 보고할 수 있는 3중 통제체제를 갖게 되었고, 2000년대에는 방첩·비밀경찰 업무를 담당하는 보위사령부(한국의 기무사령부에 해당)도 권한이 커졌다.[17] 인민군은 보위사령부는 물론 외부의 국가안전보위부와 인민보안성에 의한 공개·비공개의 3중 감시를 받고 있다.

무력부가 기능적으로 나뉨으로써 사실상 총참모부가 자율적인 군령권을 행사한다고 하나, 총참모부 역시 분할되어 있다. 전시에 가동해야 할 '최고사령부'가 평시에도 존재하며, 최고사령관이 총참모부 작전국에 직접 명령을 내리기도 한다. 물론 최고사령부란 별도의 독립적인 상설 기관이 아니라 최고사령관의 군사 업무를 보좌하는 총참모부(산하 작전국 2처) 요원들로 구성된 편의적인 조직일 것이다. 이는 총참모부의 주요 결정 및 집행에 최고사령관이 직접 개입한다는 것을 의미하며, 결국 총참모부 내에서도 경쟁과 갈등을 초래하는 것이다. 특히 총참모부의 핵심인 작전국에 최고사령관이 수시로 직접 명령을 내리며, 작전국장(군 경력의 꽃으로 불리며, 2013년 5월 현재 리영길 전 5군단장)이 최고지도자의 현지지도를 빈번하게 수행하는 등 측근으로서 신임이 매우 두텁다.

총참모부가 관할하는 육·해·공 작전부대들은 방대하다. 인민군 지상군은 9개의 정규 군단(전방의 4개 군단이 규모 및 무장에서 우월함), 기계화군단 2개, 평양방어사령부, 국경경비총국, 11군단(특수부대를 관장했던 과거 교도지도국), 전략로케트사령부 등 총 15개 군단급 부대와 정찰총국 등으로 편성되어 있다. 해군은 동·서 해의 2개 함대사(총 13개 전대 및 2개 해상저격여단)로 구성되어 있으며, 잠수함과 잠수정(대남침투용) 및 소형 쾌속정 위주의 연안방어형 전력구조를 지닌다. 공군사령부는 옛 소련 및 중국에서 도입한 전투기·폭격기로 무장한 비행사단 4개과 전술수송여단 2개, 공군저격여단 2, 방공부대 등으로 구성되어 있다. 헬기·고사로케트(대공 미사일) 여단/연대들이 있고, 구식이지만 200여 대의 저공침투용 AN-2 경수송기 전술수송여단들이 특수작전부대(SOF)를 지원한다. 특히 북한은 20여 개 여단으로 추정되는 세계 최대 규모의 특수전부대를 보유 중이다. 이 가운데 정찰국 산하의 7개 정찰대대(휴전선 침투 담당)와 한국군 특전여단에 비견되는 6개 저격여단과 2개 공군 저격여단이 우수하며, 이 외에도 2개 해상저격여단, 3개 항공육전여단, 그리고 보병 및 기갑부대의 보조임무를 맡은 10여 개 경보병여단이 있다.[18]

2012년을 기준으로 인민군은 세계 4위인 119만 명의 상비군 병력을 보유하고 있다. 이는 북한 인구의 5%에 달한다. 현재 이 정도 규모의 상비군을 지닌 국가는 그 사례를 찾아보기 어렵다.[19] 대병력을 유지하기 위해 북한은 의무제(과거 형식상 '초모제')와 17세 입대를 제도화했다. 특권 계층을 제외하면 군복무가 취업이나 로동당 입당 그리고 결혼의 선결 조건이기 때문에, 군대는 청소년들에게 대학 진학 다음으로 인기 있는 곳이었다. 신체검사 불합격자나 성분불량자도 군에 입대할 수 없다. 그러나 1990년대부터 병력을 유지하기 위하여 사병 복무 기간을 10년으로 연장하였고, 고난의 행군 시기에 복무 여건이 악화되어 결국 군 입대의 인기가 많이 줄었다. 제대자들은 대학에 진학하거나 국가에서 직업을 알선해주며, 남한의 예비군에 해당하는 교도대에 편입된다. 대학 및 전문학교에 진학하는 성적 우수자와 특권층 자제들은 병역이 연기 또는 면제되고, 내신 군사훈련을 받은 후 교도대에 편입된다. 예비병력은 준군사력(인민보안부, 속도전 청년돌격대 등) 약 40여 만 명, 교도대(60만 명) 외에 로농적위대(남한의 민방위대 해당, 570만 명)·붉은청년근위대(고등중학생의 군사편제, 100만 명)가 기관이나 지역별로 편성되어 수백 만 명의 동원체제를 구성한다.[20] 이 가운데 교도대와 일부 근위대 인원이 유사시 현역병으로 동원될 가능성이 있다.

직업군인의 경우, 북한에는 사회주의권 국가들의 공통된 현상인 노인정(gerontocracy) 현상이 두드러졌던 바 있다. 군간부가 민간간부로 전향하는 사례도 1970년대 이후로는 흔한 일이 아니며, 그 결과 인민군 수뇌부의 고령화 현상이 현저하게 나타났던 것이다. 민간 부문의 취약성 때문에 군고위간부들이 예편 후 사회 진출이나 생우 문제에 어려움이 많은 것이다. 1990년 이후 김정일은 군의 사기와 충성심을 진작하고 군원로들을 예우하기 위해 원수·차수 등 여러 차례의 대규모 계급승진을 단행해온 바 있다(인민군 장군은 '장령'이라고 칭하며 군사칭호, 즉 계급은 원수·차수·대장·상장·중장·소장의 순). 그런데 젊은 지도자가 이끄는 김정은시대에 들어와 특기할 만한 것은 권력승계 시기에 자주 나타나는 군수뇌부의 잦은 교체나 숙청과 더불어 군단장급을 포함한 상당수 간부의 세대교체가 이루어지고 있다는 사실이다.

조선인민군의 기원과 성장

창군과 한국전쟁

1961년 9월 제4차대회의 당규약에 조선인민군은 "조선로동당의 무장력"이라고 명문화된 이래 이 규정에는 변함이 없다. 조선인민군은 조선민주주의인민공화국 수립(1948년 9월 9일)에 앞서 이미 '조선인민의 군대'로서 1948년 2월 8일 창설되었다. 이는 북한이 민주기지론을 내걸고 인민민주주의를 표방했기 때문이다. 1956년경 소련식 교조주의에 대한 비판과 이른바 '8월종파' 숙청을 전후하여 민족주의가 강조되기 시작한 때부터 북한 당국은 인민군이 항일무장투쟁의 계승자라고 주장했다. 1970년 개정 당규약에도 이를 명시했고, 나아가 1977년에 김일성은 "인민군대는 조선인민혁명군의 후신입니다"라고 주장했다.[21]

1945년 해방 후 소련 점령군은 38선 이북 지역에 자발적으로 나타난 보안조직들을 해체·정비하고 '보안대'들을 창설했다. 1946년 1차 미·소 공위가 공전하게 된 후 소련과 북한 지도부는 군사력 확보를 위하여 '보안간부훈련대대본부'와 '보안간부훈련소'를 창설하였고, 전자는 이듬해 5월 17일 임시인민위원회 민족보위국 산하의 '북조선인민집단군 사령부'가 되었다. 여기에는 김일성 계열의 항일유격대(만주파 혹은 갑산파)와 중국의 국공내전에 참전한 조선의용군 계열(통칭 연안파)을 주축으로 하고 일부 소련계 한인들이 참여하였다. 사병들은 대부분 철도보안대 및 기타 보안병력에서 충원되었다.

1948년 2월 8일 북조선인민위원회는 2개 보병사단과 1개 혼성여단으로

사진 5-1 한국전쟁 이전 인민군 열병식 광경. 군기를 선두로 주석단 앞을 행진하고 있는 조선인민군의 모습.

구성된 '조선인민군'(총사령관 최용건, 총참모장 강건)의 창설을 공표했다. 이들은 소련군으로부터 무장·훈련을 받았고 소련식 편제를 모방하여 계급제도를 확립했다. 6월부터는 소련 점령군이 철수함에 따라 인민군은 1949년 4개 사단으로 증편되었고, 광범위한 징병을 바탕으로 3개 '민청훈련소'를 통해 1950년 6월까지 3개 사단을 추가로 편성하였다. 또한 중국의 국공내전에 참전했던 부대들이 귀국하여 3개 사단으로 편성되었다. 그리고 6·25 개전과 더불어 내무성 산하의 38선 경비여단들이 인민군에 흡수되어 3개 사단으로 재편되었다.

한편 1948년 9월 9일 조선민주주의인민공화국 수립과 더불어 민족보위국은 내각의 민족보위성(민족보위상 최용건)으로 승격하였다. 인민군은 당에 의한 통제를 위해 소련군의 정치위원(Commissar) 제도를 반영하여 총사령부 및 각급 부대에 '문화부(副)사령관'을 두었고, 별도로 비밀사찰기관인 '정치안전국'을 두었다. 그러나 인민군에 대한 당의 통제는 충분히 제도화되지 못한 채 고간부들의 당내 인적 관계를 통해 이루어졌다. 개전 후 북한은 '최고사령부'를 설치하고 최고사령관에 김일성, 총정치국장에 박헌영이 취임하였으며, 또한 전선사령부를 설치하여 부수상 겸 산업상 김책이 전선사령관이 되었고 보조지휘소

(사실상의 군단 사령부)에는 군사위원이 파견되었다.

한국전쟁은 북한이 무력에 의한 통일을 시도하며 발발하였다. 북한은 남한에 비해 신속한 국가 건설 과정과 경제성장의 이점에 힘입어 소련의 동의와 군사차관을 얻어냄으로써 군사적 우위를 바탕으로 속전속결을 꾀하였던 것이다. 1950년 6월 인민군의 총병력은 10개 사단(7개 전선 배치, 3개 예비), 1개 전차여단, 2개 독립연대, 3개 내무성 경비여단 및 소규모의 해·공군 등으로 구성된 13만 5천 명 이상이었다.[22] 6·25 당시 인민군은 또한 중장비(전차·야포·항공기 등)를 보유하였고, 훈련 및 사기 등 질과 양 모두에서 병력 9만 8천 명의 남한을 압도했다. 그러나 전쟁이 계속되면서 남북한 군대는 저마다 각기 쓰라린 패배를 맛보았다. 남한의 군은 1950년 7월에 UN군의 통제 아래로 들어갔고, 중국의 참전으로 결성된 조·중연합군은 사실상 중국 인민해방군의 지휘 아래에 있었다. 이후 쌍방은 각기 동맹국들의 막대한 군사·경제 원조에 의해 군사력이 전쟁 전의 수준보다 높아졌다.

정전이 이루어진 뒤 남북한 모두 정전협정에 개의치 않고 군비증강을 계속했다. 인민군은 병력 규모를 1953년 7월 정전 무렵의 27만 5천 명~31만 명에서 1955년까지 41~42만 명으로 증강하였으나, 1956년에 8만 명의 감축을 발표하였다.[23] 이는 노동력 부족과 중국 인민해방군 일부가 잔류한 데 힘입었다. 1958년 인민해방군이 최종적으로 철수하는 시점에서도 북한은 노동력 확보 때문에 정규군을 확대하지 않고, 대신 1959년 2월 민병 조직인 '로농적위대'를 창설하였다.

국방에서의 자위와 내부 갈등

북한은 1962년 12월 조선로동당 중앙위원회 제4기 5차 전원회의에서 "조성된 정세와 관련하여 국방력을 더욱 강화할데 대하여"를 결정하고 군사력 증강을 위한 '국방의 자위'와 이를 위한 '경제·국방건설 병진책'을 추진하였다. 이는 중소분쟁에서 북한이 친중노선을 취한 데 대한 보복으로 소련이 경제·군사 원조를 철회했기 때문이었다.

북한은 이후 방어적 군사전략과 '수입대체' 군수산업에 의한 점진적인 군사력 증강으로부터 나아가 1966년에는 좀더 적극적 공세전략 및 군비 확충으로 전환했다. 그 이면에는 먼저 1965년 미국의 월남전 확전과 한일국교정상화 및 한국의 경제성장이 북한에 안보위협으로 크게 작용하였다. 또한 북한 지도부는 베트콩의 게릴라전과 한국군의 월남 파병에 대해 당혹감을 동시에 느끼게 되었다.[24] 그리고 '혈맹'인 중국이 1966년 '문화대혁명'의 격동기에 접어들면서 관계가 악화된 것도 안보위협 인식을 가중시켰다.

1966년의 제2차 당대표자회는 '전민무장화,' '전국요새화' 및 '전군간부화' 및 '전군현대화'라는 '4대군사로선'을 확립하고, 경제·군사건설 병진책을 재천명했다. '사상의 주체', '정치의 자주', '경제의 자립'과 함께 '국방의 자위'가 주체사상의 기둥으로 확립되었다. 이 회의는 7개년계획을 1970년까지 3년 연장하기로 결정하고 군의 현대화 방침을 확인했다. 그 결과 국가예산에서 차지하는 군사비는 1961~1966년 사이에 평균 19.8%에서 1967~1971년 사이에 30.9%로 대폭 상승하였다.[25] 경제발전과 군비 증강의 자원배분은 필연적으로 정책우선권 경쟁을 통한 당내 관료정치의 갈등을 야기했다.

김일성계의 갑산파는 이른바 '8월종파' 숙청을 통해 이미 연안파 간부들을 제거하여 군을 지배했고, 나아가 1961년 당대회에서는 당중앙위를 지배하게 되었다. 그런데 '국방에서 자위' 정책은 당의 핵심부로 군부를 불러들임으로써 당의 과도한 군사화를 초래했다. 이제 정책갈등은 범(凡)김일성계인 갑산파 내부의 갈등을 의미하게 되었다. 김일성의 '유일사상'을 대대적으로 고취하기 시작한 격변기인 1967년 5월 당중앙위 제4기 15차 전원회의에서 당의 조직 및 선전선동 부문을 담당한 당중앙위 정치위원회의 4, 5위 상임위원인 박금철(조직비서)·리효순(대남비서)과 기타 상당수 중앙위 위원들이 숙청되었다. 이들은 김일성 유일사상체계의 수립에 적극적으로 동참하지 않았기 때문에 숙청되었을 것이다. 그러나 이들이 모두 민간인이었다는 점은 김일성이 유일사상체계

수립 과정에서 당·군 갈등을 이용한 것으로 보인다.

당의 갑작스러운 개편 이후 인민군 총정치국장 허봉학이 리효순을 대신하여 당의 연락부(대남공작)를 맡게 되었고, 북한은 대남 지하공작으로부터 공격적인 특공대 및 게릴라 침투 활동으로 전환하였다. 1967년 12월 김일성은 "오늘의 정세는 우리들로 하여금 모든 사업을 더 적극적으로, 더 혁명적으로 할것을 요구하고있으며 남조선인민들의 투쟁을 지원하여 남조선혁명을 완수하고 조국을 통일하기 위한 투쟁에 모든것을 복종시킬 것을 요구하고 있습니다"라고 연설했다.[26] 북한은 1968년 1월 124군부대의 청와대 기습, 미 첩보함 푸에블로호 나포 및 10월의 울진·삼척 지역 게릴라 침투 등 호전적인 대남·대미 도발을 크게 확대했다.

1966~1967년 이후 북한의 군부는 당내 헤게모니를 획득함에 따라 정치를 주도하게 되었을 뿐만 아니라, 더 적극적인 전략을 추구하고 군의 현대화 계획에 많은 자원을 요구하기에 이르렀다. 김일성은 인민동원에 기초를 둔 경제적인 '전민무장화'(로농적위대 및 경보병부대에 반영됨)를 강조했고, 다시 북한의 실정에 맞는 현대화와 군사교리를 강조하였다. 그의 연설은 게릴라전 경험과 당의 우위원칙을 잘 반영하고 있으며, 그가 '전민무장화'와 '전국요새화'라는 인민전쟁 개념의 신봉자임을 보여준다.[27]

그 결과는 1968년 말~1969년 초 '군벌관료주의자'들의 대숙청이었다. 당 정치국원인 민족보위상 김창봉·인민군 총참모장 최광·당 연락부장 허봉학·집단군 사령관 리영호와 사회안전상 석산 외에 다수의 고위 장성이 숙청되었다. "수정주의, 군벌주의, 가족주의, 반혁명준비"에 빠진 '군벌관료주의자들'이 당과 김일성의 지시를 무시한 행동을 응징한 것이었다. 물론 숙청은 사실상 수년 동안의 대남 군사모험주의가 실패한 데 대한 책임을 지운 것이기도 하다.

1970년 11월 2일 조선로동당 제5차 대회의 중앙위원회 사업총화에서 김일성은 "우리의 국방력은 매우 크고 비싼 대가로 이루어졌습니다. 털어놓고 말하여 우리의 국방비지출은 나라와 인구가 적은데 비해서는 너무나 큰 부담으로 되었

ⓒ 연합뉴스

사진 5-2 1968년 1·21 사태 시 침투한 북한 124부대 소속 31명 중 유일하게 생포된 김신조(왼쪽)와 북한이 공개한 푸에블로호 내부 선실에 걸려 있는 나포 당시 선원들의 사진(오른쪽).

습니다"라고 언급했다.[28] 1972년 북한은 "예산지출총액의 30%씩 달하던 국방비 지출을 자주적으로 줄여 이해에 17%만 돌리었다"고 선언했다.[29] 이러한 공식 발표를 액면 그대로 받아들일 수는 없지만, 북한이 경제투자를 위하여 1967~1971년 동안 비정상적으로 높았던 방위 부담을 어느 정도 완화했던 것은 사실이다.

군비경쟁 – '4대 군사로선'의 변용

북한 국방정책의 목표는 첫째, 침략으로부터 국가의 보위, 둘째, 한반도의 무력통일이라고 볼 수 있다. 좀더 구체적인 목표는 충분한 병력 및 예비병력 확보, 전쟁수행능력 향상, 무장의 자급자족 강화 및 경제적·기술적 한계 극복 등이다. 국방정책 목표를 달성하기 위한 군사전략은 개전 후 30일 이내(일부에서는 '7일 전쟁')에 한반도를 장악한다는 기습·속전속결을 채택하고 있다. 이를 위하여 북한은 전선을 돌파하여 수도권 및 남한의 후방을 점령하는 정규전력과 특수작전부대를 중심으로 하는 제2전선의 '2개 전선'을 추진해 왔다. 북한은 또 우세한 적과의 싸움에 대비하여 군사 및 주요 산업 시설을 지하화하였고, 3중의 방어선을 구축했으며, 군·민의 정신무장을 강조해 왔다.

조선로동당의 국방건설정책은 4대 군사로선으로 집약된 '국방에서 자위원칙'을 집행함으로써 '전인민적 전국가적 방위체계'를 수립하는 것이다. 그리고 국방에서의 자위는 "군사분야에서 주체사상을 구현하여 자체의 힘으로 자기 나라를 보위하는 혁명적원칙"으로 규정하고, 이를 위하여 "인민을 정치사상적으로 무장시키는 기초우에서 전군간부화, 전군현대화, 전민무장화, 전국요새화"의 관철을 강조하였다. '전군간부화'에서 "무장한 전체 인민에 대한 군사적 지도를 보장할수 있는 군사간부를 대량적으로 양성"을, 그리고 '전군현대화'에서 "나라의 공업발전수준정도에 따라 인민군대의 무기를 더욱 현대화"하고 "자연지리적 조건"에 맞게 "현대적무기와 재래식무기를 옳게 배합해야 한다"고 지적하고 있다.

요컨대 북한은 1970년대 초까지 '국방에서 자위' 원칙을 통하여 인민전쟁 사상에 기초한 전쟁교리와 국방정책을 확립하고, 정규전 및 비정규전에 대비한 군사전략을 완성했다. 이것은 사상무장을 중시하고 또한 한반도의 특수성 및 북한의 경제 수준을 감안한 정책이었다. 이는 평시에 비교적 소수의 상비 병력을 유지하되 전시에 전인민의 동원을 꾀하며, 저렴한 무기와 고가의 현대무기를 상호 보완하는 정책이었다. 물론 북한은 1970년대 초반까지 현대화를 통해 당시 남북한의 기준으로 현대적인 MIG-21 전투기, SU-7 전폭기 등 수백 대의 항공기, SA-2 대공미사일, 잠수함, 유도탄초계정, FROG 지대지 미사일, T-54 전차 등을 소련으로부터 도입함으로써 한국에 비하여 질적으로 우월한 군사력을 건설하였다. 군사전략의 측면에서 볼 때 1970년대 북한은 '우세한 적'에 대한 '방어적 지구전'으로부터 좀더 적극적인 '공세적 방어전' 노선으로 옮겨갔다고 볼 수 있다.[30]

1972년 이후 북한의 공식 군비 지출은 예산 비율에서 점차 하강세, 금액상에서는

인민전쟁 북한은 인민전쟁을 광범한 인민대중이 참가하는 민족의 해방과 독립을 쟁취하기 위한 전쟁으로 정의하고 있으나, 이는 중국의 '인민전쟁론'을 바탕으로 한 것이다. 마오쩌둥은 인민을 조직하고 궐기하게 하여 인민의 힘에 의거하여 모든 인민이 싸우는 '인민전쟁론'을 강조하였다. 이는 국공내전 등에서 홍군(紅軍)이 열세였던 상황이 반영된 지구전, 유격전, 섬멸전과 같은 전술로 나타난다. 북한의 전민무장화, 전국요새화는 이런 중국의 인민전쟁론에 영향을 받은 것이라 할 수 있다.

제2경제위원회 북한의 군수경제를 총괄하는 기관으로 모든 군수품의 계획, 생산, 분배 및 대외무역을 관장하고 있다. 평양 강동군에 위치하고 있는 제2경제위원회는 8개의 총국과 연구개발을 위한 제2과학원, 외화벌이를 담당하는 대외경제총국, 자재공급을 담당하는 자재상사를 두고 있다. 행정, 실무적으로는 국방위원회 직속이나 정책적으로는 조선로동당 군수공업부가 제2경제위원회를 실질적으로 지도하고 있는 것으로 본다.

표 5-2 남북한의 군비경쟁 추이

연도	남한		북한		남/북 비율(%)	
	병력(만 명)	군사비(억 달러)* 공식자료(수정자료)	병력(만 명)	군사비(억 달러)** 공식추정(수정자료)	병력	군사비 공식(수정)***
1950.6	9.5	- -	13.5+	- -	70	- -
1953	59.1	1.2 (17.7)	27.5+	- -	215	- -
1955	72.0	1.0 (5.6)	41.0	? (2.4)	176	? (238)
1960	60.0	1.5 (3.6)	39.0	1.5 (1.7)	154	102 (217)
1965	60.4	1.1 (3.6)	41.1	2.6 (3.4)	147	44 (103)
1970	64.5	3.0 (6.5)	46.7	6.8 (7.4)	138+	44 (87)
1975	63.0	9.1 (11.0)	56.7	17.1 (15.7)	111+	53 (70)
1980	(63.0)	37.1 (37.9)	70.0	32.5 (23.3)	90+	114 (163)
1985	(63.0)	45.5 (44.1)	78.4	34.3 (30.4)	80+	131 (136)
1990	65.5	93.8 (92.1)	99.0	49.6 (31.7)	66+	189 (290)
1995	69.0	143.6 (139.6)	104.0	52.0 (27.5-33.2)	66+	276 (420-508)
2000	69.0	114.9 (111.0)	117.0	50.0 (25.2-33.6)	59	230 (330-441)
2005	68.1	206.0 (202.8)	117.0	? (36.3-48.4)	58	? (419-559)
2008	65.5	241.7 (235.0)	119.0	? (37.2-49.6)	55	? (474-632)

* 수정 자료는 미국의 순(純)군원을 포함(방위분담금 및 차관상환금 변제)하고, 한은의 GNP 잠정환율을 적용함.
** 국방부 공식 추정 자료는 1994년까지 국가예산의 30~30.9%로 추정하고 상업/무역환율을 적용함.
*** 순(純)군원을 포함한 별도의 추정에 구매력평가환율(PPP)을 적용함.
자료: 『국방백서』; *Military Balance*; 함택영, 『국가안보의 정치경제학』.

점진적인 상승 추세를 보여준다. 1972년 12월 헌법 개정 이후 북한의 인민무력부와 사회안전부는 정무원 산하에 속하지 않게 되었다. 즉 1972년 이후의 공식 군사비는 정무원(내각)에 속하지 않고 군수산업의 대부분을 담당하게 된 '제2경제위원회'의 지출을 은닉한 것으로 보인다. 그러나 공식 국방예산의 상대적 감축으로 인해 군부는 자체 경제활동에 좀더 의존하지 않을 수 없게 되었다. 인민군은 부식의 자체 조달을 위한 영농 활동 등 경제적인 기능에도 종사하게 되었다. 또 무력부도 여타 기관들과 마찬가지로 산하에 관장하는 광산과 무역회사 등의 수입에 의해 상당한 별도의 자금 조달이 가능했다.

1972~1984년 사이에는 군의 현대화를 위해 소련으로부터 이렇다 할 신예 항공기나 미사일 도입은 없었다. 이는 북한의 막대한 군비 지출에 가장 큰 몫을 차지했던 '현대화'가 1970년 초까지 어느 정도 기반을 정비했음을 보여준다. 인민군은 김일성이 주창한 '정규전과 비정규전의 배합' 노선을 존중하여 그가 강조한 로농적위대, 교도대, 경보병부대 등 경제적인 군사력 건설에 주력해야 했다. 1976년경부터 '현대적 무기와 재래식 무기의 배합'에서 조심스레 현대화의 비중을 높이게 되었으나, 현대화는 대부분 국내에서 생산하는 전차·자주포·방사포(다연장로켓) 등 비교적 염가의 지상군 장비에 집중되었다.

이후 1980년대 북한은 남한의 '자본집약적 증강'에 대처하여 한반도의 군비경쟁에서 재래식 군사력의 우위 혹은 최소한 균형을 확보하려고 노력했다(〈표 5-2〉 참조). 1980년 초 김정일이 '기름전'(연료)과 '알전'(탄약)이라는 이름으로 현대전에서 기계화부대의 병참을 강조하며, 포병의 '자행화'(자주화)를 추진한 이래 북한은 수천 문의 자주포를 양산했다. 또 1984년 김일성의 소련 방문을 계기로 북한은 소련의 대규모 군사차관에 힘입어 1980년대 중·후반 낙후된 공군력 및 방공 능력 현대화를 위해 MIG-23/29 전투기, 대공 레이다망, SA-3/5 유도탄 등을 도입했다.

그러나 북한은 점차 압도적으로 우월한 경제력을 바탕으로 한 남한의 질적 군비증강에 필적할 수 없게 되어 '노동집약적 군비경쟁'으로 전환하게 되었다. 군사비 증가율에서 한국과 경쟁할 수 없음에도 불구하고 북한은 병력을 40~45만에서 100만 대군으로 확장하였던 것이다. 병력 증강은 특히 경보병과 특수작전부대를 중심으로 한 지상군에 집중되었다. 또한 상당수의 병력이 영농사업이나 대규모 건설 현장에 동원되고 있다.

김정일시대의 '강성대국'과 핵개발

1990년대 사회주의권의 붕괴 이후 옛 소련의 해체와 더불어 북·러 군사동맹은 유명무실해졌으며, 무기 도입도 거의 중단되었다.[31] 중국의 식량 원조가 상당하지만 군사 원조는 거의 없다. 경제난 때문에 북한은 병력 증강 외에는 지상군 위주의 '재래식 군비증강'도 여의치 않게 되었다. 무기 도입의 극적인 감소는 북한의 군수산업으로써 보완하기 어렵다. 특히 1991년 걸프전쟁에서 미국 등 다국적군의 첨단 무기체계와 작전술은 옛 소련형 무기와 전법의 구태의연함을 일깨워 주었다. 이런 이유로 북한은 경제적 부담이 큰 재래식 군사력의 현대화보다 상대적으로 값싼 전략무기의 확보에 힘쓰게 되었다. 북한은 결국 대량살상무기에 의한 억지력 증강이라는 '비대칭적(asymmetric) 군비경쟁'을 전개했다. 박정희 대통령이 미국의 방위공약 약화를 우려하여 핵무기 개발에 착수했던 1970년대의 한국에 비해 더 막중한 안보 위협에 직면한 1990년대의 북한이 핵개발에 나선 것은 어느 정도 예견된 일이었다.

북한이 본격적으로 핵개발에 나선 시기는 사회주의권의 붕괴와 1990년 사실상 소련과의 동맹관계를 상실한 때일 것이다. 북한은 1990년 전후 제1차 영

핵무기와 핵보유국

우라늄 원심분리기.

핵무기에는 킬로톤(TNT 폭약 1,000톤)급의 원자폭탄과 메가톤(TNT 100만 톤)급 수소폭탄이 있다. 핵분열반응을 이용하는 원자폭탄은 천연 상태의 우라늄(U_{238} 99.3%, U_{235} 0.7%)에서 U_{235}의 비율을 90% 이상 농축한 우라늄(U_{235})탄과 플루토늄(Pu_{239}, 자연 상태에는 없고 원자로에서 생성된 것을 재처리)탄이 있다. 핵융합폭탄인 수폭은 원폭을 이용하여 중수소 및 삼중수소의 핵융합반응에 필요한 초고온 · 고압을 얻는다. 1945년 일본 히로시마에 투하된 것(리틀보이)은 우라늄탄이고(구조가 단순하여 별도의 실험 미실시), 나가사키에 투하된 것(팻맨)과 북한이 실험한 것은 플루토늄 탄(순간적으로 연쇄분열시키는 기술력 필요로 실험 필요)으로서 대다수 원폭이 이에 속한다. 현재 미 · 러 · 영 · 불 · 중은 원폭과 수폭, 인도 · 파키스탄 · 이스라엘은 최소한 원폭을 보유하고 있다.

북한은 원폭을 개발 · 시험했으며, 우라늄 농축시설을 갖추고 농축 프로그램을 가동 중인 것으로 알려져 있다. 한편 남아프리카공화국은 핵무기를 폐기했고, 우크라이나, 카자흐스탄, 벨라루스 등 옛 소련 소속 국가들은 핵무기를 폐기 내지 러시아에 이관했다. 핵보유국들은 원자로에 사용하고 남은 핵연료(우라늄)를 재처리 · 정제하여 얻은 고순도의 플루토늄으로 대량의 핵폭탄을 생산하였다. 한국은 1991년 비핵화선언을 통해 핵무장은 물론 핵연료 재처리도 포기하였다.

변의 5메가와트(MWe) 흑연감속형 원자로에서 사용한 핵연료를 재처리하여 1~2개 핵폭탄을 제조할 수 있는 양의 플루토늄(Pu_{239})을 추출했다. 북한은 핵확산을 우려하는 미국을 협상 테이블로 끌어내어 1994년 제네바 기본합의를 통해 미국이 생존을 사실상 보장해주도록 함으로써 일단 성공을 거두었다. 북한은 또한 핵무기의 운반 수단인 탄도유도탄(화성 5·6호, 노동-1호 등)을 생산하여 상징적인 핵공격 능력을 미·일에 과시하는 한편, 중동에 수출하여 외화 획득 수단으로도 활용하였다. 북한은 또한 '가난한 자의 핵무기'라고 일컫는 화학무기도 개발·비축해 온 것으로 추정된다(구체적인 능력이나 부대편제는 미상).

북한은 1994년 제네바 합의로 핵시설들을 동결했다. 그러나 2002년 10월 미 부시 행정부는 북한이 고농축우라늄(HEU) 비밀계획을 갖고 있다고 비난함으로써 제2의 북핵위기가 비롯되었다. 미·북은 모두 1994년 합의를 전면 백지화하여 북한은 원자로 및 재처리시설 등을 재가동하였다. 북한은 문제해결을 위해 미국과 양자회담을 원했지만, 부시 행정부는 북한을 '악의 축'으로 비난하며 이를 거부하였다. 결국 북·미와 한국·중국·일본·러시아가 참가하는 6자회담이 진행되어 2005년 9·19선언과 같은 일정한 합의도 있었으나, 이후 여러 가지 사유로 진전이 지리멸렬하였다. 이 과정에서 북한은 2006년 10월 핵실험을 강행하였다. 북한은 미국 등 6자회담 당사국들에 대한 압박을 강화하고 핵무장 능력을 현실화하기 위한 목적으로 2009년 5월과 2013년 2월에 2, 3차 핵실험을 강행하였으며, 2012년 12월 서방 측에서 대륙간탄도미사일(ICBM)로 추정하는 인공지구위성 발사체 '은하 3호'(대포동-3)를 성공적으로 발사했다.[32] 북한은 이제 핵무기를 '억제력'(deterrence 억지, 북한은 '억제'로 표기)으로서 보유한다고 당당히 주장하기에 이르렀으며, 2012년에는 헌법에 핵보유국임을 명시하였다.

그러나 북한의 국력으로 재래식, 비재래식 군사력을 모두 강화하기란 사실 불가능하다. 이미 김일성의 '배합전' 교리에서 시작된 노동집약적 군사력 건설이 1990년대 이후에는 더욱 본격화되었다. 자주포를 예외로 하면, 인민군은 병력 증강에 비해 전차·장갑차 등 중장비와 근접지원 공군력이 뒤따르지 못해 상대적으로 계속 경무장화되어 왔다. 1991년 걸프전이 북한으로 하여금 억지력 위주의 군사전략을 채택하게 하였다면, 2003년 미국의 신속한 이라크 침공 작전 이후 북한은 '수세적 방어' 전략으로 후퇴한 것으로 보인다. 한·미 연합군의 우월한 전쟁수행능력과 부시 행정부의 강경책은 이라크 침공 이후 북한 지도부의 위협인식을 더욱 가중시켰던 것이다.

인민군은 지금까지 매년 '남조선해방 작전계획'을 반복하지만, 실상 2004년 4월에 나온 〈전시사업세칙〉은 한·미의 대북 침공을 전제로 하였다.[33] 나아가 2006년 10월 김정일은 "비행사라고 하여 비행기만 타고 적과 싸울수 없으며 포병이라고 하여 포만 가지고 전투를 할수는 없습니다. 군종, 병종, 전문병에 관계없이……보병훈련에 힘을 넣어 군인들이 그 어떤 불리한 정황속에서도 적과 싸워 이길수 있는 높은 전투기능을 소유하도록 하여야 합니다"라고 사실상 '전군의 보병화'를 강조하였다.[34] 같은 시기에 북한은 전차 및 기계화군단 일부를 간편화하는 한편, 전방의 경보병대부대를 강화하였다.[35] 이는 '경량화·보병화'라는 피치 못할 선택으로서, 많은 군사비 지출을 요구하는 장비의 현대화보다 보병의 정신무장과 집중 훈련을 통해 전투력을 향상시키려는 북한 나름의 고육지책이다. 그러나 특수부대란 너무 많아지면 특수성을 상실하고, 효과적인 대남 침투 수단이 부족할 경우 그 위협은 크게 감소할 것이다.

남북한 군사력균형

남북한은 전후 수십 년 동안 군비경쟁을 전개했다. 그러나 한반도의 군사력균형에 대한 논의에는 많은 오해와 혼란이 있다. 이 혼란은 진지한 연구자들의 '참 논쟁'이 아니라 북한의 남침 위협을 강조한 과거 권위주의 시기 정부의 선전 등, 미디어를 통한 '선전논쟁'으로 가중되었다. 군사력평가에서 중요한 것은 '현존

무력'보다 전쟁의 결과를 결정하는 '잠재력', 즉 '총체적 국력'이지만, 좁은 의미의 군사력은 일국의 현존 전쟁수행능력이다. 이는 국가가 전쟁에 동원하는 인적 자원(병력)·물적 자원(장비)·조직적 자원(조직력)이 결합한 총화이다. 병력과 무기라는 양적인 '유형전력' 외에도 장병의 교육·기술·훈련 수준·정신력 및 사기·지휘관의 역량·조직의 결속력·용병술 등 눈에 보이지 않는 '무형전력'이 더욱 중요할 수 있으며, 이러한 질적 측면이 바로 조직적 자원이다.

정태적 군사력평가

군사력평가는 정태적 방법과 동태적 방법이 있다. 정태적 방법은 단순개수비교, 전력지수, 군사투자비 등 각국의 물적 역량을 비교하는 것이다. 이 지표들 가운데 가장 널리 인용되고 있는 단순개수비교(bean-counts)가 국방홍보 등에 많이 활용되고 있으나, 오해의 여지가 크다. 〈표 5-3〉에서 보듯이 북한은 무기의 수량에서 우세하지만, 해·공군 장비는 소형이고 성능이 열등하며 또 대부분 노후화된 구식 장비이다. 인민군이 많은 자주포·방사포(다연장로켓)·대공포를 보유한 것은 한·미에 비해 공군의 제공권 및 대지공격 능력 모두에서 열세이기 때문이다. 한국군은 산악 지역에서 좀더 기동성 있는 헬리콥터, 제해(sea control) 능력이 우수한 대형 전투함, 신예 잠수함, 신예 다목적 전투기는 물론 각종 정찰·감시 장비 등 실시간 정보전력에서도 우세하다.

단순개수비교의 약점을 보완하고자 무기가 갖는 비중(전차와 소총 간의 차이)과 질적 차이(예컨대 같은 전차지만 T-54와 K-1의 질적인 차이를 계상)를 무기의 수량에 추가한 것이 전력지수이다. 전력지수는 미 육군이 개발한 '기갑사단상당치(ADE)'의 한국판이다. ADE방법은 무기의 화력·기동력·방호력을 기준으로 하며, 최근의 등가사단(ED)방법도 이와 크게 다르지 않다. 이 측정에 따르면 한국군의 전력지수는 1988년 인민군의 65%, 1997년에 75%, 2003년 88%(육군 80%, 해군 90%, 공군 103%의 가중평균)였다.[36]

그러나 단순개수비교와 전력지수는 많은 약점을 지닌다. 첫째, 이들 지표

표 5-3 남북한 군사력의 단순개수비교(2012년 기준)

구분	부대/장비		한국	북한
병력	상비군	총계	65.5만 명	119만 명
		지상군	52.2만 명	102만 명
		해군	6.8만 명	6만 명
		공군	6.5만 명	11만 명
	상비 준군사조직(보안 병력)		0.45만 명	18.9만 명
	예비군		450만 명	60만 명
	예비 준군사조직		300만 명	570만 명
군사비	* 북한은 명확한 자료 미공개		290억 달러	* 37.2~49.6억 달러
지상군	부대(현역)	사단급(보병, 기갑, 기계화, 해병)	24	33
		여단급(기갑, 해병, 특작부대 등)	36	84
	장비	전차(신형: K-1, T-80U)	1,614	-
		전차(구형: M-47/48, T-54/55/62/천마)	1,300(M-47 400 보관중)	3,500+
		장갑차, 경전차	3,030	3,060+(경전차 560+)
		야포(자주포)	1,353+	4,400+
		야포(견인포)	3,500+	4,100
		다연장로켓/방사포(MRL)	185+	5,100
		박격포	6,000	7,500
		방공포	330	11,000
		지대공 미사일(지역방어용 중거리)	506	350+
		지대지 미사일(발사대)	30	64(94)
해군	잠수함(신형)		12	-
	잠수함(구형)		-	22
	잠수정		11	50+ (SSC 30+, SSW 20+)
	구축함(Aegis급 KDX-III)		3	-
	구축함(KDX-I/II)		9	-
	호위함, 경비함(Frigate, Corvette)		34	3
	대형 경비정, 미사일 경비정		9	57
	고속경비정		80	326
	기뢰전함		10	24
	상륙함(LPD, LST, LSM)		7	10
	상륙정		41	257
	보급지원함		24	23
공군 (육·해군 포함)	F-15급(K/F-15, SU-27/35)		60	-
	F-16급(K/F-16, MIG-29)		164	18+
	F-4급(F-4E, MIG-23)		70+	56
	F-5E급(F-5E, MIG-21/J-7)		174	150
	기타 전투기(F-5B, F-7D, SU-7, J-5/6)		-	265
	폭격기, 공격기(H-5, SU-25)		-	110
	조기경보기, 해상초계기(+정찰기)		20(+45)	-
	수송기(+AN-2 등 소형)		33(+10)	9(208)
	훈련기		190	215
	헬리콥터(공격, 대잠, 수송, 다목적)		680	441

자료: *Military Balance 2010*; *2013*; 『2012 국방백서』; 『중앙일보』, 2013년 5월 18일의 자료 재구성.

는 양적 요인의 여러 측면을 포괄하지 못한다. 전력지수는 가용 포탄·병참 보급 같은 요소들을 고려하지 않아 화력의 지속성을 무시한 것이다. 설령 인민군이 수량의 우위에 힘입어 초전(初戰) 화력에서 우월할지라도, 열등한 병참 지원 때문에 지구력이 약하다. 해군력의 개수비교에서 북한이 일견 수상전투함 척수 420 : 120, 잠수함정 70 : 10의 일방적인 우위를 누리는 것으로 보인다.[37] 그러나 북한 전투함정은 대부분이 100톤 미만의 소형 초계정에 불과하여 악천후나 해안선을 기준으로 50해리(약 92.6km)를 넘어서는 지역에서 작전이 어렵다.[38] 따라서 함정의 총톤수와 항해일수가 해군력 평가의 지표로 더 적절하다. 공군력 비교에서도 중요한 것은 항공기의 수보다 출격횟수 및 이에 따른 총체공시간이다. 요컨대 전력의 '유량(flow)'보다 '저량(stock)'의 비교가 바람직하다.

둘째, 전력지수는 '전력 승수효과(force multipliers)'를 적절히 고려하지 않았다. 미국은 '정보화'를 통한 질적 군비증강 등 군사기술혁신(RMA)을 선도해왔다. 걸프전 이후 미국이 개발한 비교방법(TASCFORM)은 서방의 신예 무기가 옛 소련제 무기에 비해 2~4배 우세하다고 판정했다. 또한 소련제 무기의 단순

ADE 전력지수 계산방법

전력지수에 의한 군사력평가는 무기의 성능자료를 계량화하여 개별 무기별로 무기효과지수를 산출하고, 이에 부대가 보유한 유효무기 수량을 곱하여 합산한 수치를 부대의 전투력으로 산정하는 방식이다. 1970년대에서 1980년대 후반까지 미국에서 개발하여 사용해온 ADE 전력지수는 표준척도인 '가중단위점수(WUV: Weighted Unit Values)' 및 '무기효과성지수(WEI: Weapon Effectiveness Indices)' 방법에 기초를 두고 있다. 먼저 각 무기범주별 효과를 화력, 기동성, 생존성 등 세부 요소로 구분하여 평가하고 무기별 가중점수(소총이 1점이면 전차는 55~64점)를 정한다. 그 다음 대표무기를 선정하고 이를 기준으로 각 무기의 성능을 대표무기와 비교(소련 전차는 미국 M60A1에 비해 평균 1.02배)하는 방식으로 측정한다. 특정 부대의 전투력은 화력의 가중총계, 즉 각종 무기 수량×WEI×WUV의 총계이다. 이 총계를 미 육군 기갑사단을 1.0 ADE로 대비하여 산출한 것이 ADE 전력지수이다. 예컨대 미 기계화보병사단은 0.94ADE, 보병사단 0.87ADE, 서독 기갑사단 0.72ADE, 소련 차량화보병사단 0.68ADE, 소련 전차사단의 경우 0.66ADE 등이다.

함이 내구력 있고 운용이 쉽다는 일반적인 기대와는 달리, 첨단 고가장비로 갈수록 소련/러시아 무기의 '품질'이나 '신뢰성'은 서방 모델보다 낮았다. 또한 전력지수는 조직적 역량을 충분히 포괄하지 않는다. '전투관리'에 반영되는 조직적 역량은 전략·전술·보급·규율·지도력·사기 및 소위 C4I(지휘·통제·통신·정보·컴퓨터 능력·감시·정찰을 포함하면 C4ISR) 등의 산물이다.

정태적 비교의 또 다른 방법으로 군비자산(military capital stock), 혹은 '누적투자비'가 있다. 북한이 공식 발표한 군사비가 1967~1971년 동안 정부예산의 평균 30.9%에서 1972년 17.0%로 격감한 이래 한·미 측은 북한이 상당량의 군사비를 은폐했다고 본다. 그러나 북한이 수십 년 동안 지속적으로 예산의 30% 이상을 국방비에 투입했다는 관측은 비현실적이다. 좀더 타당한 방법은 북한이 발표한 1967~1971년의 30.9%가 아니라, 동일한 기준으로 소급해서 발표한 1960~1971년간 평균치(25.4%)에 근거하여 1972년 이래 국방비를 추정하는 것이다(공식예산의 1.5배, 또는 공식예산+총예산의 8.5%). 여기에 남북한의 군사비에서 큰 몫을 차지했던 동맹국의 군사원조를 추가하여 연도별 군사비를 구할 수 있다.

그 결과를 보면 북한이 1965~1975년 사이 군비지출에서 앞섰으나 한국이 1970년대 후반에 열세를 만회하고 이후 격차를 벌리게 되었다(〈그림 5-2〉의 북한 2, 북한 3 참조. 북한 1은 북한 공식 발표, 북한 4는 한국정부 추정). 그 다음, 연도별 군비지출 자료를 활용하여 감가상각(연간 감가상각률 8~10%) 등을 포함한 보다 엄격한 남북한 군비자산 비교를 도출할 수 있다.

〈그림 5-3〉(특히 북한 2, 북한 3)은 1980년대부터 한국이 군비자산에서 우위를 갖기 시작하고 점차 격차가 커지고 있음을 보여준다. 한국군이 양적 열세를 강조하면서도 실제로는 질적 군비증강, 특히 정보화전력을 강화하고 있다는 사실도 이를 방증한다. 국방부 자료에 의하면, 1970년대 남측의 군비자산은 북측에 비해 지나치게 낮은 반면(1975년 3.3%, 1976년 10.4%), 전력지수는 50.8% 이상이었다. 이와 같이 모순적인 분석의 이유는 1) 북한의 전력증강 투자비를

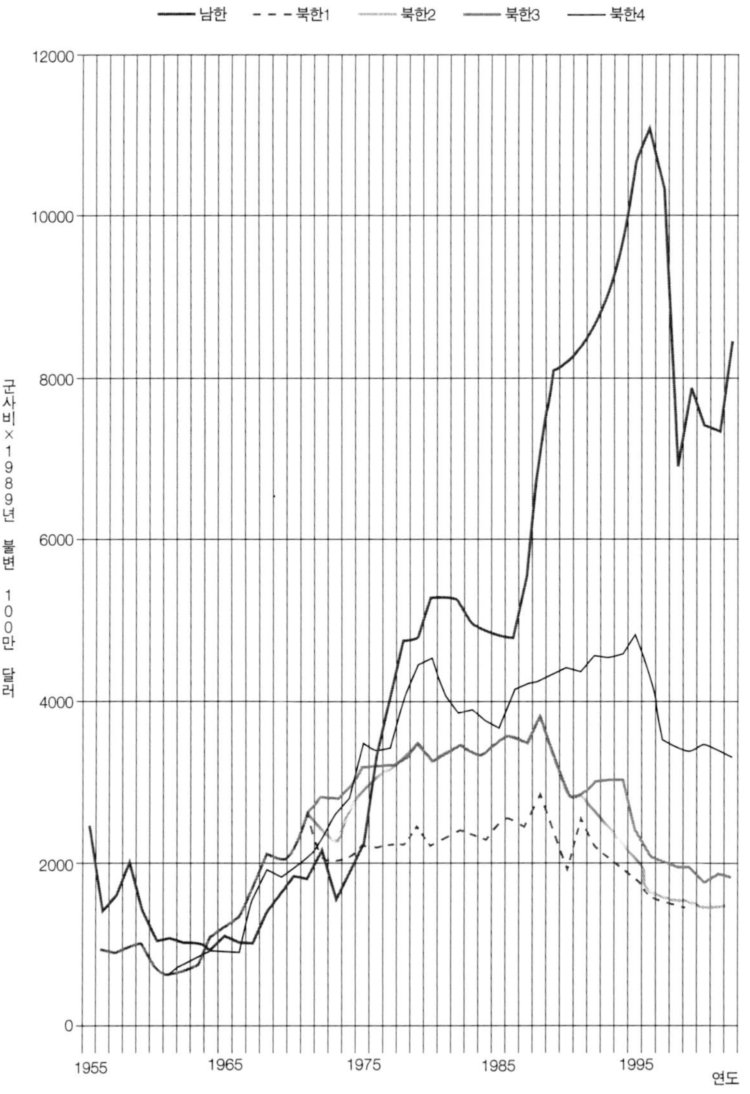

그림 5-2 남북한의 군사비(국방비+군원)

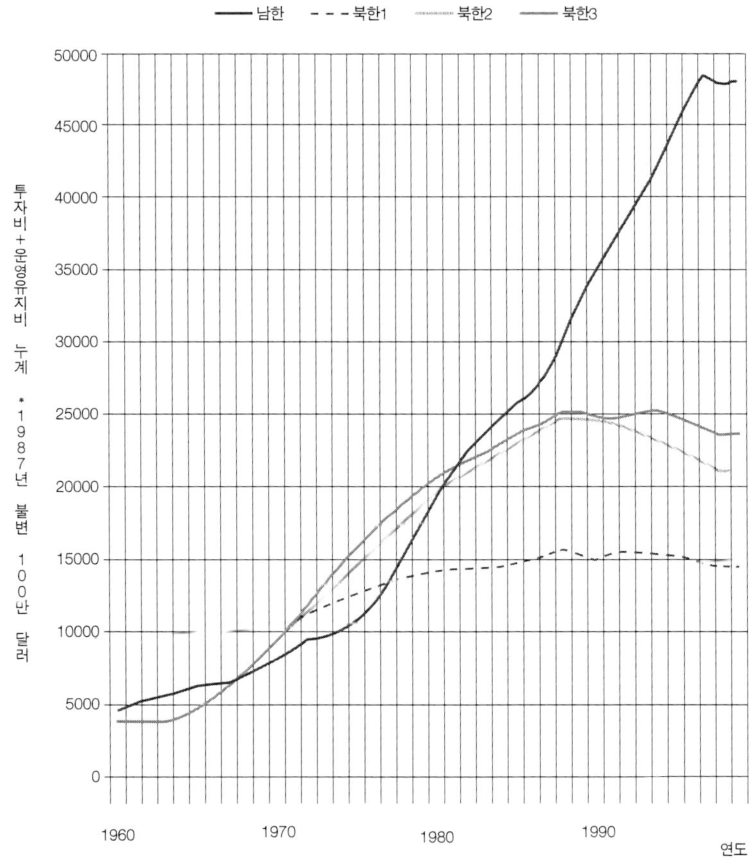

그림 5-3 남북한의 투자비+운영유지비 누계

남북한 군비자산(누적투자비) 계산 방법

1) 연도별 남북한 군사비를 계산하고, 2) 여기에 순(net)군사원조(군원에서 차관상환이나 주한미군 유지비용 부담을 공제)를 합산하여 '총군사비'를 구한다. 그 다음 3) 총군사비에서 병력유지비를 공제한 '투자비+유영유지비'를 구하여 연도별 투자비(ΔX_t)로 삼고, 4) 달러화로 환산한 다음, 5) 다시 기준년도의 불변가격으로 환산한다. 6) 특정년도의 누적투자비(X_t)는 전년도의 누적투자비(X_{t-1})에 감가상각(연간 a = 8%)을 가한 뒤 그 해의 투자비(ΔX_t)를 더한 것이다.

$X_t = (1-a)X_{t-1} + \Delta X_t$

$X_{t+1} = (1-a)X_t + \Delta X_{t+1}$ …

과장했고, 2) 군사원조를 배제했으며, 3) 감가상각을 무시하였기 때문이다.[39] 특히 군사원조를 배제한 효과가 가장 크다. 한국의 경우에도 1970년대 중반까지 군사투자를 전적으로 책임진 미국의 군사원조가 빠져 있는 것이다. 또 1980년대 후반 북한은 수십 억 달러의 소련 군사차관으로 공군력과 대공미사일 및 레이더망을 개선했으나, 공식 추정에는 이 점이 반영되지 않았다.

동태적 군사력평가

정태적 평가의 한계를 극복하고자 고안된 것이 동태적 분석, 즉 '모의전쟁'이다. 동태적 분석은 일정한 판단과 가정에 의거하여 교전 쌍방이 전투력을 발휘하는 과정을 분석한다. 동태적 분석은 주로 전술한 '승수효과'들과 함께 '환경적 요인'(기후·일기·지리·지형 등)과 '작전상의 요인'(공격·방어·기습·준비태세·작전능력 등)의 효과를 계량화한다. 통상적으로 공격자는 효과적인 적진돌파를 위하여 3 : 1 이상의 우위를 지켜야 한다고 거론된다. 대다수 워게임(war game)에서는 방어자가 보통 1.3~1.7의 승수효과를 얻고, 지형이 험할 경우 다시 1.4~1.5배의 승수를 얻는다. 다른 한편 '기습'은 수일간 최고 3배 이상의 승수효과를 제공하여 성공적인 공격에 필요한 3 : 1 이상의 우위를 확보해줄 수도 있다. 한국은 전투의 종심이 짧아 성공적 방어를 위해 조기경보 능력이 중요한데, 한·미 측은 수일 전에 인민군의 대규모 공격 준비를 탐지할 수 있다.

동태적 분석은 주로 '란체스터(Lanchester) 기하급수 모델'(단순화하면 전통적인 '화력×기동력' 공식에서 나아가 '화력×기동력×정보력'을 개념화한 것)'[40] 등 수학적 공식에 논리적 기반을 두고 컴퓨터 프로그램을 이용한 '워게임(war game)' 모델이 활용된다. 이들은 군사력의 각종 수치와 기타 매개변수를 컴퓨터 모델에 투입하여 사상자나 전선 변화의 측면에서 전투 결과를 산출한다. 예를 들어 한·미 당국은 미 랜드(Rand) 연구소의 합동상황모델(JICM)에 의거하여 다양한 시나리오를 분석해 왔다. 북한의 성공적인 기습공격과 전면적인 화학무기 사용을 가정할 경우, 남북한의 단독 교전에서 14일 이내에 수도권이 함락될 수 있다고 한다. 그러나 이러한 가정은 극단적인 경우를 상정한 최악의 시나리오이다. 수도권에 대한 인민군 장사정포대 공격에 대한 일부 비관적 관측도 한국군의 조기경보 및 대 화력전 능력을 무시한 것이다. 또한 인민군의 전방갱도(땅굴)는 여전히 아군의 방어선 전면에 위치하여 기습 효과가 적다.

민간에서 활용할 수 있는 비교적 간단한 엡스타인(Epstein) 시뮬레이션도 한반도에 적용이 가능하다. 이 모델을 채택해보면, 북한이 한국에 사전 탐지되지 않고 수적 우위를 확보하여 선제공격을 해도 전선돌파가 불가능에 가깝다는 결과가 나온다. 가상 전차전에서 최악의 경우를 상정하더라도, 한국 측 전차의 우월성 및 방어자의 이점으로 인해 남측이 북의 전차부대를 격파한다는 결론이 나왔다. 사실 일반의 예상과는 달리 한국군 전차가 수량은 적어도 성능이 우월하여 전력지수에서도 우월하다.[41]

탄도미사일의 경우 북이 개선 초기에 미사일로 한국의 작전 지휘소나 군사력 집결지·공군기지·항만 등을 파괴하려 할 것이다. 그러나 북한이 개발한 탄두미사일은 매우 부정확하여 한국군 작전지휘소들을 파괴하는 데 많은 수량이 소요된다. 최악의 경우 화학무기를 장착한다 하더라도, 방독면 등 대처 방법이 강구되면 큰 타격을 줄 수는 없다. 미사일의 부정확성을 이미 인지하고 있는 북한이 정확도보다 사거리 연장에 집착하는 것은 전술용보다는 미국이나 일본에 대한 심리적 압박 효과를 우선시 하기 때문이다.

공군의 경우 북한이 수적으로는 우위를 누리고 있으나, 한국이 조종사 기량과 무기 성능 등 질적인 면에서 상당히 우세하다. 인민군이 남침할 경우 지상군의 근접지원을 위해서는 중·저고도 비행이 필수적이지만, 한국군의 호크(HAWK) 및 근거리 대공미사일의 표적이 된다. 인민군은 소수의 SU-25 이외에는 대지공격능력을 지닌 신예기가 턱없이 모자라며, 효과적인 공대지 유도무기도 없다. 고고도 비행의 경우 역시 북한의 신예기종인 MIG-29는 양적으로 절대 열세이고, 질적으로도 항공전자능력과 공대공 미사일이 우월한 남측의 F-16/F-15K에 대적할 수 없다. 전쟁이 발발한다면 F-15K 및 야간대지공격능

력을 보강한 상당수 KF-16이 한국군의 강력한 비대칭전력이 될 것이다.[42]

소련식 작전기동군(OMG) 운용 냉전시대 소련군이 대규모 작전기동군(Operational Maneuver Group)을 운용한 것은 전격전에 대한 맹신과 무관치 않다. OMG 전략은 나토군을 무력화시키기 위해 전차, 장갑차 등 고도의 기동성 있는 장비 위주로 부대를 편성하고 신속하게 적진 후방 깊숙이 진입시켜 전과를 확대하는 것으로 이에 맞서 미군은 공지전(AirLand Battle)을 개발하였다.

오늘날 인민군의 전격전은 신화일 뿐이다. 한국의 지형은 요충지를 중심으로 한 지역방어에 유리하고, 결정적 병과는 포병 및 공군력이 지원하는 보병이다. 한국전쟁 전반기와 달리, 현재 한반도의 군사대치 상황은 '병력 대 공간의 비율'이 대단히 높아 돌파를 위한 병력집중의 우위를 기하기가 매우 어렵다. 설령 인민군이 일부 지역에서 돌파에 성공한다 할지라도, 소련식 '작전기동군(OMG)' 운용은 어렵다. 인민군 기동부대는 근접공중지원·이동식 대공방어·병참보급 등의 결핍으로 곤란을 겪을 것이다.

핵무장능력 및 종합평가

북한이 세 차례의 핵실험에 성공했는지, 그리고 얼마나 많은 핵무기를 보유했는지에 대하여 한·미와 여타 국가들은 확신을 갖고 있지 않다. 북한이 1차 실험 직전 중국에 통고한 폭발력은 약 4킬로톤(KT)이었으나, 지진파 등을 분석한 결과 미국 전문가들은 그 규모를 1KT 미만으로 추정했다. 일본 나가사키에 투하된 플루토늄 폭탄 위력은 21KT, 핵보유국들의 초기 핵실험은 대략 10~60KT 규모였음을 상기할 때 부분적인 성공이었다고 볼 수 있다. 그러나 2009년 5월 실시한 2차 핵실험은 약 2~6KT의 폭발력을 보인 것으로 평가되었으며, 2013년 2월 강행한 3차 핵실험은 그보다도 강도가 더한 것으로 보인다.

양적으로 북한은 6개 이상의 '핵폭발장치'를 제조할 수 있는 플루토늄을 보유 중이며 우라늄 농축으로 그 수는 더 증가할 수 있을 것으로 평가된다. 그러나 설령 조악한 수준의 핵폭탄이 있더라도 아직 실전용으로 쓰기는 매우 어렵다. 북한이 '전략로케트군부대'를 언급하고 있으나, 현재까지 당 기계공업부(군수공업부)에서 인민군에 실전용 핵무기를 넘겨주었다는 정보는 없다. 핵무장은 항공기나 미사일에 탑재 가능한 소형화·경량화 및 안전성·신뢰성을 담보하는 실험이 뒤따라야 하고, 유사시 한·미 측의 선제공격에 살아남을 수 있는 '제2격능력'(운반수단, 지하 방호시설 및 비상 지휘통제 시스템 등)이 갖춰져야 하는 것이다.

북한은 수백 발의 화성-5/6호(옛 소련의 SCUD-B/C), 노동 등 단거리 탄도미사일을 개발 및 배치했고, 미사일의 정확도나 신뢰도를 개선하기보다는 상징적일지라도 미국의 태평양 기지나 본토를 타격하기 위한 사거리 연장을 위하여 대포동 미사일 발사를 거듭했다. 2012년 12월 대포동 3호 발사 성공으로 북한의 중거리/장거리 탄도미사일 기술개발이 진일보했다고 볼 수 있으나, 재진입체(reentry vehicle) 기술 등 많은 난제가 기다리고 있다. 북한이 2010년 및 2012년 군사 퍼레이드에서 과시한 '무수단' 등 중거리 미사일과 ICBM급 KN-08은 개발 중의 운반체일 뿐 아니라, 적어도 일부는 서방 전문가들이 볼 때 가짜(mock-ups)였다.[43] 전문가들이 볼 때 아직 한 번도 시험발사해본 적이 없는 무수단이나 KN-08은 실전배치된 무기체계가 아니며, 따라서 북한이 "2007년에는 사거리 3,000km 이상의 무수단 미사일을 작전배치하였다"[44]는 주장은 북한의 위협을 과장한 성급한 판단으로 보인다.

사실 북한이 핵무기 개발을 통해 노리는 것은 군사력의 우위가 아니라 스스로 규정하듯이 보복을 통한 억지 효과에 있을 것이다. 핵무기나 화학무기 선제공격은 미국의 핵보복을 비롯한 한·미의 반격을 불러들이는 자멸의 길이기 때문이다.

종합적으로 평가하자면, 인민군의 전투력은 일견 막강하나 중대한 불균형을 안고 있어 전력 극대화에 문제가 있다. 국력에 비해 군사력이 과도하여 이를 적절히 운용하기 어렵기 때문이다. 첫째, 경제난 때문에 장비의 노후화가 심각하다. 둘째, 전시에 대비하여 90일 이상의 식량·탄약·연료를 비축했다고 하나, 탄약은 비축 기간이 길어 불발탄이 많고 식량 및 유류 비축에 한계가 있다. 셋째, 병력수급의 불균형이다. 1990년대 고난의 행군 시기에 태어났거나 유년기를 보낸 세대의 인력은 질과 양 모두에서 열악하다. 넷째, 전력구조의 불균형으로서 지상군이 총병력의 85% 이상(한국군 80~81%)이나 될 정도로 지상군 비중이 매우 크다.[45] 해군은 20세기 초 러시아 극동함대처럼 지리적으로 동·서에 분리되어 있어 전력의 유연한 집중·분산에 한계가 있다. 공군은 지상군의 지원은 물론 방공 임무에도 미흡한 실정이다. 다른 한편 산악이 많은 지리적 환경과 전민무장화·전국요새화 등에 바탕을 둔 전력구조를 볼 때, 북한은 공격보다 방어에 유리한 여건을 지니고 있다.

그러나 북한은 서울이 휴전선에 인접해 있다는 지정학적 약점을 이용하여 '서울 불바다' 위협을 가해 왔다. 북한은 수도권을 점령할 수는 없어도 상당한 피해를 줄 수 있는 장사정포대(170mm 자주포와 240mm 방사포) 전진배치를 통해 재래식 억지력을 추구했다. 북한은 또 로켓이나 탄도미사일로 운반 가능한 화학무기 등 대량살상무기에 의한 보복 위협을 통해 복합적 다중 억지력을 과시하고 있다.

북한이 제기하는 군사적 안보위협의 핵심은 한국에 대한 공멸의 위협이며, 부차적으로 동북아의 관련 당사국을 무력분쟁에 끌어들일 수 있는 위험성이다. 오늘날 한반도에는 한국의 압도적인 경제력, 한·미 연합군의 월등한 전쟁수행능력, 미국의 '핵우산'이라는 강력한 억지력 등 한·미 측의 '힘의 우위'가 존재한다. 그럼에도 불구하고 남북 간에는 남측의 전쟁수행능력 우위 대 북측의 억지력 우위라는 '비대칭 군사력균형'이 존재한다. 이는 남한의 '흡수통일' 위협 대 북한의 '핵개발' 및 '도발' 위협이라는 남북한 '위협의 균형'이기도 하다. 그러나 '북한의 위협을 강조하면 할수록 우리의 안보에 이롭다'는 발상은 지양되어야 한다. 오늘날 북한의 군사정책은 생존을 위한 절박한 투쟁이지만, 북한의 위협을 지나치게 강조하는 것은 북한의 오판을 유도할 수도 있다.

안보의 합리적 충분성

김정은시대에 이르러서도 북한은 체제 안정을 위하여 안보·국방을 제일의 국가목표로 설정하고, 한국과 서방에 대한 외교수단으로 억지력은 물론 선별적인 도발 능력에 이르기까지 군사적 접근을 우선시하고 있다. 더욱이 오늘날 북한의 군사·안보정책은 전쟁수행능력보다 재래식·비재래식 대량 보복능력이라는 억지전력을 근간으로 하고 있다. 북한이 남한을 공격하여 목표를 달성하기란 불가능에 가깝다. 그러나 역으로 한·미 측이 선제공격을 통해 북한을 제압하는 것도 수도권에 대한 북한의 보복능력 때문에 어려운 일이다. 북한의 저렴한 비대칭 군비증강으로 인해, 한국이 군비경쟁을 통하여 안보를 추구하는 방법에는 한계가 있다. 남북한의 군비투자에는 이미 '수확체감의 법칙'이 적용되고 있다.

한편 북한의 군사 우선책은 다시 국내정치에서 재생산되어 군부의 영향력을 강화하고 내외정책의 강경노선을 재생산하였다. 물론 여전히 북한의 최고지도자는 당의 중앙군사위원회와 비서국의 조직지도부 등 실무 부서, 인민군 총정치국, 각종 보안기관 및 비자금을 통해 당·정·군을 확고히 통제하고 있다. 그러나 당·정의 정상적 통제체제가 약화되어 군을 중심으로 한 '억압적 국가기구'가 과도하게 성장함으로써 국가주의·군사주의 경향이 강해졌다. 문제는 김정은체제가 개혁과 재건을 위한 적응력과 정책적 유연성이라는 자체 변환의 역량을 가졌는가 여부이다. 김정은체제가 자체 변환의 역량을 충분히 지니고 있지 못하다면 별로 전망이 없어 보이는 '아래로부터의 혁명'을 기대해야 할 것이다. 그런데 주민들의 불만이나 일탈행위가 증가하고 있다 하더라도, 억압적 국가기구가 확고히 군림하는 한 북한에는 아직 체제에 도전할 수 있는 사회세력이 조직화가 불가능에 가깝다. 당분간 북한의 변화 가능성은 역시 '위로부터의 혁명'에 있다.

김정은은 2000년대 전반 경제개선에 힘썼던 박봉주를 다시 내각 총리에 기용하는 등 경제건설을 강조하고 있다. 그러나 2013년 3월 당중앙위 전원회의에서 내세운 "경제건설과 핵무력건설의 병진로선"은 북한이 처한 딜레마를 단적으로 보여준다. 김정은은 이 노선이 "국방비를 늘이지 않고도 적은 비용으로 나라의 방위력을 더욱 강화하면서 경제건설과 인민생활향상에 큰 힘을 돌릴수 있게 합니다"라고 언명했다.[46] 그럼에도 불구하고 경제건설에 필수적인 해외자본과 기술의 도입을 바로 핵무장이 가로막고 있다는 엄연한 현실은, 국방비 절감을 통한 투자 재원의 자체 조달로써 극복할 수 있는 것이 아니다.

또한 군사비 감축은 군의 반발을 불러일으키게 될 것이다. 쿠데타에 의한 정권교체 가능성은 북한체제의 특성에 비추어볼 때 그 개연성이 희박하다. 그럼에도 오늘날 북한체제에서 군부의 역량과 역할은 간과할 수 없다. 북한은 1960년대 후반의 유일체제 수립, 그리고 1990년대 김정일, 2000년대 말 김정은의 승계과정과 같은 중대한 정치 변화 때마다 체제 안정을 위해 군을 강화시켰다. 그런데 유일체제 수립 후 김일성이 곧 군수뇌부를 숙청하여 군부를 다스렸다면, 위기가 지속된 김정일시대에는 군의 위세가 꺾이지 않았다. 군부를 통제하는 김정일의 국면적(conjunctural) 권력은 막강했지만, 구조적(structural) 권력의 관점에서 보면 김정일체제는 군에 의존하는 공생관계였다. 김정은시대가 출범한 지 1년이 지난 2013년 8월까지 북한은 벌써 세 차례의 무력부장과 총참모장 교체가 이루어졌다. 권력승계 시기의 군수뇌부 개편과 세대교체라고 볼 수도 있으나, 당의 군부통제가 아직 정착되지 않은 듯한 인상을 주는 것이 사실이다. 이러한 군에 대한 의존성이 어떠한 형태로 나타날지, 또는 과도한 군사주의를 어떻게 극복해 나갈 것인지가 김정은 정권의 최대 과제가 될 것이다.

향후 한·미가 북한 정치와 대내외정책의 과도한 군사화를 완화시킬 수 있는 길은 대북 압박보다 한반도 긴장완화, 남북한 경제교류협력 및 정치·군사적 신뢰구축을 통하여 북한이 갖고 있는 안보위기의식을 감소시키는 일이다. 탈냉전기 남북한은 군비경쟁보다는 안보의 '합리적 충분성(reasonable sufficiency)' 원칙에 입각하여 경제협력과 신뢰구축 및 군비통제 등 관계 개선을 통한 정치적 해결을 적극적으로 모색함으로써 자주적으로 한반도문제의 해결에 임해야 할 것이다.

| 북한의 군사에 대해 더 읽을거리 |

단행본

『국방백서 2012』, 국방부, 2012년.
1967년 최초 1회 발간하였다가 중단되었으며, 1988년부터 매년(최근에는 격년) 발간하고 있다. 한국정부의 국방 관련 기본 자료.

『북한의 군사』, 북한연구학회 편, 514쪽, 경인문화사, 2006년.
북한학총서 시리즈 4권으로, 북한 군사문제에 관한 국내의 주요 연구 업적을 수록함.

『북한 경제위기 10년과 군비증강 노력』, 성채기 외 지음, 141쪽, 한국국방연구원, 2003년.
객관적·체계적으로 북한 군비지출 및 군비증강을 추정한 한국국방연구원(KIDA) 공개 보고서.

『북한 군부는 왜 쿠데타를 하지 않나』, 이대근 지음, 328쪽, 한울, 2003년.
선군정치의 성격과 군부의 정치적 역할, 당의 군에 대한 통제 등에 관한 심층적인 분석이 되어 있다.

『북한군 - 구조와 변동』, 조셉 S. 버뮤데즈 지음, 김광수 옮김, 480쪽, 황금알, 2007년.
(Bermudez, Joseph S. Jr. *The Armed Forces of North Korea*. London: Tauris, 2001의 번역본).
공개 자료 중 가장 포괄적인 북한 군사개괄서. 필자의 인민군 특수부대에 관한 책도 있음.

『국가안보의 정치경제학: 남북한의 경제력, 국가역량, 군사력』, 함택영 지음, 448쪽, 법문사, 1998년.
한·미 양국의 공식발표 외의 각종 대안적 자료를 이용하여, 남북한의 군사안보문제를 경제적 기반과 국가의 지배역량을 중심으로 객관적·비판적 분석을 시도한 연구.

『북한군사문제의 재조명』, 함택영 외 지음, 493쪽, 한울아카데미, 2006년.
조선인민군의 성장, 당군관계, 군사력 및 군사비, 대량살상무기, 군사력의 외교적 활용 등에 대하여 보수·진보를 망라한 국내외 전문가들의 다양한 업적을 집약한 연구총서.

북한 자료

조선로동당출판사에서 나온『김정일 저작집』과『김정일 선집』이 도움이 된다. 아래의 자료들은 신분증을 지참하고 국립중앙도서관 통일부 북한자료센터를 방문하면 열람할 수 있다. 단 대출과 복사는 별도의 추천서가 필요하다. 자세한 사항은 북한자료센터 홈페이지(http://unibook.unikorea.go.kr) 참조.

『김정일 저작집』, 김일성, 평양: 조선로동당출판사.

『김정일 선집』, 김정일, 평양: 조선로동당출판사.

외국 자료

International Institute of Strategic Studies, *The Military Balance*. London: Routledge/IISS, 2013.

안보/군사문제에 관한 서방의 준공식 연구기관인 영국 국제전략문제연구소(IISS)의 각국별 군사력 연례보고서. 군사비, 병력, 주요 장비, 무기 도입 등 자료를 수록함.

_____, *North Korean Security Challenges: A Net Assessment*. London: IISS, 2011.

IISS의 북한이 직면한 다양한 안보 현안에 대한 보고서로서 특히 핵무기 개발, 탄도미사일 등에 대한 객관적이고 심층적인 분석이 돋보인다.

Stockholm International Peace Research Institute. *SIPRI Yearbook 2012: Armaments, Disarmament and International Security*. London: Oxford University Press, 2012.

평화 및 군축문제에 관한 가장 권위 있는 민간기구이며 IISS에 비해 진보적인 SIPRI의 연례보고서. 국제분쟁 및 평화활동, 군사비, 무기거래, 핵무장, 군비통제 및 군축에 관한 자료와 분석.

U.S. Department of State. *World Military Expenditures and Arms Transfers [WMEAT] 2012*. http://www.state.gov/t/avc/rls/rpt/wmeat/2012.

미 국무부가 발간하는(과거 군축국 시절에는 연례, 근래 간헐적) 각 국의 군사비 및 군비 부담, 병력, 무기 이전 등의 자료. 현재 2012년판 일부 공개 중이다.

VI

북한 주민의 일생과 변화하는 일상

우리는 전통적인 북한체제의 모습에 대해 계획화된 경제, 경직된 이데올로기, 무표정의 사람들, 정치 슬로건으로 뒤덮인 거리의 모습, 호전적인 군사 행동 등을 떠올리기 쉽다. 이미지가 만들어놓은 틀 속에서 북한을 바라보는 것이 익숙한 것이다. 그래서 우리가 생각하는 것과 다른 모습을 평양 한복판에서 발견했을 때 놀라움과 당혹스러움 등을 느끼기도 한다. 북한에는 거대한 콘크리트 건물로 둘러싸인 평양과 같은 대도시가 존재하기도 하고, 가을 추수가 끝난 후의 황량한 기분이 들 정도의 들판이 자리하고 있기도 하다. 어쩌면 우리는 체제와 이념의 대결 속에서 살아가는 사람들의 일상마저도 그러한 체제와 이념의 잣대로만 보아온 것은 아닐까? 북한을 이해하기 위해서는 **정치와 경제, 군사, 외교 등의 거시적 구조와 더불어 그 속에서 살아가는 사람들의 모습을 살펴보는 것도 요구**된다. 철골 구조만이 아니라 그 속에 다양하게 설치된 마감재와 장식물을 함께 볼 때 온전히 이해할 수 있을 것이다.

북한에서 출생부터 죽음까지의 과정은 곧 '조직 속의 개인'의 삶이라 할 수 있다. 죽음에 이르러서야 비로소 조직으로부터 해방된다. 사회주의 국가인 북한은 '요람에서 무덤'까지 국가의 사회서비스의 제공을 체제의 우월성으로 선전하고 있다. 이에 따라 탁아소, 유치원, 그리고 정규 학교 교육의 모든 과정은 국가의 교육을 통해 이루어진다. 소위 '주체형의 인간'을 육성하는 것이 목표인 것이다.

한편 북한의 모든 주민들은 하나 이상의 조직생활에 의무적으로 참여한다. 조직에의 참여는 북한이 주장하는 **하나는 전체를 위하여! 전체는 하나를 위하여!**라는 슬로건에서 상징되듯이, 집단주의적 삶의 가장 중요한 요소이다. 또한 국가로부터의 부름에 의무적으로 응해야 하는 동원사회의 성격도 지니고 있다. 이는 북한의 '유기체적 국가관'에서 찾을 수 있을 것이다. 즉 수령-당-대중이 하나의 생명체를 이루고 있는 '사회정치적 생명체'로서의 사회를 만들고자 하는 것이다. 오늘날 우리가 북한체제를 전체주의 혹은 극단적 집단주의로 묘사하고 있는 것은 바로 이와 같은 북한의 특유한 '집단주의'로부터 비롯된 것이다. 하지만 집단생활 속에서도 개인의 다양한 삶이 영위된다. 어느 사회이든지 '하나의 사회' 속에 '다양한 문화와 가치'가 공존하고 있듯이, 북한 역시 **엄격한 규율과 통제 속에서도 '다양한 개**

정영철 (서강대학교 공공정책대학원)

인들의 삶'이 존재하고 있는 것이다.

1990년대 이후, 북한 사회는 여러 가지의 어려움에 직면하였다. 김일성의 사망, 연이은 자연재해, 미국과의 갈등 등이 겹쳐서 일어났고, 체제의 안위를 우려해야 할 정도의 위기 상황을 맞이했다. 특히 극심한 식량난은 수많은 탈북자들을 양산했고, 북한 사회의 근간인 조직의 이완과 규율의 붕괴를 낳았다. 생존을 위해 주민들은 합법과 불법을 넘나드는 생존투쟁을 벌여야 했고, 그 결과 시장의 확산과 외부 사조의 침투 그리고 이에 따른 주민들의 가치관 변화 등이 발생했다. 집단주의적 가치관이 약화되고 개인주의적 가치관의 확산되고 있다. 또한 정치사상적 요인의 중요성이 여전히 강조되고 있지만, 물질적 동기 부여가 더욱 중시되고 있다. 1990년대 이후 북한의 변화는 결국 **국가 능력의 약화 속에서 시장이라는 새로운 공간이 탄생하면서 이에 따른 일상이 변화**하고 있는 것이라 할 수 있다.

북한은 최근 또 다른 변화의 모습을 보여주고 있다. 김정은체제가 등장하면서 인민생활 향상을 최고의 과제로 제시하면서, 주민들에게 물질적 인센티브를 더욱 강화하는 개혁 조치를 취하고 있다. 휴대폰 보급 170만 대를 돌파하는 등 새로운 현상도 나타나고 있다. 평양 한복판에서 디지털 카메라와 MP3 플레이어, 컴퓨터를 사용하는 모습을 어렵지 않게 목격할 수 있으며 태블릿 PC도 등장하였다. 과거에는 상상할 수 없었던, 영어가 큼지막하게 들어간 옷을 입고 길거리를 다니는 사람들의 모습도 찾아볼 수 있다. 북한 역시 정보화의 물결 속에서 서서히 적응기를 겪고 있는 것이다. 이런 북한의 변화는 앞으로도 지속될 것이고, 더욱 확산될 것이다. 다만 변화가 지속되기 위해서는 대외적인 환경, 즉 북미관계와 남북관계의 개선이 중요하다. 북한 사회의 변화는 북미관계, 남북관계라는 대외적 환경과 내부의 개혁 동력이 얼마나 지속될 수 있는가에 의해 그 속도와 범위가 결정될 것이다. 그리고 이러한 변화의 종착지에 과연 역사적 운명을 다한 체제의 전환이 있을지, 아니면 체제 속의 혁신을 통해 새롭게 단장한 북한을 보게 될 것인지는 현재 섣불리 단정하기 어렵다. 중요한 것은 **적어도 일상의 측면에서 지금 당장의 북한'체제'가 더 이상 존재하지는 않을 것**이라는 점이다.

북한 주민들은 어떻게 살고 있을까

북한 주민들은 어떻게 살고 있을까? 그들도 우리처럼 인생의 희로애락(喜怒哀樂)의 감정을 지니고 있을까? 어쩌면 무표정한 얼굴에 이념으로 가득한 생각을 지니고, 오로지 '수령님'과 '장군님'과 '원수님'만을 생각하면서 무미건조한 생활을 영위하고 있지는 않을까? 이것이 불과 얼마 전까지만 해도 북한에 대한 우리 사회에서의 지배적 이미지였다. 어쩌다 마주하는 북한의 모습은 굶주림과 강제수용소의 처참한 현실로 일그러진 폐쇄된 공포의 사회였다.

1990년대 이후, 남북 간의 교류와 협력이 활성화되면서 그들도 우리처럼 웃고, 울고, 기쁨과 슬픔을 나누는 보통의 사람들이며, 때로는 이념적으로 경직되어 있지만 때로는 술자리에서 농담도 곧잘 하는 평범한 일상을 영위하는 사람들임을 확인하였다. 하지만 중국과 북한의 국경을 건너온 탈북자들의 증언과 소식통의 이름으로 전해지는 북한의 모습은 아직도 우리가 그들의 일상적인 삶에 대해서는 제대로 모르고 있다는 생각이 들게 한다. 과연 북한의 '인민'들은 어떻게 살고 있을까? 겉으로 드러난 모습과 또 우리가 쉽게 접하지 못하는 그들의 일상적인 삶은 무엇일까?

북한을 이해하기 위해서는 정치, 경제, 군사 및 외교 등 거시적인 구조의 틀과 동시에 그 구조의 틀 안에서 삶을 영위하는, 살아 있는 사람들의 이야기가 곁들여져야 한다. 이를 위해서는 그들의 생활 속으로 들어가 삶의 궤적을 낱낱이 살펴보아야 하지만, 현재까지 이러한 방식의 관찰은 불가능하다. 따라서 하나하나의 단편적인 조각들을 모아서 복잡한 퍼즐을 맞추는 수고로운 과정을 거쳐야 한다. 우리 사회에도 '단일한 문화' 속에서 '다양한 문화'적 삶이 공존하고 있듯이, 북한 역시 '하나의 체제와 이념과 구조' 속에 다양한 삶의 방식과 문화적 가치가 공존하고 있을 것이라는 가정이 현실에 부합할 것이다. 그러나 그러한 다양성이 제대로 드러나지 않고, 또 그러한 다양성을 내세우지도 않는 것이 북한이다.

우리는 북한 '인민'들의 '요람에서 무덤까지'의 일생을 살펴보면서 북한 사회를 이해해보고자 한다. 하나의 거대한 구조 속에 던져진 개인이 집단 속에서 성장하고, 그 집단의 가치를 내면화하면서 '사회화'의 과정을 거치고, 다른 한편으로는 개인적인 삶의 가치를 추구하는 다양한 삶의 방식을 추적해보고자 한다. 북한처럼 집단의 가치를 우선시하고, 집단 속의 개인만이 의미를 갖는다고 주장하는 사회에서 개인과 집단의 문제 그리고 조직화된 일상의 삶에서 나타나는 개인과 사회의 모습에 주목해보려는 것이다.

또한 북한이 주장하는 '하나는 전체를 위하여! 전체는 하나를 위하여!'라는 구호 안에 담겨 있는 '전체 속의 개인'을 살펴볼 것이다. 이를 통해 우리는 북한 사회를 거시적인 구조의 차원에서 일상적인 삶의 문제까지 보다 더 구체적인 존재로 이해하는 데 한발 더 가까이 접근할 수 있을 것이다. 물론 이 글은 북한의 공식적인 혹은 일반적인 (평양) 시민의 경우를 하나의 추상적 이념형으로 하여 서술되었다.

1990년대 이후, 북한은 엄청난 경제적 위기에 직면하여 국가가 제공하는 복지서비스 및 경제적 공급 능력이 거의 붕괴 상태에 이르렀다. 이에 따라 새로운 사회현상이 발생하고 있으며 이 또한 살펴볼 예정이다.

요람에서 무덤까지 - 북한 주민의 일생

북한에서 출생에서부터 죽음에 이르기까지의 과정은 곧 '조직 속의 개인'의 삶이라 할 수 있다. 죽음에 이르러서야 비로소 조직으로부터 해방되는 것이다. 사회주의 국가인 북한은 '요람에서 무덤'까지 국가의 사회서비스의 제공을 체제의 우월성으로 선전하고 있다. 이에 따라 탁아소, 유치원, 그리고 정규 학교 교육의 모든 과정은 국가의 교육을 통해 이루어진다. 소위 '주체형의 인간'을 육성하는 것이 목표인 것이다.

북한의 모든 주민들은 하나 이상의 조직생활에 의무적으로 참여하고 있다. 조직에의 참여는 북한이 주장하는 **'하나는 전체를 위하여! 전체는 하나를 위하여!'**라는 슬로건에서 상징되듯이, 집단주의적 삶의 가장 중요한 요소가 된다. 또한, 국가로부터의 부름에 의무적으로 응해야 하는 동원사회의 성격도 지니고 있다. 이를 우리는 북한의 '유기체적 국가관'에서 찾을 수 있을 것이다. 즉 수령-당-대중이 하나의 생명체를 이루고 있는 '사회정치적 생명체'로서의 사회를 만들고자 하는 것이다. 오늘날 우리가 북한체제를 전체주의 혹은 극단적 집단주의로 묘사하고 있는 것은 바로 이와 같은 북한의 특유한 '집단주의'로부터 비롯된 것이다. 하지만 이러한 집단생활 속에서도 개인의 다양한 삶이 영위되고 있다. 어느 사회든지 '하나의 사회' 속에 '다양한 문화와 가치'가 공존하고 있듯이, 북한 역시 엄격한 규율과 통제 속에서도 '다양한 개인들의 삶'이 존재하고 있는 것이다.

출생과 함께 시작되는 조직생활-개인의 출생과 국가의 양육

출생은 곧 사회적 재생산이며, 국가 구성원인 '인민'이 탄생하는 것이라고 할 수 있다. 그리고 이와 동시에 국가는 '인민'에 대한 국가의 의무를 수행해야 한다. 특히 북한처럼 전 사회를 하나의 유기체적인 공동체로 묶어내고자 하는 체제에서 '인민'의 탄생은, 거대한 집단주의 사회 그 자체의 재생산과 집단 속의 개인을 만들기

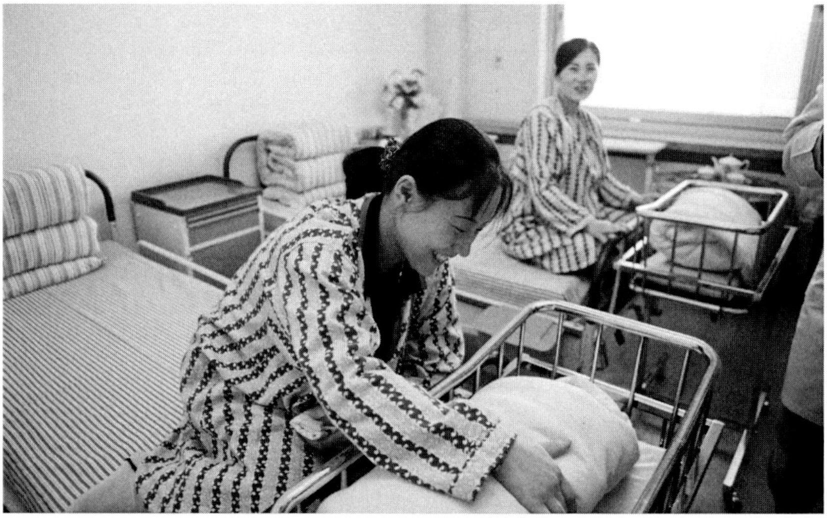

사진 6-1 1980년 7월 문을 연 평양산원은 북한을 대표하는 산부인과 병원이다. 평양시 대동강구역에 위치하고 있다.(아래) 아기와 함께 있는 평양산원 산모의 모습(위).

위한 교육이 시작됨을 의미한다. 우리는 이를 사회화의 과정이라고 개념화한다.

북한에서 출산이 이루어지는 대표적인 곳은 '평양산원'이다. 평양산원은 북한이 자랑하는 여성 전문 종합병원이다. 북한은 여성들의 첫 아이 출산이 이곳 '평양산원'에서 이루어진다고 주장한다. 물론 이는 공식적인 주장이며, 모든 여성들의 첫 아이 출생이 이곳에서 이루어지지는 않는다. 어찌되었든 평양산원은 북한의 대표적인 산부인과 및 여성 종합병원으로 이곳에서의 출생은 곧 북한의 거대한 조직 사회의 구성원이 되는 첫 출발이라고 할 수 있다.

세상의 모든 부모에게 그러하듯이, 북한에서의 출산도 부모에게는 미래의 희망이자 동시에 부모로서의 의무를 지워준다. 부모의 첫 의무는 아기의 출생신고로부터 출발한다. 출생신고는 아기가 사회의 구성원으로서 공식적으로 기록된다는 것을 의미하지만, 북한에서는 이외에도 여러 가지를 동시에 의미한다.

출생신고는 우리와 달리 분주소를 통해서 이루어진다. 분주소란 우리의 경찰서(파출소)에 해당한다. 먼저 분주소에서 출생신고 양식을 받아와 출생지, 성명, 생년월일, 성별, 아버지와 어머니의 이름 등 관계를 적고 이를 인민반장(우리의 경우 통·반장)에게 확인 도장을 받는다. 이를 다시 분주소에 제출하면 출생한 아기의 출생증이 발급된다. 출생증은 공민증(우리의 주민등록증)이 나올 때까지 신분증의 역할을 한다.(공민증은 17세에 발급) 출생증의 발급과 동시에 아버지, 어머니의 공민증에도 아기의 이름이 등재된다. 이 출생증이 있어야 다음 단계가 진행된다.

북한처럼 기본적인 식량이 국가에 의해 공급되는(배급제) 체제에서는 모든 '인민'이 주민등록이 되고, 직장이나 공장의 식량 취급자가 행정부의 양정과(식량공급 담당)에 통보, 등록이 되어야 해당 연령과 직위에 따른 식량이 배급된다. 따라서 아기의 출생등록 이후, 아버지의 직장에 아기를 등록해야 하고, 이를 다시 직장에서 행정부의 양정과에 등록하면 2살이 될 때까지 하루 50g의 식량이 공급된다.[1] 출생신고가 되면서부터 국가의 의무가 시작되는 것이다.

어디에서나 그렇듯이 아기가 사회에 첫발을 내딛는 곳은 가정이다. 그러

표 6-1 북한의 출산정책으로 본 인구정책

<table>
<tr><th>기간</th><th colspan="2">정책 방향</th><th>내용</th></tr>
<tr><td>1950~
1960년대</td><td colspan="2">다산 장려</td><td>• 다자녀 어머니 표창
• 쌍둥이 출산할 경우 특별배급 실시 선전
• 세쌍둥이 출산할 경우 완전생활보장 선전</td></tr>
<tr><td rowspan="2">1970년대</td><td>전반기</td><td>소극적 출산 억제</td><td>• 가족계획에 대한 소극적 계몽
• 남자 30세, 여자 27세 이상 만혼 권장</td></tr>
<tr><td>후반기</td><td>적극적 출산 억제</td><td>• 세 자녀 출산 권장 (보건요원, 의료진, 여맹위원회 활용)
• 넷째 자녀부터는 양곡차등 배급
• 재래식 피임법 및 자궁 내 피임장치 보급
• 여자 혼인연령을 22세 이상으로 변경(대학졸업자는 26세 이상)</td></tr>
<tr><td>1980년대</td><td colspan="2">출산 억제 강화</td><td>• 한두 자녀 출산 권장
• 넷째 자녀부터 양곡 차등 배급 유지
• 출산휴가 차등 실시
– 첫째아 150일, 둘째아 100일, 셋째아 이상 출산휴가 없음
• 혼인 연령 상향 조정 및 규제 강화: 남자 28세, 여자 26세
• 자궁 내 피임장치 적극 보급
• 낙태수술 허용(1983년)</td></tr>
<tr><td>1990년대</td><td colspan="2">다산 장려 전환</td><td>• 혼인연령 하향 조정: 남자 26세, 여자 24세(1995년)
• 인공임신중절 금지령 및 시술의사 처벌(1993년)
• 다산여성 '모성영웅' 호칭 및 '따라 배우기 운동' 전개(1996년)
• '산아제한규정' 변경을 통한 출산 장려(1996년)
• 인공임신중절 시술 금지(1996년)
• 출산장려 선전
-세 자녀 이상 출산할 경우 산후휴가제(4~12개월) 및 식량 300g 추가배급
-다산가구에 주택 우선배정
-자녀 수에 따른 특별보조금 지급
-다자녀 가구에 대한 명절상품 우선 공급 실시
-삼형제 이상 가구에 대한 탁아소와 유치원 우선입학제 실시(1998년 5월 『로동신문』)
• 10자녀 이상 여성 표창(1998년 9월)
• 1998년 제2차 전국어머니대회 개최</td></tr>
<tr><td>2000년대</td><td colspan="2">적극적 다산 장려</td><td>• 임신 여성, 산후 1년 이내 산모, 5세 미만 영·유아 식량 우선 제공
• 네 자녀 이상 출산한 여성에게 자녀 수에 따른 특별 보조금 지급 (2005년 월 200원 지급)
• 세 자녀 이상 출산할 여성에게 산후 휴직제 실시(4~12개월)
• 4세 이하 자녀를 둔 여성에 대한 사회적 노력 동원 면제
• 세 자녀 이상을 둔 가구 주택 우선 배정
• '모성영웅제도' 도입: 다산을 국가적, 사회적으로 높이 평가하고 장려(2002년)</td></tr>
</table>

자료: 정영철·장인숙·조은희, 『북한 인구의 동태적 및 정태적 특징과 사회경제적 함의』(서울: 보건사회연구원, 2011), 62-63쪽.

나 북한에서는 가정만큼 많은 시간을 보내는 곳이 탁아소다. 탁아소는 만 2세까지의 아이를 돌보는 '어린이반'과 3세 아동을 위한 '유치원 진학준비반'이 있다. 만 4세가 되는 어린이들은 '유치원 낮은반'으로 진학한다. 이때까지는 국가의 의무 교육 영역에 포함되지 않는다. 북한의 대부분의 부모들은 현실적인 여건상 아이를 탁아소에 맡긴다. 북한은 해방 이후, 정권을 수립하면서부터 어린이에 대한 국가의 보육 의무를 표방하였고, 공장 및 인민반 등의 곳곳에 탁아소와 유치원을 건립하였다. 이에 대한 목적은 다양하게 해석된다. 한편으로는 노동력, 특히 여성 노동력의 활용을 위해 아이에 대한 부양을 국가가 책임짐으로써 여성들을 공장과 기업소로 유인해내기 위한 목적과, 다른 한편으로는 집단적 교육 및 사회화를 위해 국가 주도의 교육을 통해 사회주의적 인간으로 양성하기 위한 목적 등으로 해석된다.[2]

탁아소에 대한 비용과 여타의 시설 등은 국가가 책임지고 운영하도록 되어 있다. 이렇게 하여 아이는 출생과 동시에 국가의 구성원이자 동시에 사회화의 대상으로 국가의 품에 안기게 된다. 물론 탁아소는 의무교육이 아니기 때문에 일부 북한 부모들은 우리처럼 친정이나 시댁에 아이를 맡기기도 한다. 더 좋은 조건에서 아기를 돌보고자 하는 마음은 남이나 북이나 모두 똑같다.

북한체제 속의 개인 만들기-교육

탁아소에서 만 4살이 되면 '유치원 낮은반'으로 진학한다. '유치원 낮은반'은 의무교육의 대상에는 포함되지 않는다. 그러나 대부분의 북한 어린이들은 '유치원 낮은반'에 진학하여 본격적으로 집단주의적 규율과 생활을 학습하게 된다. 유치원 낮은반에서의 생활은 규칙적인 일과표에 따라 진행된다. 아침 8시부터 오후 4시 30분까지 짜여 있는 일과표에 따라 집단의 규율을 배우고, 국가가 요구하는 '주체형의 인간'을 위한 학습이 시작된다. 물론 여러 가지 다양한 문화예술 활동이 병행되고, 여기에서 두각을 드러내는 어린이들은 영재 교육의 대상이 되어 전문적인 교육을 받기도 한다. 그러나 대부분의 어린이들은 수

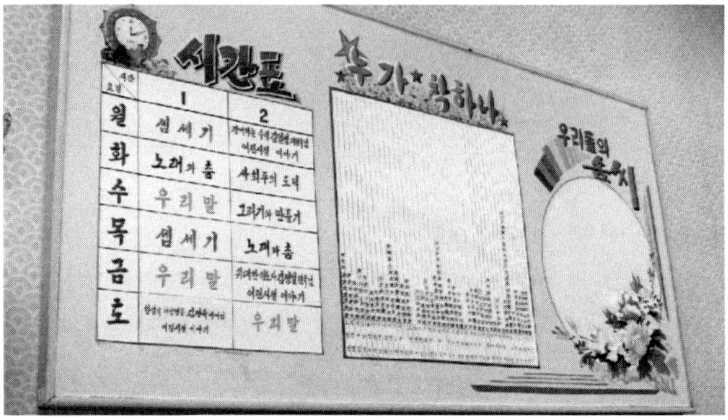

사진 6-2 평양시 유치원에 걸려 있는 일과표. 시간표의 1은 '유치원 낮은반', 2는 '유치원 높은반' 일과이다. 옆에는 유치원 학생들의 일종의 경쟁도표가 그려져 있다.

업, 휴식, 낮잠, 간식, 교양의 시간을 갖게 된다.[3]

'유치원 낮은반'에서 1년을 보내면 이제부터는 국가의 의무교육 체제 속에 편입된다. 만 5세가 되는 '유치원 높은반' 어린이들은 의무교육 대상이 된다. 따라서 북한의 모든 부모들은 이때부터 아이들을 의무적으로 국가 교육기관에 보내야 한다. 유치원 높은반에서의 생활도 크게 다르지 않다. 정해진 규칙에 따라 유치원 생활을 하게 되며, 집단주의적 교육을 받는 것은 동일하다.

만으로 6살이 되면 소학교에 입학하게 된다. 북한에서 입학은 매년 4월이다. 4월이면 북한 전역에서 입학식이 열리는데, 다른 어떤 학교의 입학식보다 소학교 입학식을 중요시한다. 고위 관료들까지도 참석하여 입학식을 성대하게 진행한다. 각 학교에서도 선배들이 멋진 장면을 연출하면서 신입생들을 환영하기도 한다. 소학교는 4년제이며, 따라서 6세부터 9세의 아동들이 소학교 교육을 받는다. 물론 2012년 교육체제가 바뀌면서 5년제로 서서히 바뀌고 있다. 소학교에서는 본격적으로 국가가 요구하는 '주체형의 인간' 양성을 위한 교육을 받게 된다. 북한의 소학교 생활은 우리와 크게 다르지 않다. 다만 1학년 때의 담임이 졸업할 때까지 계속해서 담임을 맡게 된다. 그리고 학용품을 비롯한 교과서 등은 국가에서 공급해준다.(물론 이는 원칙적으로 그렇다는 것이다. 1990년대 이

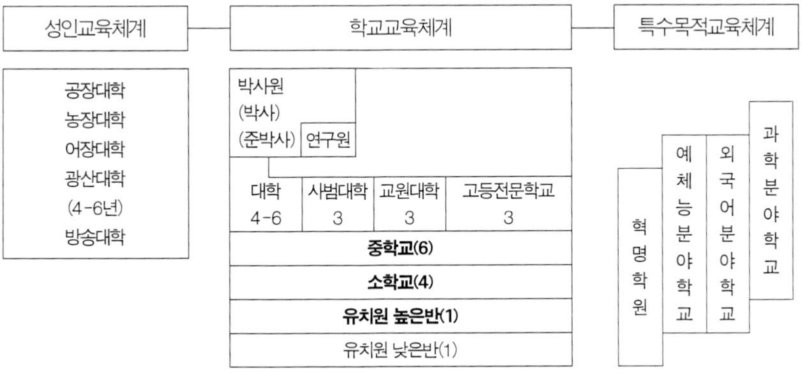

그림 6-1 북한의 교육체계. 굵은 글씨체는 의무교육연한을 나타낸다. 2012년 9월 최고인민회의에서 소학교를 5년제로 하는 의무교육체계를 개편하였다.

후, 어려워진 국가경제 때문에 국가가 제대로 공급을 하지 못하는 현상이 나타나기도 하였나) 학교에서의 수업은 주로 정치 교육과 기술 교육 위주로 진행된다. 주요 과목은 김일성 및 김정일의 어린 시절, 공산주의 도덕, 국어, 수학, 자연, 음악, 체육 등 12개로 구성된다. 최근에는 3학년부터 영어 교육을 시작하였으며, 4학년이 되면 역사 과목이 추가된다. 방과 후에는 소조 활동(동아리 활동)을 통해 주로 체육, 음악, 미술 등의 예체능 및 컴퓨터 등의 교육을 받는다.[4]

북한의 어린이들은 소학교 시절 가장 큰 변화를 경험하게 된다. 조직생활에 참여하게 되는 것이다. 2학년이 되면 소년단 조직에 가입하게 되는데, 만 7세부터 13세에 해당하는 학생들은 예외 없이 소년단에 가입하게 된다.[5] 소년단은 학생들에게 어른이 되어간다는 자긍심을 주기도 하고, 조직의 일원이 되었다는 소속감을 키워주기도 한다.

4학년을 마치면(바뀐 교육체제에서는 5학년) 중학교로 진학한다. 중학교는 6년제 과정으로, 과거에는 고등중학교라 하였으나 2002년부터 중학교로 개명하였고, 2012년 교육체계 개편을 통해 초급중학교와 고급중학교 과정으로 분리되었다. 소학교를 졸업한 모든 학생들은 중학교로 진학하게 된다. 북한은 1958년에 중학교 과정까지를 의무교육으로 결정했고, 1959년에 전면적으로 실시했

사진 6-3 평양시 창전소학교 학생들의 소년단 입단식.(왼쪽) 소년단에 입단하면서 조직생활이 시작된다. 조선소년단은 1946년 6월 6일 창립된 단체로, 청년동맹 산하 조직이다. 만 7세에서 13세의 아동들이 가입하며, 현재 약 300만 명 정도의 단원이 있는 것으로 추산된다. 흰색 상의와 붉은색 스카프가 소년단의 상징이다. 오른쪽은 2012년 소년단 창립 66돌 기념식에 김정은이 참석한 모습. 참고로 북한의 어린이날은 6월 1일(국제아동절)이다.

다. 1975년에는 전반적 11년제 무상의무교육이 결정되었다.

중학교 생활 역시 소학교와 마찬가지로 1학년 때의 담임이 졸업 때까지 계속해서 담임을 맡게 된다. 수업은 당정책, 김일성의 혁명활동과 혁명역사, 국어, 공산주의 도덕, 한문, 외국어, 조선역사, 세계사, 조선지리, 세계지리, 수학, 물리, 화학, 생물, 음악, 미술, 체육, 공작, 전자기계실습, 제도 등 약 23개 과목이다. 외국어는 1991년부터 영어를 제1외국어로 지정하여 학습하고 있다.

중학교 과정에서부터는 별도의 영재교육을 실시하고 있다. 즉 과학이나 수학 성적이 뛰어난 학생들을 선발하여 교육하기 위해 제1중학교를 건립하였다. 1984년 평양에 처음으로 '평양 제1중학교'(우리의 과학고등학교, 외국어고등학교에 해당)가 들어선 이후, 도 및 시·군 지역에까지 영재학교를 설립하였다.[6] 영재학교 학생들은 농촌지원 등 노력동원에도 면제가 되고, 대학입학시험에서도 예비고사가 면제되는 특권을 누리고 있다. 또한 이들은 대부분 김일성종합대학이나 평양의 리과대학, 김책공업종합대학 등에 진학하게 되며,

북한의 문맹률 2008년 실시한 북한의 인구센서스 자료에 의하면, 북한의 문맹률은 거의 0%에 가깝다. 이러한 현실은 북한이 국가적으로 어려운 가운데서도 교육 부분에 대해서는 상당한 노력을 했다는 의미이다. 국가의 의무교육이 전체 국민의 문맹률을 낮추는 데 기여한 것만큼은 틀림없다 하겠다.

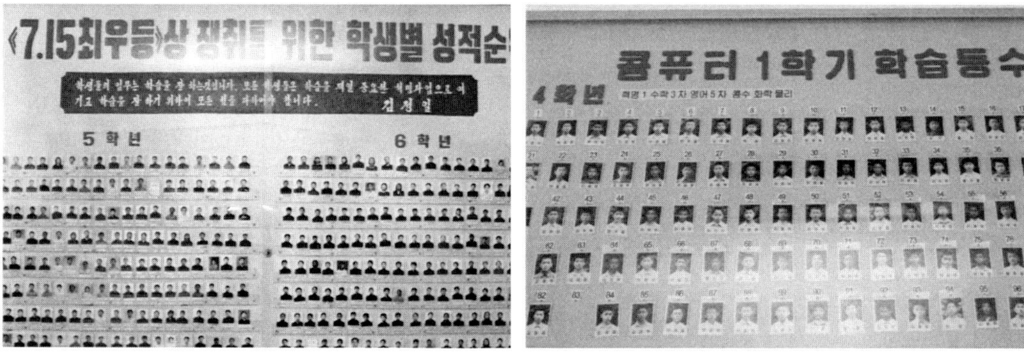

사진 6-4 북한은 모든 학생들의 성적을 공개한다. 학년별로 모든 학생들의 사진과 해당 성적을 공개한 공개판.(왼쪽) 컴퓨터 수업의 1학기 학습 등수를 기록한 성적 공개판(오른쪽)도 보인다.

북한의 중추적인 엘리트로 성장하게 된다. 참고로 북한은 종합대학이 3개로, 김일성종합대학, 김책공업종합대학, 고려성균관경공업종합대학 등이 있다. 북한의 대학은 우리와 달리 전문학교 중심의 단과대학 체계로 구성되어 있다.[7]

중학교 과정부터는 국가의 부름에 의무적으로 참여해야 한다. 대표적으로 중학교 학생들은 노력봉사를 의무적으로 나가야 한다. 1~4학년은 연 4주, 5~6학년은 연 8주 동안 노력봉사나 건설현장지원을 해야 한다. 2012년 교육체계 개편 시에는 학생들의 이러한 노력봉사를 최소화하거나 금지시키도록 하였고, 따라서 앞으로 북한에서도 학생들의 노력봉사는 많이 줄어들 것으로 보인다.

만 14세가 되면 소년단에서 청년동맹으로 조직생활을 옮기게 된다. 이 연령대의 거의 모든 북한 청년들은 청년동맹 조직원이라 할 수 있다. 약 500만 명 정도로 추산되며, 처음에는 '민주청년동맹'으로 출발하여 북한의 사회주의화가 완성된 이후인 1964년에는 '사회주의로동청년동맹(일명 사로청)'으로 이름이 바뀌었다가, 김일성이 사망한 이후인 1996년에는 '김일성사회주의청년동맹'으로 바뀌어서 지금에 이르고 있다. 어느 사회든지 청년들은 미래를 이끌고 가야 할 세력이기 때문에 대단히 중요하게 여겨진다. 북한 역시 청년들을 미래의 일꾼으로 여기고 대단히 중요시하고 있다. 과거 김정일시대에는 해마다 발표하는 신년사설을 조선로동당 기관지인 『로동신문』, 내각(정부) 기관지인 『민주조선』과 함께 청년동맹 기관지인 『청년전위』에 발표할 정도로 청년들을 우대하였다. 북한의 학생들은 청년동맹에 가입하게 되면 '붉은청년근위대'라는 비정규 군사조직에도 가입하게 된다.[8]

붉은청년근위대 1970년에 창설된 준 군사조직으로, 만 14세~16세(중학교 5~6학년)을 대상으로 조직된다. 연간 약 240시간의 군사교육과 15일간의 야영소훈련을 받게 된다. 준 군사조직으로서 조선로동당 군사부의 지휘 통제를 받고 있다

북한의 중학생들도 시험의 압박에서 자유로울 수 없다. 시험은 주간시험, 월간시험, 그리고 학기말시험까지 있고, 형식도 필답시험, 구술시험 등 다양하게 있다. 하지만 모든 과목에 대해 시험을 치르는 것은 아니다. 수학 등 주요 과목은 매 학기 시험을 치르고, 6년 동안 한 학기만 시험을 보거나 체육처럼 아예 시험이 없는 과목도 있다. 시험 성적은 예외 없이 공개하는 것을 원칙으로 하고 있다. 북한은 개인의 성적도 중요하지만, 집단의 전체 성적을 더 중요하게 여기기 때문에 학교와 학교, 학급 간 전체 성적에 더 많은 관심을 보인다. 그럼에도 우수한 개인에 대한 표창이 있고, 학년 말에 학교장으로부터 표창장도 수여받는다.[9]

북한의 학교 교육체계에서 빠질 수 없는 것의 하나가 특수교육기관이다. 대표적으로 만경대혁명학원을 들 수 있다. 만경대혁명학원은 혁명유자녀 등을 교육시키기 위해 1947년 10월에 '평양혁명자유가족학원'으로 출발하였고, 1958년 현재의 이름인 '만경대혁명학원'으로 개칭되었다. 초기에는 주로 김일성과 빨치산 활동을 했던 자녀들과 직계 가족들이 입학하였으나, 한국전쟁 희생자들의 자녀, 중앙당 부부장급 이상의 고위 간부와 빨치산 출신의 자녀, 그리고 남조선 혁명가와 순직한 2급 이상 기업소의 지배인과 기사장의 자녀들에게도 입학의 기회를 주고 있다. 만경대혁명학원은 11년제 교육기관으로 출발했고, 지금은 중학교 6학년 과정과 단과대학 2년 과정의 8년제로 바뀌어서 11살부터 19살까지의 학생들이 공부하고 있다. 이들은 북한의 최고엘리트로 양육되며, 현재에도 주요 정치, 군사 엘리트로 활동하고 있다. 이들은 졸업 이후 대체

사진 6-5 김정일이 만경대혁명학원을 방문하여 학생들의 환영을 받고 있는 모습. 만경대혁명학원 학생들은 모두 군사 제복을 착용하고 있다.

로 정치, 군사 분야로 진출하며, 군 지휘관 등으로 성장한다. 만경대혁명학원의 중요성은 김일성, 김정일, 그리고 김정숙 등의 현지지도 횟수에서도 나타나는데, 김일성은 약 116차례, 김정일은 약 50여 차례, 김정숙은 약 26차례 방문했다고 선전하고 있다.[10] 이러한 특수학원으로는 만경대혁명학원 이외에도 강반석유자녀대학, 남포혁명학원, 새날혁명학원, 해주유자녀혁명학원 등이 있다. 혁명학원이야 말로 북한체제를 지탱하는 혁명전통의 계승과 최고 엘리트 양성기관이라고 할 수 있다.

중학교를 졸업하게 되면, 대학을 가지 못한 경우 일반적으로 남자는 군대로, 여자는 직장으로 사회 진출을 하게 된다. 북한의 대학은 '일하면서 배우는 교육'을 표방하면서, 생산 현장과 밀접한 관련을 맺는 형태로 존재한다. 공장대학, 농장대학, 광산대학, 어장대학 등은 해당 지역의 생산 현장과 관련성을 가지고 있다. 또한 특수대학으로는 금속대학, 석탄공업대학, 기계대학, 건설건재대학, 철도대학, 경공업대학 등으로 특수 분야에 대한 전문적인 교육을 담당하고 있다. 학제 역시 다양해서 교원대학과 전문대학은 3년제, 단과대학과 종합대학은 4~6년제로 이루어져있다.

대학의 입학은 예비시험과 본시험의 2단계로 이루어진다. 예비시험은 일종의 국가고시이며, 본시험은 대학별로 치른다. 예비시험에 통과한 학생들은 추천을 받아 본시험을 볼 수 있는데, 일반적으로 예비시험에 합격하는 비율은 전체 중학교 졸업생의 20% 수준이라고 하며, 이 중 10% 정도만이 바로 대학에 진학한다고 한다. 이처럼 대학이나 사회생활을 거치지 않고 바로 대학에 진학하는 학생들을 '직통생'이라고 부른다. 대학에 떨어진 학생들은 대부분 군대나 직장으로 배치되는 것이 일반적이다. 본시험은 총 6개 과목이며, 하루에 3과목씩 이틀에 걸쳐 치르게 된다. 과목은 수학, 물리, 화학, 영어, 문학 및 혁명역사이다. 최근에는 직통생의 비율이 높아지고 있지만, 과거에는 대학에 나이 많은 학생들이 다수를 차지하였다. 군대나 직장에서 추천을 받아 대학에 입학한 경우이다.

사진 6-6 김일성종합대학(위), 김책공업종합대학(왼쪽 아래), 평양외국어대학(오른쪽 아래). 김일성종합대학은 1946년 10월 1일 개교했고, 김책공업종합대학은 1948년 김일성종합대학 공학부가 분리되어 설립되었다. 평양외국어대학은 1949년 11월 개교한 북한 최고의 외국어대학이다. 김일성종합대학 외국어학부에서 분리되어 설립되었다.

사진 6-7 훈련을 마치고 학교로 돌아오고 있는 김책공업종합대학 교도대 학생들. 교도대는 북한의 민간 준군사조직으로 17~50세의 남자, 17~30세 미혼녀 중에서 선발하여 조직된다. 총 90만 명 규모로 알려져 있으며, 정규군의 지휘와 통제를 받는다. 대학생 교도대의 경우, 연간 160시간의 교내 훈련을 받으며 2학년 때는 6개월간의 군부대 입영 훈련을 받는다.

특수대학의 입학은 이와 다르다. 연극영화대학, 음악무용대학, 체육대학, 외국어대학 등에 진학하는 특기생들은 각 대학 간부과 직원이나 교수들이 직접 각 중학교에 나가 시험과 면접을 통해 선발하게 된다. 김일성종합대학이나 리과대학, 외국어대학 등은 경쟁률이 무척이나 높아 때로 30 : 1의 경쟁률을 보이기도 한다. 북한에서도 일부 중학교에 김일성종합대학 진학을 위한 '입시반'을 설치하고 있다고 한다. 북한의 학생들도 입시의 스트레스에서 자유롭지 못하다.

북한의 대학에는 등록금이 없다. 대신 학생들에게 열심히 공부할 의무를 부과하고, 엄격한 규율을 지키도록 강제하고 있다. 북한의 대학은 딱딱한 일상의 연속이라고 할 수 있으며, 꽉 짜인 규율의 공간이기도 하다. 그럼에도 불구하고 대학생활은 북한에서도 낭만과 고된 학습의 과정이 교차하는 곳이기도 하다.

아침 8시에 첫 과목이 시작되고, 수업은 90분간 이루어진다. 학급당 학생

표 6-2 북한 교육정책의 변천

일자	내용	비고
1945.11	해방 교육행정의 기본 방향 제시	학교교육실시조치법을 통해 국민학교를 인민학교로 개칭
1946.3	김일성, 20개조 정강 발표	의무교육 및 교육개혁 실시 발표
1946.7	'종합대학 창립의 건'과 '전문학교 설립에 관한 결정서' 발표	
1946.9	김일성 종합대학 개교	최초의 종합대학
1947.3	혁명자유가족학원 창립준비위원회 조직에 관한 결정	만경대혁명학원의 전신
1947.4	성인교육 및 직장 교육체계에 관한 결정서	
1947.8	혁명자유가족학원 개교, 1만 400개의 한글학교 개교	
1948.9	평양공업대학 창립	현 김책공업종합대학
1949.1	전반적 초등의무교육 실시 중앙준비위원회 조직	
1949.9	전반적 초등의무교육 실시에 대한 법령 채택	1950년 4월 전면 실시
1956.8	전반적 초등의무교육제 실시	
1958.10	전반적 중등의무교육제, 기술의무교육 실시 준비를 위한 법령 발표	
1958.11	전반적 중등의무교육 실시	103개 기술학교 개교
1966.11	전반적 9년제 기술의무교육제 채택	
1970.11	10년제 의무교육 결정	기술의무교육의 1년 연장
1972.7	'전반적 10년제 고등의무교육과 1년제 학교전 의무교육을 실시할데 대하여' 법령 발표	
1973.4	22개 시·군·구역에서 11년제 의무교육 실시	
1975.9	전반적 11년제 의무교육 전면적으로 확대 실시	
1976.4	'어린이 보양교양법을 채택할데 대하여' 법령 발표	
1977.9	김일성, '사회주의교육에 관한 테제' 발표 및 채택	9월 5일을 교육절로 제정
1984.9	평양 제1고등중학교 개교	영재교육 실시
1999.8	교육법 채택	2000년 4월 최고인민회의 승인
2011.1	보통교육법 채택	
2012.9	12년제 의무교육체제 개편	2000년 9월 최고인민회의 결정

자료: 임현진·정영철, 『북한의 체제전환과 사회정책의 과제』(서울: 서울대학교출판부, 2012), 72쪽에서 수정·보완.

수는 대략 5~10명(혹은 그 이상)이고, 졸업할 때까지 약 40~50개의 과목을 배우게 된다. 방학은 겨울에 약 10일 정도 주어지고, 농촌지원이나 군사훈련 등을 의무적으로 받아야 한다(이 역시 2012년 교육체제 개편으로 대학생들의 동원이 최소화되고 있다). 캠퍼스의 생활은 어떻게 보면 삭막할 정도로 엄격한 규율이 적용된다. 캠퍼스 내에서는 술과 담배가 금지되고, 연애하는 것도 금지되어 있다(물론 캠퍼스 밖에서는 술과 담배 등을 자유롭게 즐길 수 있다). 그럼에도 불구하고, 북한의 학생들 역시 몰래(?) 술과 담배를 하기도 하고, 남녀 간 캠퍼스 사랑을 키워나가기도 한다.

대학에서는 보다 높은 조직생활을 하게 된다. 빼놓을 수 없는 것으로는 대학생이 되면 교도대로 편성된다는 점이다. 교도대로 편성되면 2~3학년 사이에 6개월간의 군사훈련을 받아야 하고, 교도대 복무 졸업증이 없으면 대학졸업이 불허된다. 이렇게 보면, 북한의 대학 졸업생은 우리의 ROTC 정도(혹은 그 이상)의 군사 및 간부 훈련을 받았다고 볼 수 있다.

북한의 학생들은 국가의 의무교육체제 속에서 체제가 요구하는 인간으로 육성된다. 국가가 학교교육의 부담을 짊어지는 대신 학생들에게는 국가가 요구하는 인간형으로의 성장을 요구하게 된다. 이런 점에서 북한 교육 역시 '정치사회화'의 가장 중요한 공간으로서 자리하고 있고, 또 그만큼의 국가적 관심이 집중되는 곳이기도 하다. 유치원 높은반에서 시작하여 대학교까지 11년을 관통하는 북한 교육의 목적은 '주체형의 인간'을 육성하는 것이고, '체제 속의 개인'을 만들어내는 것이다. 이렇게 교육을 마친 이후에는 본격적으로 사회로 진출하게 된다. 그리고 이들이 북한 사회 곳곳에서 중추적인 인재로 활동하게 된다.

의무적인 노동과 조직되는 여가-노동과 여가

남한에서는 개인의 자유의사에 따른 직장의 선택과 경쟁을 통한 '취업'을 하게 된다. 반면 북한은 대체로 국가가 직장을 정해 배치해준다. 물론 북한에서도 고학력자일수록 취업 선택의 폭이 확대되지만, 그렇지 못할 경우 국가의 배치에 의해 직장이 결정된다. 직장은 중학교 졸업자의 경우 시·군 인민위원회 노동과에서 담당하고, 대학 졸업자의 경우에는 당 중앙위원회 간부부의 조정을 받아 대학 당국에서 직장을 배치한다. 군 제대자의 경우 출신 지역 시·군 인민위원회 노동과에서 배치를 받지만, 군 간부일 경우 출신 지역 시·군 당 간부과로부터 직장을 배치받는다.

북한에서 직장생활은 싫다고 거부할 수 없다. 이유는 '일하지 않는 자는 먹지도 말라'는 원칙에 따라 직장생활을 하지 않으면 식량배급이 정지되기 때문이다.[11] 물론 1990년대 국가로부터 식량배급이 제대로 이루어지지 않게 되면서 형식적으로만 직장생활을 하고, 개인적으로 장사를 하거나 국경 지역을 불법으로 월경하면서 무역을 하여 생계를 잇고 있는 경우도 발생하고 있다. 그러나 원칙적으로 직장이 없으면 국가 공급대상에서 제외된다. 따라서 싫든 좋든 직장생활을 유지해야 한다. 더 나은 직장으로 이동하기 위해서도 해당 자리를 구할 때까지 현재의 직장을 유지하고 있어야 한다.

노동시간은 하루 8시간으로 정해져 있다.[12] 정년은 남자의 경우 60세, 여자의 경우는 55세로 정해져 있다. 직장생활의 하루 일과표는 대체로 오전 출근-독보회-오전 작업-점심시간 및 휴식-오후 작업-퇴근으로 이루어진다. 우리와 다른 점은 작업이 끝나고 나서 대개 생활총화나 학습이 있다는 점이다. 월요일에는 조직별 학습, 화요일은 생활총화, 수요일은 집중학습, 목요일은 강연회, 금요일은 기술학습, 토요일은 학습 등의 조직생활을 하게 된다. 우리가 연상하기에 이러한 조직생활이 대단히 엄격하고 까다로울 것 같지만, 평상시의 조직생활 강도는 우리의 생각과 달리 그렇게 엄격하지 않은 것으로 보인다. 또한 노동강도 역시 우리 생각과는 달리 그리

휴양소 북한의 『조선말사전』에 의하면 휴양소란 근로자들이 전적으로 국가의 부단에 의하여 휴양생활을 할 수 있도록 설비를 갖추어 놓은 기관을 의미한다. 북한 전역에 휴양소는 약 100~120개 정도가 있으며, 학생, 어린이, 가족, 노동자, 농민, 군인 등의 각 계층의 휴양소가 마련되어 있다. 동일한 휴양소라도 봄이나 여름에는 근로자들이, 그리고 겨울철에는 농민들이 주로 이용한다.

사진 6-8 위부터 시계 방향으로 2012년 김정은이 직접 방문하여 현지지도를 한 것이 화제가 된 릉라인민유원지 유희장, 2012년 전면적으로 개선 보수작업을 마친 문수유희장의 물놀이장, 평양볼링장, 평양시에 있는 야외 로라스케이트장 모습. 최근 평양에 로라스케이트(인라인스케이트)를 즐기는 사람들이 늘었다고 한다.

높지 않다고 한다. 일부 탈북자들은 노동강도에 있어서는 오히려 남한이 더 세다고 말하는데, 자신이 북한에서 남한처럼 일했다면 노력영웅이 되었을 것이라고 증언하기도 한다.

노동을 하게 되면 그에 따라 여가를 즐기게 된다. 북한의 여가생활은 우리와 달리 다양한 놀이문화와 여흥문화가 부족한 편이다. 그럼에도 나름대로의 여가생활을 즐기고 있다. 우리처럼 춤과 노래, 음주가무를 즐기고, 수요일은 '문화의 날'로 정해 오락생활을 하는 직장들이 많아지고 있다. 탁구, 당구, 장기, 주패(카드) 놀이 등을 즐기고, 최근에는 화면반주음악장(노래방)을 찾는 사람들도 많아지고 있다. 최근 김정은시대에 들어서면서 평양을 비롯한 주요 도시에는 유희장(놀이공원)을 건설하여 휴일에는 가족 단위로 많은 북한 주민들이 이를 찾아 즐기기도 한다. 직장인들에게 주어지는 휴가는 1년에 15일 내외이다. 휴가 이외에도 사결이라는 우리의 '월차'와 비슷한 제도도 있다.

북한에는 휴양과 정양이 있는데, 휴양은 건강에 이상이 없는 사람이, 정양은 건강 증진이 필요한 사람들을 대상으로 주어진다.[13] 노동자와 농민을 대상으로 1년에 약 20~30만 명이 혜택을 받는데, 노력영웅이나 모범근로자 또는 열성당원들에게 우선적으로 배정된다. 전국적으로 휴양을 위한 휴양소들이 건설되어 있고, 가족휴양소, 농민휴양소, 군인휴양소 등 각 계층에 맞는 휴양소들이 전국에 약 100~120여 개 정도 조성되어 있다. 휴양소에서의 생활이 마냥 자유로운 것은 아니다. 아침 6시에 기상해서 저녁 10시에 취침하는 정규적인 생활을 하며 영화관람, 온천, 오락, 체육 등을 즐긴다. 휴양도 조직된다는 표현이 적절할 것이다.

북한에서 월급은 생활비라고 불린다. 과거에는 대체로 80~120원 정도였던 월급이 2002년에 실시된 '7·1 조치' 이후, 1,000~6,000원 정도로 대폭 인상되었다. 또한 새로운 인센티브제가 도입되어 현재 평양의 직장인들의 한 달 수입은 공식적인 임금보다 훨씬 높은 것으로 알려져 있다. 2009년에 실시한 화폐개혁으로 인해 여러 혼란을 겪었지만, 대체로 평양에서의 한 날 수익은 4인 가족 기준으로 약 25만 원 수준이라고 한다. 임금이 인상된 만큼, 물가도 인상되어 과거 쌀 1kg에 8전이었던 것이 약 44원으로 550배가량 인상되었다. 그렇지만 시장에서 유통되는 쌀값은 계절적인 요인, 환율 및 수요와 공급에 따라 1kg에 5,000원 이상으로 거래되기도 한다. 과거 사회주의 시책에 따라 국가가 거의 무상으로 제공하였던 주택료 및 전기료, 수도료 등도 이제는 '쓴 만큼 지불해야 하는 제도'로 바뀌었다. 점차 '공짜'가 없어지고 있는 셈이다.[14]

사회의 재탄생-결혼

북한에서도 결혼은 축복이자 새로운 출발을 의미한다. 북한에서 '가족'은 사회의 기층생활단위로 규정되어 있다.[15] 북한에서도 연애결혼(맞혼인)이 점차 많아지고 있는 추세이다. 대학과 군대에서는 연애가 엄격히 금지되어 있기 때문에 드러내놓고 데이트를 즐기지는 못한다. 그래서인지 평양의 곳곳에서는 몰래 데이트를 즐기는 남녀가 심심치 않게 눈에 뜨인다. 과거에는 결혼 직전까지는 자신들의 관계를 숨기는 경우가 많았지만, 최근에는 알 만한 사람은 다 알고, 친한 친구들끼리는 공개적으로 연애를 즐긴다고 한다.[16] 또한 남의 이목을 고려해서 으슥한 밤에 대동강 유보도(둔치 거리)를 걷거나, 공원의 한적한 숲길

북한에서의 피임

북한에서도 피임을 한다. 피임은 주로 여성들이 하는데, 자궁 내 장치(48.0%), 영구 불임술(4.2%), 경구피임(2.3%), 그리고 주기조절 혹은 젤리(10.6%) 등이다. 남성들의 경우, 콘돔(2.5%) 그리고 정관수술(0.2%) 등이다.* 북한의 피임 현황을 통해서 알 수 있는 것은 대부분의 피임이 여성들에 의해 이루어지고 있으며, 이는 북한의 남성 중심의 문화(가부장적 문화)의 일단을 보여주는 사례라고 할 수 있다. 북한이 콘돔을 생산하는지는 아직 알려지지 않고 있다. 피임법으로 자궁 내 장치를 많이 하는데, 북한에서는 이를 '고리(루프)'를 끼운다고 한다. 수술이 원활하지 않아, 원치 않은 임신이 많다고 전해진다.

한편, 북한에서도 원치 않은 임신을 했을 경우, 낙태수술을 하는 경우도 있다. 탈북자 증언에 따르면, 임신중절수술(낙태수술)의 경우 병원에 뇌물을 주어야 한다고 한다. 북한에서도 혼전임신이 있고, 이를 속도위반으로 놀림을 받기도 한다. 미혼모의 경우 사회적으로는 좋지 않은 시선을 받지만, 특별한 불이익을 받지는 않는다고 한다.

* 황나미, 이삼식, 이사영, 『북한주민의 생활과 보건복지 실태』(서울: 한국보건사회연구원, 2012), 37쪽; 위의 통계 수치는 탈북자 증언에 의한 것이다.

사진 6-9 최근 평양에서는 과거와 달리 공개적으로 데이트를 즐기는 남녀가 늘고 있다.

을 찾는다고 한다. 최근에는 영화관, 식당, 술집, 놀이공원, 볼링장, 유원지 등에서 공개적으로 데이트를 즐기는 청춘 남녀가 늘어났다.(혼전 성관계 역시 존재하며, 혼전임신은 우리처럼 '속도위반'이라고 놀림을 받는 경우도 있다고 한다.)

북한의 남성들은 군대 생활을 오래하기 때문에 결혼 연령도 늦은 편이다. 최근에는 여성들의 가치관이 바뀌면서 여성들도 결혼을 늦추는 경우가 많아졌다고 한다. 2008년 실시된 북한 인구센서스를 분석한 결과는 북한 남성들의 평균 초혼 연령은 29세, 여성은 25.5세 정도로 추정된다.[17] 공식적으로 북한의 결혼 가능 연령은 남자 18세, 여자 17세이다.[18] 북한에서도 양가 부모님 반대가 있기도 하고, 이 때문에 헤어지기도 한다. 그러나 부모님 반대에도 불구하고 결혼을 강행하는 '의지'가 더 중요하다. 결혼을 위해서는 소속 직장의 당 책임비서나 청년동맹 비서의 승인을 받아야 한다. 서류상 승인이 아니라 결혼을 통고하고, 휴가 등을 받기 위한 하나의 과정으로서 승인이 요구된다. 물론 때로는 이들이 결혼을 만류하기도 한다.

결혼식은 대개 토요일이나 일요일을 택해서 한다. 우리와 같은 전문 결혼식장은 없지만, 음식점 등에서 성대한 피로연을 개최하기도 하고, 최근에는 야외촬영을 하는 부부가 늘어나기도 하였다.(전문 결혼식장을 갖춘 식당도 있는데 평양의 경흥관이 대표적이다.) 대체로 신랑은 양복, 신부는 한복을 차려입고 결혼식을 치른다. 주례는 따로 없으며 신랑과 신부가 마주보고 식을 올리는 형식이다.

사진 6-10 북한의 결혼식과 피로연. 야외 기념촬영도 하며, 친구들과 노래를 부르며 피로연을 즐기기도 한다.

결혼식을 마치면 결혼등록을 하게 되는데, 가지고 있는 공민증의 뒷면에 '결혼관계란'이 있어 결혼했다는 사실이 기록된다. 공민증을 보면 기혼인지, 미혼인지를 구분할 수 있게 되어 있다. 재혼 역시 자유롭다. 이혼을 하거나 사별을 하여서 공민증을 새로 발급받게 되면, 결혼관계란은 깨끗하게 지워져서 나온다.[19] 재혼의 횟수에는 제한이 없는 셈이다. 결혼을 해서 가족을 형성하게 되면, 신혼집도 마련해야 하고 여러 살림살이도 장만해야 한다. 신혼집은 원칙적으로 국가에서 제공하도록 되어 있다. 그러나 1990년대 국가의 어려운 형편에 모든 신혼부부에게 신혼집을 마련해줄 수 없었고, 그래서 일정 기간은 시부모님과 함께 거주하거나, 다른 부부와 함께 생활하기도 한다. 아예 시부모와 함께 살기 위해 신혼살림을 시댁에 마련하는 경우도 많다.

결혼식을 하고 결혼 등록을 하게 되면 공식적으로 하나의 가정이 탄생하게 된다. 그러나 때로는 결혼생활이 순조롭지 못해 이혼으로 파탄이 나는 경우도 있다. 북한에서의 이혼 역시 우리와 마찬가지로 '성격차이'가 많은 경우를 차지하고 있다. 이혼율이 높지는 않지만(1,000쌍 당 1~2건, 그러나 대도시의 경우 100쌍 당 1~2건이라는 통계도 있음), 엄연히 이혼이 자유로운 선택으로 존재하고

저출산과 고령화

일반적으로 저출산, 고령화의 원인은 경제발전 및 여성들의 사회 참여 증대, 개인주의화 등이 꼽힌다. 이에 반해 북한에서의 저출산 원인은 조금 다르게 해석된다. 북한에서도 여성들의 사회 참여 확대, 개인주의화된 가치관의 확산이 영향을 미치고 있는 것은 분명하다. 그러나 1990년대 이후, 북한의 경제적 위기는 국가의 복지 서비스가 축소되는 결과를 가져왔고, 이는 출산과 양육에 대한 부담으로 이어졌다. 한편 북한에서 고령화의 원인은 의학기술의 발전, 영양 및 보건 위생 상태의 개선에 기인한다. 단 북한의 고령화는 상대적인 것으로, 1990년대의 충격이 연령대에 불균형하게 영향을 미친 것이 중요한 원인으로 제기된다. 즉 1990년대(고난의 행군 시기) 40~50대의 연령층의 생존 가능성이 더 높았기 때문에 전체 인구에서 당시의 40~50대(현재의 60~70대)의 비중이 전체 인구의 약 8.7%로 증대하게 된 것이다. 이는 북한의 고령화가 평균수명의 증대에 의한 것이 아님을 통해 더욱 확실하게 알 수 있다. 즉 북한 고령 인구의 약 75%는 65~75세 사이에 위치하고 있고, 평균수명은 1993년보다 더 낮아져 있다. 2008년 북한의 평균연령은 69.3세이며, 90년대의 충격이 반영되기 전인 1993년의 72.7세보다 오히려 낮아졌다. 2000년의 평균수명 67.1세에 비하면 늘어나고 있지만, 여전히 1990년대의 충격과 영향에서 완전히 벗어나지 못하고 있는 것이다.

표 6-3 1993년과 2008년 북한의 인구 구성

[단위: 명]

연령	1993			2008		
	합계	남자	여자	합계	남자	여자
총인구	20,522,351	9,677,663	10,844,688	24,052,231	11,721,838	12,330,393
0-4	2,088,508	1,071,954	1,016,554	1,710,039	872,173	837,866
5-9	1,866,583	957,583	909,000	1,846,785	943,048	903,737
10-14	1,767,112	904,764	862,348	2,021,350	1,035,282	986,068
15-19	1,528,298	708,790	819,508	2,052,342	1,050,113	1,002,229
20-24	1,862,989	765,479	1,097,510	1,841,400	941,017	900,383
25-29	2,019,525	987,095	1,032,430	1,737,185	887,573	849,612
30-34	1,607,929	791,117	816,812	1,680,272	853,276	826,996
35-39	1,386,454	682,990	703,464	2,214,929	1,118,391	1,096,538
40-44	990,787	482,309	508,478	2,015,514	1,005,140	1,010,374
45-49	1,243,077	603,230	639,847	1,559,527	766,054	793,473
50-54	1,208,802	582,990	625,812	1,315,101	637,737	677,364
55-59	1,063,657	487,276	576,381	902,876	423,625	479,251
60-64	748,594	301,764	446,830	1,058,263	476,727	581,536
65-69	506,061	174,925	331,136	913,304	379,456	533,848
70-74	339,533	102,975	236,558	662,627	228,286	434,341
75-79	187,260	49,324	137,936	335,467	79,231	256,236
80-84	81,332	19,005	62,327	132,149	18,884	113,265
85-89	20,835	3,565	17,270	42,760	4,930	37,830
90-94	4,100	485	3,615	8,634	809	7,825
95-99	818	40	778	1,643	86	1,557
100+	97	3	94	64	-	64

자료: 김두섭 외, 『북한 인구와 인구센서스』(대전: 통계청, 2011), 319쪽.

있고, 법적인 절차를 거치도록 되어 있다. 이혼은 인민재판소에서 최종 결정이 되며, 주로 여성의 의견을 반영하여 결정을 하게 된다. 이혼을 하게 되었을 경우 아이의 양육은 대체로 여성이 맡고, 남성은 아이가 자랄 때까지 양육비를 지급하는 경우가 많다. 보통 월급의 10~30% 가량을 양육비로 책정한다고 한다. 재산의 분할 역시 결혼할 때 자신이 마련한 것은 자신이 가지고, 공동으로 형성된 재산에 대해서는 아이를 양육하는 쪽이 더 많이 가지게 된다고 한다.[20] 사회의 세포조직으로서 가정의 탄생이 결혼으로 이루어진다면, 이혼은 세포의 소멸이라고 할 수 있다. 어떤 사회에서도 이혼을 긍정적으로 바라보지는 않는다. 그래서 북한에서도 문제가 있는 부부의 경우에는 직장 당 비서나 청년동맹 비서 등이 나서고, 주변에서도 나서서 만류하지만 당사자들이 끝내 거부할 경우 막을 방도는 없다고 한다.

북한에서 이혼 북한은 1956년 합의이혼제를 폐기하고 재판에 의한 이혼만을 인정하고 있다. 또한, 1세 미만의 자녀나 임신 중일 때는 이혼이 어렵다고 한다. 이혼의 사유로는 출신성분의 문제, 한쪽 당사자가 바람을 피울 때, 폭력, 자녀가 없을 때 등 다양하다. 이혼 이후 재혼은 자유롭지만, 재혼을 꺼리는 사회 분위기 때문에 어렵다고 한다. 특히 자녀가 있을 경우 재혼은 더욱 어렵다고 한다. 최근 북한에서도 여성들의 권리 신장이 이루어지면서 사회에서 여성들에 대한 가사 분담 등을 남편에게 촉구하는 소설도 등장하고 있다. 정현철의 〈삶의 향기〉가 대표적이며 이혼 문제를 다룬 소설로는 백남룡의 〈벗〉이 대표적이다.

결혼은 곧 사회적 재생산의 출발이 된다. 하나의 사회가 유지되기 위해서는 끊임없는 재생산이 이루어져야 한다. 우리가 현재 '저출산과 고령화'로 인해 사회적인 큰 변화의 와중에 있듯이, 북한 역시 저출산과 고령화의 길로 가고 있다. 그래서 북한 당국은 '다출산정책'을 실시하고 있고, 아이를 많이 낳은 어머니에 대해서는 '모성영웅'의 칭호까지 수여하고 있다.[21] 남북이 모두 1960년대 가족계획의 성공적인 사례로 꼽힌다면, 오늘에 와서는 저출산이라는 동일한 현상에 직면하여 새로운 고민거리를 안고 있는 셈이다. 2012년 치러진 어머니 대회에서 북한은 "어머니들은 아들딸을 더 많이 낳아 훌륭히 키워 총을 잡으면 일당백 용사가 되고 붓을 쥐면 세계적인 인재가 되는 강성 조선의 기둥감들이 숲을 이루게 해야 한다"라고 하여, 다출산이 중요한 과제임을 밝히고 있다.[22] 그리고 2012년 11월 16일을 '어머니 날'로 제정하여 기념하고 있다.

국가로부터의 부름과 생의 마지막

북한을 연상할 때 떠오르는 것 중의 하나는 대규모 인력동원 장면이다. 실제 과거 1950년대의 천리마운동, 70년대의 '3대혁명소조운동'이나 '3대혁명붉은기쟁취운동' 등이 대표적인 북한의 인력동원 운동이었다. 지금도 텔레비전 화면에서 가끔씩 보이는 군인과 주민들의 건설 현장에의 대규모 동원은 '동원사회'라는 이미지를 고착시키고 있다. 사회주의 국가는 대체로 경제건설이나 집단적 혁신 및 사상 개조 운동을 벌이면서 이러한 대규모 인력동원을 전 국가적 차원에서 진행하기도 한다. 중국의 대약진운동이나 문화대혁명, 소련의 스타하노프운동 등이 모두 이러한 범주에 속한다. 이를 대중운동 혹은 문화혁명이라고 한다. 이러한 대중운동 그리고 문화혁명은 사상운동이자 동시에 경제발전을 위한 수단으로서의 성격을 가진다.

북한에서의 '인력동원'은 대규모 노동력 투입을 통한 단기적인 성과를 목

사회주의국가의 대중동원운동

스타하노프운동 1935년 소련의 광부였던 스타하노프가 새로운 기술을 도입하여 생산성을 급격하게 향상시킴으로써 전국적으로 확산된 운동. 노동자들의 창조력을 최대한 발휘하여 노동생산성과 생산력을 높이기 위한 운동이었다. 그러나 노동강도의 강화를 초래함으로써 노동자들의 반발을 사기도 하였다.

대약진운동 1958~1960년에 일어난 중국에서의 대규모 대중운동. 마오쩌둥이 주도하여 짧은 기간 안에 농업과 공업을 일으키려고 했다. 그러나 대약진운동의 급진성으로 인해 수많은 아사자가 발생하였고, 중국의 경제와 문화는 오히려 후퇴하였다. 결과적으로 실패한 운동이었고, 이에 마오쩌둥은 국가주석 직을 사임하였다.

문화대혁명 1966년부터 1976년까지 마오쩌둥에 의해 주도된 급진적인 계급투쟁운동. 중국 공산당 내의 소위 '주자파'를 숙청하면서 류사오치, 덩샤오핑 등이 출당 당하기도 하였다. 문화대혁명은 마오쩌둥이 홍위병을 동원하면서 극좌적으로 진행되었으며, 이로 인해 중국 사회는 정치, 경제, 문화적으로 엄청난 대혼란을 겪었다. 그러나 문화대혁명이 수습되면서 오히려 덩샤오핑이 실권을 잡고, 개혁 · 개방을 추진하는 계기가 되기도 하였다.

천리마운동 북한의 대중운동을 설명하는 핵심 키워드는 '천리마'라 할 수 있다. 천리마란 말 그대로 하루에 천리를 달리는 말을 의미한다. 빠른 속도를 의미한다고 할 수 있다. 이를 정식화시켜서 1970년대 김정일은 '속도전'을 제창했다. 속도전이란 '모든 사업을 전격적으로 밀고나가는 사회주의 건설의 기본전투형식으로서, 모든 력량을 총동원하여 사업을 최대한으로 빨리 밀고나가면서 그 질을 가장 높은 수준에서 보장하는 것'으로 정의된다. 이후 속도전은 북한 대중운동의 기본지침이 되었다.

사진 6-11 평양시 창전거리 건설 현장과 건설 현장에 동원된 주민들이 궐기대회를 하고 있는 모습.

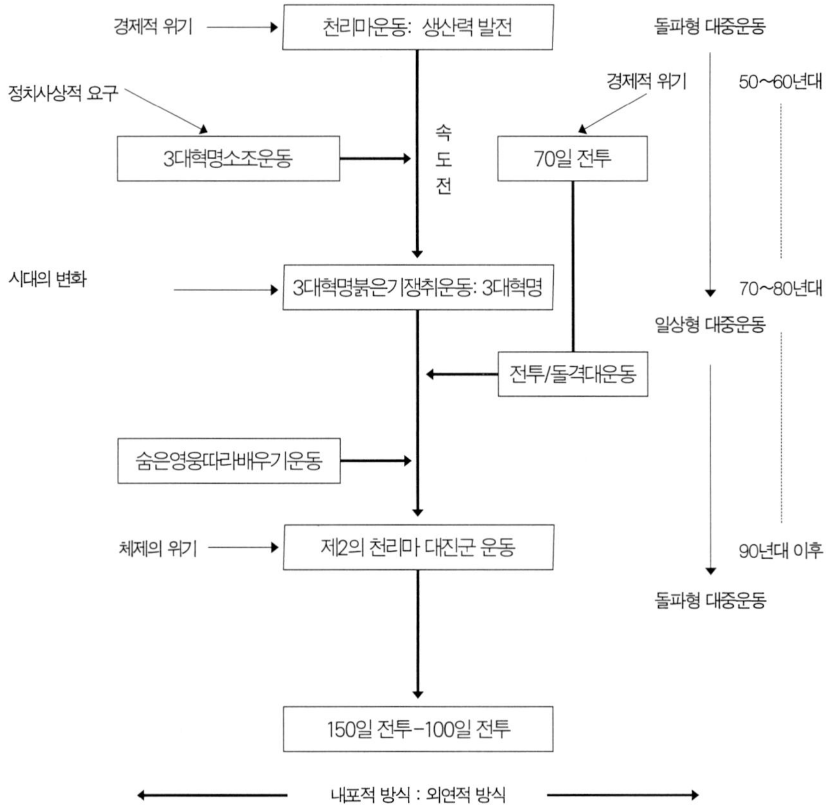

자료: 정영철, 「1970년대 대중운동과 북한 사회: 돌파형 대중운동에서 일상형 대중운동으로」, 『현대북한연구』 6권 1호(2003), 159쪽 수정.

그림 6-2 북한 대중운동의 흐름

적으로 하지만, 다른 한편으로는 사회적 집단 경쟁운동을 통해 사람들의 사상을 개조하는 교양하는 의미도 담고 있다. 북한 대중운동의 특징은 지도와 대중의 결합이라는 '군중노선'에 근거하고 있는데, 그 방식은 한 단위에서 모범을 형성하여 전 사회적으로 확산시키고, 빠른 속도로 진행하는 것을 기본으로 하고 있다. 일종의 '속도전' 방식인 것이다.

〈그림 6-2〉에서와 같이 북한의 대중운동을 시대적으로 살펴보면 '돌파형

대중운동'에서 '일상형 대중운동'으로, 1990년대 위기의 시기에는 다시금 '돌파형 대중운동'으로 나타났다가 현재에는 대규모 동원운동이 점차 축소되고 과학-기술에 의거한 혁신운동으로 나타나고 있다. 북한은 경제적으로 위기 상황에 있거나 혹은 경제적인 도약이 요구될 때 어김없이 대중운동을 통한 위기 해소를 선택했다. 그러나 최근에는 과거와 달리 천리마운동과 같은 대규모 동원운동이 적극적으로 진행되지는 않고 있다. 그 이유는 과거와 달리 노력동원만으로는 한계가 있고, 더 이상 과거식의 동원운동이 효율적이지 않기 때문이다.[23]

과거 북한의 대중운동은 북한 사회를 사회주의적으로 개조하고, 경제적으로 부흥시키는 데 결정적인 역할을 하였다. 천리마운동은 연평균 30% 이상의 경제성장률을 가져왔으며, 1970년대 '3대혁명붉은기쟁취운동' 등은 전 사회적인 집단적인 경쟁과 혁신을 통해 경제위기를 어느 정도 해소시켜왔다. 그러나 최근의 대중운동은 이러한 경제적 성과를 달성하는 데서 크게 성과를 내지 못한 것으로 보인다. 대표적으로 2009년 실시한 '150일 전투'와 연이어 벌인 '100일 전투' 등은 북한의 선전과는 달리 경제적으로 큰 성과를 내지 못한 것으로 알려져 있다. 2000년대 실시한 150일 전투와 100일 전투는 과거형의 '돌파형 대중운동'이 더 이상 유효하지 않음을 보여주는 사례라 할 수 있다.

대규모 인력동원이 줄어들고 있음에도, 북한의 주민들은 여전히 국가의 부

150일 전투

2009년 4월 20일부터 9월 16일까지 진행된 총동원 운동을 말한다. 이 당시 북한은 2012년을 '강성대국의 대문을 여는 해'로 정하고, 경제발전을 위한 총력전을 펼쳐왔다. 150일 전투는 북한의 보도에 따르면 공업부문에서 계획을 112%로 수행했다고 주장했다. 이 성과를 바탕으로 북한은 연이어 그해 연말까지 100일 전투를 진행하였다. 150일 전투와 100일 전투는 가장 최근에 북한이 벌인 총동원형의 대중운동이라고 할 수 있다. 그러나 북한의 주장처럼 경제에 커다란 성과를 낳았는지는 의문이다.

사진 6-12 평양에서 열린 반미궐기대회의 모습. 북한의 주민들은 당국의 동원에 참여함으로써 집단의 소속감과 일체감을 고취시키고, 자신의 충성을 증명한다.

름에 화답해야 하는 의무를 지니고 있다. 국가적인 행사 혹은 대외적인 결의의 표명 시에는 어김없이 대규모 주민을 동원하여 정치적인 궐기대회나 대중집회를 개최하고 있다. 특히 연초에는 신년사(혹은 신년사설) 관철을 위한 기관 및 단위, 지역마다 궐기대회가 개최되고, 조선로동당 창건일이나 정권수립일 등 국가적인 기념일에는 대규모 주민들이 동원해 성대한 행사를 개최하고 있다. 이러한 행사에의 참여는 '사회적인 강제'의 성격도 띠고 있지만, 또 한편으로는 이런 행사에 참가한다는 자부심을 부여하기도 한다. 집단주의를 강조하는 북한사회의 특성상 이러한 집단행사에의 참여는 곧 자신이 집단의 중요한 구성원임을 자각하게 하고, 집단에 대한 충성심과 국가에 대한 애국심을 고취하는 중요한 계기가 되기도 하는 것이다. 따라서 북한의 주민들은 이러한 국가적인 행사 참여에 적극적으로 임하게 되며, 은퇴에 이르기까지 이러한 동원이 일상화된 삶을 영위하게 된다.

북한에서 남성은 60세, 여성은 55세에 정년을 맞이하게 된다. 정년을 맞이한 이들에게는 생활비와 식량배급이 국가에 의해 이루어진다.(근로 연수 15년 이상) 만약 김일성훈장이나 공화국영웅, 로력영웅 칭호를 받았다면 퇴직 전 생활비의 100%, 하루에 600g의 식량이 지급된다. 김일성상이나 로

사진 6-13 북한 주민들의 대동강가에 나와 낚시를 하고 있는 모습. 은퇴를 하게 되면 대동강에서 낚시로 소일을 하거나 일종의 자원봉사 활동을 하는 사람들이 많다.

력훈장 이상의 상훈을 받았다면 60%의 생활비와 600g의 식량이 공급된다. 아무런 상훈을 받지 못하고 직장 생활을 15~20년 이상 했다면, 하루 300g의 식량과 일정 금액의 '연로연금'이 지급된다.[24] 그런데 최근에는 남성 65세, 여성 60세로 연금 수령 연령을 상향 조정하였고, 근속 연수도 20년 이상으로 늘려서 이 제도를 시행하고 있다. 아마 노동력의 부족, 기대수명의 연장 등으로 근로일수를 늘이려는 의도로 보인다.

정년 이후에는 일상적인 소일거리를 하면서 하루를 보낸다. 손주들을 돌보거나 낚시, 운동 등으로 소일하기도 하고, 혹은 인민반이나 지역의 기관 등에서 '봉사'를 하기도 한다. 그리고 이 시기가 북한에서 '조직생활'로부터 해방되는 때이기도 하다.

북한에서의 장례는 우리와 크게 다르지 않다. 사람이 사망하면 병원이나 진료소에서 사망진단서를 발급받아 동사무소에 제시하고 장례비와 쌀, 술 일정량이 지급받는다. 부족하면 시장에서 필요한 만큼 직접 구입하게 된다. 장례는 보통 3일장을 치르며, 직장에서는 3~5일간의 휴가를 준다. 특별한 종교의식은 없고, 남자는 검은 천을 팔에 두르고, 여자는 머리에 흰 리본을 단다고 한다.

사진 6-14 혁명열사릉, 재북인사묘, 애국열사릉.

북한의 국립묘지인 혁명열사릉의 가장 높은 중앙부 모습(맨 위). 사진의 왼쪽부터 안길, 김책, 김정숙(김일성 부인), 강건, 최춘국, 오중흡 등의 반신상이 보인다. 이들은 모두 김일성과 함께 항일빨치산 활동을 했던 핵심 동료들이었다. 혁명열사릉은 평양의 대성산에 위치하고 있으며, 1975년에 조성되었다.

애국열사릉은 우리의 국립묘지에 해당한다.(왼쪽 아래) 항일빨치산 일부와 당 및 국가의 고위 간부, 그리고 노력영웅 등 국가에 공헌을 한 사람들이 안치되어 있다. 1986년 조성되었다.

재북인사묘는 남한의 주요 인물들이 안치되어 있는 묘로, 납치 및 납북, 월북된 재북인사들의 묘이다.(오른쪽 아래) 2004년에 새로 조성되었다. 국회의원, 대학총장, 기업인, 예술인 등 남한의 유명 인사들이 안치되어 있다.

장례와 관련된 여타의 절차에 대해서는 녹화사업소나 편의협동조합 등에서 맡아 해준다.[25] 일반인들의 장례가 이처럼 치러진다면, 국가적인 장례는 '국장'이나 '사회장'으로 치러진다. 고위 관료의 사망이 이에 해당한다. 김일성, 김정일의 사망 시 보여주었던 장례가 대표적이다.

국가에 대한 공로가 많은 사람들은 '열사릉'에 묻히게 되는데, 우리의 현충원과 비슷하다. 북한의 열사릉은 크게 두 가지로 구분되는데, 김일성과 함께 빨치산 활동을 했던 동료들은 혁명열사릉에 묻히게 되고, 여타 빨치산과 국가 고위 간부들의 경우에는 애국열사릉에 안치된다.

북한에서 장례는 집단주의 사회의 특성상 친인척은 물론 직장의 동료, 인민반 등에서 힘을 합쳐 장례를 치른다. 북한에서도 주민들이 매장을 선호한다고 한다. 그러나 매장지의 한계로 인해 1970년대부터는 화장을 장려하고 있지만 아직까지 매장을 더 선호한다고 한다. 주민의 사망은 곧 공식 기록에서의 제외를 의미한다. 사망신고를 하면 공민등록대장에서 사망자의 이름이 삭제되고, 공민증의 반납, 당원의 경우 당 비서에게 당원증을 반납하게 된다. 장례 이후 제사는 조용하게 진행된다. 가까운 일가 친척들이 모여 밤에 조촐하게 제사상을 마련하는 것으로 끝이 난다고 한다.

탄생에서 사망까지 북한 주민들의 생활은 '집단 속의 개인'으로서의 삶이라고 할 수 있다. 탁아소부터 시작하여 대학교까지 그리고 군대와 직장을 거쳐 은퇴를 하게 되면, 비로소 조직 생활에서 해방되지만, 죽음에 이르러서야 비로소 모든 삶의 궤적으로부터 벗어나게 된다. 이러한 북한 주민들의 삶은 우리와 큰 차이가 없다. 다만 집단이 강조되고, 조직과 국가에 대한 충성심이 좀더 강조되며, 그에 따른 사회적 의무가 강조되고 있다는 점이 다를 뿐이다. 북한 주민들 역시 희로애락을 느끼며 한 생을 살게 된다. 비록 교육을 통한 가치관과 이데올로기 그리고 정치적 지향에서의 차이를 노정하지만, 같은 동포로서 소박한 삶을 영위하는 모습은 그다지 낯설지 않은 것 또한 사실이다.

1990년대 이후, 새로운 사회 현상의 탄생과 북한 사회의 변화

1990년대 이후, 북한 사회는 여러 가지의 어려움에 직면하였다. 김일성의 사망, 연이은 자연재해, 미국과의 갈등 등이 겹쳐서 일어났고, 체제의 안위를 우려해야 할 정도의 위기 상황을 맞이했다. 특히 극심한 식량난은 수많은 탈북자들을 양산했고, 북한 내 조직의 이완 및 규율의 붕괴를 낳았다. 이에 따라 생존을 위해 주민들은 합법과 불법을 넘나드는 생존투쟁을 벌여야 했고, 그 결과 시장의 확산과 외부 사조의 침투, 그리고 이에 따른 주민들의 가치관 변화 등이 발생했다. 집단주의적 가치관이 약화되고 개인주의적 가치관이 확산되고 있으며, 정치사상적 요인의 중요성이 여전히 강조되고 있지만, 물질적 동기 부여가 더욱 중시되고 있다. 이러한 북한의 변화는 결국 국가 능력의 약화, 통제의 변화, 개인 자율성의 증대 그리고 시장의 탄생에 따른 공간의 변화와 생활의 변화라 할 수 있다.

시장의 탄생-새로운 삶의 공간의 탄생

1990년대 이후, 북한 사회의 가장 큰 변화는 '시장의 탄생'이라 할 수 있다. 과거 북한에서 협동농장의 농민들이 개인의 텃밭이나 집에서 가꾼 채소나 닭 등을 물물교환 형태로 사고팔던 농민시장이 존재했었다. 북한의 경제가 정상적으로 운영될 때에는 이러한 농민시장은 존재 가치가 미미한 상황이었다. 그러나 국가의 공급 능력이 약화되고, 개인들이 그동안 국가에만 의존하던 삶이 더 이상 어려워진 상황에서 시장의 확대는 불가피하였다. 그 결과 1990년대 초반부터 시장이 활성화되기 시작하였고, 개인들이 점차 시장을 통한 경제활동에 적응하기 시작하였다. 결국 2002년 10월 북한 당국은 이미 존재하는 시장을 합법화하고 이를 체제 내로 수용하였다. 전국 각지에 종합시장의 이름으로 시장을 공식 개설하고, 주민들이 시장을 이용할 수 있도록 조치를 취하였다.

시장의 탄생은 곧 새로운 공간의 탄생을 의미한다. 주민들은 시장을 통해

사진 6-15 평양시 중구역에 있는 중구시장의 전경.

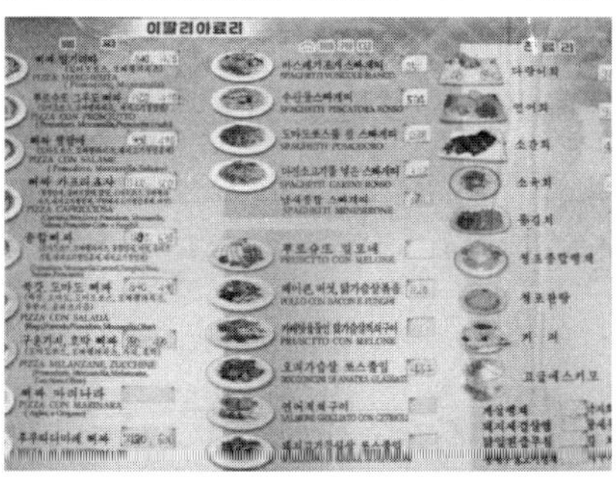

사진 6-16 왼쪽 위부터 시계방향으로 2011년 12월 중국과 합작으로 옛 광복백화점을 리모델링해서 개장한 광복지구상업중심의 내부와 외부 모습, 최근 북한에서 증가하고 있는 대형슈퍼마켓의 하나인 평양 보통강상점의 내부 모습, 마지막으로 평양의 이탈리아 요리 가게의 메뉴판. 피자, 스파게티는 물론, 불고기, 회 등의 다양한 메뉴가 보인다.

생필품을 사고팔 수 있게 되었으며, 자연스럽게 수요와 공급에 따른 가격 변동을 체험하게 되었다. 이 과정에서 부를 축적하는 사람들이 생겨났다. 그리고 시장이 전 사회적으로 확산되면서 계획경제에 의한 생산과 분배, 소비가 축소되고 시장에 의한 경제생활이 확대되기 시작하였다. 또한 시장을 통한 정보의 유통, 주민 이동의 확대 등으로 사회질서의 변화, 그리고 나아가서는 가치관의 변화도 체험하게 되었다.[26]

시장이 확대되고 많은 주민들이 시장에 의존하면서 생활하게 되자, 북한 당국도 시장에 대해 재평가하고, 시장을 적극적으로 이용하기 시작하였다. 그리고 나아가서 최근에는 시장 이외에 새로운 유통공간을 만들기 시작하였다. 시장이 아래로부터의 자발적인 탄생과 위로부터의 수용의 형태였다면, 최근 나타나고 있는 슈퍼마켓, 24시간 편의점 등의 등장은 국가가 의도적으로 유통 분야의 혁신을 시도하고 있는 것이라 할 수 있다.(이를 북한 당국은 '유통혁명'이라 부른다) 이제 북한의 유통망은 과거 국가의 공급망과 더불어 시장, 그리고 새로운 형태의 유통 공간이 공존하는 형태로 바뀌고 있다. 다양한 공간이 탄생하고, 이 공간을 통해 새로운 삶의 방식이 형성되고 있는 것이 오늘날 북한의 현실이라고 할 수 있다.

북한의 휴대폰

북한에서 휴대폰 보급은 지난해 말 기준으로 170만 대에 육박하는 것으로 나타나고 있다. 북한이 보급하는 휴대폰은 3세대(3G) 휴대폰이고, 최근에는 스마트폰(북한식 명칭 '음성팟기')이 보급되고 있다고 한다. 북한의 휴대전화 사업은 이집트의 오라스콤과 북한의 체신성이 합작한 고려링크라는 회사를 통해 이루어지고 있다. 북한 휴대폰은 아직 인터넷 서비스가 되지 않고 있고, 국제전화도 원칙적으로 금지되고 있다. 최근에는 태블릿 PC도 보급되고 있다. 북한이 자체 개발한 태블릿 PC의 이름은 삼지연, 아침 등이다. 2013년부터는 외국인에 한해 휴대폰을 통한 인터넷 연결을 허용하고 있다.

사회의 변화와 삶의 변화 – 집단주의의 약화와 개인주의의 강화

시장의 탄생과 사회질서의 변화는 자연스럽게 삶의 방식에도 변화를 가져왔다. 삶의 방식의 변화는 곧 새로운 가치관을 발생시켰고, 그 결과는 집단주의의 약화와 개인주의의 강화였다. 먼저 주민 가치관의 측면에서의 변화를 살펴보면, 집단주의적 가치관이 약화되고 그 자리를 대신하여 개인주의적 가치관이 증대되고 있다. 이와 함께 비사회주의적 현상의 확대도 증대되고 있다. 여기에는 북한과 중국 국경 지역에서 활동하는 NGO 단체들, 그리고 무역 활동을 통해 남한이나 외국의 노래, 비디오, 책 등이 유포되면서 적잖은 영향을 미치고 있는 것으로 보인다.

다음으로 사회적인 법과 제도, 그리고 문화적 변화를 들 수 있다. 1990년대 이후, 북한의 헌법에는 거주·이동의 자유 보장, 컴퓨터 범죄 등 새롭게 등장한 사회적 현상에 대한 법적 규정, 경제적 이윤에 대한 법적 규정 등이 새롭게 추가되었다. 이러한 법 소항의 변화와 신설은 곧 사회적인 변화를 반영하는 것을 의미한다. 거주·이동의 자유 확대는 정보의 이동을 촉진시켰고, 정보의 확산은 곧 가치관의 변화에 영향을 미치게 된다. 이에 따라 사회 불평등 현상이 촉진되고, 이러한 불평등의 확산은 전통적인 사회주의적 평등에 반하는 것으로 인식되면서도 동시에 자연스러운 것으로 인식되고 있다. 2000년대 이후, 북한에서

사진 6-17 평양의 어린이가 영어가 쓰인 옷을 입고 있는 모습(왼쪽)과 영어가 쓰인 미키마우스 그림이 그려진 가방을 메고 있는 모습(오른쪽).

표 6-4 북한의 전통적인 계층 구분과 최근의 현상

계층	부류	대우
핵심계층 (28%)	노동자, 고농(머슴), 빈농, 사무원, 노동당원, 혁명유가족, 애국열사유가족, 8.15 이후 양성된 인테리, 6.25 피살자 가족, 전사자 가족, 후방가족, 영예군인 등	- 당 · 정 · 군 간부 등용 - 타 계층과 분리, 특혜 조치(진학, 승진, 배급, 거주, 진료 등에서 특혜 조치)
동요계층 (45%)	중 · 소 상인, 수공업인, 소공장주, 하층접객업자, 중산층 적객업자, 월남자 가족(제2 · 3부류), 중농, 민족자본가, 중국귀환민, 일본귀환민, 8 · 15 이전 양성된 인테리, 안일 · 부화 · 방탕한자, 접대부 및 미신숭배자, 유학자 및 지방유지, 경제사범 등	- 각종 하급간부 및 기술자 진출 - 극소수 핵심계층으로 승격
적대계층 (27%)	8.15이후 전락 노동자, 부농, 지주, 친일 · 친미주의자, 반동관료배, 천도교 청우당원, 입북자, 기독교신자, 불교신자, 천주교신자, 출당자, (철직자), 적기관복무자, 체포.투옥자 가족, 간첩관계자 가족, 간첩관계자, 반당 · 반혁명 종파분자, 처단자 가족, 출소자, 정치범, 민주당원, 자본가, 월남자 가족(제1부류) 등	- 유해, 중노동에 종사 - 입학, 진학, 입당봉쇄 - 제재, 감시, 포섭 대상으로 분류 제재: 강제이주, 격리수용 감시: 항시 동태감시 - 극소수 기본계층으로 재분류(자녀)

↓ (90년대 이후, 변화)

계층	부류	대우
기본군중	혁명가, 혁명가 가족, 혁명가유가족, 영예군인, 영예전상자, 접견자, 영웅, 공로자, 제대군인, 전사자가족, 피살자 가족, 사회주의애국희생자 가족	기본계급출신으로 혁명의 매단계마다 수령님과 지도자동지를 위하여 한목숨 바쳐왔으며 앞으로도 김일성-김정일주의 기치에 따라 끝까지 견결히 싸워 나가는 계층
복잡군중	인민군대 입대 기피자, 인민군대 대열도주자, 귀환군인, 귀환시민, 반동단체 가담자, 일제복무기관 복무자, 해방전사, 건설대 제대자, 의거 입북자, 10자대, 금강학원 관계자, 정치범 교화출소자, 종교인, 월남자 가족, 처단된 자 가족, 정치범 교화자 가족, 체포된 자 가족, 포로되었다가 돌아오지 않는자 가족, 해외도주자 가족, 지주가족, 부농가족, 농촌10장 가족, 예속자본가로 제국주의를 등에 업고 착취한 자, 친일 · 친미 악질 종교인 가족, 종파분자 가족, 종파연루자 가족, 간첩가족	계급적 토대, 사회정치생활 경위, 가정주위 환경에서 정치적으로 복잡한 문제가 있는 계층
적대계급 잔여분자	지주, 부농, 농촌10장, 예속자본가, 친일파, 친미파, 악질종교인, 종파분자, 종파연루자, 간첩	전복된 착취계급의 잔여분자들과 일제, 미제에 나라를 팔아먹은 민족반역자

자료: 전현준, 『북한의 사회통제 기구 고찰』(서울: 통일연구원, 2003).

표 6-5 북한의 변화 요인과 변화 양태

변화의 요인	변화의 양태
시장의 도입과 변화	• 개인주의, 물질주의 가치관의 확대 • 비사회주의적 현상의 확대(뇌물, 공모, 결탁 등) • 국가 계획의 약화와 시장경제의 확대 • 외부 정보의 유통과 새로운 인적 네트워크의 형성 • 초기 자본의 형성과 개인 수공업 등의 발생, 확대 • 계층 간 부의 불평등 확대
정보의 유입과 변화	• 외부 정보의 유입과 문화적 충격과 변화 • 새로운 문화의 유입과 가치관의 변화 • 세대 간 격차의 확대 - 갈등 • 정보의 공유와 공모, 결탁 • 비사회주의적 현상의 확산
기술의 도입과 변화	• 새로운 기술과 문화적 가치의 변용 • 신상품의 도입과 소비 행태의 변화 • 물질적 인센티브의 활성화 및 가치관 변화 • 과학기술에 대한 태도 변화와 사회적 역할과 처우의 변화 • 세대 간 격차의 확대
세대간 격차 발생과 변화	• 신 · 구세대의 가치관 갈등 - 문화, 도덕 등 • 개혁 · 개방에 대한 태도의 분화 • 사유수의, 개인주의적 흐름의 분화
문화적 변용과 변화	• 세대 간 격차 확대 • 외부 문화의 수용과 일상생활의 변화 • 시장 문화의 확산과 가치관의 변화 • 개인 생활의 재발견 및 소비 다양성의 확대

자료: 정영철, 「북한의 사회경제적 변화에 대한 재인식」, 우리민족서로돕기운동 2010년 국제학술회의 발표 논문 (2010년 11월 15~17일).

나타나고 있는 가장 큰 사회적 변화 중 하나는 디지털 문화의 확산이라고 할 수 있다. 컴퓨터를 비롯한 전자기기, 휴대폰의 보급, 디지털 카메라와 MP3 플레이어 등이 보급되면서 사람들의 의사소통의 방식이 변화되고 좀더 개방적인 문화적 취향이 강화되고 있는 것이다. 최근 김정은이 등장 이후, 모란봉 악단의 파격적인 공연 방식은 바로 이러한 문화적 취향의 변화를 부분적으로 반영하고 있는 것으로 보인다.

마지막으로 지역 간, 세대 간, 계층 간 격차의 확대를 들 수 있다. 계층 간 불평등 확대의 요인은 직접적으로는 소득격차, 시장참여의 차이, 불법 소득의 창출,

정치권력을 활용한 소득 창출 등에 의해 나타나고 있다. 이러한 불평등의 확대로 인해 전통적인 계층 구분이 바뀌고 직업에 대한 선호도 역시 변화하고 있다. 여전히 당 간부 등 정치권력에 대한 선호도가 높지만, 다른 한편으로는 무역, 장사 등 물자를 취급하거나 돈을 벌 수 있는 직업에 대한 선호도가 증대되고 있다.

지금까지 나타난 북한의 변화 요인과 그 형태를 살펴보면 〈표 6-5〉와 같다. 변화의 요인은 크게 시장, 정보, 기술, 세대, 지역 및 문화 등의 차원에서 나타나고 있으며, 그 변화의 양태는 가치관의 변화, 지역과 세대 간 격차, 문화적 변용과 도덕의 변화 등이라 할 수 있다.

이러한 변화의 요인과 실제 변화의 실태 등을 종합하면, 현재 북한은 크게 보아 집단주의에서 개인주의가 강화되는 방향으로, 정치 우위의 사회에서 점차 물질적 가치가 강조되는 방향으로, 그리고 사회주의적 도덕, 문화가 자유주의적 도덕, 문화에 의해 일정 부분 침해되고 있는 방향으로 변화하고 있다. 따라서 현재의 변화를 비록 '정치적 변화의 최소화' 수준에 머무르고 있는 것으로 평가할 수 있지만, 이러한 변화가 지속된다면 정치적 변화를 강제하게 될 것이며, 이는 북한체제의 미래에 중요한 영향을 미치게 될 것이다.

북한의 변화-체제 내의 일탈과 위로부터의 수용 그리고 한계

북한의 변화는 20여 년간에 진행되어온 것으로서 구조-제도의 변화, 인식의 변화 등이 모두 포함된다. 일반적인 사회주의 국가의 변화에서 관찰되듯이 초기의 변화는 '생존을 위한 변화'로 규정할 수 있다. 특히 1990년대 '고난의 행군'은 국가의 통제력 약화와 동시에 주민들의 극심한 생존의 위기로부터 출발하였으며, 따라서 변화는 자연스러운 과정이었으며 이러한 변화 속에서 주민들의 가치관의 변화로까지 발전하고 있다. 이러한 북한의 경제사회적 변화의 특징을 살펴보면 다음과 같다.

첫째, 북한의 변화는 생산력의 위기로부터 출발하였다. 생산력의 위기는 곧 생존의 위기를 가져왔으며, 동시에 국가의 물질적 통제 능력을 약화시켰다.

이에 따라 광범위한 사회적 일탈 현상이 나타났으며, 사회적 혼란이 확대되었다. 경제적 위기-생산력의 위기가 여타 사회적 분야의 변화를 강제하는 일반적인 모습이 북한에서도 반복되고 있는 것이다.

둘째, 변화에 대한 국가의 수용 능력이 강화되면서 체제 내화 현상도 동시에 발생하였다. 2002년의 '7·1 조치'는 국가가 '아래로부터의 변화'를 '위에서 수용'한 결과였으며, 동시에 이러한 국가의 수용은 국가가 변화에 대한 통제력을 완전히 상실하지 않았음을 의미한다.

셋째, 변화의 영역은 주로 경제와 사회문화적인 영역에서 나타나고 있으며, 정치적 변화는 최소화되고 있다. 주민들의 가치관 및 인식의 변화에도 불구하고 이것이 행동화되어 나타나지는 않고 있다. 이는 현재 북한의 변화가 개별적인 파편화의 형태로 전개되고 있다는 것을 의미하며, 하나의 정치적 흐름으로는 집약되지 않고 있음을 의미한다.[27]

넷째, 변화의 지속은 초기 '생존을 위한 변화'에서 이제는 '삶의 질 향상'을 위한 변화로 옮겨가고 있는 것으로 보인다. 이러한 변화는 정치적 변화가 아닌 문화적 변용을 통해 분출구를 찾고 있는 현상이라고 판단된다. 여전히 생존의 요구에 따른 관심이 커다란 부분을 차지하고 있지만, 이에 못지않게 문화적·물질적 소비에 관심을 두는 현상이 증대하고 있다.

다섯째, 이렇게 보았을 때 북한의 변화는 여전히 '민생형 일탈'의 범주를 벗어나지는 못하고 있는 것으로 보인다. 일반적으로 사회주의 국가의 변화가 '민생형 일탈'에서 '치안형 일탈'로 발전하는 것에 비추어 보면, 북한의 경우 아직까지 '민생형 일탈'의 범위를 벗어나지 않고 있는 것으로 보인다.

그렇다면, 왜 북한에서는 아직까지 정치적인 분야에서의 저항과 일탈이 나타나지 않

치안형 일탈과 민생형 일탈 '치안형 일탈', 즉 '체제저항형 일탈'이 현존하는 국가체제에 대한 목적의식적인 반대 혹은 현 정권에 대한 투쟁의 의미로서의 일탈이라면, '민생형 일탈'은 국가로부터 제공받지 못하는 공공서비스에 대한 충족을 위해 개별 구성원들이 기존의 사회질서에서 어긋나는 행동을 하는 것을 의미한다. 이러한 '민생형 일탈'은 국가체제와 현 정권에 대한 저항 성격을 가지지는 않지만, '체제저항형 일탈', 즉 '치안형 일탈'로 발전할 가능성은 높다고 할 수 있다. 현재의 북한 상황을 '민생형 일탈'로 규정하는 것은 아직까지 체제에 대한 적극적인 저항으로까지 발전하지 않고 있으며, 개인적인 수준에 머무르고 있다는 의미에서이다. 상황이 악화된다면 '치안형 일탈'로 반전할 수도 있을 것이다.

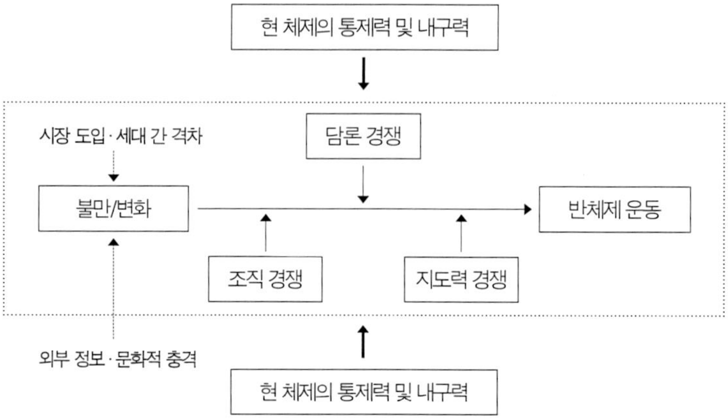

그림 6-3 일반적인 반체제 운동의 발생 과정: 담론경쟁을 중심으로

고 있을까? 이는 당국의 강력한 통제에도 원인이 있지만, 주요하게는 정치적 변화를 불러올 수 있는 대안 담론의 생산과 재생산이 이루어지지 않고 있는 것과 관련된다. 과거 사회주의 체제 변화의 핵심 원인 가운데 하나는 미시적 담론의 변화가 지식인 및 엘리트 등과의 결합을 통해 대안 담론을 형성하면서 정치적 대안 체제의 요구로까지 발전했던 것에 있다. 그러나 북한의 경우 내부의 불만에도 불구하고 대안 담론의 창출이 이루어지지 않고 있으며, 이를 가능케 할 지식인-개혁 엘리트 및 주민들의 결합이 이루어지지 않고 있다. 즉 체제에 대한 불만과 변화의 욕구가 개인적 수준 혹은 시장 활동 참여 공간의 확대 등에 집중되어 있는 반면, 정치적인 체제 변화의 요구로까지 발전하지는 못하고 있는 것이다. 여기에 북한 당국의 '아래로부터의 변화'를 적절한 수준에서 '위로부터 수용'하는 정책도 대안 담론이 집합적 담론으로 발전하는 것을 가로막는 중요한 원인이라 할 수 있다.

〈그림 6-3〉에서 보듯이, 반체제운동 혹은 개혁 사회주의로의 힘은 소련·동구 유럽 사회주의 국가에서는 불만과 변화에의 요구 등이 담론 경쟁, 조직력 경쟁, 그리고 지도력 경쟁을 통해 결정되었으며, 이 과정에서 당국의 통제력과

외부 세계의 개입이 중요한 변수로 작용하였다. 현재의 북한 변화는 담론 경쟁, 조직 경쟁 그리고 지도력 경쟁에서 현재의 체제를 변화시킬 수 있을 만큼의 뚜렷한 변화는 보이지 않고 있다. 현재의 모습은 체제 내화 및 통제 혹은 개인적 수준에서의 변화 등이다. 따라서 현재의 변화 수준은 경제 사회적 변화에도 불구하고 그것이 체제의 구조 내에서의 변화이며, 당국이 이를 적절히 통제할 수 있는 수준으로 보인다. 물론 이것이 앞으로 북한 사회의 변화 가능성까지를 부정하지는 않는다. 그것은 이러한 변화가 단지 아래로부터의 강제적인 압력에 의해서만 진행되는 것이 아니라 '아래로부터의 변화'를 수용한 '위로부터의 변화'에 의해서도 발생하며, '위로부터의 변화'가 예기치 못한 거대한 변화를 만들어낼 수도 있기 때문이다. 앞으로의 북한의 변화를 주목해서 보아야 할 지점이다.

우리는 북한을 어떻게 이해해야 할까? 거리를 뒤덮고 있는 '수령'과 '당'과 '충성'이라는 단어 속에서만 북한을 이해하는 것은 너무나 피상적인 관찰로 이어질 뿐이다. 과거 공산주의 체제를 분석하기 위해 도입되었던 전체주의 방법론이 결국은 공산주의 국가들의 변화를 완전히 무시했던 오류에 빠졌듯이, 북한 사회를 피상적인 겉모습으로만 평가하는 것은 이데올로기의 색안경을 통해 바라보는 오류에 빠질 수 있다. 하나의 사회는 거대한 구조 속에서 살아가는 사람들을 구성한다. 따라서 구조와 사람을 동시에 보아야만 올바른 이해에 도달할 수 있을 것이다. 아니, 최소한 구체적인 실체로서 이해할 수 있게 될 것이다. 이 글은 바로 이러한 물음에 접근하기 위해서 북한의 '사람'을 중심에 놓고 사회를 고찰하였다.

북한의 주민들은 태어나면서부터 하나의 거대한 조직 사회 속에서 삶을 시작하게 된다. 그리고 국가가 짜여진 체제 속에서 교육을 받고, 사회가 요구하는 인간형으로 자라나게 된다. 대신 국가는 이들에게 '요람에서 무덤까지'의 삶을 보살펴주는 보호자로서 기능한다. 어떻게 보면 국가와 '인민'의 관계는 충성－보호의 교환관계라 할 수도 있다. 앞에서 보았듯이, '출생－교육－사회적 삶–결혼–죽음'에 이르는 과정은 곧 조직과 함께하는 과정이었다. 하지만 이 과정 속에 낭만도 있고, 개인적인 삶의 행복을 추구하고자 하는 개별적인 노력도 숨어 있다. 이러한 삶의 모습은 우리의 평범한 일상과 크게 다르지 않다고 할 수 있다. 다만 남한에서의 삶과 다르게 그들은 평생을 조직과 함께 한다는 것만 제외한다면 말이다.

그러나 만일 보호자로서의 국가가 자기의 역할을 다하지 못한다면 어떻게 될까? 북한에서 1990년대 이후의 과정은 국가가 보호자로서의 역할을 다하지 못한 시기였다. 따라서 '인민' 개개인은 생존을 위해 시장을 찾았고, 시장을 통해 자신들의 삶에 요구되는 의식주의 상당 부분을 해결하였다. 새로운 공간의 탄생이었고, 이를 통해 새로운 정보와 문화와 가치관을 습득할 수 있었다. 반면 국가에게는 심각한 도전이었다. 그리고 국가가 이를 강압적으로 통제하는 것은 한계가 있을 수밖에 없었다. 결국 국가 역시 이러한 변화를 인정하고, '아래로부터의 변화'를 '위로부터 수용'할 수밖에 없었다. 그 결과 1990년대 이후, 북한은 과거의 북한과는 여러 가지로 다른 다양한 모습을 보이게 되었다. 개인들의 일탈행위가 확대되었고, 불법적 행위를 통한 사적 이윤의 추구에 집중하는 모습도 나타났다. 이에 따라 사회적으로 개인주의적 가치관이 확대되고, 외부 정보의 유입에 따른 다양한 문화적 가치관이 도입되었다. 또한 북한 당국 역시 이러한 변화를 '위로부터 수용'하는 것과 함께, 핸드폰의 보급, 디지털 기기의 확대, 유통시장의 혁신 등 국가 주도의 변화를 추구하고 있다. 국가 주도의 변화는 앞으로 북한 사회가 '북한식 개혁·개방'으로 변화해갈 것이라는 예상을 가능케 한다. 앞으로도 북한의 변화가 어떤 방향으로 전개될지 주의 깊게 지켜봐야 할 지점이다.

그럼에도 불구하고 북한의 이러한 변화에는 몇 가지 넘어야 할 장벽이 존재하고 있다. 북미관계의 개선과 남북관계의 개선, 그리고 경제발전을 위한 평화로운 대외 환경과 적극적인 경제 개혁 조치들이 있어야 할 것이다. 특히 김정은 체제에 들어와 북한이 목표로 하는 '인민생활의 향상'을 위해서는 무엇보다도 평화로운 대외 환경을 만들어야 할 과제가 제기되고 있다. 그러나 현실은 북한의 의도와 의지와는 다른 방향으로 전개되고 있다. 핵과 미사일을 둘러싼 한반도의 긴장이 고조되고 있고, 경제발전에 주력해야 할 북한 정권이 핵과 미사일로 국제사회를 향해 다시금 호전적인 모습을 보이고 있다. 이를 또 어떻게 이해해야 할까? 북한의 입장에서는 약 60여 년간에 걸친 미국과의 대결과 갈등, 그리고 자신들의 주권이 침해당하고 있는 '피포위 의식' 때문에 미래의 '발전'보다는 당장의 '안보'가 더 중요하다는 인식을 하고 있을 것이다. 그 결과가 자신들의 경제발전에 엄청난 장애가 되고 있음에도 체제의 안보가 더욱 중요하다고 느낄 것이다. 따라서 당면의 경제발전이라는 과제에도 불구하고, 체제 안보에 대한 확실한 담보가 없다면 쉽게 자신들의 노선과 정책을 변경시키지 않을 것이다. 경제발전을 위한 총력전과 동시에 안보를 위한 전투를 멈추지 않을 것이다. 그리고 이러한 상황이 북한의 사회를 이해하는 데에 중요하게 고려되어야 한다.

| 북한의 사회에 더 읽을거리 |

단행본

『북한의 사회』(북한학총서 5), 북한연구학회 엮음, 588쪽, 경인문화사, 2006년

북한연구학회가 각 분야의 대표적인 전문가들의 글을 모아서 엮은 책이다. 북한 사회의 다양한 분야(일상생활, 통제, 이데올로기, 동원, 종교, 복지, 문화, 환경, 인권 등)에 대한 종합적인 해설서의 성격을 띠고 있다.

『실리 사회주의 현장을 가다』, 민족 21 편, 399쪽, 선인, 2006년

2000년 남북정상회담 이후, 북한에서 나타나고 있는 여러 가지 변화의 모습들을 직접 취재하여 엮은 책이다. 북한의 시장, 컴퓨터, 기업관리, 협동농장 등 구체적이고 생생한 현장을 담고 있다.

『래일을 위한 오늘에 살지요』, 민족 21 편, 399쪽, 선인, 2006년

2000년 이후, 북한 사회의 주민들의 일상의 모습을 담았다. 북한에 상주하고 있는 『조선신보』의 기자와 북한 신문 『통일신보』의 취재에 기반하여 북한 주민들의 삶의 모습을 담고 있다.

『북한 문화, 둘이면서 하나인 문화』, 경남대학교 북한대학원 엮음, 543쪽, 한울, 2006년

북한의 문화에 대한 이론적인 고찰을 담고 있다. 북한의 영화, 미술, 음악, 공연 및 체육과 도시 건축에 이르기까지 북한 문화의 종합적인 분석을 하고 있다. 남북한 문화를 비교하면서 분단문화의 극복과 통일문화로의 길을 제시하고 있다.

『극장국가 북한, 정병호 권헌익 지음, 340쪽, 창비, 2014년

두 인류학자가 인류학의 관점에서 북한을 분석한 책이다. 북한 체제가 왜 유지되고 있는지에 대한 의문에 문화적인 측면에서 답을 찾고 있다. 또한 북한의 현재의 문화적 현상이 이상하게 보일지 모르지만, 역사적으로 보자면 '그렇게 별스러운 국가'가 아니라고 분석한다.

『평양의 일상』, 정창현 지음, 282쪽, 역사인, 2013년

오랫동안 북한을 연구해온 저자가 사진을 통해 평양의 일상을 소개하고 있다. 평양 사람들의 일생을 사진과 함께 생생하게 느낄 수 있는 책으로, 생동감 있는 평양의 모습이 그려져 있다.

『서울과 도쿄에서 평양을 말하다』, 정영철·한동성 지음, 450쪽, 선인, 2008년

남한의 학자와 일본의 총련계 학자가 만나 북한에 대한 일곱 가지 주제를 놓고 대담한 내용을 정리한 책이다. 외부세계에서 북한을 바라볼 때 궁금한 점을 '북한'의 시각으로 대답한 내용이다.

『북녘 일상의 풍경』, 안해룡 지음, 리만근 사진, 232쪽, 현실문화연구, 2005년

북한의 일상생활의 모습을 사진으로 풀어낸 사진집이다. 북한 현장에서 직접 찍은 사진에 다큐멘터리 식의 해설을 입힌 책이다.

『재미동포 아줌마 평양에 가다』, 신은미 지음, 383쪽, 네잎클로버, 2012년

재미동포 신은미 씨의 북한 여행기이다. 세 차례에 걸쳐 북한을 여행하면서 지은이의 감정의 변화와 생각들을 담담하게 풀어쓴 여행기이다. '내 생애 가장 아름답고도 슬픈 여행'이라고 스스로 평하고 있다.

영화

〈어떤나라〉, 다니엘 고든 감독, 93분

영국의 다니엘 고든 감독이 북한 당국의 허가를 얻어서 만든 다큐멘터리 영화이다. 북한의 대표적인 공연예술인 매스게임(집단체조)에 참가하게 된 두 어린 소녀를 주인공으로 북한의 일상적인 풍경을 엿볼 수 있는 작품이다.

〈가족농구단〉

북한 영화로, 90년대 이후, 북한의 가족 일상생활을 볼 수 있다. 최근 북한이 농구를 장려하고 있는 사회 분위기에 맞추어, 남녀 혼성 농구(주로 가족 단위)를 즐기는 북한의 가족 생활을 묘사하고 있다.

북한 영화를 보는 방법

신분증을 지참하고 국립중앙도서관의 북한자료센터에서 볼 수 있다. 북한영화감상은 단체(20인 이상)의 경우 수시로 감상이 가능하다. 개인이 요청할 경우에도 가능하다. 등 일부 북한자료센터 홈페이지(http://unibook.unikorea.go.kr)를 참조

VII 남북관계와 통일

남북관계는 분단에서부터 시작되었다. 일제로부터의 해방을 분단된 채로 맞지 않았다면 지금 우리에게 '남북관계'라는 단어조차 필요하지 않을 것이다. 분단된 해방이 결국은 좌우파 사이에 심각한 정치적 대결을 빚어냈고 미·소의 냉전과 맞물려 결국 1948년 남과 북에는 서로 다른 공화국이 수립되었다. 이로써 남북은 공식적으로 분단되었고 이후 1950~1953년의 **3년간의 한국전쟁은 남북 분단을 사실적, 실질적으로 확고히 하는 계기**가 되었다.

전쟁 이후 남북관계는 상대방의 부정을 자신의 존재 조건으로 하는 적대와 대결의 연속이었다. 남북의 정권에게 상대방은 도저히 상종 못할 불구대천의 원수였고, 체제경쟁이 가속화되면서 남북은 모든 면에서 단절된 채 적대관계만을 유지해왔다. 간헐적으로 존재했던 당국 간 회담과 접촉은 성사 이후 결렬과 무산을 반복적으로 거치면서 오히려 상호 적대관계를 확인하는 해프닝에 지나지 않았다. 1972년 극적인 공동성명에도 불구하고 1973년 남북조절위원회가 무산되면서 남북관계가 다시 적대관계로 환원된 것이 대표적인 사례이다.

남북의 구성원 역시 잠재의식 속에서조차 상대방을 적대하는 데 익숙해야 했다. 적화통일과 멸공통일의 구호 속에서 남북은 그 어디서도 절충점을 찾을 수 없었다. 뿔 달린 괴물 이미지와 미제의 괴뢰 이미지가 상호 교차하면서 남과 북의 사람들은 상대방을 민족이라기보다 타도해야 할 적으로 간주하는 데 익숙했다. **남북한 당국은 상대방과의 적대관계를 내부의 정권유지와 정적 탄압에 유용한 전가의 보도로 활용**하기도 했다. 정권에 반대하는 세력과 체제 불만 세력들은 곧바로 적대하고 있는 상대방과 내통한 세력으로 매도되었고, 이는 곧 반체제 세력으로 낙인찍혀 정치적 탄압을 받기 일쑤였다.

그러나 1990년대 사회주의권 붕괴와 탈냉전 이후 남북의 체제경쟁이 무의미해지고 사실상 남측의 승리로 귀결되면서 남북관계는 전환점을 맞이하게 된다. 북한은 적화통일은커녕 자신의 체제유지도 버거워진 상황에서 남북관계 개선을 통해 남한의 흡수통일 의도를 막아내려 했다. 탈냉전이라는 변화된 정세 속에서 남한은 북한과의 교류협력을 통한 남한 주도의 평화적 통일과정에 진입하려 했다. 이 둘 사이의 이해관계가 맞아 떨어지면서 1992년 〈남북기본합의서〉가 채택·발효되었으나, 역시 남과 북의 동상이몽으로 실제적 성과는 결여된 채 1993년 북핵 위기의 부각과 함께 '휴지조각'으로 변해버렸

김근식 (경남대학교 정치외교학과)

다. 아직 **냉전의 종식만으로 남북관계가 적대에서 화해로 변환되기는 일렀던 것**이다.

1994년 북핵문제 해결 이후 남북 간 대화와 접촉이 조금씩 늘기 시작하고 남북경협도 느린 속도지만 점차 늘어나는 추세를 보였다. 그리고 남북관계에서 적대와 대결보다 화해와 협력이 더 우위를 점하게 된 것은 1998년 김대중 정부 출범 이후 이른바 **'햇볕정책'**이 본격적으로 추진되면서부터였다. 북한에 대한 흡수통일 배제와 화해협력의 지속적 증대를 대북정책의 주요 목표로 설정했던 김대중 정부는 북한에 대한 식량 및 비료 지원을 확대하고 다양한 사회문화 교류를 활성화했으며 북미 간 관계 개선을 적극적으로 지지하고 후원했다.

뿐만 아니라 **2000년 6월에는 역사적인 남북정상회담**이 개최됨으로써 반세기 동안 지속되었던 남북 당국의 적대적 대결관계는 화해적 협력관계로의 전환을 시작할 수 있게 되었다. 상대방을 흡수통일과 적화통일의 대상으로 간주하던 과거의 관계를 감안하면 남북정상회담의 성사와 양 정상이 합의한 **6·15 공동선언은 남북 당국의 상호 인정과 평화공존의 시작을 알리는 역사적 계기**가 되기에 충분했다. 남북정상회담 이후 남북은 당국 간의 회담뿐 아니라 다양한 분야에서 부문 간 민간교류를 확대해갔다. 특히 금강산 관광, 개성공단, 경의선 철도 연결은 남북화해협력의 상징으로 자리매김하였다. 이러한 결실은 **제2차 남북정상회담과 10·4선언의 채택**으로 이어졌다.

그러나 좀더 공고해진 남북 간 화해협력 관계에도 불구하고 남북의 대결 관계가 근본적으로 해소된 것은 아니었다. 동해에서는 금강산 관광을 떠나는 유람선이 출항했지만, 서해에서는 남북이 총칼을 맞대는 유혈 사태가 벌어지기도 했다. 아직도 북핵문제는 한반도의 안보위기를 증폭시키고 있다.

사실 과거 냉전 시기 대결 상황에 비하면 지금의 남북 관계가 현저히 나아진 것이 사실이고, 1, 2차 정상회담 이후 남북 간 대화 진전과 교류협력의 발전은 괄목상대할 만한 것이다. 그러나 **여전히 남북 간 군사적 대치의 상황이 온존하고 북핵문제의 위험성이 존재하는 이상, 확고한 화해협력 단계의 남북관계가 정착되었다고 보기는 힘들다.** 오히려 '되돌이킬 수 없는' 화해협력 단계를 통해 북핵을 넘어서야 한다는 점에서 남북관계 개선은 여전히 우리의 과제이다.

평 양
© 연합뉴스

남북관계의 자화상

북한과 남조선

우리가 북을 언급하거나 혹은 남과 북을 함께 거론하는 명칭만으로도 사실은 지난 시기 남북관계를 웅변적으로 대변한다고 할 수 있다. 분단 직후 한참 동안 북쪽은 '북괴'로 불려야만 했다. 한반도 북쪽에 수립된 조선민주주의인민공화국은 태어나서는 안 될 정부였고 따라서 실체로 존재하는 국가가 아닌 소련과 공산주의 진영의 '괴뢰'나 다름없었다. 남북 간 극단적 대결이 어느 정도 완화되고 한국의 체제 우위가 일정 부분 확실시된 후, 북한이라는 호칭은 북한을 가리키는 말로 자리 잡게 되었다. 한반도의 유일 정통성은 '대한민국', 약칭 '한국'에 있는 만큼 북쪽 정부는 공식 명칭을 쓸 수 없고 따라서 북한으로 불릴 뿐이었다. 최근 들어 남북관계가 개선되어, 민족화해의 분위기가 고조되고, 남북 간 장기 평화공존의 필요성을 대체로 인식하는 분위기가 확산되면서, 남측과 북측이라는 다소 중립적인 표현이 등장하고 있기는 하다. 그러나 이 역시 남북의 당국이 회담하는 자리나 직접 북쪽 인사를 대하는 자리에서 상대방을 의식적으로 존중하려는 의도가 강하며, 여전히 우리에게 조선민주주의인민공화국은 북한이라는 호칭이 훨씬 더 익숙하다. 그러나 왠지 북한이라는 단어는 초라

해 보이고 대한민국이라는 단어는 화려해 보인다는 것은 부인할 수 없다.

과도기의 이중성

남북관계는 중대한 전환점을 맞고 있다. 과거 반세기 동안 지속된 냉전적 대결관계를 지나 2000년대 초부터 탈냉전적 화해관계가 진전되었다. 하지만 2010년 천안함 사건과 연평도 포격 사건 이후 장기간 지속되고 있는 남북 간의 정치·군사적 대치는, 남북관계가 언제든 과거의 대결관계로 환원될 수 있음을 단적으로 보여준다. 즉 현재의 남북관계는 대결관계와 향후 공존관계의 가능성이 상호교차하면서 과도기적 상황에 놓여 있는 것이다.

현재 남북관계의 가장 두드러진 구조적 특징은 더 이상 남과 북이 서로 단절된 별개의 분리 영역이 아니라 상호 연관되어 긴밀한 영향을 미치고 있다는 점이다. 심지어 남북관계가 국내정치에 미치는 강도 또한 점차 증대되고 있다. 요즘의 남북관계가 각자의 영역에서 서로 긴밀한 연관성을 갖고 사안과 이슈에 따라 복잡한 결과를 가져오는 것을 보면서, 지금의 남북관계 특성을 어떻게 규정해야 할지 난감한 것도 사실이다. 이 같은 남북관계의 긴밀성은 이제 과거 냉전시대의 단절된 대결 일변도의 남북관계와 달리, 새로운 특성과 성격으로 남북관계가 진행·발전되고 있음을 의미한다.

따라서 과거의 관성과 미래의 지향점을 동시에 내포하고 있는 현재의 과도기적 남북관계를 설명 가능한 '특성'으로 정리해내는 작업이 필요하다. 이 작업은 향후 남북관계의 정당한 발전 방향을 제시하고, 그 과정의 부작용을 최소화하면서 통일에 대비한 올바른 남북관계를 정립하는 데 긴요한 과제라고 할 수 있다.

과거와 현재의 남북관계를 개념적으로 분석할 경우 가장 두드러진 특성은 이른바 '이중성'이라는 단어로 압축될 수 있다. 그리고 이 이중성은 다양한 층위의 구체적 특성을 갖는다. 거칠게 나누자면 우선 남북 구성원들의 의식 측면에서 '적대의식'과 '동포의식'의 이중성이 중첩되어 있고, 남북한 당국의 행태적 측면에서는 '적대적 대결관계'와 '화해 협력적 관계'가 동시에 작동하고 있으며, 국제법적으로는 '국가 간 관계'이자 '민족 내부 관계'가 중첩되어 있다고 할 수 있다.

이 같은 이중성은 과거 냉전적 대결 시기의 남북관계에서는 부각될 필요조차 없었던 새로운 현상이다. 동시에 한반도 평화와 남북 간 화해협력관계가 안정적으로 제도화될 미래의 시점에서도 역시 이중성의 측면은 상당히 해소된 채 단일한 특성으로 개념화될 것이라는 점에서 이것이 분명 과도기적 특성임을 전제해야 한다.

구성원 - 적성(敵性)과 동포애(同胞愛) 분단구조 아래에서 적대와 대결에 익숙했던 남과 북의 구성원은 상대방을 적으로 간주했다. 상대는 제거해야 할 대상, 타도해야 할 대상으로 간주하는 데 아무도 이의를 제기하지 않았던 것이다. 그러나 1990년대 초 사회주의권 붕괴 후 탈냉전시대가 시작되고, 한반도에도 화해협력의 분위기가 무르익으면서 남과 북의 각 구성원들은 상대방을 '적'이면서 동시에 '동포'라고 이중적으로 인식하기 시작했다.

북한은 사회주의권 붕괴와 북한의 체제위기 상황이 도래하고 남과 북의 체제경쟁이 남측의 일방적 우위로 판가름 나면서, 과거의 적화통일 방식을 '현실적으로' 포기해야 했다. 남한 역시 김대중 정부 출범 이후 체제경쟁에서 승리한 절대적 우위에도 불구하고 흡수통일이 현실적으로 가능하지도 바람직하지도 않음을 인식하게 됨으로써[1] 북한붕괴에 의한 급격한 흡수통일 방식을 '현실적으로' 포기해야 했다.[2]

이로써 남과 북은 현실적 이유에서 상대방의 체제 인정과 평화공존을 통한 점진적 통일과정을 부득불 수용해야 하는 시대 상황을 맞게 된 것이다. 그 결과 남과 북의 각 구성원들은 의식 속에서 상대방을 '배제'와 '대결'이 아니라 '인정'과 '공존'의 관점으로 받아들여야 했다. 더불어 2000년 남북정상회담 이후 당국 간의 대화가 지속되고 동시에 사회·문화·학술·체육 등 다양한 부분

© 연합뉴스

사진 7-1 2005년 8·15 민족대축전에 참가한 북한 대표단의 국립현충원 참배를 저지하는 보수단체 회원들(왼쪽)과 같은 해 9월 인천 아시아 육상대회에 참가한 북한 응원단(오른쪽).

에서 활발한 교류협력이 가시화되면서 남북관계는 적어도 구성원 의식 차원에서 동포애의 고양을 가져오게 되었다.

그러나 동포애의 고양에도 불구하고 과거 냉전 시기의 관성이었던 남북 간 적대적 인식이 여전히 잔존하는 것도 사실이다. 즉 북한을 주적으로 간주하고 적대와 대결의 대상으로 인식하는 흐름 역시 적잖게 남아 있는 것이다. 최근 심화되고 있는 남남갈등도 사실상 북한을 바라보는 관점, 즉 대북인식의 이중성과 깊은 연관이 있다.

대북인식의 이중성은 곧바로 북한의 변화 여부, 북한의 붕괴 여부(북한 장래), 전쟁도발 가능성 여부, 적화통일 포기 여부 등의 각론적 차이로 이어지고 있다. 이러한 인식 차이로 인해 대북정책이나 대북지원 및 북핵 해법 등에 대한 의견 갈등과 돌출적인 북한 현안 등에 대해서도 일정한 경향성을 가지고 유사한 대립구도를 형성하게 되는 것이다.

당국-적대관계와 협력관계 남북관계는 구성원의 의식뿐 아니라 당국 간 관계에서도 오랫동안 적대적 대결관계였다. 분단과 전쟁을 거치면서 남북의 정권에게 상대방은 도저히 상종 못할 불구대천의 원수였다. 전쟁 이후 체제경쟁이 가속화되면서 남북 당국은 모든 면에서 단절된 채 적대관계만을 유지해왔다.

간헐적으로 존재했던 당국 간 회담과 접촉은 성사 이후 결렬과 무산을 반복적으로 거치면서 상호 적대관계를 확인하는 해프닝으로 끝날 뿐이었다.

냉전이 종식되고 사회주의권 붕괴가 가속화되면서 남북한 당국은 과거와 달리 적극적인 대화에 나서는 듯했다. 1990년부터 진행된 고위급 회담이 그 시작이었고 우여곡절 끝에 1992년 〈남북기본합의서〉를 발효하기도 했으나, 이 역시 적대관계의 근본적 변화를 기대하기는 힘들었다. 탈냉전이라는 변화된 정세 속에서 남한은 북한과의 교류협력을 통한 흡수통일의 방편으로 당국 간 대화에 접근했고 북한은 수세적 국면을 돌파하기 위해 남한 당국과의 합의를 통한 체제유지에 관심을 가지고 있었기 때문이었다. 따라서 어렵게 마련된 기본합의서 역시 남과 북의 동상이몽으로 실제적 성과는 결여된 채, 1993년 북핵위기의 부각과 함께 '휴지조각'으로 변해버렸다.

일관된 당국 간 대결관계와 그 사이에 간헐적으로 존재했던 일회성 대화와 교류 분위기가 적대관계와 협력관계의 이중성으로 자리 잡게 된 것은 1998년 국민의 정부(김대중 정부) 출범 이후 이른바 '햇볕정책'이 지속적으로 추진되면서부터였다. 2000년 6월에는 역사적인 남북정상회담이 개최됨으로써 반세기 동안 지속되었던 남북 당국의 적대적 대결관계는 이제 화해적 협력관계로의 전환을 시작할 수 있게 되었다. 상대방을 흡수통일과 적화통일의 대상으로 간주하던 과거의 당국 간 관계를 감안하면 남북정상회담의 성사와 여기에서 합의

대북포용정책(햇볕정책)

1998년 2월 25일에 출범한 김대중 정부가 추진했던 대북정책. 대북 화해협력정책이라고도 한다. 이는 영어의 'Engagement Policy'에서 따온 것인데 엄밀히 말하자면 관여정책이라고 할 수 있다. 대북포용정책을 두고 흔히 길 가던 나그네의 외투를 벗기기 위해서는 바람보다는 따뜻한 햇볕이 효과적이라는 이솝우화의 한 토막에 착안하여 '햇볕정책(Sunshine Policy)'이라고 불리기도 한다. 이전에는 북한과의 관계가 형식적이고 교류가 이뤄지지 않은 상태로 군사적 대치 관계에 놓여 있었으나, '선평화 후통일'을 통일의 기본 원칙으로 계승한 국민의 정부에 들어서 교류를 기반으로 한 화해, 협력 등을 강조한 포용정책으로 전환되었다. 하지만 대북포용정책은 남북 간 교류협력의 양적 증대를 이루었으나 그 추진 과정에서 국민여론의 분열과 갈등을 빚기도 했으며, 특히 북한을 일방적으로 지원해주기만 하고 얻는 것이 없는 '퍼주기 정책'이라는 비판을 받기도 했다.

– 통일연구원, 『남북관계지식사전』(서울: 통일교육원, 2012), 294~297쪽.

사진 7-2 2007년 제1차 남북총리회담(왼쪽)과 2010년 연평도 포격사건(오른쪽).

된 6·15 공동선언은 남북 당국의 상호 인정과 평화공존의 시작을 알리는 역사적 계기가 되기에 충분한 것이었다.[3] 제1차 남북정상회담 이후 남북 당국 간 관계는 급속히 개선·발전했고, 다양한 분야에서 민간교류협력도 활발히 진행되었다. 이러한 화해협력의 결실은 2007년 제2차 남북정상회담과 10·4선언 채택으로 이어졌다.

그러나 대북포용정책 추진 이후 좀더 공고해진 남북 당국 간 화해협력 관계에도 불구하고 당국 간 대결관계가 근본적으로 해소된 것은 아니었다. 남북 간 교류협력이 진행되는 중에도 남북 당국 간 군사적 충돌과 긴장 상황은 완전히 사라지지 않았다. 1999년 6월과 2002년 6월의 서해교전 사태, 2008년 금강산 관광객 피격 사망 사건, 2010년 3월 천안함 사건과 11월 연평도 포격 사건 등이 아직 우리 기억에 생생하다. 이것은 지금의 과도기적 남북관계가, 당국 간 행태에도 적대관계와 협력관계의 이중성으로 내포되어 있음을 짐작케 하는 대목이다.

국제법-잠정적 특수관계 남북한은 해방 이후 단독정권을 수립하였고, 한반도에서의 단독대표권을 주장하며 상대방 체제를 부정해왔다.[4] 냉전 시기 남북은 상대의 유엔(UN) 단독 가입 또는 남북한 동시 가입을 반대해왔다. 그러나 북한은 냉전 종식 이후 1991년 9월 제46차 총회에서 남한과 함께 유엔에 가입 신청

을 하였다. 남북한은 유엔에 동시 가입함으로써 국제적으로 두 개의 독립된 국가로 인정받게 된 것이다.[5]

한편 국제적으로 남북이 두 개의 한국으로 인정받은 것과 달리 내부적으로는 남북관계가 두 국가 간의 문제가 아니라 민족내부문제임을 확인하고, 1992년 2월에 발효한 〈남북기본합의서〉에 양측의 관계를 '잠정적 특수관계'로 규정[6]하였다. 이것은 첫째, 남북관계가 일방적이고 편무적인 관계가 아니라 쌍무적인 합의를 통해 동등성과 상호성을 갖는다는 것을 의미한다. 둘째, 남북한 특수관계는 대외적으로 상호 정치실체를 인정하고 존중하면서도 동시에 대내적으로는 아직까지 상대방의 국가성을 제한적으로 인정할 수밖에 없는 이중관계임을 의미한다. 셋째, 남북한 특수관계에서 특히 경제 분야의 교류는 민족내부교류로 간주하고 있다. 넷째, 남북한 특수관계는 잠정적, 과도적, 한시적이라는 특징을 가지고 있다. 기본합의서 전문은 잠정적 특수관계가 통일 달성까지

대한민국 헌법 제3조(영토조항)과 국가보안법 제2조(북한의 반국가단체 규정)

대한민국 헌법 제3조(영토조항) 대한민국의 영토는 한반도와 그 부속도서로 한다.

국가보안법 제2조(북한의 반국가단체 규정) 이 법에서 "반국가단체"라 함은 정부를 참칭하거나 국가를 변란할 목적으로 하는 국내외의 결사 또는 집단으로서 지휘통솔체제를 갖춘 단체를 말한다.

교류협력법 제3조 남북교류와 협력을 목적으로 하는 행위에 관하여는 정당하다고 인정되는 범위 안에서 다른 법률에 우선하여 이 법을 적용한다.

국가보안법은 2000년 이후 그 적용이 현저히 감소되었지만 여전히 남북관계에 영향을 미칠 수 있는 법임에 틀림없다. 국가보안법의 반국가단체 규정과 헌법의 영토조항에 따라 대한민국의 영토인 북한 지역에서 정부를 참칭하고 있는 북한정권이 반국가단체가 됨은 해석상 당연한 귀결이기 때문이다. 따라서 남북교류접촉행위가 전후 사정에 따라 어떤 행위는 국가보안법의 적용대상이 되고, 어떤 행위는 교류협력법의 대상이 될 수도 있는 문제가 발생할 수 있게 되는 것이다. 또한 교류협력법의 제3조는 국가보안법 등의 규성에 위반하는 행위에 대한 면책 근거를 마련하였다. 이 조항 때문에 교류협력법이 국가보안법의 특별법이라는 논쟁이 발생하였는데, 1993년 헌법재판소는 국가보안법과 교류협력법은 입법목적과 규제대상을 달리하고 있어 형법상 신법우선의 원칙이 적용될 수 없다고 판시했다. 즉 어떤 행위가 국가보안법상 '잠입, 탈출'(불법)인지 교류협력법상 '왕래'(합법)인지를 가르는 기준은 결국 행정당국의 '주관적 판단'에 맡겨지게 된 것이다.

– 도회근, "남북관계의 현실과 국가의 평화통일의무," 『공법연구』, 제29집 제2호 (2010), 164~165쪽.

의 과도기 동안에만 성립되는 것이고 통일이 완성되는 시점에서는 해소됨을 의미한다.

그러나 남한 헌법의 영토조항과 북한을 미수복 지역의 반국가단체로 규정한 국가보안법 제2조의 존재, 남북한의 경제협력이 무관세의 민족내부거래로 인정되는 현실은 분명 남북이 하나의 국가관계를 지향하고 있음을 알 수 있다.

반대로 분단 이후 지금까지 남북의 단독정권은 대외적으로 국제법적 주권국가로 실제 활동해왔고 더욱이 1991년 유엔 동시 가입 이후 각기 다른 독립국가로서 지위와 역할을 보장받고 있는 현실 역시 남북은 여전히 따로 분리된 국가관계임을 짐작케 하는 대목이다. 결국 지금의 남북관계는 구성원 의식이나 당국 간 행태뿐 아니라 국제법적으로도 이중적 관계에 놓여 있음을 알 수 있다. 그리고 이는 분단의 역사 속에서도 지속적으로 통일이라는 과제를 안을 수밖에 없는 우리 민족의 현실을 드러낸 것이다.

동서독의 통일과 한반도의 상황

독일은 1990년 10월 3일, 1949년 기본법이 독일민족에게 부여한 통일의 임무를 완수하였다. 40여 년에 걸친 민족 분단을 극복한 것이었고 1972년 기본조약 체결 이후 18년 만에 통일을 달성한 것이었다. 독일의 통일 경험은 적대적 대결 관계 이후 상당 기간의 화해협력 기간을 거쳐 통일이 되었다는 점에서 지금 우리가 고찰하고 있는 남북한 관계의 특성을 분석하는 데 시사하는 바가 크다고 하겠다.

동서독의 화해협력

1960년대 초반까지 동서독 간 접촉은 거의 없었다. 1951년부터 1955년까지 외무장관을 겸임했던 서독의 아데나워(Konrad Adenauer) 총리는 강하고 통합된 서방만이 소련과 교섭할 수 있고 통일문제에 대한 양보를 얻어낼 수 있다는 이른바 '자석(磁石)이론'에 입각하여, 독일문제에 대해 '서방결합노선'을 채택하였다. 평화와 안전, 재건과 복지, 독일의 주권 회복을 달성하고 분단을 극복하기 위한 유일한 방안으로 서독은 서방과의 결속을 택한 것이었다.[7]

이러한 맥락에서 서독은 1955년 단독대표권 주장을 관철하기 위한 외교적 수단으로 이른바 '할슈타인 원칙(Hallstein-Doktrin)'을 외교정책의 근간으로 삼았다. 즉 동독은 민주적인 국가가 아니기 때문에 서독만이 전체 독일을 대표한다는 것이었다.

당연히 1950년대 중반부터 2국가론을 주장하는 동독과, 전 독일적 위원회의 건설, 평화조약의 협상, 베를린 자유도시화 등을 요구했던 소련의 제안은 서독에 의해 거부되었다. 서독은 1955년 5월 북대서양조약기구(NATO), 서유럽연합(WEU)에 가입하였고 동독도 바르샤바동맹에 조인하였으며 급기야 1961년 8월 13일에는 베를린장벽이 구축되었다. 따라서 이 시기에는 실질적 의미의 독일정책이 추진되었다고 볼 수 없다.

하지만 1960년대 초반을 지나면서 국제적으로 긴장이 완화되어 서독의 대동독 정책도 수정이 불가피하였다. 그리고 그 시작은 1963년 7월 15일 에곤 바(Egon Bar)의 '접근을 통한 변화'라는 구상에서 비롯되었다. 그의 구상의 요지는 "통일이란 단 하나의 행위, 어떤 역사적 회담에서의 단 하나의 역사적 결의에 의해서 이루어지는 것이 아니다. 통일이란 여러 조치와 단계를 거치는 하나의 과정이다. 변화가 일어나려면 현재 동쪽 지역을 지배하고 있는 혐오스러운 정권을 상대로 해서만 일어날 수 있다"[8]는 언명에서 잘 드러난다. 이는 당시만 해도 매우

할슈타인 원칙 1955년 9월 서독과 소련 간 정식 국교수립 이래 서독외교정책의 기본 원칙. 서독만이 자유선거에 의한 정부를 가진 유일한 독일의 합법국가이므로 서독은 동독을 승인하는 나라와는 외교관계를 단절(대독전승국인 소련만은 이 원칙에서 예외)하겠다는 것이다. 당시 외무장관 할슈타인(W. Hallstein)이 제창한 것이기 때문에 이렇게 불렀다. 서독의 기독교민주동맹(CDU)이 취하던 반공외교정책의 축으로, 이 원칙은 유고슬라비아, 쿠바 등에 적용되었다. 하지만 루마니아와의 국교 재개(1967), 유고슬라비아와의 외교관계 재개(1968), 그리고 브란트 정권 수립에 의한 동서독 수뇌회담의 실현(1970) 등으로 이 원칙은 사실상 끝을 맺었다. - 『두산백과사전』

전향적인 주장이었기 때문에 정치적 논란을 거듭한 후 결국 사민당의 노선으로 받아들여졌고 이것은 1963년 12월 17일 동서 베를린 간 통행권 협정으로 최초의 결실을 맺었다. 이후 1966년 초 서독은 동방정책(Ostpolitik)을 추진하려고 시도했으며 1967년 동독과 외교관계를 맺고 있던 유고슬라비아와 외교관계를 맺음으로써 사실상 할슈타인 원칙도 포기하였다.

1969년 연방선거에서 승리한 사민당과 빌리 브란트 총리는 새로운 독일정책과 동방정책을 제시했다. 브란트 총리는 "독일에 2개의 국가가 존재한다 할지라도 그들은 서로에게 외국이 아니다. 두 국가는 단지 특별한 관계를 가지고 있는 것이다"라고 언급함으로써 새로운 독일정책, 동방정책의 내용으로 잠정적 공존관계, 현상의 인정과 폭력 포기, 관계정상화 정책, 접근을 통한 변화 등을 제시하였다. 1971년 동서독 교류에 적극적이었던 동독의 호네커 정권의 등장도 새로운 동방정책의 구상을 도왔다. 이후 1972년 11월 8일 '독일연방공

아데나워, 브란트, 콜, 호네커

왼쪽부터 아데나워, 브란트, 콜, 호네커. 아데나워(Konrad Adenauer, 1876~1967)는 2차 대전 이후 독일연방공화국(전 서독) 초대 총리이다. 1963년 10월 총리직에서 물러나기까지 경제정책의 성공으로 '라인강의 기적'으로 불리는 경제 부흥을 이룩하였고, 독불우호, 서유럽 연합, 대미협력 등의 외교정책을 추진하는 한편, 소련을 혐오하여 공산당을 비합법화하였다. 독일 사회민주당 당수였던 브란트(Willy Brandt, 1913~1992)는 1969년 총선거 후 자유민주당과의 연립내각 성립에 성공하여 수상이 되었다. 이후 독소조약 체결 등 소련 폴란드 동독을 중심으로 '동방외교'를 추진, 동서의 긴장 완화를 위해 노력하였고, 그 공로로 1971년 노벨평화상을 수상하였다. 콜(Helmut Kohl, 1930~)은 1973년 독일기독교민주동맹 총재가 된 후 1982년 10월 중도우파 연립내각의 총리가 된 후 1990년 12월 총선거에서 총리로 재선되었다. 같은 해 10월 독일통일을 이룩하여 '통일총리'라는 이름으로 역사에 기록되었다. 동독 공산당 당서기장, 국가평의회 의장(원수)였던 호네커(Erich Honecker, 1912~1994)는 1987년 9월 서독을 방문, 동서독 관계에 새로운 국면을 열었으나, 1989년 동독 주민의 서독으로의 집단 이주 사태 이후 민주화 시위가 격화되자 그 해 10월, 당 서기장과 국가평의회 의장에서 해임되고 12월 당에서 제명되었다. -『두산백과사전』

화국과 독일민주공화국 관계의 기본에 관한 조약'이 조인되었고 1973년 9월 18일 동서독은 유엔에 동시 가입하였다.[9] 기본조약 이후 베를린장벽은 느슨해졌고 가족 간 상봉과 방문, 새로운 국경통행소의 설치, 서독 기자의 동독 상주 등 동서독관계는 발전하기 시작했으며 1970년대 동서독 교역은 강한 경기변동 없이 꾸준한 상승세를 보였다. 그러나 1974년 브란트 총리의 비서인 기욤의 간첩 스캔들로 브란트가 실각당하는 충격이 있었고 일시적으로 동서독관계가 정지되기도 하였다.

1982년에는 기민당, 기사당과 자민당 연정이 선거에 승리하면서 헬무트 콜(Helmut Kohl)이 새로운 총리로 선출되었다. 그러나 콜 총리의 출현이 기존 정책의 전환을 의미한 것은 아니었다. 콜은 이미 1982년 10월 13일 정부선언에서 기존의 조약들을 유지하고 동독과의 협력 및 진행 중인 교섭을 계속 추진할 것을 선언했던 것이다. 콜 정부는 이데올로기 차원에서 동독에 대한 공세를 강화하였지만 독일문제를 실용주의적 입장에서 집행하였다. 오히려 콜 정부 시기 동서독 간 관계는 그 어느 때보다도 강화되었다. 동서독 국경선에 설치된 자동기관총이 철거되었고 문화협정이 체결되었으며 서독정부의 은행차관 보증이 눈에 띄게 많아졌고 동서독 간 인적 교류 및 물적 교류가 제고되었다. 오랫동안 지속된 동서독 간 화해협력의 진전을 바탕으로 1989년 동독의 민주화에 이어 독일 분단의 상징이었던 베를린장벽이 철거되었고, 결국 1990년 10월 3일 동독은 서독 기본법 제23조에 따라 연방공화국으로 편입되었다.

동독과 서독, 남한과 북한

1972년 기본조약 체결 이후 1990년 공식 통일되기 전까지 독일은 오랫동안 동서독 간 화해협력 과정을 진행시켜왔다. 그리고 이를 토대로 결국 동서독은 평화로운 통일을 이룰 수 있었다. 탈냉전 이후 이제야 화해협력시대에 진입하고 있는 남북관계와 비교해볼 때 이미 진행된 동서독의 통일 과정은 적잖은 시사점을 줄 수 있을 것이다. 화해협력을 거쳐 통일로 나아갔다는 총론은 우리가

사진 7-3 1961년 베를린장벽의 설치(위)와 1989년 장벽의 붕괴(아래).

지향해야 할 지점이지만, 당시 동서독 관계와 지금 남북관계를 비교할 때 몇 가지 차이점이 존재하는 것도 사실이다.

첫째, 분단의 시작과 지속의 조건을 볼 때 동서독과 남북한은 서로 다른 출발점과 진행 과정을 보임으로써 화해협력의 여정이 상이했다는 사실을 알 수 있다. 둘 다 2차 대전의 종식과 더불어 분단이 되었고 당시의 국제적 냉전 체제에 호응하기 위해 상대방을 부정하고 제압하려는 초기 통일정책을 구사했던 것은 유사한 점이다. 그리고 1960년대 말부터 국제적 화해 무드가 조성되면서 할슈타인 원칙을 사실상 폐기하고 상대방의 실체를 인정하며 대화 파트너로 받아들인 점 역시 비슷한 상황이었다. 서독의 아데나워 정권과 동독의 호네커 정권이 그러했고 1973년 남한의 6·23선언과 북한의 평화통일 5대 방침이 그러했다.

그러나 그 이후 동서독은 1972년 〈동서독기본조약〉을 맺었던 반면, 남북한은 1992년에 와서야 〈남북기본합의서〉가 발효되었다. 화해협력으로 나아가는 데 남북한이 동서독보다 약 20년이 뒤쳐진 것이다. 이 같은 시간적 차이가 존재하는 데에는 양측의 분단환경과 전쟁의 경험, 그리고 국제정세 등이 주요한 요인으로 작용하였다.

분단 당시 서독의 인구는 5,000만이었던 것에 비해 동독은 1,800만이었고 경제적으로 서독이 동독보다 한층 부유했으며, 1960년대 들어서는 동독이 사실상 체제경쟁을 포기했다. 반면 남북한은 인구 면에서는 남한이 약간 많았으나 영토 및 국력 차이는 거의 없었으며, 1970년대 이전까지는 북한이 남한보다 경제력이 앞서다 1990년대에 들어서야 북한이 체제경쟁을 사실상 포기하였다. 또한 독일은 민족상잔의 비극이 없었던 반면, 한반도는 수백 만 명이 서로 죽고 죽이는 골육상쟁의 아픔이 있

6·23선언 1973년 6월 23일 조국의 평화통일 및 개방선린외교를 표방한 박정희 대통령의 특별성명, 이른바 6·23선언이 발표되었다. 북한이 1971년 8월 12일 남북적십자회담 제의로 응답함으로써 시작된 남북적십자회담과 남북조절위원회의 경험을 토대로 통일 여건을 더 실질적으로 개선하고자 하는 통일외교의 의지를 담고 있다. 7개 항으로 구성된 선언은 "1) 조국평화통일을 위한 노력, 2) 남북한 상호 내정불간섭, 3) 남북화해 성실 인내 노력 계속, 4) 북한의 국제기구 가입 불반대, 5) 남북한 유엔동시 가입 불반대, 6) 상호평등원칙 아래 모든 국가와 문호개방, 7) 우방과 기존 관계를 공고히 한다"는 내용을 담고 있다.

었다. 그리고 동독은 소련의 위성국가로서 유럽정치 또는 내독관계에서 주요한 행위자로 활동하기에는 많은 장애가 존재했으나 북한은 1950년대 이후부터 주체노선을 표방하면서 중·소의 압력에도 불구하고 동북아시아의 주요 행위자로 기능했다.

이러한 차이점에 의해 동서독관계는 남북관계보다 상대적으로 빨리, 보다 활발한 협력관계를 시작할 수 있었고 분단 이후에도 군사적 충돌이 거의 없었으며 이에 따라 관계발전의 성과가 차곡차곡 축적되었다. 그러나 남북관계는 오랫동안 협력과 갈등이 되풀이되었고 군사적 충돌 또한 자주 발생하였으며 이에 따라 관계 발전의 성과가 축적되지 못하고 무산되는 경우가 많았던 것이다.

둘째, 동족 간 전쟁과 격렬한 체제경쟁 그리고 극단적인 이데올로기 대립을 겪지 않은 동서독 주민들은 상대방을 적으로 생각하는 경향이 우리의 경우에 비해 상대적으로 약했다. 서독인의 일차적 관심사는 대외적 안전보장과 자유민주주의 체제의 고수였고 자신들이 이루어낸 정치적 자유와 경제발전에 대한 자부심이 대단하였다. 또한 서독인들은 동독체제에 대해 비판적이었으나, 동독인들을 동포로 생각했으며 친근감과 열린 자세를 견지하였다. 동독도 서독과의 소모적인 체제경쟁보다는 독립적 국가로 인정받기를 원했기 때문에 서독을 물리쳐야 할 적으로는 생각하지 않았다.

이처럼 전쟁과 이념적 극한 대결을 겪지 않은 동서독이 분단 과정에서 상대방에 대한 적대의식이 상대적으로 약했던 것에 비해 우리의 경우는 분단 초기부터 전쟁의 경험과 강한 불신 및 대립에 의해 적대감만이 두드러졌고, 뒤늦게서야 화해협력단계에 진입하면서 상호교류와 이해가 증진되고 동포성이 강화되고 있음을 알 수 있다. 분단이 상호대결적인 과정을 강화시키면서 오랫동안 적성의 우위 양상을 보였던 남북한 관계가, 탈냉전 이후 21세기에 들어서 동포애의 증대라는 현상으로 나타나고 있는 것이다.

셋째, 분단 과정에서 양 정부 간 통일정책도 동서독과 남북한은 일정한 차이를 보였다. 독일의 경우 시종일관 서독이 우위에서 화해협력정책을 추진하고 동독이 수세적인 입장에서 통일정책을 펴나갔던 반면, 남북한은 북한이 상당히 오랫동안 통일문제에서 공세적인 입장을 견지하고 체제경쟁을 가속화시켜 갔다.

체제경쟁에 자신감을 갖고 있던 브란트 정부는 언어·문화·역사 그리고 가족 및 친척 등의 인적 유대에 기초를 둔 '문화민족(Kulturnation)' 개념을 강조하였고, 이러한 공통성 이외에도 그것을 일상적인 의지행위 속에서 확인하는 것을 포괄하는 '의식민족(Bewußtseinsnation)'이라는 개념을 자주 사용해 독일민족의 결속을 보존하려고 했다.[10] 이에 비해 호네커 정부는 '독일민족의 사회주의 국가'라고 규정한 헌법 제1조를 폐지하고 통일에 대한 사명을 기록한 8조까지 삭제하면서 두 개의 '계급민족', 즉 서독의 자본주의적 민족과 동독의 사회주의적 민족을 주장하면서 독자적인 생존의 길을 택하고자 하였다.[11]

다시 말하면 브란트는 '1민족 2국가(Eine Nation Zwei Staaten)'론에 입각하여 단기적으로는 독일 내에 2국가의 존재를 잠정적으로 인정하면서도 장기적으로는 독일의 재통합을 지향하였던 반면, 호네커는 '2민족 2국가(Zwei Nationen Zwei Staaten)'론에 따라 독일의 통일을 거부하면서 동독과 서독을 구분하고자 하였으며 서독으로부터 국제법적 승인을 받고자 하였다.

동서독의 민족문제를 보는 시각의 차이는 1972년 12월 21일에 체결한 〈동서독기본조약〉에 대한 해석에도 연결되었다. 기본조약 제1조는 양독 간의 관계를 '상호 동등성에 기초한 정상적인 선린관계'로 규정하고 있는데, '정상적인 선린관계'에 대해 동독은 동독에 대한 국제법적 승인을 포함한 외국과의 관계 설정으로 파악한 반면, 서독은 '정상적'이라는 표현은 국제법적인 '승인' 또는 '인정'이 아니라 단순한 실체 '존중'이고, '선린'이라는 표현은 '밀접한 공간적인, 그리고 인간적인 관계'를 지칭한다며 우방국이나 동맹국이 주민들 간에 존재하는 관계가 아니라 특수한 성격의 민족내부관계로 이해하였다. 이처럼 동독은 양독관계를 '2민족 2국가론'에 입각하여 내독관계(innerdeutsche Beziehungen)에 강한 거부감을 나타내며 기본조약을 분단조약으로 받아들이려 했고, 서

독은 '1민족 2국가론'에 입각하여 통일까지의 잠정협정(modus vivendi)으로 사고하였다.[12]

하나의 민족의식을 강조하는 서독과 이에 반대했던 동독과 비교해, 분단 이후 남북한의 경우는 이와 근본적으로 다른 행보를 보였다. 1980년대까지 남한은 '선건설 후통일'의 구호와 함께 유엔 동시 가입과 평화공존을 주장하면서 오히려 분단의 평화적 관리를 강하게 주장한 반면 당시 북한은 '하나의 조선' 논리를 강조하면서 공세적인 입장을 취했다. 이로 인해 남북관계는 1980년대 말 사회주의권 붕괴 시기까지 적대적인 경쟁을 계속하면서 대립관계를 유지해 올 수밖에 없었다. 그리고 1992년에 들어서야 남북한은 기본합의서를 통해 남북관계를 통일을 지향하는 '잠정적인 특수관계'로 합의하기에 이르렀다.

적대와 대결이 공존하고 있는 과도기의 이중성으로서의 지금 남북관계의 특징은 동서독의 경우와 비교해볼 때 더욱 근본적이고 심각하며, 좀더 오랫동안 지속되었던 것이다. 따라서 동서독의 경우에서 화해협력의 중요성을 절실하게 배우는 것도 중요하지만 동서독 관계와 다른 남북한 관계의 역사적 특수성을 신중하게 고려하고 감안하는 것 역시 향후 통일과정에서 매우 중요한 일일 것이다.

분단의 시작과 지속에서 동서독이 남북한에 비해 보다 우호적인 환경을 갖고 있었다는 사실이 동서독의 화해협력 단계를 단축하고 통일로 나아갈 수 있게 했지만 독일통일은 이것만으로 이루어진 것이 아니었다. 여기에 더하여 평화와 통일을 향한 정권의 의지와 국민적 동의가 일관되게 뒷받침되었다. 기민당으로 정권이 교체된 이후에도 콜 총리는 국가발전, 민족발전의 측면에서 사민당 정부의 신동방정책의 계속 추진을 약속하였고 국민적 동의에 기초해 대동독정책의 주도권을 장악하여 동서독

서독의 동독에 대한 동질감 변천 분단 이후부터 적이라는 의식이 상대적으로 약했던 동서독이지만, 분단이 지속되고 시간이 지나면서 서독인의 동독인에 대한 친근감이 떨어졌다. 같은 동포라는 느낌이 지배적이기는 하였지만 그러한 인식이 1971년에서 81년 사이에 68%에서 49%로 감소하였다. 특히 30세 이하의 젊은 층에서는 이러한 경향이 강했다. 1987년 Infratest의 조사에서 서독인 중 40%만이 동독인을 '우리와 똑같은 독일인이며 그들과 밀접히 연결되어 있다고 느낀다'고 답하였다. 여전히 같은 민족이라는 감정은 노년층과 여러 차례 동독을 방문한 사람들에게서 강하게 나타났다.[13]

관계를 안정시키고 통일을 달성해냈다. 지금 우리가 겪고 있는 정치적 갈등의 외화형태로서의 남남갈등과 비교되는 대목이 아닐 수 없다.

남북관계 전개 – 적대와 대결에서 공존과 협력으로

상호 부인과 적대

1945년의 해방은 '갈라진' 해방이었다. 우리는 일제 식민지배로부터 벗어났다는 기쁨과 남북이 서로 갈라졌다는 설움을 동시에 맞아야만 했다. '일본군 무장해제'라는 군사적 명분으로 시작된 분단은 우리 내부의 좌우익 갈등과 미·소 간의 냉전적 대결이 상호 상승작용을 일으킴으로써, 일시적 '갈라짐'이 아니라 남과 북에 각기 다른 체제와 정부가 수립되는 정치적 '분단'으로 귀결되고 말았다. 숱한 비극과 유혈사태를 뒤로 한 채 1948년 8월 남쪽에는 대한민국이 건국되었고 곧이어 같은 해 9월 북쪽에는 조선민주주의인민공화국이 수립되었다. 남과 북의 공식적 분단이었다.

분단은 급기야 1950년의 동족상잔으로까지 증폭되면서 남과 북은 서로를 미워하고 적대하는 무차별적 대결관계를 형성하고 말았다. 남과 북이 서로 상대방을 전면 부인하면서 상대방의 '제거'가 곧 자신의 '정당성'이라고 믿는 극단적 대결이 지속되는 가운데, 결국 남북은 전쟁이라는 가장 처참한 형태의 상황을 빚어낸 것이다.

전쟁 이후 한반도 문제를 논의하기 위해 제네바 회담이 열렸지만 남과 북의 평행선은 여전했다. 유엔의 권위와 선거방식을 놓고 접점 없는 대결 끝에 제네바 회담은 실패로 끝났다.[14] 이제 분단과 전쟁을 거친 상태에서 남북의 상호 부인과 적대는 돌이키기 힘든 상황으로 진전되었다. 전후 남북대화 역시 서로 수용 가능성이 없는 제안만 지속되었을 뿐 당국 간 대화는 원천적으로 봉쇄되어 있었다. 이승만 정부는 비현실적인 북진통일에 또 다시 매달렸고, 북한은 남

© 연합뉴스

사진 7-4 1953년 북진통일 관제 학생 데모(왼쪽)와 1968년 통혁당 사건 재판(오른쪽).

한을 교란시키기 위해 다양한 제안을 했지만 성사 가능성보다 정치적 정당성을 고려한 것이었다.[15] 특히 이승만 독재정권이 국민의 힘으로 무너지던 1960년 4·19 민주항쟁을 보면서 북은 '과도적 연방제'라는 제안을 통해[16] 남북관계를 주도하려고 시도하기도 했다.

1960년대에도 북한의 평화전술과 남한의 무대응은 지속되었다. 특히 남한은 제2공화국 이후 '선건설 후통일' 노선을 내세우며 북한 주도의 통일 논의를 소극적으로 회피하는 한편, 통일방안으로는 유엔감시하 인구비례 총선거라는 기존의 주장을 되풀이했다. 북한은 남한에 대한 상대적 우위를 바탕으로 적극적인 교류협력 제안과 통일전선에 입각한 통일 논의를 제기했다. 다른 한편 북한은 3대혁명역량강화를 천명하며[17] 남조선 내부의 자체 혁명을 강조하는 이른바 '남조선혁명론'을 내세워 대남전략을 강화하게 된다.[18] 전쟁 이후 남북대화는 상대적으로 체제안정과 경제발전을 이룩한 북한의 적극적 공세와 남한의 소극적 대응으로 특징 지을 수 있었다. 이때만 해도 남북관계의 역학구도는 북이 우위에 있었던 셈이다.

체제 '경쟁'과 간헐적 '대화'의 남북관계

1970년대 들어 남북관계는 본격적인 체제경쟁에 돌입했다. 제2공화국을 무너뜨리고 집권한 박정희 쿠데타 세력 역시 '선건설 후통일'을 모토로 승공(勝共)

에 입각한 북한과의 경쟁 노선을 계승했다. 분단 이후 내전 성격의 유혈사태를 겪고 심지어 전쟁까지 경험하면서 대한민국을 지켜냈던 남쪽으로서는, 이제 북한의 공세적 대응에 무조건 겁먹고 반대만 할 것이 아니라 북한과 정정당당하게 대결해서 이기자는 체제경쟁을 선택한 것이다. 남쪽의 체제경쟁 의사는 1970년 '8·15 선언'에서 비롯되었다. 이 선언에서 박정희 대통령은 무시전략으로 일관하던 종전의 입장에서 벗어나 '개발과 건설과 창조의 경쟁'에 나서자고 북에 적극 촉구했다.[19]

통일정책에서 북한은 자신만만하던 '민주기지론'을 포기하고 남쪽 내부에서 혁명세력이 등장하여 스스로 지역혁명에 성공함으로써 통일을 이루는 이른바 '남조선혁명론'을 채택했다. 즉 북한은 위에서 밀고 내려가는 식의 통일이 아니라 남쪽에서의 혁명 발생을 지원하면서 통일을 이루려는 것이었고, 남한은 분단 현실을 인정하고 체제경쟁을 벌이자는 논리로 대응한 것이었다.

체제경쟁과 더불어 1970년대에는 국제적인 데탕트 국면에서 남북은 남북적십자회담을 개최하고, 〈7·4 남북공동성명〉을 발표

민주기지론 김일성은 1945년 12월 17일 북한을 '통일된 민주주의적 독립국가를 위한 강력한 민주기지로 전변시킬 것'을 선언했다. 민주기지란 한반도를 공산화하기 위한 공산주의 혁명기지를 의미한다. 따라서 북한의 초기 단계 대남전략은 여러 가지로 유리한 조건에 있는 북한 지역에서 먼저 민주기지를 강화하고 이를 토대로 전국적 범위에서 공산주의 통일을 완성한다는 것이었다. 원래 민주기지란 어떤 지역을 확보한 후 공산주의 방식으로 정치 경제 군사적 역량을 강화하여 하나의 근거지로 삼고, 다시 타 지역으로 이러한 혁명을 수출하는 스탈린의 세계혁명전략에서 유래된 것이다. 북한의 민주기지론은 이후 민족해방 인민민주주의혁명전략으로 발전하였고, '3대 혁명역량 강화' 노선의 기초가 되었다.

선남조선혁명 후조국통일론

북한은 남한혁명과 통일문제가 동시적으로 진행될 수 없다는 점을 인정한 후, 통일은 전 민족이 주체가 되어 전 한반도를 대상범위로 하는 것이며, 남한혁명은 남조선인민들이 주체가 되고 남한을 대상범위로 해서 남한 내 '반동 통치배'를 혁명대상으로 한다고 규정했다. 이러한 노선의 연장선상에서 남한혁명운동의 주체를 따로 조직해야 한다는 과제가 등장했다. 1961년 제4차 조선로동당대회에서 김일성은 남조선혁명이 "조선혁명의 한 구성부분이면서도 남조선의 식민지 반봉건적 사회경제제도와 계급관계에 고유한 모순을 해결하여야 할 지역혁명으로서의 상대적 독자성을 가지고 있다"고 밝혔다. 이에 따라 북한은 "공화국 북반부에서 사회주의의 완전한 승리를 보장하여 전국적 범위에서 반제 반봉건적 민주주의적 혁명과업을 수행하는데 있으며 최종목적은 공산주의사회를 건설하는데 있다"라고 규정했다.

– 전현현, "북한의 내남정책과 통일정책: 지속과 변화," 『프레시안』, 2008년 1월 17일자

하는 등 '대화 없는 대결'에서 '대화 있는 대결'[20]의 모습을 보이기도 했다. 그러나 이 대화가 남북의 오랜 대결을 해소하기엔 시기상조였다. 합의 내용에 대한 해석에서부터 이견을 보이기 시작하더니, 경제와 사회문화적 접근을 내세운 남한의 기능주의 입장에 대해 북한의 정치군사적 접근이 우선이라는 입장이 대립하면서 급기야 대화가 중단되고 말았다. 국제적 데탕트에 힘입어 대화는 시작되었지만 상호 신뢰가 형성되지 않은 채 주변 정세에 수동적으로 적응한 성격이 강했던 것의 한계였다. 결국 1970년대 남북대화는 체제경쟁의 과정에서 일시적으로 나타난, 그리하여 곧바로 대결로 회귀한 '단속적(斷續的)' 대화였을 뿐이었다.

1980년대에도 남북대화에서 경쟁은 지속되었다. 이미 1970년대부터 쟁점이 되기 시작한 평화협정 논의를 놓고 남북은 신경전을 벌였다. 북의 평화협정 주장에 남한은 불가침조약 체결로 맞섰고, 1974년 이후 북이 미국과의 평화협정 체결 주장으로 선회하자 이에 대응해 남한은 남·북·미 3자회담 요구로 응수했다. 그러나 정작 북한이 1984년에 북미 간 평화협정과 남북 간 불가침선언을 논의하자며 3자회담을 수용했을 때 남한은 즉각 거부했다.[21] 한반도 긴장완화와 평화정착 문제를 둘러싼 남북 간의 적나라한 경쟁 사례였다.

1980년 김일성은 조선로동당 6차 당대회에서 '고려민주연방공화국' 창립 방안을 발표했다.[22] 기존의 과도적 연방제가 아니라 통일국가의 형태로서의 연방제를 주장한 것이었다. 이미 남과 북이 오랫동안 적대와 경쟁을 지속해온 만큼 남북의 현 체제와 제도를 그대로 유지한 채 연방국가 방식으로 통일을 이루

고려민주연방공화국 창립방안

1960년 북한이 최초로 제안한 연방제는 통일을 위한 남북한 자주 총선거의 실시에 따른 과도적 국가 형태로서 제시된 것이다. '남북한 자주적 총선거'라는 꼬리표는 떼어버렸지만 1973년 고려연방제안도 여전히 통일을 위해 남과 북에 현존하는 상이한 두 제도는 '당분간' 그대로 두고 연방국가를 창설한다는 일종의 '중간단계'를 설정하고 있었다. 그러나 1980년의 '고려민주연방국 창립방안'에서는 이 같은 중간단계를 생략하고 연방상설위원회를 구성하여 이 국가기구가 곧장 '북과 남의 지역 정부들을 지도'하도록 하는 '완성형 연방제'를 제시하는 한편, 연방국가가 외교 결정권을 갖되 중립국가를 지향하겠다는 '새로운 내용'이 추가되었다.

자는 제안이었다. 한반도에 실재하는 두 체제의 공존을 공식 인정한 셈이었다. 이에 대해 전두환 정부는 '민족화합민주통일방안'을 제시하고 궁극적으로 통일 헌법을 통해 하나의 단일 국가를 이루어야 한다고 주장했다.[23]

광주민주화운동을 진압하고 등장한 전두환 정부에 대해 북한은 1984년 아웅산 사건을 통해 테러를 시도하기도 했지만, 다른 한편에서는 남북대화가 간헐적으로 진행되기도 했다. 10·26과 12·12로 남한 정국이 불안해진 상태에서 북한은 1980년 1월 총리회담을 제의했고 남쪽이 수락함에 따라 실무대표 접촉이 성사되었으나 결국 불발로 끝났다. 1980년대 중반에는 남북경제회담과 남북체육회담 및 남북국회회담 예비접촉 등 각종 회담이 개최되었지만, 이 역시 상호 입장 차이를 좁히지 못한 채 성과 없이 결렬되고 말았다.

1980년대 남북관계에서 눈에 띄는 성과는 1984년 북한의 수해물자 지원을 통해 적십자회담이 성사된 것이었다. 1984년 남한에 대규모 수해가 발생했다. 이에 북한이 남한에 수재지원 의사를 표명했고 남한이 이를 받아들여 물자의 인도와 인수가 이뤄진 것이다. 이를 계기로 1985년에는 8차 적십자회담에서 고향방문단과 예술공연단 교환방문을 합의하고 그해 9월 분단 이후 처음으로 이산가족 상봉이 이뤄졌다. 그러나 이도 잠시뿐, 남북관계는 다시 갈등 국면으로 들어갔고 북은 팀스피리트 훈련을 구실로 남북대화를 전면 중단시켰다. 결국 1970년대와 1980년대는 남북의 본격적 체제경쟁이 지속

10·26과 12·12 10·26은 1979년 10월 26일 저녁 7시 40분경 서울 종로구 궁정동 중앙정보부 안가(安家)에서 중앙정보부 부장 김재규가 대통령 박정희과 대통령 경호실장 차지철을 살해한 사건이다. 12·12는 10·26 사건 이후 보안사령관 전두환을 중심으로 한 신군부 세력은 군부 내 주도권을 장악하기 위해 대통령의 재가 없이 불법적으로 군을 동원하여 육군참모총장이자 계엄사령관인 정승화를 연행하고, 국방부와 육군본부를 점령하여 육군지휘부를 무력화시켰다. 이후 신군부 세력은 제5공화국의 중심 세력으로 등장하였다. 이 사건의 주도 세력인 전두환과 노태우가 대통령으로 재임한 1993년 초까지 12·12 사태는 집권 세력에 의해 정당화되었으나, 그 후 김영삼 정부는 하극상에 의한 쿠데타적 사건이라고 규정하였다. -『두산백과사전』

팀스피리트 훈련 팀스피리트 훈련은 한반도에서 발생하는 군사적 돌발 사태에 대비하여 연례적으로 실시해온 한미 양국군의 대규모 연합 군사 훈련이었다. 이 훈련에 대해 북한은 북침을 위한 핵공격 전쟁연습이라고 강변하면서, 지속적으로 중지를 요구해왔다. 훈련 실시 기간 동안 북한은 전군이 비상경계태세에 들어가거나 준전시상태를 선언하였다. 1990년대 초 북한 핵문제가 불거지고 북미 간에 핵협상이 진행되면서 한미 양국은 북한의 핵 해결을 위해 팀스피리트 훈련 중단 요구를 수용하였으며, 1994년부터는 팀스피리트 명칭의 훈련은 실시되지 않았다. - 통일연구원, 『남북관계지식사전』(서울: 통일교육원, 2012), 710~712쪽.

되면서 다른 한편에서는 간헐적으로 남북대화가 성사된 시기였다.

남북기본합의서와 상호 인정

1990년대 사회주의권 붕괴와 탈냉전 이후 남북의 체제경쟁이 무의미해지고 사실상 남측의 승리로 귀결되면서 남북관계는 전환점을 맞게 된다. 체제경쟁에 패하고 상시적인 위기상황에 직면한 북한으로서는 체제유지와 생존을 위해 상호 체제인정과 공존의 노선을 불가불 선택할 수밖에 없었다. 북한은 이미 1991년에 신년사를 통해 '잠정적으로 연방공화국의 지역자치정부에 더 많은 권한을 부여하는' 느슨한 연방제를 주장함으로써[24] 기존 대남적화통일 노선으로서가 아니라 체제유지를 위한 대남 방어용으로서의 연방제 의도를 드러내기 시작했다. 체제위기가 심화되는 조건에서 이제 남쪽으로부터 불어오는 '남풍'을 막고 자신의 체제유지와 생존을 달성하기 위해 선택한 연방제라는 방식이 의미를 갖기 시작한 것이었다. 북한은 적화통일은커녕 자신의 체제유지도 버거워진 상황에서 이제 남북관계의 개선을 통해 장기공존을 도모함으로써 남한의 흡수통일 의도를 막아내려 했다. 탈냉전이라는 변화된 환경을 맞아 북한이 1992년 상호 체제인정과 평화공존을 의미하는 〈불가침과 화해 및 교류협력에 관한 남북기본합의서〉 채택에 동의한 것도 같은 맥락에서였다. 1990년대 이후 유엔 동시 가입 수용(1991), 전민족 대단결 10대 강령 발표(1993) 등 대남 통일

한민족공동체 통일방안

1989년 9월 11일 국회에서 노태우 대통령의 특별 선언을 통해 발표된 통일 방안. 남북 간에 누적된 불신과 대결 의식, 이질화 현상을 그대로 둔 채 일시에 통일을 이룩한다는 것은 현실적으로 어렵다고 보고, 남북 간의 교류와 협력을 통해 먼저 민족 공동체를 회복, 발전시키고 이를 바탕으로 정치적 통일이 이루어질 수 있는 상태를 만들어야 한다는 내용을 담고 있다. 그리고 통일의 원칙으로는 자주, 평화, 민주를, 통일 국가의 미래상으로는 자유, 인권, 행복이 보장되는 민주국가를 제시하였다. 이 한민족 공동체 통일 방안은 나중의 김영삼 정부의 '민족 공동체 통일 방안'으로 이어졌다.

© 연합뉴스

한민족 공동체 통일방안에 대해 국회에서 특별연설을 하는 노태우 대통령.

사진 7-5 〈남북기본합의서〉 체결 후 악수를 나누는 남과 북의 대표(왼쪽)와 영변 핵시설(오른쪽).

정책에서 기존 노선의 변화도 여실히 드러났다.

한국 역시 체제 우위의 자신감을 바탕으로 상호 인정과 공존의 가능성을 인정하기 시작했다. 1988년 노태우 정부는 '7·7 선언'을 통해 적이 아닌 '동반자'로 북을 규정했고, 1989년 '한민족공동체 통일방안'에 따라 역사상 처음으로 남북이 완전통일 이전에 상호 공존하는 과도기로서 '남북연합'을 설정함으로써 전면 대결이 아닌 화해협력의 틈새를 열어놓았다.[25] 아울러 7·7 선언에 따라 1989년부터 남북경협이 시작되었고 1990년엔 본격적인 교류협력에 대비한 〈남북교류협력에 관한 법률〉과 〈남북협력기금법〉을 제정하기도 했다.

탈냉전과 사회주의권 붕괴라는 객관적 대외정세가 남북으로 하여금 대결과 경쟁이 아닌 인정과 공존을 고민하게 하는 상황에서 남한 내부는 민주화 이후 통일운동의 고양기를 맞는다. 1987년 6·10 항쟁으로 민주화를 이룩한 남한의 시민사회는 이제 북한과의 자유로운 접촉을 요구하기 시작했고 학생운동을 중심으로 남북 민간 차원의 만남과 회담을 요구했다. 창구단일화 논리로 이를 막는 정부에 대해 결국 한국의 시민사회는 실천으로 남북관계

연합제와 연방제 연합제는 1민족-2국가-2체제-2정부, 연방제는 1민족-1국가-2제제-2정부로 요약된다. 연합제와 연방제의 근본적인 차이는 '중앙정부'의 존재 여부이다. 연합제는 2개의 정부를 유지하면서 남북 간 협력기구를 구성하자는 것이고, 연방제는 2개의 정부를 유지하면서 별도로 외교권과 군사권을 갖는 중앙정부를 구성하자는 것이다.

의 물꼬를 트기도 했다. 1989년 3월 재야인사 문익환 목사가 전격 방북해서 김일성 주석과 회담을 갖고 통일방안에 관한 합의를 도출했다. 곧이어 한국의 대학생 대표로 임수경이 방북해서 평양에서 개최된 세계청년학생축전에 참가하고 돌아오기도 했다. 이들의 전격 방북은 남한 정부 당국의 반대와 형사 처벌로 곤혹을 치러야 했지만 반세기 가까이 단절되어온 남북교류의 첫 시작을 알리는 것임은 분명했다.

그러나 역사적인 기본합의서 채택에도 불구하고 1993년부터 본격화된 북핵위기로 인해 남북관계는 과거의 갈등 국면으로 회귀했고 합의문은 '휴지조각'이 되고 말았다. 체제경쟁에서 승리한 남한이었지만 아직도 내부적으로 북한을 인정하고 화해협력을 시작하기엔 준비가 덜 되어 있었고 대외적으로는 북미 적대관계가 온존함으로 인해 기본합의서를 실행에 옮길 수 있는 우호적 정세가 마련되지 못했던 것이 그 한계였다.

남북정상회담과 '화해협력'의 남북관계

남북관계에서 적대와 대결보다 화해와 협력이 더 우위를 점하게 된 것은 1998년 김대중 정부 출범 이후 이른바 '햇볕정책'이 지속적으로 추진되면서부터였다. 북한에 대한 흡수통일 배제와 화해협력의 지속적 증대를 대북정책의 주요 목표로 설정했던 김대중 정부는 북한에 대한 식량 및 비료 지원을 확대하고 다양한 사회문화 교류를 활성화했으며 북미 간 관계 개선을 적극적으로 지지하고 후원했다. 일부의 북한붕괴 대망론이 비현실적인 것으로 결론났고 대북 강경기조가 오히려 한반도 평화를 위협할지도 모른다는 현실적 판단에 따라, 한국 정부는 체제경쟁의 승리라는 자신감을 토대로 북한과의 화해협력을 시작하게 된 것이다.

북한의 급속 붕괴는 한반도의 안정과 관련해서도 결코 바람직한 것이 아니었다. 고장난 비행기가 민가에 떨어지면 비행기의 추락을 즐길 수만은 없다. 추락한 비행기로 인해 애꿎은 민간인이 큰 곤혹을 치러야 하는 상황이 발생하

ⓒ 연합뉴스

사진 7-6 2000년 제1차 남북정상회담(위)과 2007년 제2차 남북정상회담(아래).

기 때문이다. 미국의 클린턴 행정부와 한국의 김대중 정부가 이른바 '대북포용정책(engagement policy)'에 입각해 북한 붕괴에 의한 흡수통일 대신 화해협력 증대에 의한 평화공존을 추진하게 된 것도 바로 이 '고장난 비행기론'에 입각한 '연착륙(soft-landing)' 정책이었다.

김대중 정부 출범 이후 추진된 이른바 '햇볕정책'은 금강산 관광이라는 역사상 최초의 상시적 대규모 방북을 성사시켰고 남북 간에도 조금씩 신뢰가 쌓이기 시작했다. 그 결과 2000년 6월에는 역사적인 남북정상회담이 개최됨으로써 반세기 동안 지속되었던 남북 당국의 적대적 대결관계는 이제 화해적 협력관계로의 전환을 시작할 수 있게 되었다. 제1차 남북정상회담 이후 남북 당국 간 관계는 급속히 개선·발전되었고, 다양한 분야에서 민간교류협력도 활발히 진행되었다. 개성공단, 금강산 관광 그리고 경의선 동해선 철도도로 연결은 남북정상회담 이후 남북경협의 대표적인 상징이 되었다.

김대중 정부의 뒤를 이은 노무현 정부는 평화번영정책이라는 진전된 구상으로 대북포용을 발전시키려 했지만 임기 동안 계속된 북핵문제로 인해 실질적 진전이 제약되는 구조적 한계를 실감해야만 했다. 그러나 북핵문제를 안고 출범했음에도 북핵과 남북관계의 병행론을 유지하면서 북핵으로 인한 한반도 긴장을 관리해내는 데 어느 정도 성공했다. 특히 일관된 대북 포용의 기조를 유지함으로써 결국은 2007년 북핵문제 진전에 따른 제2차 남북정상회담을 성사시켰고 남북관계는 진일보할 수 있는 토대가 마련되었다.

2차 정상회담의 결과물인 10·4 정상선언은 '6·15 공동선언의 계승과 발전'이라는 압축적 표현으로 그 의미를 정리할 수 있다. 즉 화해협력이라는 6·15 공동선언의 큰 방향을 그대로 지속하되 6·15 공동선언에 포함되지 않았던 내용을 새롭게 이끌어냄으로써 향후 남북관계를 보다 진전시킬 수 있는 계기를 마련한 것이었다.[26]

정상회담 이후 남북의 화해협력과 교류증대는 일정한 궤도에 올라서는 듯했다. 그러나 두 차례의 정상회담과 공고해진 남북 간 화해협력 관계에도 불구하고 남북의 갈등관계가 근본적으로 해소된 것은 아니었다. 1999년과 2002년에는 금강산 관광을 떠나는 유람선이 동해에서 출항하는 바로 그 바다와 이어진 서해안에서는 남북이 총칼을 맞대며 유혈사태가 벌어지기도 했다. 2002년 대두된 2차 북핵문제는 아직도 한반도의 안보를 불안케 하는 위협 요인이다. 2008년 이명박 정부 출범 후 2008년 금강산 관광 중단, 2010년 천안함 사건과 연평도 포격 등 급격한 경색 국면을 맞이하기도 했다. 남북관계는 여전히 불안정성을 내재하고 있고 조성된 대내외 상황에 의해 언제든지 대화가 중단될 수 있으며, 이로 인해 남북관계가 소강 국면에 돌입한 경우를 정상회담 이후에도 쉽게 발견할 수 있었다. 그럼에도 불구하고 대북포용정책으로 본격적인 남북의 화해협력이 증대되고 두 차례의 남북정상회담으로 남북대화가 진전되었음은 부인하기 힘든 사실이다.

통일과 통일과정

통일과정의 중요성

통일은 더 이상 먼 훗날에나 다가올 미래의 꿈이 아니다. 조만간, 그리고 불현듯 현실의 일로 다가올 수 있는 매우 구체적인 과제이다. 갈수록 심화되는 북한의 불안정성은 이른바 급변사태라는 통일의 결정적 계기가 이미 우리 곁에 근접해 있음을 의미하기도 한다. 체제위기가 지속되는 가운데 과거보다 훨씬 짧은 기간에 압축적으로 진행해야 하는 후계체제 역시 향후 북한 변수의 미래를 불투명하게 만드는 요인이다. 원하든 원하지 않든, 급변사태든 아니든 통일의 가능성이 과거보다 진전되고 있음은 부인하기 힘들다. 탈냉전 이후 동북아시아의 안정성과 불안정성 역시 한반도 통일이라는 사건이 도래할 수 있는 외적 환경을 제공해주고 있기도 하다.[27] 좌우를 막론하고 통일을 구체적 당면 과제로 인식하고 있는 한국 내 시민사회와 정부의 인식 역시 이제 더 이상 통일이 미래의 사건이 아님을 방증하고 있다.

통일이 현실의 준비 과제로 인식되는 한, 한반도 통일은 매우 현실적이고 냉정하게 접근해야 한다. 좌우 진영의 이념과 노선을 앞세운 주관적 희망과 고집만으로 실제 진행될 통일을 회피하거나 두려워하거나 우회해서는 안 된다. 우선 통일은 결코 미리 그려진 통일방안의 경로나 통일국가의 상으로 진행되지 않는다. 2차 대전 이후 존재했던 분단국의 재통합은 어느 경우에도 공식 선언된 통일방안대로 되지 않았던 것이다. 미리 그려진 관념상의 통일 방식이나 통일 국가는 실제의 역동적 통일과정에서 변형되거나 수정되었고 속도가 빨라지거나 늦어졌다.

또한 실제의 통일은 결코 합의에 의한 대등통일을 허하지 않는다. 대부분의 통일방안은 쌍방의 합의에 의한 평화적 방식의 대등통합을 표방하고 있지만, 실제 통일과정은 합의형 대등통합이 불가능함을 보여주고 있다. 통일이 시작되는 순간, 이후의 통일과정은 가장 냉정하고 냉혹한 힘의 관계를 반영하게 된다. 이성적으로는 공존형 과도기간을 거친 합리적 통일을 주장할 수 있지만 실제 통일과정에 진입되면 힘의 우위에 있는 일방이 열세에 있는 타방을 급속도로 흡수하는 방식을 취할 수밖에 없었다.

물론 합의에 의한 통일방식은 힘의 관계를 반영한 불균형 통일방식과 어떻게든 결합하는 모습을 취한다. 즉 합의통일은 이미 내막적으로 일방이 타방에 흡수된 통일방식을 사후 추인하는 외적 정당화 절차로 존재할 수 있다. 자유선거에 의해 새로 구성된 동독 정치권력이 서독 연방에 편입을 결정하는 평화적인 합의 통일 방식이 이에 해당한다. 아니면 합의통일은 향후 치열하게 진행될 힘에 의한 역동적 통일과정의 시작을 알리는 역할을 하기도 한다. 평화로운 합의 통일을 도출해놓고 정작 본격적인 통일과정의 힘겨루기는 그제서야 시작되는 것이다. 총선에 의한 대등통일을 합의해놓고도 정작 일방이 타방을 무력통일하게 되는 예멘의 경우가 이에 해당한다. 결국 실제로 존재하는 현실의 통일은 쌍방이 대등하게 합의에 의해 통일되는 방식이 아니며 오히려 힘의 역관계를 반영한 급격한 흡수방식이 통일의 본질임을 알 수 있다.

이로 미루어 볼 때 현실에서는 공식적 통일방안이나 이상적 통일방식 모델이 실제의 통일을 주조하는 것이 아니라 역동적으로 전개되는 실제 통일과정의 '정치동학(political dynamics)'이 통일을 완성하게 된다. 이에 유의한다면 한반도 통일 역시 통일의 경로와 방식이 미리 정해지는 것이 아니라 통일과정의 역동적 진행과정에 따라 가변적으로 진행될 수 있는 것이다. 통일과정에서 발현될 역동적 정치과정을 현실로 받아들이되 가능한 한 그 부작용과 후유증을 최소화하고 '더 나은 삶'이라는 통일의 본래 의미와 가치에 기여할 수 있도록 고민하는 노력이 필요하고 바로 이 대목이 진보와 보수가 통일과 관련해 동의해야 할 부분이다.

통일과정의 원칙-역동성과 진보성

통일과정을 염두에 둘 때, 우리가 한반도 통일을 준비하면서 견지해야 할 몇 가지 원칙은 갖고 있어야 한다. 지나치게 관념적이고 공허한 명분 중심의 통일방안이나 장밋빛 그림만 내세운 통일방식에 연연하지 않으면서도, 한편으로는 통일의 결과물이 지금의 분단 현실보다는 분명 나은 상태여야 함이 당연하다. 즉 통일과정은 남북의 힘의 관계를 반영한 엄연한 현실의 문제이면서, 동시에 남북이 통일을 통해 좀더 나은 상태로 나아가야 하는 진보 지향의 문제이기도 한 것이다. 결국 우리가 상정해야 할 통일과정은 현실적으로 힘의 관계가 반영되는 역동적(力動的) 과정이면서 동시에 지금의 분단보다 나은 진보(進步)의 과정이어야 한다.[28]

통일이 먼 훗날의 일로 간주될 때는 통일 그 자체가 선이고 정당한 것이었지만 가까운 미래의 가능한 사건으로 여겨질 때는 통일은 무조건적인 선이 아니라 일정한 요건을 갖춰야 한다. 이미 남과 북의 현실이 존재하고 있는 한, 통일은 힘의 반영일 수밖에 없다. 실제 통일과정은 힘의 우열에 따라 일방이 타방을 흡수할 수 있고 통일을 추구하는 세력의 힘의 관계에 따라 통일의 지향과 방식이 달라질 수 있기 때문이다. 결국 현실적인 통일과정은 부득불 힘의 관계를 반영하는 역동적 정치과정을 상정해야 한다. 미리 정해진 경로와 방식을 따르는 게 아니라 당시의 세력관계를 반영하면서 남과 북, 정부와 시민사회, 그리고 진보와 보수 사이에서 통일과정의 주도권을 다투며 매우 가변적이고 역동적인 정치동학이 진행될 것이다.

힘을 반영한 통일과정과 더불어 우리가 통일과정에서 견지해야 할 또 하나의 내용은 통일된 상황이 남과 북 모두에게 지금의 현실보다 더 나은 상황을 제공해야 한다는 점이다. 이른바 '더 나은 통일'로서의 '진보성'이다. 통일이 오히려 남측 사람들에게 삶의 질의 퇴보를 결과하거나 북측 인민들에게 더 나은 삶을 제공하지 못한다면 그것은 올바른 통일이라 할 수 없다. 분단을 해소하고 통일을 지향함은 지금의 분단현실보다 남과 북 구성원에게 더 나은 삶을 제공해야 하기 때문이다.

결국 우리가 기대하고 희망하는 바람직한 통일은 철저히 지금의 분단 현실을 개선시키고 남북 각자의 삶을 더 나은 방향으로 이끄는 계기로서 자리매김되어야 한다. 통일이 오히려 분단 상황의 모순을 연장하거나 심화시키거나 혹은 감당하기 힘든 후유증과 역사적 퇴보를 감내해야 한다면, 그리하여 통일이 각자에게 역사적 퇴행의 원인으로 작동한다면, 그 통일은 결코 올바른 통일이 아닐 것이다. 지금의 현실을 좀더 나은 방향으로 이끌어야만 통일이 민족의 과제이자 모두의 소원일 수 있는 것이다. 실제로 진행되는 역사적 통일은 분명 지금보다 더 나은, 지금의 남과 북 구성원의 삶이 나아지는 결과로서 진행되어야 한다.

이처럼 한반도 통일과정이 힘을 반영한 '역동성'과 좀더 나은 통일로서의 '진보성'을 견지해야 함에도 불구하고, 실제로 진행될 통일과정은 역동성의 우세 속에 진보성을 지향하는 방식이 될 가능성이 높다. 즉 통일과정 당시의 남북의 역관계와 남북 각 내부의 세력관계를 반영하는 역동적 정치동학에 의해 통일의 방식과 경로, 그리고 통일국가의 모습이 주조될 가능성이 높다는 것이다.

다만 그 역동성의 과정에서도 분단현실을 개선하고 분단보다 더 나은 통일을 지향해야 하는 진보성의 원칙이 일정하게 고려될 것이다. 결국 통일과정에서 우리가 고민해야 할 원칙은 역동성, 즉 힘의 우위 세력이 주도하는 구심력의 급속한 통합을 현실적으로 인정하면서도 그 과정과 결과가 진보성의 원칙을 지나치게 훼손하는 것은 막는 것이어야 한다.

통일과정의 원칙으로 역동성을 받아들이는 것은 진보 진영이 귀담아 들어야 할 대목이고, 통일과정의 또 다른 원칙인 진보성을 수용하는 것은 보수 진영이 귀기울여야 할 부분이다. 진보 진영의 통일과정은 일반적으로 평화공존을 거친 점진적 평화통일을 지향하는데, 실제로 진행될 통일과정은 분명 어느 시점에서 분명 통일의 구심력에 급속히 빨려 들어가는 흡수통일의 과정을 겪을 수밖에 없다. 따라서 진보 진영은 현실 가능한 통일과정으로서 점진적 평화통일과 역동적 흡수통일을 결합하는 방식을 열어 놓고 있어야 한다. 마찬가지로 보수 진영의 통일과정은 대체적으로 북한 붕괴 후 흡수통일에 경도되어 있는데, 결정적 시기에 급격한 방식의 흡수통일이 도래한다 하더라도 통일과정의 결과가 남북 구성원의 삶의 질을 퇴보시키거나 퇴행시키는 것은 막아야 한다. 즉 북한 붕괴 후 흡수통일이라는 역동성을 가정하더라도 더 나은 통일이라는 진보성의 원칙에 충실할 수 있도록 부작용과 후유증 없는 통일과정을 충분히 고민해야 한다.

통일과정의 정치동학

독일-급속한 통합의 역동성

통일과정의 급속한 정치동학을 가장 극명하게 보여준 사례는 바로 독일이다. 독일통일은 1989년 베를린 장벽 붕괴에서 통일선포까지 1년이 채 안 되는 기간 동안 동독의 자유선거를 둘러싸고 표출된 동독 주민들의 정치적 의사 표시,

즉 사회주의 체제를 하루 빨리 폐기하고 동독을 지구상에서 사라지게 한 뒤 서독 연방으로 편입하겠다는 강력한 의지에 의해 일사천리로 진행되었다. 아무도 예상하지 못했던 신속하고 급격한 일방적 흡수통일이었다. 동서독의 좌파와 야당은 물론 초기에는 서독의 기민당조차 생각하지 못했던 가장 역동적인 통일과정의 정치동학이었던 셈이다. 그리고 정치적 동학에는 누구도 저항하거나 거스를 수 없었다.

국가연합이나 조약공동체를 통한 과도적인 공존 단계를 상정하고 동독의 존속을 통해 통일을 준비해야 한다는 신중한 점진적 접근은 실제 진행된 통일과정의 정치적 동학에 의해 여지없이 패퇴된 것이다. 이는 통일이 막상 시작되고 통일과정에 진입하자 동서독 구성원 대다수가 다소의 혼란과 비용과 부작용에도 불구하고 서독으로의 흡수통일을 열망했고 그것은 선거와 정치과정에서 정확히 투영되었음을 의미한다.

베를린 장벽 이후 서독과의 통합을 앞두고 동독인들은 황금빛 미래에 들떠 있었고 야당의 말보다 콜수상의 말을 더 믿었다.[29] 서독 민심도 통일 비용과 부작용을 의식하긴 했지만 그 희생보다는 편익이 더 많을 것으로 여겼다. 물론 급격한 흡수통일을 부정적으로 평가하는 논의가 여전히 존재한다. 당시 통일조약에 대해 일각에서는 소련 지배에서 서독 지배로 옮겨갔다며 '굴욕에서 굴욕으로' 평가하기도 했다. 실제로 통일 이후 경제통합의 비용과 후유증 해소를 위해 막대한 자금과 재원이 소요되었고 마음의 벽이 해소되지 않는 이중 국민의 부작용 등이 아직도 존재하고 있는 것이 사실이다.[30]

그러나 현실로 작동하는 통일과정은 이성적 판단과 합리성으로 지배되는 게 아니라 당시 정치과정에 참여하는 대다수 구성원들의 선택과 의사에 의해 결정되는 것이며 그것은 대부분 우위의 정치체제가 상대방을 급속도록 흡수하는 구심력의 역동성을 보여주는 것이었다. 베를린 장벽 붕괴 이후 '우리는 국민이다'에서 '우리는 한 민족이다'로 급변한 시위대의 구호와 최고인민회의의 첫 번째 민주선거 결과는 동독 국민 대다수가 독일 통일을 통해 부의 분배와 사회적 민주주의를 위한 최고의 기회를 희망했다는 사실을 잘 보여주었고, 이로써 독일통일은 그들의 역동적 선택에 의해 경로와 방식이 결정되었다[31]

예멘-합의형 대등통합의 취약성

통일과정이 시작되자마자 예상하지 못했던 통일경로와 방식으로 치달은 것은 예멘도 마찬가지였다. 1990년 5월 22일 남북 합의에 의한 통일 예멘공화국이 선포된 이후 1994년 7월 내전 종료로 북예멘이 남예멘을 무력통일하기까지 예멘은 숱한 우여곡절을 겪어야만 했다. 과도기 3년간의 정쟁과 갈등, 총선과 이후 정치적 대립, 예고된 내전과 재분리, 무력진압과 재통일의 과정을 겪으면서 예멘은 합의통일과 무력통일을 동시에 경험한 유일한 사례가 되었다.

통일과정 진입 이후 역동적인 정치동학에 노출된 것은 독일과 마찬가지였지만, 예멘에서의 결과는 참담하고 부정적이었다. 남북 합의의 평화적 통일로 시작해서 급기야 수많은 사상자를 내고[32] 일방적인 무력통일로 귀결되었기 때문이다. 그리고 여기에는 독일과 다른 예멘의 독특한 배경이 자리 잡고 있다.

무엇보다 남북예멘은 독일과 달리 통일 합의 이전에 이미 두 차례의 내전을 경험할 정도로 오래된 적대성을 내재하고 있었다. 갈등과 대결이 일상화되던 것에 비하면 남북예멘의 통일협상은 너무도 쉽게 합의가 도출되었다. 이는 곧 합의에 의한 통일이 얼마나 대내적 지지와 정당성에서 취약했는지를 짐작케 하는 대목이다.

남북예멘은 1981년 아덴 정상회담 이후 약 4년 동안 상호 화해협력하며

예멘

예멘의 정식명칭는 예멘공화국(Republic of Yemen)이다. 예멘은 아라비아 반도 남서부, 홍해와 인도양의 접점에 위치한 국가이다. 지리적 위치로 인해 무역의 중계지, 물자의 집산지로 번영했으며, 7세기경에는 이슬람교가 번성하였다. 1918년 서구 열강에 패배한 오스만튀르크제국으로부터 독립한 후 예멘아랍공화국(북예멘)과 영국령으로 분단되었다. 1967년 영국령으로부터 예멘인민민주공화국(남예멘)이 독립, 남북예멘으로 분단된 후 1990년 5월 22일 재통일, 단일국가가 되었다. 전통적으로 부족 단위의 통치가 이루어졌으며, 일부 부족에서는 국가 통치보다는 부족 자체적인 사법권을 행사하기도 한다. 하지만 교육수준이 높아지면서 부족장의 영향력이 점차 낮아지고 있는 실정이다.

역사상 가장 긴 평화공존 시기를 보냈고, 양측의 활발한 교류는 사실상 1988년 사나 정상회담과 〈남북예멘 간 국민왕래에 관한 합의서〉 채택 이후에야 본격화되었다. 이후 1989년 아덴의 남북정상회담에서 통일에 합의하고 1990년 5월 통일을 선포했으니 실제로 화해협력과 교류의 의미 있는 기간은 5년 여 남짓이었음을 알 수 있다. 또한 남북 간에 50 : 50의 대등통합을 합의해내면서 각각 내부의 국민적 합의를 이끌어 내지 못했다. 이는 곧 과도기 이후 실시된 총선거에서 현실적 역관계를 드러내는 선거 결과가 나옴으로써 정치적 혼란의 씨앗이 되고 말았다.

예멘의 통일 선포 이후 남북 간 화해협력과 양측의 화학적 유기적 결합을 위해 총선 이전의 과도기를 설정하였다. 그러나 30개월의 과도기간은 오랫동안 지속된 남북의 대결과 갈등을 해소하기에 턱없이 짧은 기간이었고, 특히 무장력을 보유한 군대의 통합이 유보되고 기존의 명령 계통에 따라 운영되면서 남북이 각각 자신들의 편제를 그대로 유지하고 있었다.[33] 상대적으로 짧은 화해협력 기간을 보완하기에는 지나치게 부족한 과도기였고 그것마저도 실질적 통합을 준비하는 게 아니라 내면적으로 갈등과 대결을 숨기고 있었던 것이다.

예멘의 통일과정은, 통일의 기반이 마련되지 않은 통일합의는 매우 취약하고, 더욱이 실재하는 힘의 관계를 반영하지 않는 합의형 대등통합은 더더욱 취약할 수밖에 없다는 점을 극적으로 보여주고 있다. 통일과정이라는 것이 당파적인 권력투쟁의 속성에서 벗어나 이상과 명분만으로 추상화되어 존속할 수 없음을 보여주는 것이기도 하다.[34] 현실의 정치적 동학을 제대로 반영하지 못했던 합의형 대등통합의 1990년 5월 22일 예멘의 통일선포는, 본격적인 정치동학이 반영되는 통일과정의 시작을 의미했을 뿐 그 이후의 정치적 통합을 보장하지 못하는 것이었다.[35]

화해협력기간과 상호민주화의 필요성

독일과 예멘의 사례에서 보이는 역동적인 정치동학은 실제의 통일과정이 이성적이고 합리적인 설계와 구상만으로 진행되지 않음을 명백하게 증명하고 있다. 독일과 예멘 모두 일단 통일과정이 시작되면 단계적이고 점진적인 과도적 공존은 현실에서 불가능함을 입증하고 있는 것이다. 또한 독일과 예멘의 사례는 통일과정의 정치적 동학이 철저히 힘의 관계를 반영할 수밖에 없음도 드러내고 있다.

급격한 구심력이 우세를 보이고 힘의 관계를 철저히 반영하면서도 독일이 예멘과 다르게 무력적 방식이 아닌 평화적 방식의 통일을 달성할 수 있었던 것은 20년에 걸친 꾸준한 화해협력 정책의 덕택이었음을 부인하기 힘들다. 이질적 분단체제 간의 지속적인 교류와 협력 과정이 독일은 20년간 지속되었지만 예멘은 사실상 1988년 이후 2년 정도에 불과했다.[36] 통일 이전 축적된 양측의 화해협력 과정은 실제로 통일과정에서의 정치적 역동성에도 불구하고 평화적이고 합리적인 방식으로 통일을 이루는 밑천이 되었다.

또한 독일과 예멘의 차이를 만든 원인에는 동서독의 민주주의가 남북예멘의 민주주의보다 훨씬 진전되고 확고했기 때문이기도 하다. 서독의 민주주의는 유럽의 모범이 될 정도로 이미 분단 상황 아래에서도 높은 수준으로 공고화되었고, 따라서 통일과정의 정치적 동학에서도 동독의 정치적 결과를 존중하고 받아들이는 '관용성'이 보장되어 있었다. 동독 역시 사회주의 해체와 민주화 과정을 거치면서 신속하게 민주주의로의 전환을 이룰 수 있었던 점이 예멘과 달리 무력적 방식이 아닌 평화적 방식의 통일을 가능하게 한 원인이 되었다.

이와 비교해본다면 예멘은 남과 북 모두 민주화가 미흡한 상태에서 각각의 권력 엘리트들이 자신의 기득권과 권력 기반을 포기하지 않음으로써 적대와 혼란, 그리고 재분리와 내전이라는 최악의 통일과정을 노정했다고 볼 수 있다. 우선 남예멘 스스로 완전히 민주화되기 전에 권력 엘리트들의 지배력을 보장해주는 대등통합에 합의함으로써 통일 이후 선거 결과를 쉽게 받아들이지 못하게 만는 측면이 있었다. 민주화되지 못한 정치체제하에서 지배권력의 타협과 담합만으로 통일을 합의해놓고 이후 선거 결과에서 애초의 권력 안배가 깨짐으로써 내전이 발발하게 된 셈이었다. 만약 동독처럼 남예멘의 사회주의가 민주화과정과 대규모 시위를 통해 완전 해체되었더라면 통일과정에서 표출된 선거 결과를 남예멘이 거부할 수 없었을 것이다.

이는 북예멘도 마찬가지였다. 민주화가 미흡한 상태에서 덥석 합의된 통일은 이후 총선을 통한 정치동학에서 비민주적인 정치세력의 힘이 그대로 온존하게 했고, 그것이 결국은 남북의 합의통일을 무산시킨 정치적 혼란의 단초가 되었다. 즉 북예멘의 보수 부족세력이 그대로 남아 통일총선에서 예멘사회당을 제치고 제2당이 됨으로써 남북의 통일과정은 평화로운 경로를 포기해야만 했다. 북의 이슬람개혁당은 원리주의에 입각한 반사회주의 정당이자 반(反)남예멘 세력이며 따라서 남측과의 대등한 합의통일을 처음부터 완강하게 거부했던 정치세력이다. 당연히 비민주적인 이슬람개혁당의 정치적 존재는 남예멘과의 평화적 통일을 불가능하게 하는 걸림돌일 수밖에 없었다. 서독처럼 동독의 구공산당과 민사당의 존재마저 관용해내는 성숙한 민주주의가 부재한 탓에 예멘은 무력적이고 폭력적인 방식으로 통일과정을 진행할 수밖에 없었던 것이다.

한반도 통일과정 - 현실과 필요조건

통일과정의 이상과 현실

역동성과 진보성을 전제한다면 바람직한 통일과정은 남북의 화해협력과 형화를 증진시킴으로써 북한의 유의미한 변화를 유도하여 점진적인 평화통일을 이루는 것이다. 우선 평화공존과 교류협력을 통해 한반도의 안정과 남북 공동체를 이뤄내면서 점진적인 북한의 변화를 이끌어내고, 그 결과로 자유민주주의와 시장경제에 입각한 통일을 달성하는 것이다. 이는 곧 통일의 과정을 열어놓음으로써 북한 변화와 남북 통합의 역동성을 가능케 하고 아울러 북한의 체제변화 이후 한국 주도의 통일이라는 점에서 진보성을 담보케 한다.

한반도 통일과정에서 화해협력과 평화공존의 점진적 평화통일을 이상으로 삼는다면, 무력을 사용해 억지로 통일을 달성하거나 하루아침에 통일이 도둑처럼 다가오는 경우, 즉 북한이 갑자기 붕괴돼서 우리가 그 지역을 지배하게 되는 것은 바람직하지 않은 통일 방식이다. 지금의 분단 현실에서 상호 체제를 인정하고 화해협력을 증진시켜 상호 의존도를 높여나가고, 동시에 북한의 변화를 이끌어냄으로써 남과 북이 부작용 없이 하나의 공동체로 합쳐지는 점진적 평화통일이야말로 바람직하고 '더 나은 통일'이 될 것이다.

그러나 북한 변화를 전제한 점진적 평화통일의 경우에도 어느 시기에 가서는 남북이 합의라는 절차를 통해 통일과정에 진입할 것이다. 그리고 그 방식과 내용은 북한체제가 중국식의 개혁개방 수준에 머물고 사회주의가 완전히 해체되지 않는 한, 1990년에 남북예멘이 채택했던 합의형 대등통합의 가능성이 높을 것이다. 앞서 예멘의 사례에서 확인했듯이 착실히 준비가 되지 않거나 전국민적 합의가 미비한 채로, 혹은 남북의 역관계를 제대로 반영하지 않은 채로 합의형 대등통합을 추진할 경우, 통일과정에서 필연적으로 힘의 우위를 반영한 정치적 동학이 작동하면서 약한 쪽이 강한 쪽으로 쏠리고 강한 쪽은 약한 쪽을 장악하려는 갈등과 혼란이 전개되거나 심지어는 재분리와 강압적 통합으로 귀결될지도 모른다.

결국 점진적 평화통일 모델에 따라 화해협력과 평화공존을 통해 북한이 우리가 바라는 대로 개혁개방과 연착륙에 성공한다 하더라도, 이후의 통일과정이 북한의 존재를 인정한 남북 상호 타협의 합의통일이 된다면, 이 역시 통일과정의 정치적 동학에는 통합의 급격한 구심력이 작동하고 힘의 역관계를 철저히 반영하게 되면서 적잖은 혼란과 갈등이 생길지도 모른다.

점진적 평화통일이 아닌 또 하나의 가능한 통일과정으로 우리는 북한 붕괴에 의한 흡수통일 방식을 상정할 수 있다. 바람직하진 않지만 현실적 가능성으로 분명히 인정해야 하는 통일 방식이다. 평화공존과 북한 스스로의 변화에 의한 점진적 평화통일이라는 바람직한 통일경로를 희망함에도, 북한체제의 붕괴 가능성과 예기치 않은 급변 가능성은 항상 존재하고 있기 때문이다. 실제 점진적 평화통일의 과정에서도 북한 붕괴라는 급변사태가 발생할 개연성이 상존하고 있다. 진보진영 내에서도 대북포용기조에 의한 점진적 평화통일 노선을 견지하지만 불안정한 북한 변수의 가변성으로 인해 급변사태에 대한 대비책을 고민해야 한다는 논의가 제기되고 있다.[37]

북한 붕괴에 의한 흡수통일 방식은 한반도 통일과정의 정치동학을 더욱 급격하게 진행시킬 것이다. 급변사태로 북한에 권력공백이 생기거나 새로운 정치권력이 등장하면서 체제 불안정이 심화될 경우, 한반도 통일과정은 곧바로 본격화될 것이고 그로부터 역동적인 정치과정이 진행되면서 힘의 역관계에 의한 남북통합의 구심력이 작동하게 될 것이다. 이 역시 통일과정의 정치동학은 매우 혼란스럽고 복잡하고 어려울 것이다.

사실 점진적 평화통일과 붕괴 후 흡수통일이 반드시 상호모순적인 것이 아닐 수도 있다. 점진적 평화통일이 정상적으로 진행된다 하더라도 결국 남과 북의 체제통합은 현실적으로 일방의 근본적 변화와 타방으로의 흡수라는 방식을 거칠 가능성이 높다. 평화공존과 북한의 변화라는 점진적 평화통일의 노력에도 불구하고 '똑같이 사는 통일'로서 통일의 완성 단계는 한 쪽의 체제전환과 이를 통한 흡수통일일 수밖에 없기 때문이다.

결국 현실에서는 화해협력에 의한 점진적 통일방식이 반드시 붕괴 후 흡수통일과 배치되는 것이 아님을 알 수 있다. 점진적 통일과정이지만 마지막 결과로 이뤄지는 통일이 일방의 붕괴와 타방으로의 흡수라는 경로를 택할 수도 있기 때문이다. 이에 따른다면 사실 바람직한 방식으로서 점진적 평화통일과 가능한 방식으로서 붕괴 후 흡수통일이 배타적이거나 양립 불가능한 것이 아닐 수 있다. 오히려 실제 가능한 통일의 방식은 점진적 평화통일 과정이 지속되다가 일정 시기와 국면에서 붕괴 후 흡수통일이라는 마지막 단계를 거치는 것일지도 모른다. 이 지점이 바로 통일과정에서 진보와 보수가 합의할 수 있는 최소 공약수가 될 것이다.

역동적이고 진보적인 한반도 통일과정의 필요조건들

결과적으로 한반도식 통일과정을 상정해본다면 북한의 연착륙을 목표로 점진적 평화통일을 추진하되 어느 시점에서 붕괴에 의한 급격한 흡수통일을 준비하는 것이 가장 현실에 접근하는 경로일 수 있는 셈이다. 그리고 어떤 경우에도 한반도식 통일과정의 정치동학은 매우 급격한 구심력이 작동하면서 남북의 힘의 관계를 반영하는 매우 역동적인 양상으로 진행될 것이다. 이를 전제로 우리는 통일과정의 역동성을 보장하면서도 동시에 통일과정의 진보성을 담보하기 위한 우리식의 노력과 준비를 게을리해서는 안 된다. 그리고 그것은 한반도식 통일과정이 예멘식의 정치적 대결 갈등과 재분열 및 무력통일의 참담한 결과를 피하고, 가능한 한 독일식의 평화적 방식을 선택하되 붕괴 후 흡수통일방식이 '평화의 파괴자'로서의 통일이 되지 않도록 많은 노력과 장치를 고민해야 한다.

북한의 연착륙을 전제로 남북합의의 대등통합이라는 통일과정을 거치게 될 경우, 우리는 예멘의 사례를 반면교사로 삼아 결코 예멘식의 오류를 반복해서는 안 된다. 준비되지 않은 합의통일, 힘의 관계를 반영하지 못하는 합의통일, 남북의 비민주적 요소를 잔존시켜 갈등과 대립의 씨앗을 배태한 합의통일은 반드시 막아내야 한다.

북한의 경착륙을 전제로 붕괴 후 흡수통일이라는 통일과정을 상정할 경우, 우리는 또한 독일의 사례를 타산지석으로 삼아 반드시 평화적이고 정의로운 진보적 통일을 성취해야 한다. 독일이 무력이 아닌 평화적 방법으로 통일을 완성한 것은 마땅히 본받아야 할 것이다. 하지만 급격한 구심력의 작동으로 인해 초래된 통일의 후유증과 부작용을 최소화함으로써 우리식의 통일과정의 '진보성'을 담보해내야 한다.

결국 한반도식 통일과정이 역동성의 현실을 받아들이면서 동시에 진보성의 원칙을 견지하려면 무엇보다 본격적인 통일과정 진입 전에 되도록 오랜 평화공존과 화해협력의 준비과정을 거쳐야 한다. 북한이 연착륙해서 합의통일의 가능성을 연다 하더라도 남북이 실제 통일에 합의하는 순간, 급격하게 통합의 구심력이 작동하면서 매우 역동적인 통일과정의 정치동학이 진행될 것이다. 북한의 급변사태 이후 흡수통일의 경로가 시작된다 하더라도 마찬가지다. 급격한 통합의 구심력이 일방의 해체와 파괴를 타방이 일방적으로 몰아붙이는 파행적 통일 방식으로 흐는 것을 방지하려면, 가능한 통일과정의 본격화 이전에 남북이 상호 인정과 상호 이해의 훈련 과정을 경험하고 축적해야 한다.

독일과 예멘의 차이에서 알 수 있듯이 급격한 통합의 구심력과 힘의 관계를 반영하는 정치적 역동성이 불가피하다 하더라도 남북의 통일과정이 예멘식의 재분열과 무력통일이라는 최악의 경로를 피하고, 독일식의 동독의 자유선택에 의한 평화로운 흡수통일 방식으로 진행되려면, 무엇보다 오래되고 일관된 화해협력과 평화공존의 준비과정이 반드시 필요하다.

이른바 '붕괴 후 흡수통일'로 분류되는 독일의 경험이 화해협력에 의한 점진적 통일방식과 역사적으로 결합되어 있음을 놓쳐서는 안 된다. 독일통일을 붕괴에 의한 흡수통일 방식으로만 규정한다면 그것은 절반의 분석에 그친다. 1989년 베를린 장벽 붕괴와 1990년 동독의 자유선거 그리고 동서독 통합 과정은 분명 붕괴 후 흡수방식에 해당된다. 그러나 베를린 장벽 붕괴 이전의 20여 년에 걸친 교류·접촉과 화해협력의 신동방정책이 없이 하루아침에 동독이 붕괴하고 흡수통일될 수는 없었다. 동독이 서독으로 공식 편입되는 1990년 10월의 '사건'에 도달하기 위해서는 신동방정책 추진 이후의 활발한 교류협력과 자유왕래라는 긴 통일과정을 겪었음은 두말할 나위가 없다. 동독이 붕괴되고 주민들의 자유의사에 의해 서독으로의 편입을 결정할 수 있었던 것 역시 20여 년 동안의 '접근을 통한 변화', 즉 동방정책이라는 화해협력 정책의 성과였다. 화해협력이라는 준비기간이 지속됨으로써 비로소 붕괴 후 흡수통일이라는 통일의 결과를 가능하게 한 것이었다.

따라서 한반도식 통일과정에서는 어떤 경로를 상정한다 하더라도 화해협력과 평화공존을 지속하는 것이 필요하다.[38] 이른바 '대북포용정책(engagement policy)'에 의한 화해협력의 증진과 남북관계의 개선을 통해 상호 존중과 평화 공존의 바탕을 튼튼히 하고 동시에 같이 살 수 있는 공동체로서의 통일을 준비하는 차원에서 남과 북 공히 상호 변화의 과정을 경험해야 한다. 상호 인정과 공존, 그리고 상호 변화의 역사적 경험을 공유하지 않는다면 실제 통일과정에 진입했을 때 급격한 통합의 구심력은 적자생존의 정글 법칙에 따라 힘의 우위에 따른 일방적 통일로 진행될 것이기 때문이다. 통일 이전에 통일방안에 집착하거나 일방적인 통일국가상에 집착하는 것 역시 상호 공존과 상호 이해의 필요성에 반하는 것이다. 한반도식 통일과정이 비폭력적 비일방적 통일로 진행되기 위해서는 화해협력과 평화공존의 장기적 훈련 과정이 전제되어야 한다.

역동성과 진보성을 동시에 담보하는 한반도식 통일과정의 필요조건으로, 남북의 상호 민주화를 아무리 강조해도 지나치지 않을 것이다. 우선 점진적 평화공존 기간 동안 북이 가능한 한 높은 수준의 체제변화를 수반해야 한다. 또한 주체형의 폐쇄된 사회주의를 개혁하고 선군을 앞세운 유일지배의 수령제가 최대한 완화되어야 한다. 정치적·경제적으로 북한 사회주의가 체제전환에 나서야만 연착륙에 의한 합의통일로 통일과정이 시작되든 혹은 경착륙에 의한 급격한 통일과정이 시작되든 북한 주민의 자유의사가 온전하게 표출되고 반영되는 정치동학이 가능할 것이기 때문이다. 더불어 정치동학의 결과를 그대로 받아들이기 위해서는 북한의 정치 엘리트들이 약화되는 과정을 거쳐야 한다. 예멘처럼 민주화되지 못한 채 남북에 상호 적대의 정치세력이 온존하는 한 정치적 동학의 결과로 선거가 실시된다 해도 이에 저항할지 모른다.

북의 사회주의 강경파가 약화되어야 하는 것처럼 남에서도 원만한 통일과정을 방해할 극단적인 수구세력이 민주적 가치를 수용해야 한다. 민주주의가 공고화되면서 남한에서도 북의 존재를 받아들이고 이해하는 '관용성(tolerance)'이 자리 잡아야 한다. 북예멘의 이슬람개혁당과 같은 맹목적이고 강압적인 반북 수구세력이 정치적으로 일정한 기반을 잡고 있는 한, 어떤 통일과정에서도 그들의 정치동학은 평화적이고 진보적인 통일을 훼손하게 될 것이다.

결국 한반도식 통일과정에서는 점진적 평화통일이든 급격한 흡수통일이든, 되도록 오랜 기간의 화해협력과 평화공존의 기간이 축적되고 공유되고 확산됨으로써, 일방의 흡수와 일방의 해체라는 극단적 통일의 부작용을 최소화해야 할 것이다. 또한 한반도식 통일과정이 극단적 세력의 무분별한 대결과 적대에 의해 발목 잡히지 않기 위해서는 북한체제의 변화 및 기득권 세력의 약화와 더불어 남한의 수구강경 세력의 민주화가 이뤄져야 한다. 즉 북한에 친남세력이 형성 확대되고 남한에 극단적 반북세력이 약화되어야만 점진적 평화통일이든 급격한 흡수통일이든 적대와 대결의 통일과정을 피할 수 있을 것이다.

또한 한반도식 통일과정이 시작되어 본격적인 정치동학이 발현될 경우, 급속한 구심력 작동과 철저한 힘의 반영을 인정한다 하더라도 그 양상과 정도를 일정하게 견제하고 적절하게 완화시키는 제도적·문화적 장치도 필요할 것이다. 통일과정 진입 시 남북 간 상호관계, 남북한 정부와 시민사회 혹은 시민사회 내부의 역관계, 대외환경의 국제적 역학관계 등을 치밀하게 고려하고 냉정하게 대비하는 것도 현실의 한반도 통일과정에서 우리가 역동성과 진보성을 동시에 지켜내는 필요조건일 것이다.

기회의 창을 더욱 가까이

분단 직후 북한은 한국에게 두려움과 공포의 대상이었다. 북쪽에서 불어오는 혁명의 바람을 무조건 피해야 했고 수세적으로 한국은 체제를 지키는 데만 급급했었다. 그런데 전쟁을 겪으면서도 한국은 북한에게 적화되지 않았고, 오히려 전쟁 이후 한국은 체제유지에 자신감을 가질 수 있게 되었다. 그 후 한국은 북한과 경쟁을 하게 되었다. 즉 북한은 적대와 함께 경쟁의 대상으로 다가왔고, 이는 역설적으로 한국의 경제성장과 산업화를 추동하는 계기가 되기도 했다. 북한이라는 존재 자체가 남쪽 체제의 경제발전을 추동한 분단의 아이러니였던 것이다.

군사독재하에서 경제적 성공을 이룬 한국은 1980년대 이후 운 좋게도 사회주의권 붕괴와 함께 사실상 북한과의 경쟁을 승리로 마감했다. 그리고 한국은 북한과의 화해협력에 나섰다. 북한도 자신의 체제유지를 위해 남쪽과 공존해야 할 필요성을 느꼈고 한국도 북한위기의 연착륙과 한반도 평화유지를 위해 대북 포용정책을 채택해야만 했다. 이제 북한은 한국에게 공존과 관리의 대상이 된 것이다. 그런데 평화공존을 위해 한국이 지불해야 할 '비용'이 만만치 않을 뿐 아니라 분단의 안정적 관리와 북한 스스로의 발전과 개혁을 지원하기 위한 '비용' 역시 적잖게 필요했다. 이를 두고 한국에서는 손익계산이 치열하게 진행될 수밖에 없었다. 그리고 이제 북한은 한국에게 경제적 효과와 혜택을 제공하는 기회의 창이 될 것으로 간주되고 있다. 비용만 먹는 애물단지가 아니라 향후 진전된 남북관계에서 그리고 미래의 통일과정에서 북한이 한국의 기회의 창으로 다가오고 있는 것이다.

이제 북한은 공포의 대상도, 경쟁의 상대도, 그렇다고 단순한 관리의 대상이거나 공존을 위해 한국이 터무니없는 손해만을 부담해야 하는 애물단지가 아니다. 시간이 지날수록 북한은 화해협력의 남북관계 진전에 따라 한국에게 무한한 기회를 제공하는 희망의 땅으로 다가올 것이다. 남북관계의 개선과 민족화해의 증진에 따라 북한이 조금씩 변화하고 발전하면서 한반도의 미래는 윈윈의 모범을 창출할 수 있을 것이다. 따라서 아직 미래에 머물고 있는 북한이라는 기회의 창을 현실적 이익으로 더욱 가까이 끌어오기 위해서는, 지금 유지하고 있는 화해협력과 평화공존의 남북관계를 좀더 진전시키고 아직 남아 있는 남북관계의 불안정 요인들을 하루빨리 구조적으로 해소해야 한다. 지금 남북관계가 아무 문제없이 희망적 방향으로 진행되고 있는 것만은 아니다. 화해협력이 진전되다가도 주변 정세와 당면한 현안으로 인해 남북관계는 좌초되고 결렬되고 중단되기도 했다. 즉 전반적으로는 발전하면서도 작용과 반작용의 내홍을 겪고 있는 것이다.

이처럼 남북관계가 진전 속 답보 상태를 거의 주기적으로 반복하는 이유는 무엇보다 남북 간 신뢰가 아직은 확고하게 제도화된 단계로 정착되지 못했던 데서 기인한다. 남북관계를 제약하는 또 하나의 요인은 여전히 한반도 국제질서가 과거의 힘과 새로운 힘이 맞부딪치는 과도기에 놓여 있다는 점이다. 남북화해라는 탈냉전의 힘이 강화되기도 했지만 아직 한반도는 북미 간 적대관계라는 냉전적 구조가 온존하고 있다. 따라서 남북관계의 의미 있는 진전에도 불구하고 2차 북핵위기와 같은 첨예한 북미 갈등이 진행되면 당연히 남북관계는 상당한 제한을 받을 수밖에 없다.

6·15 남북공동선언 이후 남북관계가 진전되면서도 우여곡절을 겪었지만 큰 틀에서는 여전히 발전의 방향으로 나아가고 있고, 또 그 방향으로 나아가도록 지속적으로 노력해야 한다. 북핵위기에도 불구하고 한반도의 긴장을 막고 위기를 관리하는 데 지금까지 남북관계는 적잖은 긍정적 기여를 했다. 때론 갈등이 있었지만 결국 남북은 당국 간 대화 재개에 나섬으로써 관계복원을 이루어 내곤 했다.

지금 남북한은 오랫동안의 적대적 대결관계가 약화되는 한편 새롭게 등장한 화해적 협력관계가 증대되고 있다. 그러나 여전히 구성원의 의식과 당국 간 행태 그리고 남북한의 법적 관계에서 기존의 적대적 관계는 상당히 강력한 현실의 힘으로 자리 잡고 있는 것도 사실이다.

북한은 우리에게 동포이면서 동시에 서로 무장한 채 대치하고 있는 적이다. 또한 남북한 당국은 화해협력의 관계를 더욱 발전시켜 나가고 있지만 동시에 경쟁과 갈등의 양상은 여전히 사라지지 않고 있다. 이미 국제적으로 남북은 각자의 주권을 가진 독립국가이면서 동시에 통일을 지향하는 과정에서 잠정적으로 형성된 특수관계를 맺고 있다. 과거 냉전 시기에 적대와 대결, 그리고 경쟁의 일방성 속에서 만들어진 남북관계는 이제 탈냉전과 민족화해의 증진에 따라 상호 인정과 공존, 그리고 협력의 관계로 변해가고 있다. 이제 향후 과정에서 과도기의 이중성이 아니라 통일을 지향하는 단일한 관계성으로 발전해야 할 필요가 있다.

표 7-1 남북한 통일방안의 변천(1948~현재)

구분	남한		북한	
1948~1962년	이승만 정부	유엔 감시하 남북자유총선거론	김일성 정권	민주기지론
1960년대	장면 정부	유엔 감시하 남북자유총선거론	〃	남북연방제(1960)
	박정희 정부	선건설·후통일론(1966)	〃	
1970년대	〃	평화통일외교정책선언(1973. 6. 23) 선평화·후통일론(1974)	〃	고려연방제(1973) 조국통일 5대 강령
1980년대	전두환 정부	민족화합 민주통일방안(1982)	〃	고려민주연방제(1980)
1990년대	노태우 정부	한민족공동체 통일방안(1989)	〃	'1민족 1국가 2제도 2정부'에 기초한 연방제(1991) 민족대단결론
	김영삼 정부	민족공동체 통일방안(1994) (1민족 1국가 1체제 1정부)	〃	
2000년대	김대중 정부	민족공동체 통일방안 계승(1998)	김정일 정권	낮은 단계의 연방제(2000) 민족공조론
	노무현 정부	민족공동체 통일방안 계승(2003)	〃	
2010년대	이명박 정부	민족공동체 통일방안 계승(2008)	〃	낮은단계의 연방제 민족공조론
	박근혜 정부	민족공동체 통일방안 계승(2013)	김정은 정권	

자료: 통일부 통일교육원, 『통일문제의 이해』(서울: 통일부 통일교육원, 2012), 92쪽 참조.

그리고 이를 위해서는 지금의 과도기적 특성이 갖는 남북관계의 불안정성을 하루빨리 안정화시키고 이중성이 아닌 단일성의 남북관계로 이끌기 위한 노력을 경주해야 할 것이다. 우선 남북한의 법적 관계의 이중성은 과거 상대방에 대한 전면부정에 의한 일방 통일을 지양하고, 상호 체제인정에 의한 화해협력의 진전을 거쳐 결국은 평화통일을 지향해야 한다. 이런 점에서 상호 인정의 측면에서는 국제법적 독립인격을 부여하고 동시에 화해의 측면에서는 통일지향의 협력관계를 부여하는 것이 타당할 것이다. 즉 체제인정과 공존의 관점에서 오랫동안 지속된 '사실상 분단'을 이제 '법적 분단'으로 인정하는 대신, 향후 통일과정을 준비하는 관점에서는 법적 분단에 그치지 않고 결국은 '사실상 통일'로 나아가는 협력관계를 지향해야 할 것이다. 또한 구성원의 의식에서는 상대방에 대한 적대감이 아니라 동포애가 지배적인 가치로 자리 잡게 되고 당국 간 행태 역시 갈등이 아닌 협력의 관계로 자리 잡게 함으로써 향후 남북관계가 통일시대를 준비하는 화해와 공존의 관계로 자리매김하도록 해야 할 것이다.

지금 우리가 겪고 있는 남북한 관계의 이중성을 좀더 약화시키고 공존과 화해라는 남북관계의 단일성을 강화시켜 나간다면, 비록 과정과 경험은 상이하지만 과거 동서독의 화해협력관계가 결국 평화로운 통일을 결과했듯이 언젠가는 남북관계도 모두가 바라는 통일의 결실을 맺을 수 있을 것이다. 그리고 이 과정에서 지금 우리 사회의 주요문제가 되고 있는 남남갈등이라는 용어 역시 자연스럽게 사라지게 될 것이다. 남북관계의 이중성이 해소되는 날, 바로 지금의 남남갈등은 과거에만 존재했던 시대용어로 치부될 것이기 때문이다.

| 남북관계와 통일에 대해 더 읽을거리 |

북한의 연방제에 대해서는 통일부 통일교육원에서 2012년에 출간한 『남북관계 지식사전』 419~420쪽에서 자세한 내용을 확인할 수 있다. 북한의 '조국통일 3대 헌장' 역시 『남북관계 지식사전』 657~660쪽에서 그 내용을 살펴볼 수 있다.

단행본

『남북한 관계론』, 경남대학교 북한대학원 엮음, 386쪽, 한울아카데미, 2012년.

남북관계의 역사적 맥락과 형성 과정뿐만 아니라 남북관계의 제 이론들, 남북관계와 국제 환경의 함수관계, 남북관계의 특성 등이 각각 분석되었고, 남북의 국내정치에 미치는 영향 요인 분석도 포함되었다. 마지막으로 남북관계의 전망과 과제를 제시하였다.

『남북한 비교론』, 체제통합연구회 편, 320쪽, 명인문화사, 2006년.

남북한 비교분석을 통해서 남북한의 제도가 어떻게 다른지, 정책은 어떠한 차이점이 있는지, 주요 문제에 대한 양측의 인식은 어떻게 다른지를 밝히고자 하였다.

『대북포용정책의 진화를 위하여』, 김근식 지음, 328쪽, 한울아카데미, 2011년.

보수도 화해협력의 남북관계를 인정하고, 진보 역시 북한변화의 필요성과 평화로운 흡수통일의 현실성을 인정해야 한다는 관점을 제시한다.

『피스메이커: 남북관계와 북핵문제 20년』, 임동원 지음, 748쪽, 중앙북스, 2008년.

남북고위급회담의 전 과정에 참여한 유일한 남측 대표인 임동원 전 통일부 장관이 〈남북기본합의서〉와 〈한반도비핵화공동선언〉 그리고 〈남북교류협력부속합의서〉 등 남북 간의 협상과정을 자세히 기술하였다.

『북한체제의 이해: 제도와 정책의 지속과 변화』 체제통합연구회 편,456쪽, 명인문화사, 2009년.

이 책은 북한의 교육제도, 지방행정체계, 북한의 법체계, 주민들의 의식구조, 컴퓨터 활용 능력 등 북한 체제 전반을 이해할 수 있는 정보를 제공하고 분석결과를 제시하고 있다

VIII

지식사회학과 북한연구방법론

사유와 지식의 존재 제약성을 탐구하는 지식사회학을 정초한 만하임(Karl Mannheim)의 『이데올로기와 유토피아』는, 임박한 대공황 속에서 좌우파의 격전장이었던 1929년 독일의 바이마르공화국에서 출간되었다.[1] 극우 군소정당이었던 나치당(Nazi party)이 전국적인 대중운동으로 부상하려던 무렵이기도 했다.[2] **만하임은 사회적 존재가 의식을 결정한다는 마르크스의 명제를 수용하면서도, "사회적 단위"를 계급만이 아니라 "세대, 생활권, 파벌, 직업단체 또는 학교 등"으로 확대한다.** 만하임의 지식사회학의 목적은 "지식의 형성을 가능하게 하는 이론 외적 조건이 갖는 의미"를 밝혀, 동일한 대상에 대해 서로 다른 가치와 의미를 부여하는 경쟁 담론들의 소통과 통합을 가능하게 할 수 있는 상호이해의 기반을 마련하는 것이었다. 따라서 지식사회학은 상대주의를 넘어설 수 있는 인식론과 연구방법의 모색으로 연장된다.

만하임의 지식사회학은 오늘의 북한연구를 떠올리게 한다. 좀더 정확히 말한다면, 오늘의 북한연구가 만하임의 지식사회학을 다시금 생각하게 한다. 북한의 존재는 한국의 정치적 균열을 결정하는 하나의 변수다. 민주화·탈냉전 이후 자유주의적 대북정책의 전개에도 불구하고, 또는 그 정책 때문에 친북(親北) 대 반북(反北)의 대립구도가 동원되고 있다. 이 정치적 균열과 동원은 북한연구에 영향을 미치는 외적 조건이다. **연구대상의 호명 자체가 정치적 상황에 종속되어 왔다. 한반도 북단의 국가를 일컫는 '북한(北韓)'이라는 현재의 호칭은 민주화·탈냉전 이후 정치적, 사회적 합의의 산물이다.** 북한연구 내부에서도 연구방법론의 선택을 둘러싸고 논쟁이 전개되어왔다. 지식의 생산방식 중 하나인 이른바 내재적 방법론을 친북과 연계하는 것은 북한연구 내부정치의 한 단면이기도 했다. 핵문제로 대표되는 북한의 외교정책에 대한 서로 다른 해석과 평가에는, 북한연구에서 이론 및 방법론의 선택과 관련된 문제가 내재되어 있기도 하다.

북한연구가 북한을 둘러싼 정치적 균열을 공고화하는 측면이 있다. 그럼에도 지식사회학이 추구하는 것처럼, **북한연구는 경쟁하는 담론들의 소통을 가능하게 할 수 있는 인식론과 연구방법론을 모색하는 분과학문으로 기능할 수도 있다.** '북한연구학회'와 같은 연구자 공동체가 존재한다는 사실이, 북한연구 또는 북한학이 정치학이나 경제학처럼 하나의 분과학문임을 말해주는 지표일 수 있다. 그러나 그 분과학문 공동체의 '규율(discipline)', 즉 자기 구속적 기제에 대한 합의는 없는 듯이 보인다. '북한연구'인가 아니면 '북한학'인가, 라는 표현을 둘러싼 차이가 그 사례 가운데 하나다. 무엇보다 본질적인 문제로, 하나의 분과학문으로서 학회와 같은 형식적 요건을 갖추고는 있지만 북한연구 또는 북한

구갑우 (북한대학원대학교)

학의 대상과 방법에 대한 논쟁과 합의의 저발전을 지적할 수 있다.

북한연구라고 할 때, 우리는 사회과학과 인문학의 다양한 분과학문에서 발원한 북한연구와 또는 학제간(interdisciplinary) 연구로서의 북한연구를 상정하게 된다. 그러나 **북한학은 다른 분과학문과 구분되는 고유한 규율을 전제할 때** 성립될 수 있는 개념이다. '학(學)'을 정의하기 위해서는 연구대상과 연구방법에 대한 합의가 필요하다. 한편으로 하나의 패러다임 내부에서 대상과 방법에 대한 합의가 있을 수 있다. 따라서 한 패러다임 안에서의 대상과 방법을 둘러싼 논쟁이 있을 수 있다. 다른 한편 공통분모가 없는 패러다임들의 경쟁이 있을 수 있다. 후자의 현상은 학이 성립한 이후 기존 학의 권력에 대한 비판으로부터 발생하곤 한다.

따라서 대상과 방법에 대한 정의(definition)의 현주소를 추적하는 것은 연구 또는 학의 자기정체성을 진단하는 첫 걸음이 될 수 있다. 구체적인 연구 성과를 토대로 한 이 정의의 재발견은 북한연구 또는 북한학의 발전 수준을 측정할 수 있는 하나의 지표이기 때문이다. 북한연구의 대상과 방법에 대한 재검토는 '북한연구가 과학인가, 과학이라면 어떤 과학인가, 과학으로서의 북한연구가 어떻게 작동하고 있는가'를 다시 묻는 일이다. 이 질문들은 북한연구의 '방법론(methodology)'에 관한 성찰을 담고 있다. 과학의 철학인 방법론은 존재론·인식론·가치론을 포괄한다. 즉 방법론은 어떤 학문의 성격에 관한 철학적 접근 또는 메타이론적 접근이라 할 수 있다. 반면 협의의 방법론이라 할 수 있는 '방법(method)'은 실증주의를 따른다면 질문을 제기하고, 가설을 만들며, 변수를 설정하고 그것을 측정 가능한 형태로 조작하고, 자료를 수집하며, 자료를 해석하는 발견의 절차와 정당화의 기법을 지칭한다.

이 글에서는 지식사회학이 제기하고 있는 논점처럼, 북한이라는 연구대상에 대한 지식의 형성과정에서 이론 외적 조건이 어떻게 영향을 미치고 있는지를 살펴본다. **'북한을 어떻게 볼 것인가, 북한이란 우리에게 무엇인가'**가 주제다. 북한연구의 대상과 방법에 관한 메타이론적 논의 이후, 북한연구의 방법론을 둘러싼 논쟁을 북한연구사와 함께 검토한다. 연구사 전체를 포괄하는 것은 아니지만 방법론과 관련하여 의미를 지닌 연구 성과에 주목할 것이다. 마지막으로, 북한연구에서 발생하는 이념적 대립을 극복할 수 있는 방법론적 성찰을 수행한다. 북한연구방법론의 다원화 내지는 다원주의라는 방향이 지식사회학에서 언급하는 사유와 지식의 존재 구속성 및 상대주의적 요소의 존속을 인정하는 것일 수 있다. 그러나 경쟁하는 담론들의 소통이 하나의 체계로의 통합이 아니라 **서로의 방법론에 대한 성찰을 통해 서로를 이해하는 것이어야 한다는 것**이 이 글의 생각이다.

사회과학의 대상과 방법

과학적 연구의 대상과 방법의 관계는 존재와 인식의 문제로 환원 가능한 철학적 논쟁의 주제다. 세 가지의 조합을 만들 수 있다. 첫째, 데카르트(R. Descartes) 이후의 서양근대철학처럼 존재보다 인식에 특권을 부여하는 경우다. 다양한 형용사를 수반하는 '실증주의(positivism)'가 대표적 사례다.[3] 예를 들어 자연과학과 사회과학과 인문학을 하나의 체계로 통일하고자 했던 '논리실증주의(logical positivism)'는 존재론적 문제설정을 참과 거짓을 판단할 수 없는 형이상학적 문제설정으로 간주한다. 철학을 과학에 관한 이론으로 정의하고 철학적 탐구의 목적을 언어분석과 의미의 명료화에 두었던 논리실증주의에서는, 사물의 실재 여부에 관한 질문은 진술의 형식이나 경험에 의해 참과 거짓이 판명될 수 없는 질문이 된다.[4]

둘째, 인식보다 존재에 특권을 부여하는 경우다. 실증주의를 비판하면서 구조의 실재를 가정하는 '과학적 실재론(scientific

실증주의(positivism) 실증주의는 다음과 같이 분류할 수 있다. 19세기 콩트류의 실증주의, 1920년대의 논리실증주의, 현대 사회과학의 실증주의. 일반적으로 호환 가능한 개념으로 사용되는 실증주의와 경험주의도 명확히 구분될 수 있다. 실증주의는 자연과학과 사회과학을 통합하고자 하는 자연과학주의와 규칙성에 대한 신념을 결합한 방법론으로, 경험주의는 인식론으로 구분되기도 한다.

realism)'이 그 사례 가운데 하나다. 예를 들어 과학적 실재론의 한 갈래인 비판적(critical) 실재론을 정초한 바스카(R. Bhaskar)는 "실재적인 것(the real)"과 "현재적인 것(the actual)"과 "경험적인 것(the empirical)"을 구분한다. 실재적인 것이 어떤 메커니즘이 세계를 구성하고 있는가와 관련된다면, 현재적인 것은 사건, 그리고 경험적인 것은 우리가 경험하는 사건과 관련된다.[5]

셋째, 존재와 인식 어느 한편에 강조를 부여하면서도 존재와 인식의 상호작용 및 존재의 '사회적 구성'에 주목하는 경우다. 하나로 묶을 수 없는 다양한 '탈실증주의(post-positivism)'의 문제의식이다. 탈실증주의 갈래들인 탈근대론(Post-modernism) 또는 탈구조주의(post-structuralism)는 보편적 진리를 추구하려는 경향에 대해 비판적이다. 즉 합리주의와 경험주의의 진리의 기초인 이성과 경험을 비판하고자 한다. 따라서 역사의 주체와 기초는 모두 상대화된다. 다양한 세계에 대한 다양한 해석은 불가피할 뿐만 아니라 바람직할 수 있다는 것이 탈구조주의의 주장이다. 만약 이 주장을 수용한다면, 비판이론이 추구하는 집합적 해방의 기획은 사라질 수밖에 없다.[6]

이 세 철학적 조류에 반드시 조응하는 것은 아니지만 철학과 사회과학의 연계를 단순화하여 사회과학을 분류한다면, '실증주의적 사회과학', '비판적(critical) 사회과학', '해석학적(interpretative) 사회과학'으로 나눌 수 있다.[7] 이 셋 가운데 실증주의적 사회과학이 일반적으로 '주류(主流)' 또는 '표준'으로 간주된다. 사회현상에 대한 연구가 사회'과학'이라고 명명된 것은, 자연철학에서

과학적 실재론과 탈실증주의

실재론은 실증주의와 탈실증주의의 대당이 적절하지 않다고 주장한다. 실증주의의 문제가 경험적인 것을 관찰함으로써 실재적인 것과 현재적인 것을 설명할 수 있다고 생각하는 것이라면, 탈실증주의에서는 경험적인 것을 인간의 언어와 담론으로 대체하려 한다. 즉 실증주의와 탈실증주의 모두 인간중심적 철학 내지는 칸트철학이라는 형이상학적 구조에 기반하고 있다. 따라서 경험과 담론 외부에, 즉 인간의 의지와 독립하여 존재하는, 구조, 권력, 경향성 등을 고려하지 않는 반실재론적 과학이라고 할 수 있다. 즉 인간의 인식을 존재보다 먼저 고려하는 인식론 우위의 철학이다. 바스카는 또한 합리주의도 개념적 진리를 통해 세계를 이해하려 한다는 점에서 경험주의와 마찬가지로 존재론을 인식론으로 환원하고 있다고 비판한다. 우리가 실제 세계의 구조와 과정을 인식하는 것과 독립적으로 작동하는 구조와 과정을 설명하고 서술하는 것이 바로 바스카가 주장하는 실재론적 과학이다.

자연과학으로의 진화를 사회현상의 연구자들이 수용했기 때문이다.[8] 사회학자 뒤르켐(E. Durkheim)이 말한 것처럼, 자연과학적 사회과학이라 할 수 있는 실증주의적 사회과학의 핵심은, "사회적 사실이 사물(things)이고 그리고 사물처럼 다루어져야 한다"라는 주장으로 요약할 수 있다.[9] 반면, 해석학적 사회과학은 실증주의적 사회과학과 달리 자연과는 다른 사회의 특성에 주목하며 인간의 주관적 의식을 중요시한다. 누가 '왜' 얻는가에 주목하는 비판적 사회과학은, 이론과 실천의 분리를 지양하면서 사회라는 실재를 총체적인 역사적 구조라는 시각에서 파악하고자 한다. 비판적 사회과학은 실증주의적 사회과학은 물론 해석학적 사회과학과 방법론을 공유할 수 있다.[10] 예를 들어 비판적 사회과학의 대표격인 마르크스주의는 실증주의적 경향과 해석학적 흐름으로 분기하기도 한다.

따라서 방법론에만 한정한다면, 현재의 '긍정주의(positivism)'라 할 수 있는 실증주의와 현재를 비판하는 반실증주의 또는 '부정주의(negativism)'가 대립하고 있다. 둘의 전선은 다음과 같다.[11] 첫째, 주체와 객체의 관계다. 실증주의는 둘의 분리를 전제한다. 즉 연구대상인 사회를 주어진 것으로 간주한다. 반면 해석학은 사회를 주체의 상호작용을 통해 구성되는 것으로 생각한다. 따라서 객관은 상호주관성(inter-subjectivity)을 의미하게 된다. 둘째, 실증주의는 존재론 또는 방법론으로서 자연주의(naturalism)에 근접하려 하지만, 해석학은 자연과학적 방법보다는 주체의 감정이 이입된 방법을 선호한다. 셋째, 과학적 연구

뒤르켐의 『사회학적 방법의 규칙들』

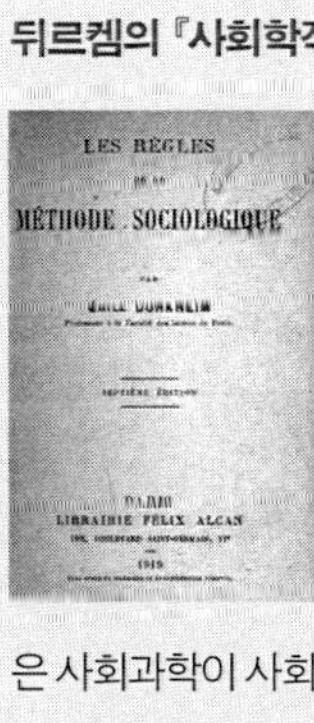

자연철학이 자연과학으로 진화하면서 자연과학적 방법론을 사회연구에 적용하려는 시도가 나타났다. 에밀 뒤르켐(Emile Durkeim, 1858~1917)은 사회현상에 대한 연구를 과학으로 만들고자 했던 이론가였다. 그는 『사회학적 방법의 규칙들』(1895)에서 개인과 구분되어 실재하는 사회적 사실(social facts)이 자연현상처럼 연구될 수 있다고 주장하면서, 사회(과)학을 정초했다. 그러나 방법론의 측면에서 자연과학과 달리 사회과학에서는 관찰대상을 통제할 수 없기 때문에 실험 대신 비교를 대안으로 제시했다. 사회과학의 규범적 목표와 관련하여 뒤르켐은 사회과학이 사회의 변혁을 위한 것이 아니라 마치 의사처럼 사회의 병리를 치유하는 것이 되어야 한다는 입장을 가지고 있었다.

에서 가치와 사실의 관계에 대해 실증주의는 둘의 분리를 가정하지만, 해석학은 둘을 분리하는 것이 불가능하다고 생각한다.

방법론적 개인주의 '사회현상을 개인으로 환원하여 설명할 수 있는가'라는 질문에 '원자론(atomism)'과 '방법론적 개인주의'는 동의한다. 즉 사회를 구성하는 기본 요소로 개인을 설정하고, 모든 사회현상은 개인으로 환원할 수 있다는 것이다. 그러나 개인들의 상호작용을 통해 발생하는 '관계속성'을 원자론은 동의하지 않는다. 반면 방법론적 개인주의는 이 관계속성을 인정하지만, 이 관계속성이 개인으로 환원될 수 있다는 입장을 가지고 있다. '반환원주의'는 개인으로 환원 가능하지 않은 관계속성의 존재를 인정한다. 총체론은 사회현상이 개인으로 환원 가능하지 않다고 주장한다.

철학적 기초를 달리하는 사회과학들의 존재는, 사회현상에 대한 관찰과 실험 등을 통해 지식을 축적하고자 하는 사회과학이 대상과 방법에 있어 근본적 차이를 가질 수 있음을 보여주는 것이다. 사회과학의 연구대상인 사회의 존재론적 속성에 대해서, 법칙적 세계인 '시계'인가 아니면 무정형의 '구름'인가, 라는 두 은유가 공존한다.[12] 사회현상을 개인으로 환원하여 설명할 수 있다고 생각하는 '방법론적 개인주의(individualism)'와 집단이나 계급의 환원 불가능을 주장하는 '반환원주의(anti-reductionism)' 또는 '총체론(holism)'이 경쟁하고 있기도 하다.[13] 사회현상과 자연현상의 질적 차이에 주목할 때, 자연과학을 모방한 사회'과학' 대신에 사회'연구(research)'라는 표현을 사용하기도 한다. 따라서 사회과학이 무엇인가에 대한 합의가 부재하다고 할 수도 있다. 즉 사회현상에 대한 관찰과 실험 등을 통해 지식을 축적하고자 하는 사회과학들은 대상과 방법에 있어 근본적 차이를 가질 수 있다. 극단적인 경우, 예를 들어 사회과학의 한 분과학문인 정치학에서는, 정치학이라는 분과학문은 그것을 하고자 하는 사람에 의해 정의된다는 주장까지 제기되기도 한다.[14]

정체성의 정치와 연구대상 북한

그렇다면 북한연구 또는 북한학의 대상과 방법은 어떻게 정의될 수 있는가. 북한이라는 연구대상은 자명한 듯 보인다. 그러나 예를 들어 소련연구나 백제연구와 달리, 연구대상인 '북한(北韓)'이라는 용어에는 편향이 담겨 있다. 북한은 한국의 북부 또는 한반도의 북부를 지칭한다. 북한의 정식 명칭은 '조선민주주의인민공화국'이다. 한국에서 한반도라 부르는 지역을 북한에서는 '조선반도'

라 부른다. 그럼에도 우리는 북한연구를 '조선연구' 또는 '북조선연구'라 하지 않는다. 한국의 헌법에서 북한은 한국의 영토이고, 국가보안법에는 '조선민주주의인민공화국'이 국가가 아니라 '반국가단체'로 규정되어 있기 때문일 것이다. 따라서 북조선이 연구공동체의 공식 단어로 채택되고 있지는 않지만, 북한 대신 북조선이라는 표현이 연구공동체의 학술지가 아니라 상대적으로 자유로운 단행본에서는 간헐적으로 사용되고 있다. 일본의 북한연구자 와다 하루키(和田春樹)의 책 『北朝鮮』을 북한이 아니라 『북조선』으로 번역한 역자들의 말이다.

> 번역 과정에서 역자들이 가장 고심했던 것은 호칭 문제였다. 남한에서는 북한이란 명칭이 일반화되어 있지만 일본에서는 '북조선'이란 표현이 쓰이고 있다……'북조선'은 조선반도의 북쪽이라는 지리적 의미 외에 아직은 국교가 없는 양국 관계를 반영하고 있는 이름이다…… 엄밀히 말해서 남한·북한 모두 대한민국을 기준으로 한 자기 중심적 표현이며 북에서 쓰는 북조선·남조선도 이와 마찬가지라 할 수 있다…… 남과 북은 공존의 정신에서 서로의 정치적 실체를 인정하기 위해 각각의 내부에서 상대방 호칭을 쓰는 연습을 해야 할 필요가 있다. 이러한 이유로 이 책에서 쓰고 있는 북조선이라는 명칭을 그대로 살리기로 하였고 제목도 그대로 두었다. 이는 물론 일본인의 현실에 맞추어 사용되고 있는 것이라는 한계가 있지만 남쪽 사회의 '연습용'으로 적극적 의미를 가질 수 있다.[15]
>
> – 와다 하루키 지음, 서동만·남기정 옮김,
> 『북조선: 유격대국가에서 정규군국가로』, 331~332쪽.

일본어 '北朝鮮'을 '북조선'으로 번역하는 일종의 음역(音譯, transliteration)은 반전의 효과를 발휘한다. 일본에서는 한반도의 두 국가를 한국과 북조선으로 비대칭적으로 호칭한다. 전사는 공식 명칭이지만 후자는 지리적 영역을 가리킨다. 반면 한국에서 북조선은 북한을 지리적 영역에 정식 명칭을 덧붙인 용어가 된다. 『북조선』의 역자들이 '연습용'이라 했지만, 그 음역은 국가보안법을 생각할 때 연구자의 정치적 개입 또는 정치적 실험이라 볼 수 있다. 또한 일본에서는 남북을 한국과 조선으로 부르려는 시도도 있다. 미국에서 남북한은 주로 'South Korea'와 'North Korea'로 불린다. 중국에서는 '조선(朝鮮)'과 '한국(韓國)'이라 표기한다.[16] 이 이 사례는 '연구주체'에 따라, 또는 연구주체의 '국적'에 따라, 또는 연구주체가 놓여 있는 '정치적 상황'에 따라, 북한과 관련한 단어의 의미가 달라질 수 있음을 보여준다.

'북한'은 편향된 용어지만, 사실 한국에서 '북한'이라는 표현의 등장은 상대적 의미의 진보다. 냉전시대 북한은 꼭두각시라는 의미의 '북괴(北傀)'로 불렸다. 예를 들어 당시 『北韓』이라는 잡지에 실린 글들은 잡지의 제목과 달리 북괴라는 표현을 사용했다. 예를 들어, "북괴최고인민회의 5기 3차 전원회의 내용분석"과 같은 논문 제목을 달고 있었다. 북괴와 북한이 공존하던 시대였다. 한국의 민주화 이후 화해협력정책이 전개되면서 북괴는 북한으로 변했고, 남북한의 합의문에는 대한민국과 조선민주주의인민공화국이라는 공식 명칭과 더불어 남북한이나 남북조선이 아닌 중립적 표현인 남과 북이 사용되기 시작했다. 그러나 민주화 이후 남북한이 서로의 실체를 인정(recognition)하는 모습을 보이려 하고 있지만, 한국 사회에서는 한국 중심적 혹은 남한 중심적 용어인 '북한'이, 북한에서는 조선 중심적 또는 북조선 중심적 용어인 '남조선'이 현 국면의 지배적 표현이다. 북한정치연구에서 남한중심주의(남한우월·보편주의, 북한특수주의, 법·국가 중심적 접근)를 지적하고 있는 연구도 북한이라는 표현에 대해서는 의문을 제기하지 않고 있다.[17] 남북이 서로를 변화시킬 수 있는, 서로를 타자(他者)로서 인정할 수 있는 국제정치적, 남북관계적, 국내정치적 조건 및 마음의 체계를 마련하지 못한 탓이다.

학계는 물론 정치권에서도 북한을 어떻게 부를 것인가가 논란의 대상이 되곤 했다. 노무현 정부 때인 2005년 12월 제정·공포된 〈남북관계발전법〉의 입법과정에서, 여야는 각기 남북관계를 규율하는 기본법의 성격을 지닌 안을 제출했다. 당시 야당이던 한나라당 발의안에서는 남북한을 정식 국가명인 대한

사진 8-1 열병식을 하고 있는 조선인민군 뒤로 '조선민주주의인민공화국'이라고 쓰인 표어와 김일성의 사진이 선명히 보인다.

민국과 조선민주주의인민공화국으로 호칭했다. 그런데 국회 논의과정에서 일부 한나라당 의원들이 조선민주주의인민공화국이라는 표현을 쓰는 것에 강력하게 반발했고, 결국 여야가 합의한 〈남북관계발전법〉에는 남과 북이라는 지역 명칭이 사용되었다.[18] 보수의 일부가 〈남북기본합의서〉에 규정된 것처럼 남북관계를 나라와 나라 사이의 관계가 아닌 통일을 지향하는 과정에서 잠정적으로 형성된 '특수관계'로 보려 하지 않고, 국가 대 국가의 관계로 규정하려는 의지를 드러낸 사건이었다.

2012년 제18대 대통령선거 토론회에서는 남북을 한국과 북한, 남한과 북한, 남쪽과 북쪽으로 부르는 세 후보가 충돌하기도 했다. 사소한 듯하지만, 언어의 사회구성적 기능을 고려할 때 북한이라는 표현을 둘러싼 연구자 및 정치가들의 담론의 정치는, 지식사회학에서 지적하는 것처럼 북한을 연구대상으로 하는 북한연구가 가지게 되는 사회적 구속을 생각하게 한다.[19] 즉 북한을 연구하는 주체들도 우리와 그들을 구분하는 '정체성(identity)의 정치'에서 자유로울 수 없다는 것이다.[20] 북한에 관한 지식을 생산하는 연구주체들도 북한이라는 대상에 대하여 상이한 가치와 의미를 부여하는 정치사회 세력들 가운데 어느 한편에 존재론적으로 귀속될 수밖에 없기 때문이다. 북한연구자들도 정치적 균열구조로부터 자유로울 수 없기 때문에, 북한을 '적', '경쟁자', '친구' 가운데 어느 하나로 전제하고 연구를 수행하게 된다. 지식사회학의 시각에서 볼 때, 연구주체들이 생산하는 지식의 존재 제약성을 생각하게 하는 근거다. 이 보편성과 더불어 북한연구가 가지는 특수성으로 북한에 관한 지식의 생산과정에 대한 직접적인 정치적 개입, 그리고 생산된 지식이 정치적 대립구도를 정당화하는 순환의 과정을 생각해볼 수 있다.

북한연구를 구속하는 사회적 공간에서 전개되는 정체성의 정치는, 화해협력정책에도 불구하고 '그리고/또는' 화해협력정책 때문에 재생산되고 있다. 남북한이 적대적 상호의존을 하던 냉전시대 권위주의 정권 아래에서는 북한을 둘러싼 정체성의 정치는 극히 제약되었고, 북한연구는 거의 정부의 독점사업이었다. 1987년 민주화 이후 자유주의적 대북정책이 전개되면서 남북한은 1991년 〈남북기본합의서〉에서처럼 서로를 인정할 수 있는 기회를 맞이했다. 그 시점부터 시민사회에서 북한연구가 활성화되었다. 그러나 화해협력정책에 대한 국내적 반발이 조직화되기 시작한 시점도 바로 그 즈음이었다. 북한 변수가 한국선거에 영향을 미친다는 의미의 '북풍(北風)'은 1992년 제14대 대통령 선거 국면에서 등장했다. 즉 자유주의적 대북정책의 출현은 이중적 효과를 발휘했다. 한편으로 북한을 타자로 인정할 수 있는 기회의 창을 열었지만, 다른 한편으로 북한을 둘러싼 정체성의 정치를 위한 공간을 제공했다. 이른바 북한을 둘러싸고 정치사회세력들이 의견을 달리하면서 벌어지는 남남갈등(南南葛藤)은 화해협력정책의 의도하지 않은 결과였다.

북한의 존재는 민주화 이후 한국의 정치적 균열구조를 결정하는 변수 가운데 하나가 되었다. 민주화 이후 한국의 정치적 균열구조를 단순화한다면, 국가 대 시장을 축으로 하는 보편적인 좌우파 균열에, '친북(親北)' 대 '반북(反北)'이라 할 수 있는 한반도적 특수성을 반영한 축이 만들어내는 또 다른 균열이 중첩되어 있는 상태다. 이 두 균열구조에, 국가와 시장의 질을 높이려는 개혁

대 이에 반대하는 수구의 축이 추가될 수 있다. 민주화 이후 국가주의에 반대하는 자유주의 확산의 결과다. 한국정치에서 진보·개혁세력이라는 표현이 사용되는 것도 이 때문이다.[21] 그러나 한국 사회에서 진보와 보수를 가르는 이 두 축의 경계가 절대적인 것은 아니다. 그 경계에는 탄력적 이념인 자유주의가 점이지대를 형성하고 있다. 예를 들어 국가 대 시장의 균열이 성장 대 분배의 대립으로 나타나고 있지만, 복지의 필요성이 제고되면서 진보와 보수의 수렴 현상이 나타나고 있기도 하다. 현상적으로 친북 대 반북의 대립구도가 작동하고 있는 것처럼 보이지만, 진보와 보수가 대북정책의 목표와 방법론을 공유하는 모습도 발견된다. 따라서 '친북 대 반북'보다 '북한과 평화와 협력을 추구할 것인가 아닌가'를 대립의 축으로 보는 것이 적절할 수 있다.

그럼에도 친북과 반북의 대립구도가 재생산되는 이유는, 이 단순화한 이분법이 정치적 동원에 유용하기 때문이다. 2000년 남북정상회담 이후에는, 친북보다 강한 의미로 적이자 부정의 대상인 '북한을 추종한다'는 의미의 '종북(從北)'이라는 경멸적 표현이 정치적 균열의 원심력을 강화하기 위해 사용되고 있다. 종북담론은 사실 진보정당 내부의 이념투쟁 과정에서 등장했다. 진보 내부에도 북

북풍 (北風)

14대 대통령 선거에서 여당은 정권 재창출에 성공했다.

'북풍'은 '종북'과 더불어 한국정치에서 북한요인을 언급할 때 사용되는 용어다. 1991년은 남북관계에서 전환을 가져온 해였다. 1991년 남북은 〈남북기본합의서〉와 〈한반도비핵화공동선언〉을 채택했고, 각기 주권국가로서 유엔에 가입했다. 한국에 배치되어 있던 미국의 전술핵무기가 철수되고 주한미군의 감축을 포함한 한미동맹의 유연화가 논의된 해이기도 하다. 1976년부터 시작된 한미합동군사훈련을 1992년에는 중단하기로 결정한 해도 1991년이다. 1992년 남북은 고위급회담과 분과위원회, 그리고 핵통제공동위원회 회담을 개최하기도 했다. 노태우정부는 최초의 유엔총회연설을 통해 북한이 독점해왔던 한반도 평화체제라는 의제를 공식적으로 제기하기도 했다. 그러나 1992년 12월로 예정된 14대 대통령선거의 과정에서, 남북관계에 악영향을 미치는 사건들, 이른바 북풍이 발생하기 시작했다. 중부지역당 사건을 포함한 간첩사건, 남북고위급회담에서의 훈령조작사건, 한미안보협의회에서 한국 측의 요구로 팀스피리트훈련을 재개하기로 한 사건 등은, 대통령선거에 영향을 미친 이른바 북풍이었다.

© 연합뉴스

사진 8-2 선정적인 구호를 내건 반북시위대(왼쪽)와 동아일보사가 과거에 보도했던 김일성의 보천보 전투 기사 호외를 동판에 인쇄해 1998년 북한에 선물한 것.(오른쪽) 이 동판은 김일성과 김정일에게 들어오는 선물을 모아 놓은 묘향산 '국제친선관람관'에 전시되어 있다. 원래 기사에는 일제가 만주에서 활동하던 독립군을 비하하기 위해 사용했던 '비적(匪賊)'이라는 용어가 김일성을 지칭하면서 포함되어 있었지만, 관람관에 전시되어 있는 동판에는 지워졌다.

한을 보는 시각에 근본적 차이가 있음을 보여주는 징표다. 그러나 '수구(守舊)'의 성향을 지닌 냉전적 보수가 그 담론을 전유하면서 보수와 진보의 정체성의 경계를 확정하기 위해 종북이라는 낙인작업을 수행하고 있다. 북한 그 자체보다 남한 내부의 경쟁하는 정치사회세력을 공격하기 위한 도구로 종북담론이 활용되고 있는 것이다. 역설적이지만, 북한의 대중매체에서 한국의 보수세력을 비판하면서 그들이 종북담론을 동원하고 있다는 기사도 나오고 있을 정도다. 예를 들어 2013년 5월 9일 한국의 새누리당이 통일운동단체를 탄압하고 있다고 주장하는 북한의 조국평화통일위원회 서기국 보도 제1035에는 다음과 같은 구절이 있다.

> 국제적으로 공인된 우리 공화국의 합법적인 인터네트홈페지들을 열람한 사람들까지 무작정 《종북세력》으로 몰아 …… 인민들에게도 《종북》의 감투를 씌워 박해하고 있다.[22]

종북담론의 한반도화가 이루어지고 있다고 말할 수 있는 것이다. 종북담론은 그 기원과 달리 진보세력 내부의 북한을 보는 다양한 시각의 차이를 없애는 효과를 발휘한다. 그리고 자유주의적 대북정책조차도, 그것이 어떠한 내용과 형태를 가지고 있든 북한의 이념과 이익에 부합하는 것이라는 결론을 유도하게 한다. 또한 자유주의적 대북정책에 이해관계를 가지는 보수가 북한에 대해 유화적 태도를 보이는 것을 사전에 차단하는 효과를 산출하기도 한다.

북한연구에서도 '현황과 전망'을 담고 있는 이른바 '정책보고서'에서는 작성주체의 정치적 성향에 따라 결론을 전제하고 사실을 재구성하는 경향이 현저하다. 그러나 한국에서 이루어지는 북한에 대한 학술적 연구에서 정체성의 정치가 반영되는 경로를 실증적으로 규명하는 작업이 본격적으로 진행된 바는 없다. 추론한다면, 연구주제의 설정 및 방법론의 선택에서 정체성의 정치가 작동할 것이다. 그러나 원칙적으로 실증주의자들에게는 연구주체의 정치적 성향이나 연구주체의 국적이 연구방법과 연구결과에 영향을 미칠 수 없다. 연구대상과 연구주체의 분리를 상정하기 때문이다. 대부분의 북한연구자들이 자신들의 정치적 성향이 연구에 영향을 미치고 있음을 부정하기 위해 실증주의를 표방하곤 한다. 역설적이지만, 이념에 침윤되어 있는 북한연구의 진전을 위해서는 좀 더 실증주의적일 필요가 있다. 주어진 현실을 긍정한다는 점에서 비판의 대상이 되곤 하는 실증주의가 북한연구에서는 지식의 존재 구속성을 완화하는 상대적으로 진보적 방법론일 수 있다.

연구대상 북한의 다원성: 지역연구·비교연구·국제정치

북한이라는 연구대상은 연구자의 정체성 및 전공 분야에 따라 다양하게 규정될 수 있다. 경제학자이며 비교사회주의 연구자인 코르나이(J. Kornai)가 그의 저서 『사회주의체제』에서 제기했던 방식과 비슷하게 북한이라는 연구대상을 정의해보자.[23]

① 조선로동당은 50년 이상 북한에서 권력을 장악하고 있다.
② 북한은 '제3세계'에 속한다.
③ 지리적으로 북한은 동아시아에 속한다.

④ 북한은 사회주의 국가, 제3세계, 동아시아국가와 유사하지만 또한 다른 국가와 비교될 수 없는 나름의 독특한 특징을 가지고 있다. 국가의 규모, 인구, 역사와 문화 등이 바로 그것이다.

⑤ 북한은 국제정치의 행위자다.

지역연구자나 인류학자나 역사학자 등은 네 번째 특징에서 북한의 특수성을 추출하려 할 것이다. 반면 북한의 보편성에 주목하는 연구자들은, 의도적이든 암묵적이든 북한의 특성을 다른 국가들과 비교해야 한다. 비교를 위해 전체주의(totalitarianism)와 사회주의, 발전국가와 약탈국가, 동아시아의 유교적 전통 등과 같은 이론과 개념이 북한적 현상을 분석하기 위해 동원될 것이다. 네 번째까지의 특징이 북한의 안을 보고자 한다면, 다섯 번째의 특징은 국제체제에서 북한이 하는 국가행동의 보편성과 특수성을 보려 한다. 즉 비교연구, 지역연구, 국제정치학 가운데 어느 분과를 선택하느냐에 따라 북한이라는 대상은 다르게 규정될 수 있다.

지역연구의 대상으로서 북한 지역연구는 타문화와 타지역에서 나타나는 타자성(他者性)을 연구하는 분과학문이다.[24] 특히 미국 정치학계의 사례지만, 지역연구는 실증주의적 방법론이 지배적인 상황에서 방법 중심이 아닌 '문제중심'의 연구를 지향한다는 점에서 실증주의의 방법론적 헤게모니에 도전하려 한다.[25] 그러나 북한연구에서는 실증주의적 방법론 도입 이전에 지역연구로 북한연구를 수행했다. 유일지배체제나 주체사상과 같은 북한적 현상의 특수성이 강조되면서 비교를 포함한 실증주의적 방법의 도입이 지연되곤 했다.[26] 북한특수성론은 북한에 대한 비교연구를 가로막는 북한연구의 편향이었다. 물론 북한자료에 대한 정부 독점과 접근의 제한도 본격적인 실증주의적 방법론의 도입을 저해한 요인이기도 했다. 따라서 북한연구에서는 다른 사회과학과 달리 문제중심이 방법중심에 선행했고, 이론보다 자료가 앞서기도 했다.

지역연구로서의 북한연구는 북한이라는 타자에 대한 ‘이해(understanding)’를 목적으로 한다. 타자란 연구주체와 문법과 규칙을 공유하지 않는 주체다. 우리의 문법과 규칙은 우리가 아니라 우리를 이해하고자 하는 타자에게 필요한 것이다. 우리는 문법과 규칙을 의식하지 않고도 담론과 행동의 의미를 이해할 수 있지만, 타자는 그렇지 않다. 따라서 지역연구의 주체는 감정이입을 통해 타자의 문법과 규칙을 이해할 수 있어야 한다. 북한이라는 타자에 대한 이해에는 이론 외적 조건인 냉전과 탈냉전 그리고 그 국제체제의 특성을 반영한 국내정치적 상황이 영향을 미쳤다. 결국 북한을 둘러싼 정체성의 정치에 영향을 받으면서 북한을 적으로 간주하는가, 아니면 친구로 생각하는가에 따라 북한이라는 타자에 대한 이해의 방법에 차이가 있다.

두 극단의 사례를 보자. 첫째, “북한이라는 연구대상은 이데올로기적 속성을 갖고 있을 뿐만 아니라, 유래를 찾기 어려울 정도로 폐쇄적이고 독특하다”는 주장이 있다.[27] 이 규정은, 냉전시대 미국에서 소련의 ‘비밀정치’를 연구대상으로 했던 ‘소련학(Sovietology, Kremlinology)’을 상기시킨다. 즉 가설의 검증을 위한 참여관찰이나 심층면접이 불가능한 ‘특수한’ 지역연구로서의 소련학과 북한학이다. 이 지역연구의 시각에서는 연구주체와 연구대상인 타자 사이의 소통과 상호이해라는 문제의식은 고려되지 않는다. 둘째, 1987년 민주화 이후 북한에 대한 ‘내재적 접근’을 주장했던 연구자들은, “북한사회주의가 스스로 제시한

발전국가와 약탈국가

냉전체제하에서 산업화를 추구하던 남북한의 국가형태는 ‘발전국가(developmental state)’로 정의될 수 있다. 발전국가는 국가제도의 측면에서 강행적 산업화를 추구하는 제도적 장치(예를 들어 남한의 경제기획원과 북한의 국가계획위원회)를 가지고 있었고, 중공업부문과 경공업부문의 균형발전보다는 중공업부문의 우선 발전을 추구하는 축적체제에 기초했다. 또한 정당화 기제와 관련하여 발전국가는 농민과 같은 특정 계층의 희생을 토대로 국가가 자본축적을 강행하지만 발전의 이념에 대한 사회적 동의를 획득한 국가형태였다. 남한의 국가형태는 민주화 이후 1997년 IMF 위기를 거치며 신자유주의적 국가로 변모했지만, 북한의 국가형태는 국가가 사회로부터 자립성을 획득하고 약탈적 방식으로 축적을 진행하는 ‘약탈국가(predatory state)’로 퇴행하고 있다. 약탈국가가 비정상적 형태임에도 불구하고 지속되는 이유로는, 국가의 억압적 제도와 그에 기초한 사회통제력, 주민의 자발적 동의를 유도하는 정당화담론, 약탈국가에서 지대(rent)를 수취하는 지배연합의 결속력 등이 제시된다.

'이념'을 그의 '경험적' 성과에 비추어" 보려 한다.[28] 북한이라는 타자에 대한 이해의 실천이다. "우리 한반도를 가로지르고 있는 '휴전선'이라는 경계는 '타자로서의 나(alter ego)'를 끈질기게 그리고 긴장 속에서 상기시키고 있다"는 언명에서 볼 수 있는 것처럼, 분단이라는 한반도적 특수성을 생각하며 북한연구가 북한이란 "'타자'에 대한 '물음'"을 수반한다고 생각한다.

비교연구의 대상으로서 북한[29] 비교는 어떤 개체가 가지고 있는 '보편성'과 '특수성'을 규명하기 위한 방법이다. 비교의 방법을 동원하지 않을 때, 우리는 특정 개체의 특수성을 과도하게 강조하는 오류를 범하곤 한다. 특히 북한연구에서는 비교의 방법이 결여될 경우, '북한적 현상'을 특수한 현상으로 간주하려는 경향이 강하게 나타나기도 한다. 이른바 '북한특수성론'이다.[30] 북한을 특수한 국가 또는 사회구성으로 보는 근거로 일반적으로 유일지배체제와 주체사상이 제시된다. 그러나 북한적 현상의 특수성이 존재하기는 하지만, 북한적 현상은 다른 사회주의국가에서도 나타났던 현상의 '종적(種的) 변이'라고 할 수 있다.

예를 들어 일본의 북한연구자인 와다 하루키가 1961년에 성립된 소련형 사회주의 체제의 아류(亞流)인 북한의 국가사회주의 체제 위에 북한의 특수적인 이차적 구조물인 '유격대국가'가 성립되었다고 주장할 때,[31] 일단 그 이론화의 적실성은 차치하더라도 그는 비교의 방법을 통해 북한체제가 가지는 사회주의 일반의 속성과 북한의 특수성을 동시에 추출하려 하고 있음을 알 수 있다. 이 비교의 대상인 '사회주의'는, '이념'에 의해 정의되는 사회주의가 아니라 '현실' 속에 존재했던 또는 존재하는(existing) 사회주의다. 예를 들어 마르크스의 은유적 정의인 "능력에 따라 일하고 노동에 따라 분배받는" 사회 또는 자본주의 사회에서 공산주의 사회로 가는 '과도기'로서의 사회주의라는 개념에서 출발하지 않는다는 것이다.[32]

현실사회주의의 역사적 경로를 바라보면서 마르크스주의자와는 달리, 시장메커니즘을 사회주의의 내재적 요소로 간주했던 수정주의자들은 현실사회주의에 대한 새로운 개념화를 시도했다. 대표적인 연구자인 코르나이에 따르면,[33] 사회주의라는 종적 특성을 가진 소련을 비롯한 사회주의 국가들은 마르크스의 문제의식과 달리 '혁명적 이행기체제'에서 '고전적 사회주의 체제'를 거쳐 '개혁적 사회주의 체제'로, 그리고 궁극적으로는 '탈사회주의 체제'로 이행해왔다. 이 경로는 공산당이 30년 이상 집권한 현실사회주의 국가들에서 나타나는 하나의 '법칙'이다. 코르나이는 진정한 사회주의의 의미나 사회주의 국가들 사이의 이데올로기 투쟁은 사회주의를 정의함에 있어 무의미한 요소라고까지 말하고 있다. 그의 연구에 따르면, 사회주의 체제는 공산당이 지배하는 국가의 체제를 의미한다. 결국 이 사회주의 체제의 가장 중요한 특징은 특정한 이데올로기에 침윤되어 있는 공산당의 권력독점이다.

둘째로, 코르나이는 '생산수단의 국가소유'를, 그리고 셋째로, 시장적 조정기제의 대당이 될 수 있는 '관료적 조정기제'를 고전적 사회주의 체제의 독특한 특징으로 설정한다. 따라서 이 고전적 사회주의 체제가 '개혁(reform)'의 길로 들어섰다면, 이 세 가지 가운데 하나에 변화가 발생해야 하고, 이 변화가 사회주의 체제의 급격한 변혁을 야기하지는 않을 정도로 진행되어야 한다는 이론적 틀을 제시한다. 코르나이의 이 이론화는 사실 전형적인 비교연구의 결과물이다.[34] 공산당이 30년 이상 집권한 국가, 그리고 단기적이지만 공산당이 권했던 국가들에 대한 비교를 통해 정의할 수 있는 현실사회주의의 모습이다. 즉 코르나이는 사회주의의 종적 특성을 부정하지 않으면서도 통시적(通時的) 비교

와다 하루키(和田 春樹, 1938~)

와다 하루키는 일본의 북한 연구자다. 『한국전쟁의 기원』, 『브루스 커밍스의 한국현대사』를 쓴 미국의 연구자 브루스 커밍스(Bruce Cumings)와 더불어 해외의 북한 연구자로서 권위를 가지고 있다. 일본의 도쿄대학에서 원래 러시아사 연구자로 출발을 했고, 러시아어, 중국어, 영어, 북한어, 한국어 등을 필요로 하는 북한 연구에서 강점을 가지고 있다. 『북조선』, 『김일성과 만주항일전쟁』, 『조선전쟁』 등의 업적이 있다. 일본의 연구자로서 북일수교를 위한 시민사회의 활동에 참여하고 있다. 북한문제를 동북아시아 차원의 협력으로 해결해야 한다는 문제의식하에서, 『동북아시아 공동의 집』을 집필했다.

를 가능하게 하는 '비교사회주의'의 척도를 제시하고 있다.

북한도 비교사회주의의 연구대상이다. 조선로동당이 60년 이상 권력을 독점하고 있고, 생산수단을 국가가 소유하고 있다. 북한에서도 1990년대 중반 경제위기였던 이른바 '고난의 행군'을 거치면서 자생적 시장이 형성되었지만, 관료적 조정기제가 시장적 조정기제보다 지배적인 형태다. 즉 북한도 다른 사회주의 국가들과 공유하는 규칙성을 가지고 있다. 따라서 비교사회주의적 시각에서 북한연구는, "북한이 사회주의 체제라는 점을 인정하는 것에서부터 시작되어야 한다"는 주장이 가능하다. "북한만의 특수성이 있음에도 불구하고 북한은 사적 소유의 철폐와 계획경제, 당-국가의 유일지배체제를 근간으로 하는 사회주의 체제의 기본적 특성을 공유하고 있기 때문이다."[35]

다른 한편 비교정치학의 한 하위분과로 비교사회주의 연구가 진행되기도 한다. 냉전적 연구시각에서 사회주의체제의 특이성만을 강조하면서 개별기술적인(idiosyncratic) 지역연구만을 고집하거나 전체주의적 접근법에 초점을 두면서 방법론적 예외주의를 주장했던 연구방법에 대한 반성으로부터 시작된 비교사회주의 연구다. 특히 냉전시대 소련학에 대한 비판 가운데 하나는 정보는 많지만 '법칙' 또는 인과적 추론과 같은 '지식'을 생산하지 못한다는 것이었다.[36] 서구학계에서는 1960년대 이른바 '행태주의 혁명(behavioral revolution)'과 더불어, 개별기술적 서술에서 벗어나 '법칙정립적(nomothetic)' 사회과학의 연구대상으로 사회주의 국가가 설정되었다. 소련의 경험과 공산주의를 동일시

비교연구

비교의 방법, 또는 비교분석의 정의에 대해 일치된 견해가 존재하는 것은 아니지만, 그럼에도 다음과 같은 일정한 공통점이 있다. 첫째, 비교분석은 사회현상의 생성원리, 즉 법칙을 생산하기 위한 분석방법이다. 둘째, 법칙의 정립과정은 사회현상의 생성경로에 관한 인과형 가설을 주로 '교차사례분석(cross-cases analysis)'을 통해 검증하는 과정이다. 셋째, 비교분석은 가설의 검증과정에 있어 다양한 시간적, 공간적 조건을 부여함으로써 도출된 법칙의 성립범주, 즉 성립의 선행조건을 명확히 규명하는 작업이다. 넷째, 비교분석은 사회과학적 설명의 기초가 되는 체계적 서술을 특히 '이론적으로 의미 있는' 분류 및 유형화를 통해 시도하기 위한 방법이다. 다섯째, 비교분석은 이미 정립된 법칙이나 이론의 적용범주와 설명능력을 재점검함으로써 이론을 세련화하는 연구방법이다. 김웅진의 『비교정치연구의 논리』(1993)을 보면 자세한 내용을 알 수 있다.

하려는 냉전적 경향은, 이탈리아 공산당의 지도자인 톨리아티(Palmiro Togliatti, 1893~1964)의 공산주의 '다중심론(polycentrism)'과 중소갈등으로 무너지기 시작했고, 이후 서구의 학자들은 방법론적으로 엄밀성을 가지는 비교공산주의 연구를 발전시키기 시작했다.[37] 그리고 비교정치학에서 발전한 다양한 접근법과 이론, 예를 들어 근대화이론, 정치문화와 정치사회화, 이익집단 정치, 정치엘리트 분석, 계급분석, 체계론적 접근 등이 북한과 같은 사회주의국가라는 연구대상에 적용되었다. 이 접근법들은 자본주의와 구별되는 사회주의의 종적 특성보다는 자본주의와 사회주의의 양적 차이에 주목하고 있다는 점에서, 사회주의보다는 '비교'에 초점을 맞춘 것이라 할 수 있다.

국제관계학의 연구대상으로서 북한 북한은 1991년 남한과 함께 국제연합(United Nations)에 가입했다. 즉 북한도 하나의 국민국가(national state)로서 국제법적 인정을 받고 있다. 2012년 현재 한국의 수교국은 189개국이고, 북한은 162개 국가와 수교를 한 상태다. 그러나 북한은 패권국가인 미국과 동북아시아의 주요국인 일본과는 수교를 하지 못하고 있다. 1990년대 초반 냉전이 해체된 후 남북한에 대한 교차승인이 비대칭적으로 이루어졌기 때문이다. 한국은 사회주의 국가였던 소련(1991년) 및 중국(1992년)과 수교를 했지만, 북한의 북미, 북일수교를 위한 협상은 중단과 재개를 반복하고 있다. 따라서 국제관계의 행위자로서 북한의 행동은 제약될 수밖에 없다. 예를 들어 미국은 무기수출통제법, 비확

행태주의 혁명

정치학에서 행태주의적 접근법은 1930년대 미국에서 등장했다. 자연과학의 접근법처럼, 개인과 집단의 정치적 행태를 설명하기 위해 객관적이고 양화된(quantified) 접근을 추구하는 것이다. 1950년대와 1960년대 엄격한 과학적 연구를 강조되면서, 이른바 행태주의 혁명이란 표현이 사용되었다. 그러나 행태주의 혁명을 선노했던 미국의 정치학자 데이비드 이스턴(David Easton)은 1960년대 말, 행태주의가 정치현상에서 문제의 본질보다는 방법에 초점을 맞추고 있고, 보수주의 이데올로기를 은폐하고 있으며, 가치에 대한 연구를 방기하게 한다는 자기비판을 한 바 있다. 가치중립을 내세운 행태주의 혁명은, 1950년대 초 미국을 휩쓸었던 공산주의자 색출을 위한 '매카시즘(McCarthyism)' 광풍에 대한 대응이기도 했다.

산법, 대외원조법, 국제종교자유법, 무역법, 브레튼우즈협정법, 원자력법 등의 국내법으로 북한에 대해 제재를 가하고 있다. 또한 북한의 미사일 발사 및 핵실험 이후 유엔 안전보장이사회는 유엔의 회원국가인 북한의 핵 및 미사일 활동을 제재하는 결의안을 채택해왔다.

국제관계의 행위자로서 북한이라는 연구대상과 관련하여 두 가지 상반된 시각이 있을 수 있다. 첫째, 무정부상태에서 국제정치는 서로의 행동을 복사하는 '유사한 단위들(like units)'로 구성되어 있다는 현실주의 국제정치이론의 시각이다.[38] 이 시각에 따르면 북한도 다른 국가들처럼 자신의 국가이익을 극대화하려는 행위자로 정의될 수 있다. 국제관계의 행위자로서 북한을 연구하기 위해 북한 내부의 정치경제체제를 분석할 필요가 없다는 것이다. 둘째, 북한이 주장하는 것처럼, "대외정책은 국가의 본질로부터 나오는 대내정책의 연장으로서 어떤 계급이 정권을 잡고 있는가에 따라 그 성격이 규정"될 수 있다는 시각이다.[39] 북한은 1980년 조선로동당 제6차 당대회에서, 자신의 외교정책의 기본이념으로 "자주, 친선, 평화"를 제시한 바 있다.[40]

물론 외교정책이론은 외교정책 결정과정에 대한 이론이며 국제정치이론이라는 외교정책을 통해 나타나는 국가의 행동과 그것이 가져온 국제적 결과에 대한 이론이라 정리하고,[41] 북한이 자신의 정치경제적 체제에 기반한 국제행동을 하고 있지만 그것도 사실은 국가이익의 극대화의 일환이라 주장할 수 있다.[42] 특히 북한이 시도하고 있는 핵개발은, 북한이 1980년 제6차 당대회에서 세력균형정책을 비판했던 것과 달리 저비용 고효율의 안보를 추구하는 전형적인 세력균형정책이라고 할 때, 북한도 다른 국가들과 마찬가지로 적과 위협에 기초한 안보담론을 답습하고 있음을 보여주는 것이다. 즉 국제적 행위자의 동질화 효과를 북한의 경우에서도 확인할 수 있다. 북한의 자주라는 담론이 이익과 등치될 때, 전형적인 국가이익 극대화론으로 귀결될 수 있음을 보여주는 것이기도 하다.

탈냉전시대 북한의 핵개발 때문이기도 하겠지만, 국제관계의 행위자로서

사진 8-3 북한은 정말 미친(mad) 행위자일까?

북한을 보는 시각은 실증적이기보다는 규범적이다. '세계식량계획(WFP)'의 일원으로 북한에 주재하기도 했던 스미스(H. Smith)는, 북한과 관련된 모든 사안을 그것이 문화적인 것이든 경제적인 것이든 안보로 환원하려는 '안보쟁점화(securitization)' 경향을 비판한 바 있다.[43] 안보쟁점화 담론은 자신을 문명으로 북한을 야만으로 보는 전형적인 오리엔탈리즘(orientalism)의 산물이라 할 수 있기 때문이다.[44] 스미스가 지적하는 것처럼, 북한을 나쁘고(bad) 미친(mad) 국가로 규정하는 것은 모순이다. 나쁜 행위자는 합리적이고 도구적이면서 예측 가능한 행위자이지만, 미친 행위자는 비합리적이고 예측이 불가능한 위험한 행위자이기 때문이다. 북한을 자신의 역사적 경험에 기초하여 '나름의' 방법으로 자신의 이익을 계산하고 있는 '합리적(rational)' 행위자로 볼 때, 국제관계학의 영역에서도 편견을 배제한 실증적 북한연구가 가능할 수 있을 것이다.

북한연구방법론을 둘러싼 논쟁

첫 번째 논쟁: 방법론의 부재(不在) 대 비교공산주의적 접근

1970년대 중반 서구에서 개발된 비교공산주의적 접근이 수입되면서 북한연구에서도 방법론에 대한 자의식이 형성되기 시작했다. 초기 북한연구에서는 정보의 축적이 지식의 생산과 동의어였다. 비교공산주의적 접근은 특수한 지역연구와 실증주의/행태주의를 결합하고자 하는 시도였다. 이 비교공산주의적 접근법은 미국적 사회과학 전반에서 유행하던 사회과학의 자연과학화의 한 경향이었다고 할 수 있다. 서구사회에서 소련과 중국에 대한 연구의 발전경로(소련학에서 비교공산주의적 접근으로)와 마찬가지로 북한연구에서도 냉전의식과 반공의식에 침윤된 북한연구를 '과학적' 북한연구로 전환하기 위한 시도 가운데 하나가 비교공산주의적 접근의 도입이었다.

그러나 서구 학계에서 전개된 비교사회주의를 수용한 1970년대 북한연구 방법론의 모색은, 방법론과 접근법(근대화이론, 정치문화적 접근법, 정치엘리트적 접근, 계급분석, 체계론적 접근 등)을 소개하고 그것이 북한연구에 적합한지를 검토하는 수준이었다고 평가된다.[45] 비교정치 연구자들이 주도한 당시 북한연구 방법론의 모색은 이론이 실증에 앞선 경우라고 할 수 있다. 북한에 대한 실증적인 연구의 부재는 방법론의 저발전을 낳은 결정적 요인이었다. 연구성과가 존재할 때 방법론도 의미를 지닌다. 특히 냉전 해체 이전의 한국에서의 북한연구는 소련연구보다 '더 특수한' 지역연구가 될 수밖에 없었다. 북한은 지역연구의 대상인 타자가 아니라 친구든 적이든 우리의 일부로 간주될 수밖에 없었기 때문이다. 결국, 비교공산주의적 접근과 특수한 지역연구였던 북한연구의 화학적 결합은 이루어지지 않았던 것처럼 보인다.

자료에 대한 접근이 제한적이었던 특수한 지역연구로서 북한연구는 국토통일원(1969년 1월 설립)과 중앙정보부에서 이루어졌다. 민간 영역에서는 잡지 『북한』이 북한에 관한 정보를 접할 수 있는 통로 가운데 하나였다. 정부독점 연구의 특징이기도 하지만, 1970~1980년대 북한연구는 정보와 첩보에 기초한 정책연구의 성격을 가질 수밖에 없었다. 조선로동당 대회나 최고인민회의 자료집 등 일차자료의 출간이 주된 사업이었고, 방법론에 대한 관심은 사실상 부재했지만, 문서의 주제와 강도, 특정 인물의 등장 여부, 단어의 빈도 등에 주목하는 '내용분석'(content analysis)이 주로 사용되었다고 할 수 있다. 특히 1970년대부터 북한문헌에서 사용되기 시작한 '당중앙'이라는 단어가 후계자로서 김정일을 지칭한다는 발견과 추론은 당시 정부독점적 북한연구의 성과라고 할 수 있다. 반면 서구에서 수입한 비교공산주의라는 방법론에 기초한 연구성과는 사실상 부재했다고 할 수 있다. 이론과 실증 또는 방법론과 실증의 괴리는 1970년대 북한연구의 특징이었다고 할 수 있다.

설명과 예측을 고려한 비교공산주의적 접근이 북한연구방법론에서 야기한 논쟁은 비교공산주의적 접근에 대한 "비판적 지지"로 요약할 수 있다. 북한연구방법론을 둘러싼 첫 번째 논쟁의 쟁점은 다음 두 가지로 정리할 수 있다.[46] 첫째, 가치와 사실의 관계다. 가치지향적 연구에 대한 비판이었던 실증주의·행태주의가 주장했던 가치중립적 연구의 실현 가능성 여부다. 실증주의·행태주의는 가치중립을 표방하지만 실제로 현존 가치에 대한 보수적 태도를 정당화하는 기제로 작동할 수 있다. 사회과학적 연구는, 연구자 자신이 가지고 있는 세계에 대한 근본적 가정과 연구자가 소망하는 종국적인 사회적 목표에 의해 결정되곤 한다. 북한연구도 이 측면에서 예외가 아니다.

둘째, 이론의 역할이다. 북한연구에 있어 자료의 부족이 방법론의 부재보다 더 문제라는 지적에 대해, 이론이야말로 자료에 질서를 부여하는 장치일 뿐만 아니라 이론을 통해 자료의 생산(generating)이 가능하다는 반론이 가능하다. 만약 이론 또는 연구자의 전체 그림에 대한 가성이 없다면 수집된 사실의 재구성은 불가능하다는 것이다. 그러나 첫 논쟁의 시기에 북한연구는 이론의 과잉과 실증의 과소였다.

두 번째 논쟁: 내재적 접근 대 외재적 접근

1980년대 후반에 시작된 두 번째 방법론 논쟁은, 비교공산주의적 접근의 성과를 경유하지 않고 방법론의 부재를 특징으로 했던 냉전적 북한연구에 대한 도전으로부터 시작되었다. 비교공산주의적 접근에 입각한 구체적 연구성과의 부재가 낳은 결과라고도 할 수 있다. 따라서 거시적 안목에서 본다면 논쟁의 '후퇴'라고도 평가할 수 있다. 다른 한편으로는, 자본주의 사회의 분석도구로 공산주의사회를 연구하려는 비교공산주의적 접근 또한 냉전의식으로부터 벗어나지 못하고 있다는 판단과 비교공산주의적 접근이 초래했다고 주장되는 "기초지식 없는 무분별한 이론의 개입"도,[47] 과거 냉전시대에 수행되었어야 하는 방법론 논쟁을 탈냉전시대에 벌어지게 만든 요인이었다고 할 수 있다. 북한연구 방법론 논쟁에서는 정치가 독립변수이고 과학은 종속변수였다.

"북한을 바로 알자"라는 구호와 함께 제시된 북한연구방법이 이른바 "내재적 접근"이다.[48] 내재적 접근은 사회주의를 자유민주주의나 자본주의를 분석하는 방법으로 접근할 수 없다는 전제에서 출발한다. 사회주의 사회가 자본주의 사회와는 다른 이념과 정책의 토대를 가지고 있기 때문이다. 따라서 내재적 접근은 방법론이 부재한 냉전적 북한연구와 비교공산주의적 접근 양자를 지양하려는 '운동' 또는 '실천'의 성격을 띠고 있었다. 내재적 접근은 "북한의 내재적인 사회작동원리"를 규명하는 것을 북한연구의 목표로 설정하고 있었다.[49] 즉 내재적 접근은 접근이 가능하지 않은 지역에 대한 연구를 '내부행위자'의 시선으로 연구하려 하는 것이었다. 하지만 참여관찰이 가능하지 않은 조건에서 외부의 연구자가 어떻게 내부행위자의 시선을 가질 수 있는가의 문제였다.

내재적 접근에 대한 비판은, 내재적 접근이 우리와 그들을 구분하는 냉전시대의 정체성의 정치 및 이항대립을 재생산하고 있다는 것이었다. 거칠게 이야기한다면, 북한연구가 '반북(反北)'에서 '친북(親北)'으로 이동했다는 것이다. 예를 들어 내재적 접근이 등장하던 시점에서, 냉전시대에 '실증적으로' 부정되었던 북한의 지도자 김일성의 항일무장투쟁 경력이 복원되었던 것은 분명 실증적 연구의 성과이지만, 친북적 성향으로 읽힐 만한 것이기도 했다. 관찰자가 내재적 논리를 수용하면서 내부행위자의 시선을 가질 때 발생할 수 있는 문제이기도 하다. 따라서 내재적 접근에는 북한에 대한 '비판'이 결여될 수밖에 없다는 것이 내재적 접근에 대한 비판이었다. "비판이 결여된 북한연구"라는 비판에 대한 대응은, 내재적 접근에 비판적 접근을 추가하는 방식으로 이루어졌다.[50] 그러나 친북적 연구라는 비판을 면하기 위한 이 추가는, 현실정치적 고려가 담겨 있는 것이기는 했지만 철학적으로 적절하지 않다. 내재적(immanent)이라는 개념의 철학적 의미가 사회적 실재(reality)의 모순을 스스로 드러내게 하는 것이기 때문이다. 따라서 내재적-비판적 접근은 동어반복이다. 내재적의 본래적 의미를 복원하기 위해서는 북한 사회주의의 모순에 대한 비판이 있어야 한다.

북한을 북한 '밖'에서의 시각이 아니라 북한 '안'에서의 시각을 통해 바라보려는 내재적 접근이나 북한 고유의 역사적 경로에 주목하는 역사적 접근이 법칙정립적 연구를 모색하는 비교의 방법론을 부정하는 것은 아니다. 내재적 접근론자로 분류되는 연구자들도 비교의 방법을 부정하지는 않았다.[51] 그러나 이들의 비교의 방법론은 서구사회에서 발전된 비교공산주의적 접근과는 명확히 구별된다. 내재적 접근론자들은 체제를 달리하는 국가들 사이의 비교가 아니라 현실에 존재하는 사회주의 국가들의 비교를 통해 북한체제의 보편과 특수를 도출하려 한다. 일단 내재적 접근론자들이 그들의 또 다른 방법론으로 언급한 비교사회주의적 접근을 통한 연구성과를 산출했는가를 고려하지 않는다

가짜 김일성론과 진짜 김일성론

만주에서 항일무장투쟁을 했던 김일성이 북한의 지도자 김일성과 동일 인물이 아니라는 주장이 제기되기도 했다. 예를 들어 중국공산당 산하의 동북항일연군과 한반도 내의 통일전선조직인 조국광복회가 협력하여 한반도로 진공한 이른바 '보천보 전투'를 주도한 인물도 북한의 김일성이 아니라 일본 육사 출신의 김일성(본명 김광서)이라는 것이다. 이명영의 『金日成列傳: 그 傳說과 神話의 眞相糾明을 위한 硏究』(1974), 허동찬의 『金日成評傳』(1985)이 김일성 가짜론을 주장하는 대표적 연구서다. 진짜 김일성론의 시발은 미국에서 출간된 서대숙의 『북한의 지도자 김일성(*Kim Il Sung: The North Korean Leader*)』이다. 국내 연구자 이종석의 『현대 북한의 이해』에는 중국공산당 소속 동북항일연군에 소속되어 있던 김일성이 북한의 지도자 김일성임을 밝히는 '김일성 평전'이 실려 있다.

면, 내재적 접근을 비교를 결여한 방법론으로 평가하는 것은 적절하지 않을 수 있다.

북한연구에서 내재적 접근을 둘러싼 방법론 논쟁은, 사회과학의 오랜 논쟁인 "설명이냐 이해냐"를 둘러싼 대립과 유사하다.[52] 즉 실증주의적 사회과학과 해석학적 사회과학의 대립이다. 이 둘은 존재론과 인식론의 측면에서 통합이 불가능할 수 있다. 따라서 내재적 접근을 주장하면서 과학과 실증을 함께 이야기하는 것은 인식론적 모순이다. 주체와 객체의 통합과 분리를 동시에 상정해야 하기 때문이다. 논리적 완결성을 위해서는 순차적 접근을 가정할 수도 있다. 그러나 연구자가 자신의 방법론이 가지는 철학적 기초에 대한 반성을 수반하지 않는다면, 순차적 접근은 절충일 수 있다.[53]

이 모순은 내재적 접근의 주요한 철학적 개념들에 대한 오해에서 기인하는 것처럼 보인다. 사회적 실재의 모순을 스스로 드러내게 하는 내재적 접근은 실증주의의 교리를 위반하고 있다는 점에서 '이해'를 추구하는 해석학적 방법론이다. 따라서 내재적 접근과 경험적 접근을 동일시하는 것은 오류다. 내재적의 반대를 "선험적 또는 초월적(transcendental)"으로 설정하는 것은 더더욱 문

내재적 접근시대의 연구 성과

내재적 접근과 친화성을 가지는 주요한 연구성과를 단행본을 중심으로 정리하면 다음과 같다. 강정구, 『통일시대의 북한학』(1996); 김연철, 『북한의 산업화와 경제 정책』(2001); 김연철·박순성 편, 『북한 경제 개혁 연구』(2002); 박순성, 『북한 경제와 한반도 통일』(2003); 서대숙, 『북한의 지도자 김일성』(1989); 서동만, 『북조선사회주의체제성립사 1945~1961』(2005); 이종석, 『조선로동당 연구』(1995); 이태섭, 『김일성 리더십 연구』(2001); 정영철, 『북한의 개혁·개방: 이중전략과 실리 사회주의』(2004) 등이 있다.

북한연구에 있어 내재적 접근법에 대해 강정인은 「북한연구방법론: '내재적 접근법'에 대한 비판적 성찰」(1993)에서 다음과 같은 비판을 하였다. (1) 내재적 접근론자들은 내재적 접근과 외재적 접근을 이데올로기적 대립으로 치환하는 경향이 있다. (2) 북한의 사회주의적 논리를 따라 북한을 이해하게 될 때, 북한의 주장을 무비판적으로 수용하게 될 수 있다. (3) 내재적 접근론에서 북한에 대한 비판이 드러나지 않는다. (4) 비판적 기능이 거세된 내재적 접근론으로는 사회주의국가들의 체제전환을 설명하기 불가능하다. 강정인의 주장처럼, 북한연구는 내부 행위자가 스스로 이해하는 것은 물론 외부 관찰자가 설명하려는 것의 이중성을 담지할 수밖에 없다.

제다.[54] 칸트철학에 따르면 선험적은 경험적의 반대일 수 있지만, 더 중요한 의미는 선험적 인식이 경험적 인식을 가능하게 한다는 것이었다.

흥미로운 점은 주류 사회과학계가 실증주의에서 해석학으로 이동하고 있는 시점에서 북한연구에서는 내재적 접근법을 둘러싼 논쟁과 실사구시(實事求是)로 표현되는 실증주의에 대한 경도가 나타나기 시작했다는 점이다. 북한연구에 개입될 수밖에 없는 정치의 문제를 우회하는 방법론적 고려라 할 수 있다. 내재적 접근을 둘러싼 논쟁을 전후로 하여 북한에 대한 실증적 연구가 증가했다. 북한체제의 성격, 북한의 정치이념인 주체사상에 관한 연구, 북한정치에서 당·정·군의 관계, 북한체제의 개혁 등이 그 주제들이다.[55] 논쟁 후의 일이지만, 북한의 핵을 둘러싼 국제적 논쟁이 전개되면서, 북한의 외교정책에 대한 연구도 증가하고 있다. 그리고 정치학에 집중되었던 북한연구가 모든 분과학문으로 확산되는 추세를 보이고 있다는 점도 주목할 만한 변화다.

세 번째 논쟁: 북한연구방법론의 정치화(精緻化)와 방법론의 다원주의

북한연구방법론을 둘러싼 논쟁의 세 번째 단계는 아직 도래하지 않았다. 북한연구의 방법론적 전환을 논의할 정도로 연구성과가 축적되지 않았기 때문일 것이다. 2000년 남북정상회담 이후 북한에 대한 정책 수요가 높아지면서 연구자들이 냉전시대와는 정반대의 이유로 정책연구에 참여하게 된 것도 연구성과의 부진에 한몫했다고 할 수 있다. 그럼에도 방법론적 자성의 목소리는 높아져 가고 있다. 예를 들어 경남대학교 북한대학원이 발간한 『북한연구방법론』은 북한연구방법론의 정치화(情緻化)를 시도하고 있는 연구성과 가운데 하나다.[56] 이 단행본은 북한연구방법론을 둘러싼 첫 번째 논쟁과 두 번째 논쟁을 정리하면서 동시에 북한연구방법론의 미래를 제시하는 역할을 하고 있다. 만약 북한연구방법론을 둘러싼 세 번째 논쟁이 일어난다면 그것은 북한연구의 성과가 축적되었음을 의미하는 상징적 지표가 될 것이다. 두 논쟁을 거치면서 북한연구자들은 방법론의 다원주의를 학습했을 것이다. 하나의 방법론만을 고집하는 것이 불가능하다는 인식의 확산은 필연적 이었다. 세 번째 논쟁을 기다리면서 새로운 논쟁의 예상주제를 점검해본다.

방법론과 이론 이론의 이론인 메타이론(meta-theory)적 고려를 담고 있는 방법론은 이론의 구성을 위한 출발점이다.[57] 즉 정치한 이론의 구성을 위해서는 정치한 방법론이 필요하다. 정치한 북한연구방법론의 구성은 북한에 관한 "이론적 지식"의 축적을 가능하게 한다. 우리가 북한연구에 있어 하나의 방법론이 존재하지 않는다는 점을 인정하게 되면 다양한 접근의 결합을 통한 이론의 구성을 시도할 수 있게 된다. 북한이라는 연구대상의 존재론적 속성을 고려하면, 외부의 관찰자와 내부행위자의 다양한 시선을 활용하는 '방법론의 다원주의'는 불가피하다. 연구자가 선호하는 방법론에 기초하여 구성된 이론들의 경쟁은 북한에 대한 이론적 지식의 지평을 확장할 수 있다.

방법론에 대한 고려는 이론의 철학적 기초를 다지기 위한 것이다. 이론은 방법론적 엄밀성에 기초하여 구성될 때 설득력이 높아질 수 있다. 그런데 문제는 이론이 상이한 방법론적 체계를 가지는 사회과학의 전통에 따라 다르게 '해석'될 수 있다는 것이다.[58] 첫째, 이론은 세계를 이해하기 위한 '도구(tool)'일 수 있다. 도구로서의 이론은 두 가지로 해석될 수 있다. 하나는 경험적 법칙을 이론으로 간주하는 경우다. 다른 하나는 그 법칙을 설명하는 개념들의 집합을 이론으로 간주하는 경우다. 대부분의 실증주의자들은 이론을 도구로 인식한다. 둘째, 이론은 세계의 상태를 보기 위한 도구이면서 동시에 세계를 변화시키기 위한 '비판(critique)'의 의미를 지닐 수 있다. 마르크스적 전통을 수용하고 있는 비판적 사회과학에서 이론을 보는 시각이다.[59] 비판적 사회과학자들은 모든 이론이 특정한 목적과 특정한 세력을 위해 만들어진 것이라고 생각한다. 보편적 이론이란 존재하지 않는다는 것이다. 셋째, 이론은 "매일의 실천"으로 간주되기도 한다. 이론의 사회구성 능력에 초점을 맞추는 경우다. 이론을 매일의 실천으로 보는 시각은 페미니즘(feminism)을 지향하는 사회과학에서 두드러지게 나타나고 있다.

북한연구에서는 도구도 비판도 매일의 실천도 언급하기 어려울 정도로 이론이 저발전 상태에 있다. 북한체제의 보편성에 주목하는 사회주의 체제론이 있고, 전체주의론과 신전체주의론, 신가산제(neo-patrimonialism) 사회주의체제론, 북한의 특수성을 강조하는 이론으로는 조합주의론, 유격대국가론, 군사국가론, 수령체제론 등이 있다.[60] 보편에서 출발한 이론과 특수에서 출발한 이론의 경쟁이다. 그러나 북한체제의 성격을 규정하는 '지배적' 이론은 없는 듯이 보인다. 그리고 이 이론들에 '기초한' 경험적 연구의 축적은 많지 않다. 즉 이론의 검증과 반증의 절차가 생략되고 있다. 이론과 경험적 연구의 괴리라고 할 수 있다. 방법론의 정치화는 이 괴리를 메울 수 있는 하나의 대안일 수 있다.

방법론의 다원주의 북한연구에서 방법론의 다원주의는 불가피한 것처럼 보인다. 북한연구 또는 북한학에서 이론적 돌파구를 마련하기 위한 준비로서 방법론 몇 가지를 제시해 본다.

첫째, 비교의 방법이다.[61] 비교분석은 법칙 또는 규칙성을 생산하기 위한

사회주의 체제 전체주의와 신전체주의, 신가산제, 사회주의적 조합주의, 유격대국가, 군사국가론, 그리고 수령제

사회주의 체제: 사회주의의 현실태로서 고전적 사회주의체제는 공산당의 권력독점, 생산수단의 국가소유, 자원배분에서의 관료적 조정메커니즘을 그 특징으로 한다.

전체주의와 신전체주의: 스탈린시대의 소련을 대상으로 도출된 개념으로, 감시와 테러, 국가의식을 통한 대중동원, 지도자에 대한 개인숭배, 그리고 대중의 동의가 결합된 정치체제를 지칭한다.

신가산제: 사인화(私人化)된 비공식 지배체제와 제도화된 관료조직이 공존하는 독재체제다.

사회주의적 조합주의: 수령-당-대중이 결합된 유기체적 국가가 유교적 전통과 결합되어 있는 형태다.

유격대국가: 1961년 즈음에 완성된 고전적 사회주의 체제 위에 지도자가 최고사령관이고 인민이 유격대원이 되는 국가다.

군사국가론: 고전적 사회주의 체제의 당-국가체제가 군부의 정치개입을 제도화한 군-당-정체제로 전환된 형태다.

수령제: 고전적 사회주의 체제의 특징인 당-국가체제 위에 수령을 추대한 체제다.

분석방법이다. 비교의 방법이 "중범위 이론"의 구성에 유용한 이유도 여기에 있다. 비교의 방법을 사용하기 위해서는 비교분석의 단위와 수준을 설정해야 한다. 비교분석은 북한연구에서도 적극적으로 도입되고 있지만, 북한사회의 분해할 수 없는 미시적 단위가 무엇인지에 대한 합의된 의견은 없다. 거시적 현상의 미시적 기초를 규명하기 위한 자유주의적 방법론인 방법론적 개인주의처럼 북한사회를 구성하는 "환원불가능한 기본단위"를 규명한다면, 구조(사회적 관계)와 주체를 고려하는 좀더 진일보한 이론을 구성할 수 있을 것이다. 이를 위해서는 다양한 분석수준을 '실험'할 수 있는 '대담한 가설'을 세우고 그 가설을 경험적으로 검증하는 절차를 밟을 필요가 있다.

둘째, 역사적·구조적 방법이다. 사회적 시간의 다원성을 인정하면서 북한사회의 "총체적 성격"을 규명하는 작업을 시도해볼 수도 있다. 북한사회의 제 수준을 개별적으로 연구하는 사회과학적 접근이 아니라 제 수준의 '연관'을 규명하는 역사과학적 접근이다. 예를 들어 북한사회의 관념과 사회관계와 제도가 상호작용하면서 형성시키고 있는 "역사적 구조"를 규명할 수도 있다.[62] 브로델과 아날학파처럼 장기지속(longue durée), 주기적 시간, 사건의 시간을 구별하면서 북한사회에 대해 접근할 수도 있을 것이다.[63] 이 연구를 위해서도 북한사회의 지배적인 사회관계에 대한 연구는 필수적이다. 중국연구에서 제출된 '신전통주의(neo-traditionalism)'는 하나의 모범일 수 있다.[64]

북한주민의 일상연구도 역사적 연구방법의 한 형태일 수 있다. 북한주민의

브로델과 아날학파

페르낭 브로델(Fernand Braudel, 1902~1985)은 프랑스의 역사학자로, 뤼시앵 페브르(Lucien Febvre), 마르크 블로크(Marc Bloch) 등과 더불어 아날학파(학술지 *Annales*)라 불리는 새로운 역사학의 흐름을 만들었다. 그는 역사적 시간을, 지리와 같이 장기지속되는 시간, 사회경제사와 같이 주기를 가지는 시간, 사건사의 시간으로 삼층화했다. 이 세 시간에 대한 총체적 인식이 브로델이 생각하는 역사학의 과제였다. 시간구분은 사건사에 집중하던 실증주의적 역사학에 대한 하나의 비판이었다. 브로델과 아날학파의 사유는 이매뉴얼 월러스틴(Immanuel Wallerstein)의 세계체제론(world system theory)에 지적 영감을 주기도 했다. 그의 저작 가운데, 『지중해의 기억』, 『물질문명과 자본주의』, 『역사학 논고』 등이 한국어로 출간되어 있다.

일상생활연구는 상부구조 중심의 북한연구의 한계를 극복할 수 있는 대안으로 제시되고 있다. 아날학파의 연구가 '미시사'로 발전한 것도 주지의 사실이다. 특히 1990년대 중반 북한이 경험한 경제위기인 이른바 '고난의 행군' 이후 탈북자가 증가했지만 동시에 북한에서 작동하고 있는 아래로부터의 '동의'에 주목하게 되면서 일상생활에 대한 연구가 증가하고 있다. 그러나 그 문제의식과 연구성과에도 불구하고,[65] 방법론적 엄밀성이 확보되지는 않은 상태인 것으로 보인다. 특히 자료의 측면에서 기존의 북한 공식자료와 탈북자 면접자료를 넘어, "문헌자료, 구술자료, 양적 자료, 해외 자료 등을 새롭게 발굴, 재해석, 직접 생성, 체계화" 등이 과제로 제시되고 있다.[66]

셋째, 신내재적 접근이 있을 수 있다. 북한사회의 내재적 작동원리를 밝히고자 했던 내재적 접근을 북한사회의 '변화'의 작동원리를 밝히기 위해 재도입할 수 있다. 즉 북한사회의 내부 모순이 어떤 방식으로 해결되는가를 규명하는 것이다. 변화를 이해할 수 있는 내재적 접근의 복원이다. '권력의 이행'에 주목

공산주의적 신전통주의

1970년대에 중국연구를 시작한 앤드류 왈더(A. Walder)는 중국의 공식 간행물과 이차문헌을 토대로 중국의 작업장에 대한 연구를 시작했다. 1979~1980년 그는 홍콩으로 이주한 중국인에 대한 민족지학적 방식의 면접조사를 실시할 기회를 가졌다. 그 결과, 중국의 공식 간행물과 이차문헌에 기초한 그의 연구질문을 수정할 수밖에 없는 상황에 직면했다. 그는 최초의 관념과 달리, 노동자의 기업과 상관에 대한 다방면의 의존, 당과 경영진이 만드는 안정적인 수직적 연계 및 충성심, 강력한 개인적 연계의 네트워크 등을 발견했다. 즉 당시 서구의 공산주의 사회에 대한 이미지(전체주의적 이미지와 다원주의적 이미지)와 달리, 소수의 충성을 다하는 노동자에 대한 후견-피후견의 관계와 그 관계 때문에 발생할 수밖에 없는 사회적 균열, 그리고 분배과정에 있어 비인격적 시장거래를 대체하는 인격적 교환관계 등이 나타나고 있음을 발견한 것이다. 중국에서 나타난 이 노동관계의 보편성과 특수성을 규명하기 위해 왈더가 수행한 것이 비교였다. 혁명 이전의 중국의 공장, 다른 공산주의 국가, 동아시아국가인 일본 등과의 비교를 통해 왈더는, 중국의 이 독특성이 공산주의 사회 일반에 나타나는 일반적인 권위의 유형의 변이라고 추상하게 된다. 그는 이 연구결과를 토대로 공산주의 사회에서 나타나는 사회관계 가운데 하나인 권위관계를 "공산주의적 신전통주의"로 명명했다.

하는 '담론분석'은 신내재적 접근의 유용한 도구가 될 수 있다. 또한 탈북자 면접을 통해 미시적 수준에서의 북한의 변화를 천착하는 것도 유용한 대안이 될 수 있을 것이다.[67]

북한이 생산하는 공식적 담론의 모순을 드러내는 것은 북한의 현실을 연구하는 한 방법일 수 있다. 예를 들어 1930년대 반민생단 투쟁에 대한 역사 다시 쓰기, 조선인민군 창건 기념일의 항일무장투쟁 시기로의 소급, 고난의 행군 시기의 획정 문제, 선군정치의 시작 시점 등은 사실 북한문헌 내부에서도 일관성이 없다. 북한이 현재를 정당화하기 위해 과거를 동원하고 미래의 기억을 만드는 방식에 대한 천착을 위해 내재적 접근이 동원될 수 있을 것이다. 탈북자의 출현과 북한의 인터넷 활동으로 북한의 담론을 검증할 수 있는 자료가 증가하고 있는 것도 새로운 내재적 접근을 가능하게 하는 원천이다.[68] 북한이 지금까지 발간한 다양한 판본(1964년, 1979년, 1991년, 2004년)의 조선로동당사를 비교분석한 연구는, 북한의 역사 다시 쓰기를 통해 북한의 내재적 논리를 분석하는 한 사례일 수 있다.[69]

넷째, 텍스트(text)로서 북한사회를 연구할 수 있다. 북한과 같은 폐쇄사회의 경우 언어나 기호, 상징 등을 통해 실재에 접근하는 것도 좋은 우회의 방법이 될 수 있다. 『로동신문』을 비롯한 공식적 간행물에 대한 접근은 상대적으로 용이하다는 현실도 고려될 수 있을 것이다. 담론분석을 확장하여 북한을 하나의 텍스트로 간주하고 해석을 통해 '의미'를 부여할 경우 그 텍스트가 생산되는 컨텍스트(context), 즉 역사적 구조를 고려해야 한다.[70] 텍스트로서 북한사회를 바라보는 작업은 역사적 접근과 결합될 때 유용한 방법론적 대안이 될 수 있을 것이다. 예를 들어 권력의 미학, 즉 상호작용하는 상징의 체계로서 권력이라는 '극장국가'의 개념에 기초하여 북한에서 카리스마 권력의 관례화 및 권력의 세습을 설명한 연구성과는 그 사례라고 할 수 있다.[71]

다섯째, 참여관찰 또는 현상학적 접근이 가능할 수 있다.[72] 현재 북한 현지에 대한 참여관찰은 불가능한 상태이지만, 탈북자를 대상으로 하는 간접적 참여관찰은 가능한 상황이다. 또한 금강산과 개성이 개방되면서 국지적 영역이지만 참여관찰의 기회가 열리고 있다. 또한 북한에 주재하고 있는 국제기구 및 민간단체의 활동가를 대상으로 간접적인 참여관찰을 시도해볼 수 있을 것이다. 더불어 탈북자가 북한주민을 '대표'하는 집단은 아니지만 탈북자 면접을 통해 획득할 수 있는 자료를 다른 자료와 교차검증을 하면서 북한에 대한 지식을 축적할 수 있을 것이다.

북한연구방법론

북한연구에서는 지식사회학의 언명처럼, 사유와 지식의 존재 제약성이 현저하다. 친북 대 반북 또는 종북이라는 프레임 속에서 북한연구의 성과가 해석되곤 한다. 방법론의 선택에서도, 내재적 접근을 둘러싼 논란에서 볼 수 있는 것처럼 친북 대 반북의 정치적 대립구도가 연구 속에 침투하곤 한다. 노무현 정부 때인 2003년 한국을 방문했던 내재적 접근의 주창자 송두율 교수가 국가보안법 위반으로 구속된 사건은, 연구와 정치가 분리될 수 없는 북한연구의 현실을 보여준 것이기도 했다. 박근혜 정부에서 의제화된 북방한계선(Northern Limit Line, NLL)을 둘러싼 논란도, NLL에 대한 객관적 연구를 어렵게 한 한 정치적 사건이다. 남북관계와 한국의 국내정치에 따라 북한연구의 주제와 경향도 변할 수밖에 없고, 연구의 결과도 정치적 성향에 따라 전제되곤 한다.

북한을 어떻게 볼 것인가, 북한이란 우리에게 무엇인가는 정치적 논쟁의 주제다. 친북과 반북의 대립구도는 정치적 필요 때문에 증폭되고 있다. 예를 들어 북한은 같은 민족이지만 적일 수도 있고, 친구일 수도 있다. 국제법적으로 한반도에 두 국가가 존재한다고 할 때, 북한은 우리에게 이웃국가일 수도 있다. 이웃국가도 적일 수도 있고, 친구일 수도 있다. 북한이란 우리에게 무엇인가라는 질문은, 남북한의 국내정치 및 남북관계 그리고 한반도를 포함한 동북아시아의 국제정치에 따라 달라질 수 있다. 그 변수들 가운데서 무엇보다도 한국의 국내정치가 주요한 역할을 하고 있는 것으로 보인다. 정치권력의 변화에 따라 북한연구자들은 자신들의 정치적 정체성을 확인하기 위한 '자기검열'의 과정을 거칠 수밖에 없을 것이다. 정치가 투사된 북한연구는 '주어진 것'처럼 보이기까지 한다.

지식사회학이 주장하는 것처럼, 지식의 형성을 가능하게 하는 이론 외적 조건이 이분법적 구도일 때, 동일한 대상에 대해 서로 다른 가치와 의미를 부여하는 경쟁담론들의 소통과 통합을 가능하게 할 수 있는 상호 이해의 기반을 마련하는 것은, 힘의 대결로 귀결될 수 있다. 정치적 투표에 의해 북한연구에서 북한을 어떻게 볼 것인가가 결정될 수도 있다는 것이다. 다른 한편, 북한연구가 북한을 둘러싼 정치적 균열을 공고화할 수도 있다. 연구자가 가지고 있는 특정한 정치적 정체성이 북한연구에 반영될 수 있다. 북한 관련 연구자 단체나 교육기관이 북한연구의 정치화(政治化)를 제어할 수 있는 공론장으로 기능할 수 있다. 그러나 하나의 견해를 만드는 것은 불가능할 것이다. 북한이라는 연구대상에 대해 서로 다른 정치적 견해를 가지는 연구자들이 최소의 공통분모를 만드는 일을 생각해볼 수도 있다.

북한연구가 한국정치처럼 이념적 대립을 재생산하지 않기 위해서는 방법론에 대한 성찰이 필요할 것이다. 연구대상으로서의 북한과 정치적 비판의 대상으로서 북한이 분리 불가능하면, 즉 연구대상의 정치화가 불가피하다면, 그것을 하나의 방법론으로 접근하는 것보다는, 연구방법론의 다원화 내지는 다원주의를 추구하는 것이 한 대안일 수 있다. 사유와 지식의 존재 구속성 및 상대주의의 지속을 인정하는 것이기는 하지만, 하나의 체계로의 통합보다는 서로의 방법론에 대한 성찰을 통해 서로를 이해할 수 있는 기반을 마련하는 것이, 연구의 정치화와 정치의 연구화를 제어할 수 있는 동력이 될 수 있다. 북한연구방법론을 둘러싼 세 번째 논쟁이 잠재적이라는 사실은, 서로를 이해할 수 있는 연구성과가 축적되어 있지 않음을 보여주는 지표이기도 하다.

만약 세 번째 논쟁이 이루어진다면, 구체적 연구성과에 기초한 이론'들'의 메타이론적 토대를 둘러싼 논쟁이어야 한다. 무엇보다도 이론에 기반한 북한연구가 산출될 때, 북한연구방법론을 둘러싼 세 번째 논쟁이 가능할 것으로 보인다. 세 번째 논쟁은 양자택일의 형태로 진행되지는 않을 것이다. 사회현상은 구름과 시계 어느 한편으로 환원되지 않기 때문이다. 북한연구도 사회과학의 이 존재론적 속성을 공유한다고 할 때, 방법론의 다원주의는 불가피하다. 마지막으로 강조하고 싶은 것은 방법론에 대한 자의식 또는 방법론의 탈정치화(脫政治化)가 좋은 연구결과를 얻기 위한 필요조건이라는 점이다. 특정 방법론 및 방법의 선택이 반드시 좋은 연구결과를 낳는 것은 아니지만, 좋은 연구결과는 의식이었든 무의식적이었든 정교한 방법론에 기초하고 있나.

| 북한연구방법론에 대해 더 읽을거리 |

『북한연구방법론』, 경남대 북한대학원 엮음, 한울, 2009년.
북한연구방법론만을 주제로 한 단행본이다. 방법론 논쟁에 관한 성찰, 북한자료읽기의 방법, 북한경제 연구방법론, 비교사회주의 방법론, 탈북자 면접방법 등을 담고 있다.

『북한 도시의 위기와 변화』, 최완규 외 지음, 한울, 2006년; 『북한의 일상생활세계』, 박순성·홍민 엮음, 한울, 2010년.
북한연구에서 거시적 현상의 미시적 기초를 탐구한 연구성과다. 방법론의 전환도 주목의 대상이다. 탈북자 면접을 기초로 북한의 지방도시와 주민의 일상생활을 재구성하고 있다.

『현대과학의 풍경 1, 2』, 피터 보울러·이완 리스 모러스 지음, 김봉국 외 옮김, 궁리, 2008년.
자연과학의 출현과정을 과학의 정치란 시각에서 읽을 수 있다. 북한연구의 진화과정도 같은 맥락에서 생각해 보게 한다. 고전인 토마스 쿤의 『과학혁명의 구조』와 함께 읽어볼 만하다.

『이데올로기와 유토피아』, 카를 만하임 지음, 임석진 옮김, 김영사, 2012년.
사유와 지식의 존재 제약성을 탐구하는 지식사회학의 고전이다. 이데올로기적 난투를 넘어설 수 있는 소통과 통합의 기반을 모색한다. 북한과 북한연구가 지식사회학을 생각하게 한다.

『정치학 연구방법론』, 요나톤 모세스·투르본 크누트센 지음, 신욱희 외 옮김, 을유문화사, 2011년.
자연주의와 구성주의라는 책의 부제에서 볼 수 있듯이, 방법론적 다원주의를 주창하면서 주류와 비주류의 다양한 방법론을 소개하고 있다. 북한연구에 방법론적 상상력을 제공할 수 있다.

북한 자료

북한이 생산한 자료를 직접 볼 수 있는 국내기관으로는 통일부 북한자료센터, 북한대학원대학교 도서관, 국사편찬위원회 자료실, 국회도서관, 통일연구원 자료실 등이 있다.

주석

1장

1 I. 페처 지음, 황태연 옮김, 『마르크스에서 소비에트 이데올로기로』(서울: 중원문화, 1985), 28-83쪽.

2 스탈린은 레닌주의에 대해 "제국주의와 프롤레타리아 혁명 시대의 마르크스주의"라고 정의했다. 요제프 스탈린 지음, 윤시인 옮김, 『레닌주의의 기초·레닌주의의 제문제』(서울: 두레, 1990), Ⅱ-14쪽.

3 I. 페처, 앞의 책, 89-106쪽.

4 V. I. 레닌, 『프롤레타리아 국제주의에 대하여』(서울: 앎과함, 1989), 95-101, 119-126쪽.

5 J. Staline, "Rapport présenté au XVIIIe congrès du Parti sur l'activité du comité central du Parti communiste (bolchévik) de l'U.R.S.S. (10 mars 1939)," *Les questions du léninisme* (Moscou: E.L.E., 1947), pp. 627-628.

6 김일성, "사상사업에서 교조주의와 형식주의를 퇴치하고 주체를 확립할데 대하여 (당선전선동일군들앞에서 한 연설, 1955년 12월 28일)," 『우리 혁명에서의 주체에 대하여』(평양: 조선로동당출판사, 1970), 30쪽.

7 김일성, "조선민주주의인민공화국에서의 사회주의건설과 남조선혁명에 대하여 (발취)," 『우리 혁명에서의 주체에 대하여』, 343-345쪽.

8 조선로동당 중앙위원회 당력사연구소, 『조선로동당력사』(평양: 조선로동당출판사, 2006), 348-349쪽.

9 황장엽, 『나는 역사의 진리를 보았다』(서울: 한울, 1999), 375쪽.

10 김일성, "우리 당의 주체사상과 공화국 정부의 대내외정책의 몇가지 문제에 대하여," 『김일성저작선집 6』(평양: 조선로동당출판사, 1974), 268-269쪽.

11 김정일, "온 사회를 김일성주의화하기 위한 당사상사업의 당면한 몇 가지 과업에 대하여," 『주체혁명위업의 완성을 위하여 3(1974-1977)』(평양: 조선로동당출판사, 1987), 3-9쪽.

12 조선로동당 중앙위원회 당력사연구소, 『조선로동당력사』(평양: 조선로동당출판사, 1991), 539쪽.

13 김정일, "주체사상에 대하여(위대한 수령 김일성동지 탄생 70돐기념 전국주체사상토론회에 보낸 론문, 1982년 3월 31일)," 『주체혁명위업의 완성을 위하여 4』(평양: 조선로동당출판사, 1987), 370-371쪽.

14 김정일, 위의 글, 377-378쪽.

15 리성준, 『주체사상의 철학적원리』(평양: 사회과학출판사, 1985), 5쪽.

16 박일범, 『주체사상의 사회력사원리』(평양: 사회과학출판사, 1985), 221쪽.

17 리성준, 앞의 책; 박일범, 앞의 책; 김창원, 『주체사상의 지도적 원칙』(평양: 사회과학출판사, 1985 참조.

18 김창하, 『반제반봉건민주주의혁명과 사회주의혁명 리론』(평양: 사회과학출판사, 1985); 김양선·최철웅, 『사회주의, 공산주의 건설리론』(평양: 사회과학출판사, 1985); 강운빈, 『인간개조리론』(평양: 사회과학출판사, 1985); 박영근, 『사회주의경제건설리론』(평양: 사회과학출판사, 1985); 박승덕, 『사회주의 문화건설리론』(평양: 사회과학출판사, 1985); 김민·한봉서, 『령도체계』(평양: 사회과학출판사, 1985); 손영규, 『령도예술』(평양: 사회과학출판사, 1985 참조.

19 이종석, 『새로 쓴 현대북한의 이해』(서울: 역사비평사, 2000), 128-139쪽.

20 고상진, "위대한 령도자 김정일동지의 선군정치의 근본특징," 『철학연구』, 1999년 1호 (평양: 과학백과사전종합출판사, 1999), 17-18쪽.

21 고상진, 위의 글, 17-18쪽.

22 고상진, 위의 글, 17-18쪽.

23 김철우, 『김정일장군의 선군정치』(평양: 평양출판사, 2000), 2-3, 50쪽.

24 북한 사전에 의하면 '주력군'은 "어떤 투쟁이나 혁명에 참가하는 력량 가운데서 주되는 력량"을 의미한다. 『조선말대사전 (2)』(평양: 사회과학출판사, 1992), 281쪽.

25 박일범, 앞의 책, 216쪽.

26 조성박, 『세계를 매혹시키는 김정일정치』(평양: 평양출판사, 1999), 94-95, 98-99쪽.

27 『로동신문』, 1998년 8월 22일.

28 『로동신문』, 1998년 8월 22일.

29 김재호, 『김정일강성대국 건설전략』(평양: 평양출판사, 2000), 158-159쪽.

30 『로동신문』, 1998년 9월 9일.

31 북한 역사사전은 김일성이 중국 왕청현 소왕청에 해방지구 형태의 완전유격근거지를 창설하여 1932년부터 1935년까지 항일무장투쟁으로 전반적 조선혁명을 영도했다고 선전하고 있다. 그리고 소왕청유격근거지가 "적들이 침공하기에는 곤란하고 근거지 보위에는 유리한 지대였다"고 설명하고 있다. 조선민주주의인민공화국 사회과학원 력사연구소, 『력사사전 I: ㄱ-ㅂ』(평양: 사회과학출판사, 1971), 128쪽.

32 『로동신문』, 1999년 1월 1일.

33 철학연구소, 『사회주의강성대국 건설사상』(평양: 사회과학출판사, 2000), 21-60쪽.

34 김재호, 앞의 책 참조.

35 서재진, "김정일시대 통치이념의 변화: 주체사상에서 강성대국론으로", 『북한체제의 현주소』(서울: 통일연구원, 2002), 15쪽.

36 김정은, "위대한 김정일동지를 우리 당의 영원한 총비서로 높이 모시고 주체혁명위업을 빛나게 완성해나가자"(조선로동당 중앙위원회 책임일군들과 한 담화, 주체101[2012]년 4월 6일," 『로

동신문』, 2012년 4월 19일, 1-2면.)

37 김영남, "위대한 김정일동지의 유훈을 받들어 경애하는 김정은동지를 우리 당의 최고수위에 높이 추대할데 대하여," 『로동신문』, 2012년 4월 12일.

38 김정은, "사회주의강성국가건설의 요구에 맞게 국토관리사업에서 혁명적 전환을 가져올 데 대하여"(당, 국가경제기관, 근로단체 책임일군들과 한 담화〈주체101[2012]년 4월 27일〉), 『로동신문』, 2012년 5월 9일.

39 "[사설] 일군들은 인민에 대한 헌신적 복무정신을 깊이 간직하자," 『로동신문』, 2012년 5월 12일, 1면.

40 김준혁, "절세위인의 한생의 리념," 『로동신문』, 2012년 5월 12일, 2면.

41 "숭고한 뜻 심장에 새기자," 『로동신문』, 2012년 5월 13일, 3면.

42 박연, "위대한 김 정 일동지는 애국으로 한생을 빛내이신 절세의 위인," 『로동신문』, 2012년 5월 14일, 2면.

43 장용훈, "'김정일 애국주의' 김정은시대 통치이념 되나," 『연합뉴스』, 2012년 9월 5일.

44 "[사설] 김 정 일애국주의교양을 강화하자," 『로동신문』, 2012년 5월 21일, 1면.

2장

1 Dae-Sook Suh, Kim *Il Sung: The North Korean Leader* (New York: Columbia University Press, 1988).

2 Robert A. Scalapino and Chong-Sik Lee, *Communism in Korea* (Berkeley and Los Angels: University of California Press, 1972).

3 오일환, "김정일시대의 북한체제 현황," 『현대북한체제론』(서울: 을유문화사, 2000); 이정수, "북한정치체제에 관한 연구: 전체주의적 성격을 중심으로,"(서울대학교 박사학위논문, 1991); Gavan McCormack, "Kim Country: Hard Times in North Korea," *New Left Review*, No. 198(March-April, 1993); Aidan Foster-Carter, "Making Sense of North Korea: The Usefulness of Habermas," Paper Presented at the 1st International Conference hosted by the Research Institute for National Unification, October 28-29, 1991, Seoul, Korea.

4 최완규, "북한 국가 성격의 이론과 쟁점: 비교 사회주의적 관점," 『현대북한연구』, 4권 1호(2001).

5 이상우, "김일성 체제의 특질," 『북한 40년』(서울: 을유문화사, 1988); 이종석, "조선로동당의 지도사상과 구조 변화에 관한 연구: 주체사상과 유일지도체계를 중심으로"(성균관대학교 박사학위논문, 1993); 스즈키 마사유키 지음, 유영구 옮김, 『김정일과 수령제 사회주의』(서울: 중앙일보사, 1994); 와다 하루끼 지음, 고세현 옮김, 『역사로서의 사회주의』(서울: 창작과비평사, 1994).

6 Wada Haruki, "The Structure and Political Culture of the Kim Jong Il Regime: Its Novelty and Difficul-

ties," 경남대학교와 아메리칸대학교 공동주최 발표논문(1998년 5월 28-29일); 서동만, "북한 정치체제 변화에 관한 시론," 한국정치연구회, 『정치비평』(서울: 푸른 숲, 1998년 가을·겨울); 서대숙, 『현대 북한의 지도자: 김일성과 김정일』(서울: 을유문화사, 2000).

7 이종석, "김정일시대의 조선로동당: 위상·조직·기능," 이종석, 백학순, 『김정일시대의 당과 국가기구』(성남: 세종연구소, 2000); 정영태, "북한 「강성대국론」의 군사적 의미: 김정일의 군사정책을 중심으로," 『통일연구논총』 제7권 2호(서울: 민족통일연구원, 1998); 정성장, "김정일의 '선군정치': 논리와 정책적 함의," 『현대북한연구』 제4집 2호(서울: 경남대 북한대학원, 2001).

8 유광진, "북한의 개방정책결정에 있어서 당·정·군의 역할," 『국방학술논총』 제8집(서울: 한국국방연구원, 1993); 장달중, "김정일 체제와 주체비전: 이데올로기, 당, 그리고 군중을 중심으로," 『아세아연구』(서울: 고려대학교 아세아문제연구소, 1999).

9 박형중, "북한정치 연구의 쟁점과 과제," 『현대 북한연구와 남북관계』, 북한연구학회 2004 추계 학술회의 자료집(2004.9.17).

10 이대근, "조선인민군의 정치적 역할과 한계," 『현대북한연구』 제4권 2호(2001); 정성장, "김정일시대 북한의 선군정치와 당군관계," 『국가전략』 제7권 3호(2001); 서재진, 『식량난에서 IT산업으로: 변화하는 북한』(서울: 미래인력연구원, 2001); 최진욱, "북한 선군정치의 정치적 함의," 『현대북한연구』 제4권 2호(2001); 김갑식, "1990년대 북한 당국가체제의 변용에 관한 연구," 『평화논총』 제5권 1호(2001); 김근식, "김정일시대 북한의 당정군 관계 변화: 수령제 변화의 함의를 중심으로," 『한국정치학회보』 제6집 2호(2002); 최완규, "북한 국가 성격의 이론과 쟁점: 비교사회주의적 관점," 『현대북한연구』 제4권 1호(2001); 박형중, 『북한의 개혁개방과 체제변화』(서울: 해남, 2004).

11 Franz Schurmann, *Ideology and Organization in Communist China* (2nd enl. ed.: Berkeley and Los Angeles: University of California Press, 1968).

12 장달중, "김정일 체제와 주체비전: 이데올로기, 당 그리고 군중을 중심으로," 장달중·이즈미 하지메 공편, 『김정일 체제의 북한: 정치·외교·경제·사상』(서울: 아연출판부, 2004), 43쪽.

13 홍민식, "당과 정부기구," 조정남 외, 『사회주의체제비교론』(서울: 형설출판사, 1988), 117쪽.

14 Franz Schurmann, *Ideology and Organization in Communist China* (Berkeley: University of California Press, 1968), pp. 105-118.

15 Darrell D. Hammer, *USSR: The Politics of Oligarchy* (Hinsdale, Ill.: The Dryden Press, 1974), pp. 257, 277.

16 韓曉武 지음, 김형곤 옮김, 『中國國家機構解說』(서울: 희성출판사, 1988), 24-25쪽.

17 김정일, "주체사상 교양에서 제기되는 몇 가지 문제에 대하여,"(1986.7.15) 『김정일 선집 8』(평양: 조선로동당출판사, 1996); 김정일, "주체의 혁명관을 튼튼히 세울 데 대하여,"(1987.10.10), 『김정일 선집 9』(평양: 조선로동당출판사, 1997).

18 스즈끼 마사유끼, "북한의 '사회정치적 생명체'론," 박한식 편, 『북한의 실상과 전망』(서울: 동화연구소, 1991), 222쪽.

19 북한 정치체제에서 당과 당조직을 구분하기는 쉽지 않다. 일반적으로 수령제와 연관하에서 북

한의 정치체제를 분석할 경우 당은 당조직을 의미한다.

20 김정일, "우리는 지금 식량 때문에 무정부상태가 되고 있다,"(김정일이 1996년 12월 7일 측근 당비서들에게 행했다는 비밀연설) 『월간조선』, 4월호(1997), 308, 316쪽.

21 김재호, 『김정일 강성대국 건설전략』(평양: 평양출판사, 2000), 26쪽.

22 안찬일 외, 『10년 후의 북한』(서울: 인간사랑, 2006), 145-146쪽.

23 고재홍, 『북한군 최고사령관 위상 연구』(서울: 통일연구원, 2006), 67-71쪽.

24 김정은의 출생연도는 1982년, 1983년, 1984년 등 확실하지 않다.

25 리광선, "세대에 대한 주체적 리해," 『철학연구』, 2001년 3호, 32쪽.

26 김현일, "선군시대의 새 세대," 『청년문학』 (2004.2), 31-32쪽; 전성호, "혁명의 3세, 4세," 『로동신문』, 2006년 2월 28일.

27 리련희, "인구재생산과 그에 작용하는 사회경제적 요인들," 『경제연구』, 2003년 2호, 45쪽.

3장

1 Herbert Simon, "Human Nature in Politics: The Dialogue of Psychology with Political Science," *American Political Science Review* 79, 2 (June 1985).

2 김일성, "조선로동당 제6차대회에서 한 중앙위원회 사업총화보고," 『김일성저작집』 제35권(평양: 조선로동당 출판사, 1987).

3 구영록, "대외정치의 핵심개념으로서의 국가이익," 『한국과 국제정치』 제10권 1호(1994).

4 김일성, "조국통일위업을 실현하기 위하여 혁명력량을 백방으로 강화하자," 『김일성저작집』 제18권(평양: 조선로동당출판사, 1982).

5 이종석, 『현대북한의 이해』(역사비평사, 2000), 378-392쪽.

6 정성장 외, 『북한의 국가전략』(한울, 2003), 223-225쪽.

7 최명해, 『중국·북한 동맹관계: 불편한 동거의 역사』(오름, 2009), 60-65, 72쪽.

8 김일성, "사상사업에서 교조주의와 형식주의를 퇴치하고 주체를 확립할 데 대하여," 『김일성저작집』 제9권(평양: 조선로동당출판사, 1980).

9 Stephen Walt, *The Origins of Alliances* (Cornell U.P., 1987).

10 장노순, "약소국의 갈등적 편승정책: 북한의 통미봉남 정책," 『한국정치학회보』 제33집 1호(1999).

11 이종석, 『현대북한의 이해』, 371쪽.

12 사회과학출판사, 『정치용어사전』(평양: 사회과학출판사, 1970), 630쪽.

13 김계동, 『북한의 외교정책과 대외관계』(명인문화사, 2012), 64-65, 77-79쪽.

14 황장엽, 『나는 역사의 진리를 보았다』(한울, 1999), 209-228, 251-252쪽.

15 정성장, 『현대 북한의 정치: 역사·이념·권력체계』(한울, 2011), 291-292쪽.

16 현성일, 『북한의 국가전략과 파워엘리트』(선인, 2007), 280-285쪽.

17 허문영, 『북한외교정책 결정구조와 과정: 김일성시대와 김정일시대의 비교』(민족통일연구원, 1998).

18 장달중 외, 『북미대립: 탈냉전 속의 냉전대립』(서울대학교 출판부, 2011), 31-32쪽.

19 장달중 외, 『남북대립』(서울대학교 출판부, 2013), 제5장.

20 임수호, "북핵 위기 20년과 3차 핵실험: 합의와 퇴행," 『르몽드 디플로마티크』(2013년 3월호), 29쪽.

21 임수호, 위의 글, 29쪽.

22 임수호, "실존적 억지와 협상을 통한 확산: 북한의 핵정책과 위기조성외교(1989~2006)," 서울대 정치학 박사학위논문(2007), 242-243쪽.

23 통일연구원, 『2009 북한개요』(통일연구원, 2009), 139-141쪽.

24 홍익표 외, 『북한의 대외경제 10년 평가(2001~10년)』(대외경제정책연구원, 2011), 228쪽.

25 임수호, "북핵 위기 20년과 3차 핵실험: 합의와 퇴행," 29-30쪽.

26 Hillary Clinton, "America's Pacific Century," Foreign Policy, 189 (2011); Mark Manyin et.al."Pivot to the Pacific? The Obama Administration's Rebalancing Toward Asia," *CRS Report for Congress* (March 28, 2012).

27 임수호, "북핵 위기 20년과 3차 핵실험: 합의와 퇴행," 30쪽.

28 International Crisis Group, "Shades of Red: China's Debate over North Korea," *Asia Report* No. 179 (November 2, 2009).

29 임수호·최명해, "북·중 경제밀착의 배경과 시사점," *SERI Issue Paper* (2010.10.1), 13-21쪽.

30 장달중, "중앙시평: 남방정책 대 북방정책," 『중앙일보』(2011.1.13).

31 임수호, "김정일 사후 북한의 정치와 외교," 『수은북한 경제』(2011년 겨울호), 29-34쪽.

32 북한 외무성 대변인 담화(2003.12.9).

33 Gun Li, "Requisites for Resolving the Nuclear Issue," *Paper submitted to the Center for National Policy in Korean and then in translation* (December 16, 2003).

34 북한 외무성 대변인 담화(2005.3.31); 북한 외무성 대변인 담화(2005.7.22); 북한 외무성 대변인 담화(2009.1.13).

35 "조선 외무성 대변인 조미회담 문제에 대해 언급," 〈조선중앙통신〉(2012.2.29).

36 북한 외무성 대변인 답변(2009.1.17).

37 한성렬 유엔주재 북한 차석대사 인터뷰, 『연합뉴스』(2005.4.1).

38 "조선민주주의인민공화국 정부 성명: 조선반도에서 비핵지대, 평화지대를 창설할 데 대한 제안(1986.6.23)," 『로동신문』(1986.6.24); "조선민주주의인민공화국 중앙인민위원회, 최고인민회의 상설회의, 정무원 련합회의에 관한 보도: 조선반도의 평화를 위한 군축제안(1990.5.31)," 『로동신문』(1990.5.31).

39 북한 외무성 성명(2008.8.26).

40 임동원, 『피스메이커: 남북관계와 북핵문제 20년』(중앙 Books, 2008), 205-206쪽.

41 현재 〈한반도 비핵화공동선언〉과 〈중남미 비핵지대조약〉은 '출입, 통과'에 대한 규정이 없어 허용하는 것으로 해석되고 있는 반면, 〈남태평양 비핵지대조약〉, 〈아프리카 비핵지대조약〉, 〈동남아시아 비핵지대조약〉에서는 '출입, 통과' 허용 여부를 비핵지대 소속국가의 의사에 맡긴다고 규정하고 있다.

42 임수호, "실존적 억지와 협상을 통한 확산," 134쪽.

43 임수호, "한반도 평화체제 논의의 역사적 경험과 쟁점," 『한국정치연구』 제18집 2호(2009), 53-71쪽.

44 김일성, "조선민주주의인민공화국의 당면한 정치, 경제 정책들과 몇 가지 국제문제에 대하여," 『김일성저작집』 제27권(평양: 조선로동당 출판사, 1984).

45 미군철수 제안의 대상이 한국정부에서 미국정부로 변화된 것은 1973년 6월 23일 김일성이 내놓은 "새로운 평화통일 방침," 이른바 〈조국통일 5대강령〉에서부터였다. 김일성, "민족의 분렬을 방지하고 조국을 통일하자," 『김일성저작집』 제28권(평양: 조선로동당 출판사, 1984).

46 김일성, "사회주의의 완전한 승리를 위하여," 『김일성저작집』 제40권(평양: 조선로동당 출판사, 1994).

47 조성렬, 『한반도 평화체제』(푸른나무, 2007), 364-369쪽.

48 조성렬, 위의 책, 363쪽.

49 Barbara Slavin, "North Korea suggests peace treaty to settle nuclear dispute," *USA Today* (May 13, 2004).

4장

1 통일연구원, 2010, 『2010년 북한 경제 종합평가 및 2011년 전망』; KDI, 『KDI 북한 경제리뷰』, 11/12월호(2010), 65쪽.

2 서석홍, 1996, "개혁·개방 시대 중국의 공업화," 담사 김종현 교수 정년기념논문집 간행위원회 편, 『공업화의 제유형 I』, 392-393쪽.

3 Han S. Park, 1996, *North Korea; Ideology, Politics, Economy* (New Jersey: Prentice-Hall, Inc), p.136

4 J. Kornai, 1992, *Socialist System*, Princeton Univ. Press. pp.276-277.

5 Paul Hare, 1989, "The economics of shortage in the centrally planned economies," Christopher Davis, and Wojciech Charemza, 1989, *Models of Disequilibrium and Shortage in Centrally Planned Economies* (London: Champman and Hall), p.55.

6 J. Kornai, op.cit., pp.306-309 참조.

7 북한이 '고난의 행군정신'을 새로운 지도이념으로 강조한 것은 1996년 3월 24일 평양에서 진행된 〈전국 농근맹 해설강사 회의〉에서이다.

8 최수영(2004.12), 『'7·1 경제관리개선조치' 이후 북한 경제 변화전망』, 통일연구원, 31쪽.

9 사회주의 체제를 삼위일체론으로 설명하는 글은 다름 글을 참조. 린이푸, 2001, 『중국의 개혁과 발전전략』, 백산서당, 43-88쪽.

10 북한이 국방공업 우선 노선을 강조한 것은 7.1 조치 직후인 2002년 9월로 알려지고 있다. "김정일장군님께서는 지난해 9월 국방공업을 우선적으로 발전시키면서 경공업과 농업을 동시에 발전시킬데 대한《선군시대 경제건설의 방향》을 제시하시였다고 한다." 2003년 4월 11일 조선신보, '국방공업 선행, 대를 이어 계승된 원칙 – 조미대결에 대비한 국가경제전략' 기사 참조.

11 국방공업 우위론을 금속공업 강화 노선일 따름이라는 배종렬의 해석(수은북한 경제 2009년 여름호)과 경제 – 국방 병진노선의 부활이라는 임수호(수은북한 경제 2009 여름호)의 해석이 있다. 이에 반해 필자(현대북한연구 2006, 9권 1호)는 구획을 전제로 한 일반경제의 개혁촉진노선으로 이해하고 있다.

12 사회주의 회계 과정에서 국영기업이익금과 거래수입금이라는 이중적 구조를 지니게 되는 과정은 매우 긴 설명을 요한다. 그러나 그 필요는 세금을 대체하기 위한 것이라기보다는 국영 기업의 이윤 배분 과정에서 기업간 인프라 격차와 지역 간 차이 등에 따른 불균등 인센티브를 최소화하고 동시에 최소 국가 예산을 확보하기 위한 제도적 장치를 마련하기 위한 데서 시작되었다고 보는 것이 정설이다. 물론 결과적인 기능을 따지고 본다면 그것이 세금의 대체물이라는 지적은 피하기 어렵다.

13 『조선신보』, 2010년 3월 3일.

14 『조선신보』, 2012년 11월 8일.

15 『조선신보』, 2012년 11월 9일.

16 강철수, 2012, "우리 당의 인민생활전략을 실현하기 위한 재정적방도," 『김일성종합대학학보(철학, 경제)』, 2012년 1호, 평양: 김일성종합대학출판사.

17 『조선신보』, 2012년 11월 9일.

5장

* 이 글은 함택영, "군사주의의 공과: 군비경쟁의 악순환," 박재규 편, 『북한의 딜레마와 미래』 (서울: 법문사, 2011)의 내용을 전면적으로 수정한 것이다. 인민군 조직 등 북한군사 관련 최근 자료에 대한 많은 도움을 준 김동엽 박사에게 감사드린다.

1 2010년 당 규약 개정 시 당대회의 5년 주기 개최 항목을 삭제하였다. 2012년 이후 김정은 시대에 들어와서야 비로소 중앙위원회의 기능이 정상화되고 있다.

2 "우리는 지금 식량 때문에 무정부 상태가 되고 있다(1996년 12월 김일성 종합대학 창립 50돌 기념 김정일의 연설문)," 『월간조선』, 1997년 4월호, 309-310쪽.

3 "선군정치방식은 바로 군사선행의 원칙에서 혁명과 건설에서 나서는 모든 문제를 해결하고 군대를 혁명의 기둥으로 내세워 사회주의위업 전반을 밀고나가는 령도방식이다"라고 언급하였

다. "우리 당의 선군정치는 필승불패이다," 『로동신문』, 1999년 6월 16일.

4 최고인민회의 제12기 제1차 회의(2009. 4. 9)에서 개정된 헌법에는 국방위원회 위원장을 국방위원회와 별도 절로 분리하여 국방위원장의 권한과 위상을 강화하였다.

5 예컨대 이대근, 『북한 군부는 왜 쿠데타를 하지 않나』(서울: 한울, 2003) 참조.

6 1970년과 1980년 당규약에는 '당중앙위원회 군사위원회'였으나 2010년 당규약 개정시 '당중앙군사위원회'로 정식 변경되었다. 그러나 『조선중앙년감』을 보면 1990년까지는 '당중앙위원회 군사위원회'로 쓰다가 1991년도부터는 '당중앙군사위원회'로 표기하고 있어 이미 1990년대 초부터 '당중앙군사위원회'로 변경 사용된 것으로 보인다.

7 과거 당규약에는 조선인민군을 "조선로동당의 혁명적 무장력"으로 단순화하여 당의 군대임을 명확히 하였으나 변경된 당규약에서는 수령의 군대임을 좀더 강조하고 있다.

8 당중앙군사위나 군사부의 기능 및 권한에 대하여는 알려진 바가 매우 적다. 군사부가 중앙군사위의 집행 부서로서 군사정책을 지도감독한다는 설과 주로 군의 후방업무를 담당한다는 설로 나뉜다.

9 "당사업을 더욱 강화하며 사회주의건설을 힘있게 다그치자: 당 중앙위원회, 정무원 책임일군들 앞에서 한 연설(1991년 1월 5일)," 『김정일 선집 14권』, 증보판(평양: 조선로동당출판사, 2012), 238쪽.

10 이튿날 김일성은 "내가 이제는 팔십고령이므로 최고사령관으로서 밤을 지새우며 전군을 지휘하고 통솔하기 곤난합니다. 이제부터 나는 당중앙위원회 군사위원회 위원장으로서 고문의 역할을 할것입니다. 나는 전체 인민군장병들이 김정일최고사령관의 명령을 나의 명령과 같이 여기고 그의 명령에 절대복종하며 최고사령관의 령도를 충성으로 높이 받들어나갈것을 기대합니다"라고 선언했다. 김일성, "인민군대 중대정치지도원들의 임무에 대하여: 조선인민군 중대정치지도원대회에서 한 연설(1991년 12월 25일)," 『김일성 저작집 43권』(평양: 조선로동당출판사, 1996), 261쪽.

11 오진우는 총정치국장도 역임한 유일한 인물이었다. 역대 총참모장 가운데 민보상/무력부장에 임명되지 못한 사람은 강건(1950년 전사), 남일(민간인으로 사실상 총참모장직 대리), 리권무(종파분자로 1959년경 숙청), 오극렬, 리영호(2012년 숙청) 5인이다.

12 2009년 2월 국방위원회 부위원장 김영춘(총참모장 역임)이 무력부장에 취임하여 총참모장의 선임자 내지 상급자로 보였다. 그러나 2010년 9월 28일 당중앙위 전원회의에서 총참모장 리영호가 김정은과 함께 당중앙군사위 부위원장에 임명되고 당중앙위 정치국위원 명단에서도 김영춘에 앞서게 됨으로써 군사업무에서 총참모장이 보다 실권자임을 다시 확인해주었다. 2013년 5월 인민무력부장이 김격식에서 상대적으로 젊고 잘 알려지지 않은 장정남(상장)으로 교체되면서 인민무력부장이 총정치국장이나 총참모장과 비교해 권력서열이나 실권이 낮음을 확인할 수 있다.

13 국방위원회는 김정은 제1위원장 외 11인으로 구성되었다. 부위원장은 김영춘, 리용무, 장성택, 오극렬이며, 집단별로 정치장교(최룡해, 리용무, 김정각), 군지휘관(김영춘, 오극렬), 군수(박도

춘, 백세봉, 주규창), 보안(장성택, 김원홍, 리명수) 계열이 균등하게 안배되었다.

14 조선로동당 중앙군사위원회, 『전시사업세칙』, 조선로동당 중앙군사위원회 지시 제002호 붙임표(2004. 4. 7).

15 『김일성 저작집 43권』, 263쪽.

16 "수령님께서는 이번에 인민군대안의 당정치사업을 강화하기 위하여 련대에까지 정치위원제를 내오도록 하시였습니다……정치부장이나 정치부련대장은 정치일군이지만 당의 대표는 아닙니다. 그러나 정치위원은 부대에 파견된 당의 대표입니다… 정치위원은 군사지휘관이 당의 로선과 정책에 어긋나는 결론을 명령을 내릴 때에는 그것을 거부하고 제제시킬수 있는 권한도 가지게 됩니다." 김정일, "인민군대 당조직과 정치기관들의 역할을 높일데 대하여: 조선로동당 중앙위원회 조직지도부 및 조선인민군 총정치국 일군과 한 담화(1969년 1월 19일)," 『김정일 선집 3권』, 증보판(평양: 조선로동당출판사, 2009), 53-54쪽.

17 보위사령부(구 정치안전국, 보위국)는 1990년대 중반의 군내 불순·불만세력의 색출 등으로 역할과 권한이 커졌다. 일반부대에는 대대까지, 특수부대는 중대 혹은 소대까지 보위지도원이 있으며, 보위지도원은 소대별로 3-5명의 비밀정보원을 두고 있다.

18 국방부, 『2012 국방백서』(서울: 국방부, 2012), 25-28쪽; Joseph S. Bermudez, Jr., *The Armed Forces of North Korea* (London: Tauris, 2001), pp. 27-45, 78-82.

19 2012년 기준 한국군 병력은 인구 대비 약 1.3%, 중국 인민해방군이나 일본 자위대는 약 0.2%였다. International Institute of Strategic Studies, *The Military Balance 2013* (London: Routledge/IISS, 2013) 참조.

20 『2012 국방백서』, 28-29쪽.

21 김일성, "정치사업을 잘하여 인민군대의 위력을 더욱 강화하자: 조선인민군 제7차선동대회에서 한 연설(1977년 11월 30일)," 『김일성 저작선집 7권』(평양: 조선로동당출판사, 1978), 414쪽. 물론 오늘날 인민군 지도부의 모체가 상당 부분 만주 항일무장투쟁에 근거를 둔 것은 사실이지만, 김일성의 주장은 정확한 것이 아니다. 북한은 자신들의 군대인 조선인민군의 모체가 항일무장투쟁시기에 김일성이 조직하여 활동했다는 항일 빨치산부대, 소위 조선인민혁명군이라고 선전하고 있고, 1978년 4월 25일 갑자기 조선인민군 창건일을 1948년 2월 8일에서 1932년 4월 25일로 변경하여 인민군 창건 46주년 기념식을 거행하였다.

22 한국 측 자료에는 인민군 병력은 61,820명의 '특수부대'를 포함해 198,380명이었다. 과대평가된 특수부대를 제외한다면 총병력이 136,560명이다. 김점곤, 『한국동란』(서울: 홍보협회, 1973), 244쪽; Roy Appleman, *United States Army in the Korean War: South to the Naktong, North to the Yalu* (Washington, D.C.: GPO for US Army, 1961), pp. 8-12.

23 한국군도 6·25 당시 9만 8천 명에서, 정전 시 59만 1천 명, 1955년 72만 명으로 확장되었다가 1958년 63만 명, 1960년 말 60만 명으로 감축되었다. 함택영, 『국가안보의 정치경제학: 남북한의 경제력, 국가역량, 군사력』(서울: 법문사, 1998), 163-166, 155-157쪽.

24 김일성은 "미제와 일본 사또정부의 남조선괴뢰당 사이에는 쌍무적 군사협정들을 통하여 사실

상 3각군사동맹이 형성되고 있습니다"라고 주장하고, 또한 "베트남로동당의 방침[과]… 립장"을 적극 지지·원조할 것을 강조하였다. 김일성, "현정세와 우리 당의 과업: 조선로동당대표자회에서 한 보고(1966년 10월 5일)," 『김일성 저작집 20권』(평양: 조선로동당출판사, 1982), 383, 385-387쪽.

25 1967년 이후의 기준을 소급해서 적용한 부수상 김일의 1970년 발표에 의하면, 1960년 군사비는 예산의 19%(당 예산은 3.1%), 1991~69년 동안 거의 80억 원이었다. 『로동신문』, 1970년 11월 10일자.

26 김일성, "국가활동의 모든 분야에서 자주, 자립, 자위의 혁명정신을 더욱 철저히 구현하자: 조선민주주의인민공화국 최고인민회의 제4기 제1차 회의에서 발표한 조선민주주의인민공화국 정부 정강(1967년 12월 16일)," 『김일성 저작집 21권』(평양: 조선로동당출판사, 1983), 501쪽.

27 "인민군대를 현대화하며 군사과학과 군사기술을 발전시키는데 있어서는 반드시 산이 많고 해안선이 긴 우리나라의 실정을 충분히 고려하여야 합니다. 우리나라의 실정에 맞는 군사과학과 군사기술을 발전시키고 도입하여야 하며 현대적무기와 함께 재래식무기를 옳게 배합하도록 하여야 하겠습니다…… 전민무장화와 전국의 요새화는 적들의 어떠한 침공도 막아낼수 있는 가장 위력한 방위체계입니다." 『김일성 저작집 20권』, 423쪽.

28 김일성, "조선로동당 제5차대회에서 한 중앙위원회사업총화보고(1970년 11월 2일)," 『김일성 저작집 25권』(평양: 조선로동당출판사, 1983), 258쪽.

29 『조선중앙년감 1973』(평양: 조선중앙통신사, 1973), 253쪽.

30 Peter Hayes, *Pacific Powderkeg: American Nuclear Dilemmas in Korea* (Lexington: Lexington Books, 1991), 141-152쪽.

31 북한의 무기 도입액은 소련의 군사원조가 절정에 달했던 1987-89 3년간의 총계 20.2억 달러에서 1992-94년간에는 4.0억 달러로 급격히 축소되었다(한국 29.9억 달러). 1995-99 5년간 북한의 무기수입 추정은 불과 1.3억 달러(한국 89.0억 달러)였다(*WMEAT 1997*; *WMEAT 1999-2000*).

32 북한은 1998년 8월 이래 2006년, 2009년, 그리고 2012년 4월 대포동 1, 2호 발사에 부분적 성공 내지 실패를 경험했다.

33 "미제는 우리에 대한 〈핵의혹〉을 조작하고 국제적인 압력공세를 강화하여 우리를 질식, 붕괴시키려 하고있으며 그것이 통하지 않을 경우에는 〈핵문제〉를 구실로 우리에 대한 무력침공을 감행하려 하고 있다." 『전시사업세칙』 제1장 총칙 참조.

34 김정일, "현시기 인민군대 대대장, 대대정치지도원들 앞에 나선 몇가지 과업에 대하여," 조선인민군 대대장, 대대정치지도원대회 참자들에게 보낸 서한 (2006. 10. 3.).

35 국방부, 『2008 국방백서』(서울: 국방부, 2008), 25쪽.

36 『중앙일보』, 2004년 8월 30일 이후 2009년 국가정보원이 국방연구원에 의뢰한 비공개 남북한 군사력평가 보고서에 의하면 남측이 군사투자비와 전력지수에서 모두 앞섰다고 한다. 『신동아』, 2010년 3월호.

37 『2012 국방백서』, 289쪽.

38 U.S. Defense Intelligence Agency, *North Korea: The Foundations for Military Strength* (Washington, D.C.: DIA, 1991), p. 49.

39 국방부는 예를 들어 1988년 주한미군의 전력지수를 인민군의 5%(한국군의 7.7%)로 평가한 반면, 주한미군의 1990년경 군비재고는 160억 달러(국방부 발표의 1988년 남한 군비투자비누계의 약 60%)로 평가하였다. 주한미군의 정교한 조기경보·정보수집능력을 중시하면서도, 이를 전력지수 산출에는 포함하지 않았던 것이다. 『1989 국방백서』; 『1992-1993 국방백서』; 함택영, 『국가안보의 정치경제학』, 240-243쪽.

40 John W.R. Lepingwell, "The Laws of Combat? Lanchester Reexamined," *International Security*, Vol. 14, No. 2 (1989), pp. 64-100 참조.

41 경남대학교 북한대학원 엮음, 『북한군사문제의 재조명』(파주: 한울아카데미, 2006), 358쪽.

42 경남대학교 북한대학원 엮음, 『북한군사문제의 재조명』, 367-404쪽.

43 IISS, *North Korean Security Challenges: A Net Assessment* (London: IISS, 2011), pp. 134, 143, 158. 또한 Markus Schiller and Robert H. Schmucker, "The Assumed KN-08 Technology. Addendum to the April 18, 2012 paper 'A Dog and Pony Show'," May 2, 2012 참조.

44 『2012 국방백서』, 29쪽.

45 IISS, *The Military Balance 2013*, pp. 310, 3112-313; 『2012 국방백서』, 289쪽.

46 『로동신문』, 2013년 4월 2일.

6장

1 민족21, 『북녘사람들은 어떻게 살고 있을까?』(서울: 선인, 2004), 12-16쪽.

2 북한연구학회 편, 『북한의 여성과 가족』(서울: 경인, 2006) 참조.

3 민족21, 위의 책, 19쪽.

4 민족21, 앞의 책, 27-28쪽.

5 통일교육원, 『북한이해 2013』(서울: 통일교육원, 2013), 203-205쪽.

6 세종연구소 북한연구센터 엮음, 『북한의 사회문화』(서울: 한울아카데미, 2006), 5장.

7 북한연구학회 편, 『북한의 교육과 과학기술』(서울: 경인, 2005).

8 세종연구소 북한연구센터 엮음, 『조선로동당의 외곽단체』(서울: 한울아카데미, 2004), 1장.

9 민족21, 위의 책, 49-67쪽.

10 민족21, 앞의 책, 72-78쪽.

11 민족 21, 앞의 책, 135-136쪽.

12 북한헌법(2010년), 제30조 및 〈로동보호법〉(2010년), 제36조.

13 『조선말대사전』(평양: 과학백과사전출판사, 2004), '휴양'과 '정양' 항목.

14 민족 21, 『실리 사회주의 현장을 가다』(서울: 선인, 2006); 정영철, 『북한의 개혁·개방: 이중전략과 실리사회주의』(서울: 선인, 2004).

15 북한연구학회 편, 『북한의 여성과 가족』(서울: 경인, 2006), 제1부.

16 민족 21, 앞의 책.

17 김두섭 외, 『북한 인구과 인구센서스』(대전: 통계청, 2011), 94-95쪽.

18 『조선민주주의인민공화국 가족법』, 2004년 12월 개정, 제9조.

19 민족 21, 앞의 책.

20 민족 21, 위의 책.

21 정영철 외, 『북한 인구의 동태적 및 정태적 특징과 사회경제적 함의』(서울: 보건사회연구원, 2011), 63쪽.

22 2012년 11월 15일 제4차 어머니대회에서 행한 김기남 조선로동당 비서의 연설.

23 정영철 외, 『북한 인구의 동태적 및 정태적 특징과 사회경제적 함의』(서울: 보건사회연구원, 2011).

24 민족 21, 위의 책.

25 민족 21, 위의 책.

26 정영철, "북한의 사회경제적 변화에 대한 재인식", 우리민족서로돕기운동 2010년 국제학술회의 발표 논문(2010년 11월 15-17일)

27 정영철, "북한주민의 의식과 행위: 일상의 소란과 행위", 『북한학연구』 7권 1호(2011).

7장

1 흡수통일의 비현실성은 첫째, 조기에 북한붕괴의 가능성이 없고, 둘째, 한반도 주변국이 북한붕괴의 급격한 상황변화를 원치 않으며, 셋째, 동서독과 달리 후유증 없이 흡수통일을 이룰만한 남한의 역량이 아직 마련되어 있지 않은 데다가, 넷째, 김영삼 정부 시기 확인된 바 있듯이 흡수통일을 염두에 두고 대북정책을 추진할 경우 당장 한반도의 긴장고조와 남북관계 파탄이 결과된다는 점에서 잘 드러난다.

2 김대중 정부의 햇볕정책에 대해서는 김근식, "김대중 정부의 햇볕정책: 회고와 전망," 『한국과 국제정치』, 18권 2호, 2002년 여름호 참조.

3 김근식, "연방제와 연합제의 공통성 인정: 통일접근 방식과 평화공존에의 합의," 『아태평화포럼』, 제39호, 2000년 7월호.

4 북한의 대유엔외교에 대해서는 김근식, "북한의 유엔외교: 유엔가입 이전과 이후의 비교를 중심으로," 한국국제정치학회, 『국제정치논총』, 41집 4호(2001)을 참조.

5 2003년 12월 현재 남한의 수교국은 186개국이고 북한의 수교국은 154개국이며 국제기구에 남한은 94개, 북한은 30개 가입하는 등 남한과 북한은 국제사회의 일원으로서 독자적인 활동

을 벌이고 있다.

6 이에 대한 자세한 설명은 제성호, 『남북한 특수관계론: 법적 문제와 그 대책』(서울: 한울아카데미, 1995)를 참조.

7 서독의 대동독정책에 대해서는 마누엘라 글라브, "독일연방공화국의 독일정책," 『독일통일백서』(서울: 한겨레신문사, 1997), 460-475쪽 참조.

8 황병덕 외, 『신동방정책과 대북포용정책』(서울: 두리, 2000), 116-117쪽에서 재인용.

9 남북한과 동서독의 기본조약 체결과 유엔 동시 가입 순서가 다르다. 동서독은 1972년 12월 21일 기본조약을 체결하였고, 1973년 9월 18일 유엔에 동시 가입하였다. 한편 남북한은 1991년 9월 17일 유엔에 동시 가입하였고, 1992년 2월 19일 남북기본합의서를 발효하였다.

10 한운석, 앞의 책, 61쪽.

11 베르너 바이덴펠트, 칼-루돌프 코르테, "민족과 민족의식," 『독일통일백서』, 281쪽.

12 제성호, 위의 책, 17-21쪽.

13 한운석, 『하나의 민족, 두 개의 과거: 20세기 독일민족과 통일문제』(서울: 신서원, 2003), 96쪽.

14 통일부, 『통일부 30년사 – 평화 화해 협력의 발자취, 1969 – 1999』(통일부: 1999), 34-36쪽.

15 1955년 북한은 남북 간 정치 경제 문화 교류와 남북상임위원회의 설립을 제안했고, 1958년에는 중립국 감시하에 총선거를 주장하는 등 적극적 교류와 평화통일을 내세웠다.

16 김일성, "조선 인민의 민족적 명절 8.15 해방 15돌 경축대회에서 한 보고," 『김일성저작집』 14(조선로동당출판사, 1981).

17 김일성, "조국통일위업을 실현하기 위하여 혁명력량을 백방으로 강화하자," 『김일성저작선집』 4(조선로동당출판사, 1968), 77-96쪽.

18 허종호, 『주체사상에 기초한 남조선 혁명과 조국통일 이론』(사회과학출판사, 1975), 18쪽.

19 국토통일원, 『남북한통일제의자료 총람』 3권(1985), 227-234쪽.

20 통일노력60년 발간위원회 편, 『하늘길 땅길 바닷길 열어 통일로』(다해, 2005), 87쪽.

21 당시 북한의 3자회담 요구에 대해 미국은 중국이 포함된 4자회담으로 응수하기도 했다.

22 김일성, "조선로동당 제6차 대회에서 한 중앙위원회 사업 총화보고," 『김일성 저작집』 35(조선로동당출판사, 1987), 347쪽.

23 남북한의 통일정책 분석과 통일한국의 구상 그리고 통합의 조건 등을 자세히 정리한 것으로는 임현진·정영철, 『21세기 통일한국을 위한 모색: 분단과 통일의 변증법』(서울: 서울대학교출판부), 2005 참고.

24 『로동신문』, 1991년 1월 1일자.

25 심지연, 『남북한 통일방안의 전개와 수렴』(돌베개, 2001), 85쪽

26 김근식, "2007 남북정상회담을 결산한다," 『창작과 비평』, 35권 4호, 2007년 겨울호.

27 3개월 만에 중국을 다시 찾은 김정일 위원장의 행보는 한미 대 북중의 동북아 대립구도와 함께 강성대국과 후계체제를 동시에 준비해야 하는 북한 내부의 절박함을 반증하는 것이기도 하다.

김근식, “김위원장 방중과 경술국치,” 『경향신문』, 2010.8.30.

28 김근식, “북한 급변사태와 남북연합: 통일과정적 접근,” 『북한연구학회보』, 13권 2호(2009), 59-60쪽.

29 이기식, 『독일통일 15년의 작은 백서』(고려대학교출판부, 2008), 21쪽.

30 우베뮐러 지음 이봉기 옮김, 『대재앙 통일』(문학세계사, 2006) 참조; 김누리 편, 『머릿속의 장벽』(한울, 2006); 김누리 편, 『나의 통일이야기』(한울, 2006).

31 한스 헤르만 헤르틀레, “1989년 11월 9일 베를린.” 『독일통일실태보고서(2)』,(한국수출입은행, 2009.6), 67쪽.

32 정부발표만으로도 1994년 내전으로 931명의 사망자와 5천 명의 부상자, 80억 달러의 손실을 입은 것으로 나타났다. 유지호, 『예맨의 남북통일』(서문당, 1997), 15쪽.

33 김용욱, “예맨과 독일의 통일사례 비교와 시사점,” 『한국정치외교사논총』, 28집 1호(2005), 283쪽.

34 김국신, “통일협상 과정에서 남북예맨 내부의 권력투쟁,” 『통일정책연구』, 10권 2호(2001), 97쪽.

35 Michael C. Hudson, “Bipolarity, Rational Calculation and War in Yemen,” *Arab Studies Journal*, (Washington: Georgetown University, Spring, 1995), vol. 3, no. 1, p. 11.

36 김용욱, 앞의 글, 287쪽.

37 진보진영 역시 북한 변수의 불안정성을 인정하면서 점진적 평화통일담론의 대비책을 주문하고 있다. 이태호, “한반도 위기관리, 평화관리에서 시민사회의 역할,” 시민평화포럼 6월 공개포럼 발표문(2010.6.24), 11-12쪽.

38 대북포용정책의 개념과 평가와 발전방향에 대해서는 김근식(2008년 봄호) 참조.

8장

1 카를 만하임 지음, 임석진 옮김, 『이데올로기와 유토피아』(파주: 김영사, 2012).

2 마르틴 브로샤트 지음, 김학이 옮김, 『히틀러 국가: 나치 정치혁명의 이념과 현실』(서울: 문학과 지성사, 2011).

3 S. Smith, “Positivism and beyond,” in S. Smith, et al., *International Theory* (Cambridge: Cambridge University Press, 1996).

4 A. Ayer, *Logical Positivism* (London: Mamillan, 1959).

5 R. Bhaskar, *A Realist Theory of Science* (Brighton: Harvester Press, 1978); *Scientific Realism and Human Emancipation* (London: Verso, 1986); *The Possibility of Naturalism* (London: Harvester, 1989); *Dialectic: The Pulse of Freedom* (London: Verso, 1993); A. Collier, *Critical Realism* (London: Verso, 1994); 구갑우, “국제정치경제(학)와 비판이론: 존재론과 인식론을 중심으로,” 『한국정치학회보』, 38: 2 (2004) 등을

참조. 과학적 실재론의 방법론적 정교화에 대해서는, 베르트 다네마르크, 매츠 엑스트롬, 리젤로트 야콥센, 얀 카를손 지음, 이기홍 옮김, 『새로운 사회과학방법론: 비판적 실재론의 접근』 (서울: 한울, 2005) 참조.

6 예를 들어, J. Geoge and D. Campbell, "Patterns and the Celebration of Difference," *International Studies Quarterly*, 34: 3 (1990) 참조.

7 김경동, 이온죽, 『사회조사연구방법: 사회연구의 논리와 기법』(서울: 박영사, 2003).

8 피터 보울러·이완 리스 모러스 지음, 김봉국·홍성욱 책임번역, 『현대과학의 풍경 1』(서울: 궁리, 2008)의 13장 '인간과학의 출현'을 참조.

9 에밀 뒤르켐 지음, 윤병철 옮김, 『사회학적 방법의 규칙들』(서울: 새물결, 2001).

10 구갑우, 『국제관계학 비판: 국제관계의 민주화와 평화』(서울: 후마니타스, 2008), 89-97쪽.

11 M, Neufeld, *The Restructuring of International Relations Theory* (Cambridge: Cambridge University Press, 1995).

12 가브리엘 알먼드·스티븐 젠코 지음, "구름, 시계와 정치학 연구," 김웅진 외 편역, 『비교정치론 강의 1』(서울: 한울, 1992).

13 E. Wright, A. Levine and E. Sober, *Reconstructing Marxism* (London: Verso, 1992).

14 D. Marsh and G. Stoker, eds., *Theory and Method in Political Science* (London: Macmillan, 1995), p. 7.

15 서동만·남기정, 『북조선: 유격대국가에서 정규군국가로』(서울: 돌베개, 2002), 331-332쪽. 서동만, 『북조선사회주의체제성립사』(서울: 선인, 2005); 정병호 외, 『웰컴투 코리아: 북조선 사람들의 남한살이』(서울: 한양대학교출판부, 2006); 찰스 암스트롱 지음, 김연철·이정우 옮김, 『북조선 탄생』(파주: 서해문집, 2006); 서동만, 『북조선 연구』(파주: 창비, 2010); 남원진 엮음, 『북조선 문학론』(서울: 경진, 2011); 정병일, 『북조선 체제성립과 연안파의 역할』(서울: 선인, 2012). 학술논문에서 북조선이라는 표현은 '북조선인민위원회'와 같이 북한에 실재했던 기관을 지칭할 때 주로 사용된다.

16 일본의 진보적 출판사에서 간행된 和田春樹·石坂浩一 編集, 『現代韓國·朝鮮』(東京: 岩波書店, 2002). 주석 13)에서 언급한 암스트롱 책의 원제는, *The North Korean Revolution 1945-1950* 이다.

17 정성장, 『현대 북한의 정치: 역사·이념·권력체계』(파주: 한울, 2011).

18 구갑우, "남북관계의 발전과 국회의 역할," 『국회도서관보』(2006), 329쪽.

19 만하임, 『이데올로기와 유토피아』.

20 미국연구자들의 정체성의 정치를 오리엔탈리즘으로 비판하고 있는 글로는, 구갑우, 『비판적 평화연구와 한반도』(서울: 후마니타스, 2007), 7장 참조.

21 수구 대 개혁을 포함하는 "3차원적 대립전선"에 대해서는, 김기원, 『한국의 진보를 비판한다』(파주: 창비, 2012), 207-216쪽 참조.

22 예를 들어, 2013년 5월 9일 한국의 새누리당이 통일운동단체를 탄압하고 있다고 주장하는 북한의 조국평화통일위원회 서기국 보도 제1035에는 다음과 같은 구절이 있다. "국제적으로 공인된 우리 공화국의 합법적인 인터네트홈페지들을 열람한 사람들까지 무작정 《종북세력》으로

몰아 …… 인민들에게도《종북》의 감투를 씌워 박해하고 있다." 출처 : www.kcna.co.jp.

23 J. Kornai, *The Socialist System: The Political Economy of Communism* (Princeton: Princeton University Press, 1992).

24 이성형 · 송주명, "지역연구," 김세균 · 박찬욱 · 백창재 편, 『정치학의 대상과 방법』(서울: 박영사, 2005).

25 김남국, "미국 정치학계의 방법론 논쟁에 대한 소고," 『한국정치연구』, 14: 1 (2005).

26 박형중, 『북한적 현상의 연구: 북한 사회주의 건설의 정치경제학』(서울: 연구사, 1994).

27 정규섭, 『북한외교의 어제와 오늘』(서울: 일신사, 1997), 13-14쪽.

28 송두율, "북한연구에서의 '내재적 방법' 재론,"

29 이 부분은, 구갑우, "북한연구와 비교사회주의 방법론," 경남대학교 북한대학원 엮음, 『북한연구방법론』(서울: 한울아카데미, 2003)을 요약한 것이다.

30 박형중, "북한정치 연구," 북한연구학회 엮음, 『분단 반세기 북한연구사』(서울: 한울, 1999); 『북한적 현상의 연구: 북한 사회주의 건설의 정치경제학』(서울: 연구사, 1994).

31 와다 하루키, 『북조선』.

32 칼 마르크스 · 프리드리히 엥겔스 지음, 김재기 옮김, 『마르크스 · 엥겔스 저작선』(서울: 거름, 1988). 전자는 "공산당선언"의 한 구절이고, 후자는 "고타강령비판"의 정의다.

33 J. Kornai, *The Socialist System: The Political Economy of Communism* (Princeton: Princeton University Press, 1992).

34 김웅진, 『비교정치연구의 논리』(서울:전예원, 1993), 28-29쪽.

35 조한범, "북한 사회주의 체제의 성격연구: 비교사회주의론적 접근," 『통일정책연구』, 11: 2 (2002), 120쪽.

36 E. Hoffman, "Methodological Problems of Kremlinology, in F. Fleron, ed., *Communist Studies and the Social Science* (Chicago: Rand Mcnally & Company, 1971).

37 최완규, 『북한은 어디로』(마산: 경남대출판부, 1996), 21-22쪽. S. Kim, "Research on Korean Communism: Promise versus Performance," *World Politics*, 33: 2 (1980), pp.281-282. 비교공산주의 연구성과로 방법론과 관련된 문헌으로는, R. Kanet, ed., "The Behavioral Revolution and Communist Studies" (New York: The Free Press, 1971); Fleron, *Communist Studies and the Social Science* 등을 참조.

38 K. Waltz, *Theory of International Politics* (Reading: Addison-Wesley, 1979), pp.93-97.

39 윤명현, 『우리 식 사회주의 100문 100답』(평양: 평양출판사, 2004), 30-32쪽.

40 김일성, 『조선로동당 제6차대회에서 한 중앙위원회사업총화보고』(평양: 조선로동당출판사, 1980). "1988년 9월 국가수립 40주년 기념식에서 김일성은 "주체의 혁명적 기치를 높이 들고 사회주의, 공산주의 위업을 끝까지 완성하자"는 보고를 통해 자주, 친선, 평화를 자주, 평화, 친선으로 바꾸었다. 소련 및 동구 사회주의국가의 체제전환이 가시화되면서 북한은 친선보다 평화를 더 높은 가치로 설정했다고 해석할 수 있다." 정규섭, 『북한외교의 어제와 오늘』(서울: 일신사, 1997), 172-174쪽 참조.

41 이근욱, "국제정치와 외교정책," 김계동 외, 『현대외교정책론』(서울: 명인문화사, 2007), 13쪽.

42 북한의 외교정책에서 이념과 이익의 관계에 대해서는, 구갑우·최완규, "북한의 동북아 지역정책: 안보와 경제 그리고 시민사회," 이수훈 엮음, 『북한의 국제관과 동북아 질서』(파주: 한울, 2011).

43 H. Smith, "Bad, mad, sad or rational actor? Why the 'securitization' paradigm makes for poor policy analysis of north Korea," *International Affairs*, 76: 1 (2000).

44 북한연구와 오리엔탈리즘에 대해서는, 구갑우, 『비판적 평화연구와 한반도』(서울: 후마니타스, 2007), 5장.

45 최완규, "북한연구방법론 논쟁에 대한 성찰적 접근," 경남대학교 북한대학원 엮음, 『북한연구방법론』(서울: 한울, 2003), 11쪽. 1970년대 북한연구방법론에 관한 글로는, 안병영, "북한연구의 현황과 문제점," 『정경연구』, 8월호 (1975); "통일 및 북한연구의 방법론 평가," 『통일정책』, 3: 1 (1977) 등을 참조.

46 Kim, "Research on Korean Communism."

47 이종석, 『현대북한의 이해』(서울: 역사비평사, 1995), 19쪽.

48 내재적 접근과 이를 둘러싼 논쟁에 대해서는, 최완규, "'북한적' 정치현상의 올바른 이해를 위하여," 『북한은 어디로』(마산: 경남대학교 출판부, 1996); 강정인, "북한연구방법론: 재론" 『현대북한연구』, 창간호(1998); 김연철, "북한연구에서 인식론 논쟁의 성과와 한계," 『현대북한연구』, 창간호(1998); 서동만, "북한연구에 대한 반성과 과제," 『현대북한연구』, 창간호(1998); 강정구, "통일시대의 북한학: 연구방법론과 북한의 현실," 『통일시대의 북한학』(서울: 당대, 1996); 송두율, 『역사는 끝났는가?』(서울: 당대, 1995) 등을 참조.

49 송두율, 『현대와 사상』(서울: 한길사, 1990).

50 이종석, 『현대 북한의 이해』, 18-19쪽.

51 송두율, 『역사는 끝났는가』(서울: 당대, 1995), 220-221쪽; 강정구, 『통일시대의 북한학』(서울: 당대, 1996), 41쪽; 이종석, 『현대 북한의 이해』, 21쪽.

52 M. Hollis and S. Smith, *Explaining and Understanding International Relations* (Oxford: Clarendon, 1990).

53 이 절충의 대표적 사례로는, A. Wendt, *Social Theory of International Politics* (Cambridge: Cambrdige University Press, 1999) 참조.

54 최완규, "북한연구방법론 논쟁에 대한 성찰적 접근", 14-25쪽에는 내재적 접근을 둘러싼 논쟁이 자세히 기술되어 있다

55 자세한 내용은, 장달중·이태섭, "북한정치," 김세균·박찬욱·백창재 편, 『정치학의 대상과 방법』(서울: 박영사, 2005).

56 경남대학교 북한대학원, 『북한연구방법론』.

57 메타이론에 대해서는, 장회익, 『과학과 메타과학』(서울: 지식산업사, 1990); M. Neufeld, *The Restructuring of International Relations Theory* (Cambridge: Cambridge University Press, 1995)를 참조.

58 M. Zalewski, "'All these theories yet the bodies keep piling up,'" in S. Smith, et al., *International Theory*

(Cambridge: Cambridge University Press, 1996).

59 국제관계학에서 이 경향을 주도하고 있는 R. Cox with T. Sinclair, *Approaches to World Order* (Cambridge: Cambridge University Press, 1996) 참조.

60 브루스 커밍스 지음, "북한의 조합주의," 김동춘 엮음, 『한국현대사 연구 I』(서울: 이성과 현실, 1988); 와다 하루키 지음, 서동만, 남기정 옮김, 『북조선: 유격대국가에서 정규군국가로』(서울: 돌베개, 2002); 스즈키 마사유키 지음, 유영구 옮김, 『김일성과 수령제 사회주의』(서울: 중앙일보사, 1994); G. McCormack, "Kim Country: Hard Times in North Korea," *New Left Review*, 198 (1993); 이종석, 『현대 북한의 이해』 등을 참조할 것. 북한을 독재체제의 한 유형인 신가산제(사인화된 비공식적 지배체제와 제도화된 공식의 관료조직의 공존)로 보는 연구로는, 최봉대, "북한의 지역경제협력 접근방식의 특징: 신가산제적 사인독재정권의 '혁명자금 관리제도'와 대외경제협력의 제약," 이수훈 엮음, 『북한의 국제관과 동북아 질서』(파주: 한울, 2011).

61 구갑우, "북한연구와 비교사회주의 방법론."

62 Cox, *Approaches to World Order*.

63 페르낭 브로델 지음, 주경철 옮김, 『물질문명과 자본주의』 (서울: 까치, 1997).

64 A. Walder, *Communist Neo-Traditionalism: Work and Authority in Chinese Industry* (Berkeley: University of California Press, 1985).

65 박순성·홍민 엮음, 『북한의 일상생활세계』(파주: 한울, 2010).

66 고유환, "북한연구 방법론의 현황과 과제," 『통일과 평화』, 창간호(2009).

67 예를 들어, 최봉대, 구갑우, "북한 도시 '농민시장' 형성 과정의 이행론적 함의: 1950-1980년대 신의주, 청진, 혜산의 사례를 중심으로," 『현대북한연구』, 6: 2 (2003); 최봉대, 구갑우, "북한의 도시 '장마당' 활성화의 동학: 1990년대 신의주, 청진, 혜산을 중심으로," 『현대북한연구』, 8: 3 (2005). 탈북자 면접을 둘러싼 방법론적 논의에 대해서는, 최봉대, "탈북자 면접조사 방법," 경남대 북한대학원 엮음, 『북한연구방법론』; 정은미, "북한연구방법으로서 탈북자 조사의 활용과 연구동향," 『현대북한연구』, 8: 3 (2005); Walder, *Communist Neo-Traditionalism*을 참조할 것.

68 북한은 〈우리민족끼리〉, 〈조선통신〉, 〈로동신문〉, 〈내나라〉, 〈김일성종합대학〉 등의 인터넷 사이트를 운영하고 있다. 북한의 인터넷 주소 식별기호인 kp를 사용하는 인터넷 사이트도 증가하고 있다. 한국에서 북한이 운영하는 사이트에 접속하는 것은 노무현정부 때부터 법으로 금지되어 있는 상태다.

69 정영철 외, 『조선로동당의 역사학: 조선로동당사 비교연구』(서울: 선인, 2008). 북한역사 전반에 대한 문제의식은, 한국역사연구회 북한사학사연구반, 『북한의 역사 만들기』(서울: 푸른역사, 2003) 참조.

70 다이안 맥도넬, 『담론이란 무엇인가』(서울: 한울, 1992); 전효관, "북한 정치담론의 의사소통 구조와 전략," 『현대북한연구』, 창간호 (1998); 전미영, "북한의 대중 설득 정책과 김일성 담화의 언어 전략," 『현대북한연구』, 3: 1 (2000).

71 권헌익·정병호, 『극장국가 북한: 카리스마 권력은 어떻게 세습되는가』(파주: 창비, 2013).

72 윤택림, 『문화와 역사연구를 위한 질적 연구 방법론』(서울: 아르케, 2004).

참고문헌

1장

강운빈. 1985. 『인간개조리론』, 평양: 사회과학출판사.

고상진. 1999. "위대한 령도자 김정일동지의 선군정치의 근본특징," 『철학연구』, 1호.

김민 · 한봉서. 1985. 『령도체계』, 평양: 사회과학출판사.

김양선 · 최철웅. 1985. 『사회주의, 공산주의 건설리론』, 평양: 사회과학출판사.

김영남. 2012. "위대한 김정일동지의 유훈을 받들어 경애하는 김정은동지를 우리 당의 최고 수위에 높이 추대할데 대하여," 『로동신문』(4월 12일).

김일성. 1970. 『우리 혁명에서의 주체에 대하여』, 평양: 조선로동당출판사.

김재호. 2000. 『김정일강성대국 건설전략』, 평양: 평양출판사.

김정일. 1987. 『주체혁명위업의 완성을 위하여 4』, 평양: 조선로동당출판사.

김정은. 2012a. "위대한 김정일동지를 우리 당의 영원한 총비서로 높이 모시고 주체혁명위업을 빛나게 완성해나가자 (조선로동당 중앙위원회 책임일군들과 한 담화, 주체 101(2012)년 4월 6일," 『로동신문』(4월 19일).

______. 2012b. "사회주의강성국가건설의 요구에 맞게 국토관리사업에서 혁명적 전환을 가져올 데 대하여(당, 국가경제기관, 근로단체 책임일군들과 한 담화[주체101(2012)년 4월 27일])," 『로동신문』(5월 9일 담화).

김준혁. 2012. "절세위인의 한생의 리념," 『로동신문』(5월 12일).

김창원. 1985. 『주체사상의 지도적 원칙』, 평양: 사회과학출판사.

김창하. 1985. 『반제반봉건민주주의혁명과 사회주의혁명 리론』, 평양: 사회과학출판사.

김철우. 2000. 『김정일장군의 선군정치』, 평양: 평양출판사.

레닌, V. I. 1989. 『프롤레타리아 국제주의에 대하여』, 서울: 앎과함.

로동신문사. 1998. "[사설] 위대한 당의 령도따라 사회주의강성대국을 건설해나가자," 『로동신문』 (9월 9일).

______. 1999. "『로동신문』, 신문 『조선인민군』, 『청년전위』 공동사설] 올해를 강성대국건설의 위대한 전환의 해로 빛내이자," 『로동신문』 (1월 1일).

______. 2012. "[사설] 일군들은 인민에 대한 헌신적 복무정신을 깊이 간직하자," 『로동신문』(5월 12일).

______. 2012. "숭고한 뜻 심장에 새기자," 『로동신문』(5월 13일).

______. 2012. "[사설] 김 정 일애국주의교양을 강화하자," 『로동신문』(5월 21일).

리성준. 1985『주체사상의 철학적원리』, 평양: 사회과학출판사.
박승덕. 1985.『사회주의 문화건설리론』, 평양: 사회과학출판사.
박연. 2012. "위대한 김 정 일동지는 애국으로 한생을 빛내이신 절세의 위인,"『로동신문』(5월 14일).
박영근. 1985.『사회주의경제건설리론』, 평양: 사회과학출판사.
박일범. 1985.『주체사상의 사회력사원리』, 평양: 사회과학출판사.
사회과학출판사. 1992.『조선말대사전 (2)』, 평양: 사회과학출판사.
서재진. 2002. "김정일시대 통치이념의 변화: 주체사상에서 강성대국론으로,"『북한체제의 현주소』, 서울: 통일연구원.
손영규. 1985.『령도예술』. 평양: 사회과학출판사.
요제프 스탈린 지음, 윤시인 옮김. 1990.『레닌주의의 기초 · 레닌주의의 제문제』, 서울: 두레.
이종석. 2000.『새로 쓴 현대북한의 이해』, 서울: 역사비평사.
장용훈. 2012. "김정일 애국주의' 김정은 시대 통치이념 되나,"『연합뉴스』(9월 5일).
정성장. 2003. "혁명전략" 세종연구소 북한연구센터 편,『북한의 국가전략』, 24-75, 서울: 한울아카데미.
______. 2005. "주체사상 연구의 쟁점" 현대북한연구회 편,『현대 북한연구의 쟁점 1』, 11-46. 서울: 한울아카데미.
______. 2011.『현대 북한의 정치: 역사 · 이념 · 권력체계』, 서울: 한울아카데미.
정성장 · 임재형. 2003. "대외전략" 세종연구소 북한연구센터 편,『북한의 국가전략』, 219-269. 서울: 한울아카데미.
조선로동당 중앙위원회 당력사연구소. 2006.『조선로동당력사』, 평양: 조선로동당출판사.
조선민주주의인민공화국 사회과학원 력사연구소. 1971.『력사사전 I: ㄱ-ㅂ』, 평양: 사회과학출판사.
조성박. 1999.『세계를 매혹시키는 김정일정치』, 평양: 평양출판사.
철학연구소. 2000.『사회주의강성대국 건설사상』, 평양: 사회과학출판사.
최칠남 · 동태관 · 전성호 1998. "[정론] 강성대국,"『로동신문』(8월 22일).
페처, I. 지음 · 황태연 옮김. 1985.『마르크스에서 소비에트 이데올로기로』, 서울: 중원문화.
황장엽. 1999.『나는 역사의 진리를 보았다』, 서울: 한울.

Staline, J. 1947. "Rapport présenté au XVIIIe congrès du Parti sur l'activité du comité central du Parti communiste (bolchévik) de l'U.R.S.S. (10 mars 1939)." *Les questions du léninisme*. Moscou: E.L.E.

2장

고재홍. 2006.『북한군 최고사령관 위상 연구』, 서울: 통일연구원.

김갑식. 2001. "1990년대 북한 당국가체제의 변용에 관한 연구," 『평화논총』 제5권 1호.
______. 2002. "북한의 헌법상 국가기관체계 변화," 『북한연구학회보』, 6권 2호.
______. 2005. 『김정일 정권의 권력구조』, 파주: 한국학술정보.
______. 2005. "1990년대 '고난의 행군'과 선군정치: 북한의 인식과 대응," 『현대북한연구』, 8권 1호.
______. 2007. "북한 정치체제의 변화: 특징과 한계 그리고 전망," 『현대북한연구』, 10권 3호.
______. 2009. "김정일시대 권력엘리트 변화," 『통일과 평화』, 2호.
______. 2012. "김정은 정권의 출범과 정치적 과제," 『통일정책연구』, 21권 1호.
______. 2012. 11. 21. "강제된 속전속결의 김정은 권력승계," 경남대 극동문제연구소·고려대 민족문화연구원 공동학술회의 자료집.
______. 2013. 『김정은 정권 출범의 특징과 향후 전망』, 서울: 국회입법조사처.
김갑식·이무철. 2006. "북한 내각의 경제적 역할과 당정관계," 『한국과 국제정치』, 22권 3호.
김근식. 2002. "김정일시대 북한의 당정군 관계 변화: 수령제 변화의 함의를 중심으로," 『한국정치학회보』, 제6집 2호.
김재호. 2000. 『김정일 강성대국 건설전략』, 평양: 평양출판사.
김정일. 1996. "주체사상 교양에서 제기되는 몇 가지 문제에 대하여"(1986.7.15), 『김정일 선집 8』, 평양: 조선로동당출판사.
______. 1997. "우리는 지금 식량 때문에 무정부상태가 되고 있다," 『월간조선』 4월호.
______. 1997. "주체의 혁명관을 튼튼히 세울 데 대하여"(1987.10.10), 『김정일 선집 9』, 평양: 조선로동당출판사.
김현일. 2004. "선군시대의 새 세대." 『청년문학』(2).
리광선. 2001. "세대에 대한 주체적 리해," 『철학연구』(3호).
리련희. 2003. "인구재생산과 그에 작용하는 사회경제적 요인들," 『경제연구』(2호).
리영화. 1999. "경제에 대한 국가의 중앙집권적 통일적 지도는 사회주의 경제강국 건설의 근본 담보," 『경제연구』(3호).
박형중. 2004. "북한정치 연구의 쟁점과 과제," 북한연구학회 2004 추계학술회의 자료집(9.17).
______. 2004. 『북한의 개혁개방과 체제변화』, 서울: 해남.
서대숙. 2000. 『현대 북한의 지도자: 김일성과 김정일』, 서울: 을유문화사.
서동만. 1998. "북한 정치체제 변화에 관한 시론," 한국정치연구회, 『정치비평』, 서울: 푸른 숲(가을·겨울).
서재진. 2001. 『식량난에서 IT산업으로: 변화하는 북한』, 서울: 미래인력연구원.
스즈끼 마사유끼. 1991. "북한의 '사회정치적 생명체'론," 박한식 편, 『북한의 실상과 전망』, 서울: 동화연구소.
스즈키 마사유키 지음, 유영구 옮김. 1994. 『김정일과 수령제 사회주의』, 서울: 중앙일보사.
안찬일 외. 2006. 『10년 후의 북한』, 서울: 인간사랑.
오일환. 2000. "김정일시대의 북한체제 현황," 『현대북한체제론』, 서울: 을유문화사.

와다 하루끼 지음, 고세현 옮김. 1994.『역사로서의 사회주의』, 서울: 창작과비평사.
유광진. 1993. "북한의 개방정책결정에 있어서 당 · 정 · 군의 역할,"『국방학술논총』 제8집.
이관세 · 김갑식 외,『북한지식사전』, 서울: 통일교육원(근간).
이대근. 2001. "조선인민군의 정치적 역할과 한계,"『현대북한연구』 제4권 2호.
이상우. 1988. "김일성 체제의 특질,"『북한 40년』, 서울: 을유문화사.
이정수. 1991. "북한정치체제에 관한 연구: 전체주의적 성격을 중심으로," 서울대학교 박사학위논문.
이종석. 1995.『조선로동당 연구』, 서울: 역사비평사.
______. 2000. "김정일시대의 조선노동당: 위상 · 조직 · 기능," 이종석, 백학순,『김정일시대의 당과 국가기구』, 성남: 세종연구소.
장달중. 2004. "김정일 체제와 주체비전: 이데올로기, 당 그리고 군중을 중심으로," 장달중 · 이즈미 하지메 공편,『김정일 체제의 북한: 정치 · 외교 · 경제 · 사상』, 서울: 아연출판부.
정성장. 2001. "김정일시대 북한의 선군정치와 당군관계,"『국가전략』 제7권 3호.
______. 2001. "김정일의 '선군정치': 논리와 정책적 함의,"『현대북한연구』 제4집 2호.
정영태. 1998. "북한「강성대국론」의 군사적 의미: 김정일의 군사정책을 중심으로,"『통일연구논총』 제7권 2호.
최완규. 2001. "북한 국가 성격의 이론과 쟁점: 비교 사회주의적 관점,"『현대북한연구』 4권 1호.
최진욱. 2001. "북한 선군정치의 정치적 함의,"『현대북한연구』 제4권 2호.
韓曉武 지음, 김형곤 옮김. 1988,『中國國家機構解說』, 서울: 희성출판사.
홍민식. 1988. "당과 정부기구," 조정남 외.『사회주의체제비교론』, 서울: 형설출판사.

Foster-Carter, Aidan. 1991. "Making Sense of North Korea: The Usefulness of Habermas," Paper Presented at the 1st International Conference hosted by the Research Institute for National Unification, October 28-29. Seoul, Korea.
Hammer, Darrell D.. 1974. *USSR: The Politics of Oligarchy*, Hinsdale, III.: The Dryden Press.
Haruki, Wada. 1998. "The Structure and Political Culture of the Kim Jong Il Regime: Its Novelty and Difficulties," 경남대학교와 아메리칸대학교 공동주최 발표논문, 1998년 5월 28-29일.
McCormack, Gavan. 1993. "Kim Country: Hard Times in North Korea." *New Left Review,* No. 198 (March-April).
Scalapino, Robert A. and Chong-Sik Lee. 1972. *Communism in Korea*, Berkeley and Los Angels: University of California Press.
Schurmann, Franz. 1968. *Ideology and Organization in Communist China*, 2nd enl. ed.: Berkeley and Los Angeles: University of California Press.
Suh, Dae-Sook. 1988. *Kim Il Sung: The North Korean Leader*, New York: Columbia University Press.

3장

구영록. 1994. “대외정치의 핵심개념으로서의 국가이익,” 『한국과 국제정치』 10권 1호.

김계동. 2012. 『북한의 외교정책과 대외관계』, 서울: 명인문화사.

김일성. 1980. “사상사업에서 교조주의와 형식주의를 퇴치하고 주체를 확립할 데 대하여,” 『김일성저작집』 제9권, 평양: 조선로동당출판사.

______. 1982. “조국통일위업을 실현하기 위하여 혁명력량을 백방으로 강화하자,” 『김일성저작집』 제18권, 평양: 조선로동당출판사.

______. 1984. “조선민주주의인민공화국의 당면한 정치, 경제 정책들과 몇 가지 국제문제에 대하여,” 『김일성저작집』 제27권, 평양: 조선로동당 출판사.

______. 1984. “민족의 분렬을 방지하고 조국을 통일하자,” 『김일성저작집』 제28권, 평양: 조선로동당 출판사.

______. 1987. “조선노동당 제6차대회에서 한 중앙위원회 사업총화보고,” 『김일성저작집』 제35권, 평양: 조선로동당 출판사

______. 1994. “사회주의의 완전한 승리를 위하여,” 『김일성저작집』 제40권, 평양: 조선노동당 출판사.

사회과학출판사. 1970. 『정치용어사전』, 평양: 사회과학출판사.

이종석. 2000. 『현대북한의 이해』, 서울: 역사비평사.

임동원. 2008. 『피스메이커: 남북관계와 북핵문제 20년』, 서울: 중앙 Books.

임수호. 2007. “실존적 억지와 협상을 통한 확산: 북한의 핵정책과 위기조성외교(1989~2006),” 서울대학교 박사학위 논문.

_____. 2009. “한반도 평화체제 논의의 역사적 경험과 쟁점,” 『한국정치연구』 18집 2호.

______. 2011. “김정일 사후 북한의 정치와 외교,” 『수은북한경제』 겨울호.

______. 2013. “북핵 위기 20년과 3차 핵실험: 합의와 퇴행,” 『르몽드 디플로마티크』 3월호.

장노순. 1999. “약소국의 갈등적 편승정책: 북한의 통미봉남 정책,” 『한국정치학회보』 33집 1호.

장달중. 2011. “중앙시평: 남방정책 대 북방정책,” 『중앙일보』(1월 13일).

장달중 외. 2011. 『북미대립: 탈냉전 속의 냉전대립』, 서울: 서울대출판부.

______. 2013. 『남북대립』, 서울: 서울대출판부.

______. 2003. 『북한의 국가전략』, 서울: 한울.

정성장. 2011. 『현대 북한의 정치: 역사·이념·권력체계』, 서울: 한울.

조성렬. 2007. 『한반도 평화체제』, 서울: 푸른나무.

최명해. 2009. 『중국·북한 동맹관계: 불편한 동거의 역사』, 서울: 오름.

황장엽. 1999. 『나는 역사의 진리를 보았다』, 서울: 한울.

허문영. 1998. 『북한외교정책 결정구조와 과정: 김일성시대와 김정일시대의 비교』, 서울: 민족통일연구원.

현성일. 2007.『북한의 국가전략과 파워엘리트』, 서울: 선인.
홍익표 외. 2011.『북한의 대외경제 10년 평가(2001~10년)』, 서울: 대외경제정책연구원.

Clinton, Hillary. 2011. "America's Pacific Century," *Foreign Policy* 189.
International Crisis Group. 2009. "Shades of Red: China's Debate over North Korea," *Asia Report* No. 179 (November 2).
Li, Gun. 2003. "Requisites for Resolving the Nuclear Issue," Paper submitted to the Center for National Policy in Korean and then in translation (December 16).
Manyin, Mark et al. 2012. "Pivot to the Pacific? The Obama Administration's Rebalancing Toward Asia," *CRS Report for Congress* (March 28).
Simon, Herbert. 1985. "Human Nature in Politics: The Dialogue of Psychology with Political Science," *American Political Science Review* 79, No. 2(June).
Slavin, Barbara. 2004. "North Korea suggests peace treaty to settle nuclear dispute," *USA Today* (May 13)
Walt, Stephen. 1987. *The Origins of Alliances*. Cornell University Press.

4장

린이푸. 2001.『중국의 개혁과 발전전략』, 서울: 백산서당.
배종렬. 2009."北·中간 광물성생산품 무역과 북한의 선군경제건설론,"『수은북한경제』, 2009년 여름호.
서석홍. 1996."개혁·개방 시대 중국의 공업화,"『공업화의 재유형 I』, 담사 김종현 교수 정년 기념논문집 간행위원회 편.
이정철. 1992."사회주의 북한의 경제동학과 정치체제," 서울대학교 정치학과 박사학위논문.
______. 2006. "북한의 개방 인식 변화와 신(新)자력갱생론의 등장,"『현대북한연구』, 제9권 1호.
______. 2012. "대북 제재와 북한의 개혁 퇴행, 인과관계의 검증,"『북한연구학회보』, 16권 1호.
이정철·동용승. 2002. "북한경제 변화의 조짐과 시사점,"『CEO Information 2002. 8』, 삼성경제연구소.
임수호. 2009. "김정일 정권 10년의 대내 경제정책 평가: '선군경제노선'을 중심으로,"『수은북한경제』, 2009년 여름호.
최수영. 2004.『'7·1 경제관리개선조치' 이후 북한경제 변화전망』, 통일연구원
KDI. 2010.『KDI 북한경제리뷰』
통계청. 2012.『2012 북한의 주요 통계 지표』
통일연구원. 2010.『2010년 북한경제 종합평가 및 2011년 전망』

한국은행 http://www.bok.or.kr/broadcast.action?menuNaviId=2236

Davis, Christopher, and Wojciech Cheremza. 1989. *Models of Disequilibrium and Shortage in Centrally Planned Economics*. London: Champman and Hall.

Kornai, J. 1992. *Socialist System*. Princeton, N. J.: Princeton University Press.

Park, Han S., 1996. *North Korea; Ideology Politics, Economy*. N. J.: Prentice-Hall, Inc.

5장

경남대학교 북한대학원 엮음. 2006. 『북한군사문제의 재조명』, 파주: 한울아카데미.

국방부. 2012. 『2012 국방백서』, 서울: 국방부.

______. 2008. 『2008 국방백서』, 서울: 국방부.

______. 1993. 『1992-1993 국방백서』, 서울: 국방부.

______. 1989. 『1989 국방백서』, 서울: 국방부.

김동엽. 2013. "선군시대 북한의 군사지도·지휘체계: 당·국가·군 관계를 중심으로," 북한대학원대학교 박사학위논문.

김일성. 1996. "인민군대 중대정치지도원들의 임무에 대하여: 조선인민군 중대정치지도원대회에서 한 연설(1991년 12월 25일)," 『김일성 저작집 43권』, 평양: 조선로동당출판사.

______. 1983. "조선로동당 제5차대회에서 한 중앙위원회사업총화보고(1970년 11월 2일)," 『김일성 저작집 25권』, 평양: 조선로동당출판사.

______. 1983. "국가활동의 모든 분야에서 자주, 자립, 자위의 혁명정신을 더욱 철저히 구현하자: 조선민주주의인민공화국 최고인민회의 제4기 제1차 회의에서 발표한 조선민주의인민공화국 정부정강(1967년 12월 16일)," 『김일성 저작집 21권』, 평양: 조선로동당출판사.

______. 1982. "현정세와 우리 당의 과업: 조선로동당대표자회에서 한 보고(1966년 10월 5일)," 『김일성 저작집 20권』, 평양: 조선로동당출판사.

______. 1978. "정치사업을 잘하여 인민군대의 위력을 더욱 강화하자: 조선인민군 제7차선동대회에서 한 연설(1977년 11월 30일)," 『김일성 저작선집 7권』, 평양: 조선로동당출판사.

김점곤. 1973. 『한국동란』, 서울: 홍보협회.

김정일. 2012. "당사업을 더욱 강화하며 사회주의건설을 힘있게 다그치자: 당 중앙위원회, 정무원 책임일군들 앞에서 한 연설(1991년 1월 5일)," 『김정일 선집 14권』 증보판, 평양: 조선로동당출판사.

______. 2009. "인민군대 당조직과 정치기관들의 역할을 높일데 대하여: 조선로동당 중앙위원회 조직지도부 및 조선인민군 총정치국 일군과 한 담화(1969년 1월 19일)," 『김정일 선집 3권』 증보판, 평양: 조선로동당출판사.

______. 2006. "현시기 인민군대 대대장, 대대정치지도원들 앞에 나선 몇가지 과업에 대하여." 조선인민군 대대장, 대대정치지도원대회 참자들에게 보낸 서한(2006년 10월 3일).

______. 1997. "우리는 지금 식량 때문에 무정부 상태가 되고 있다(1996년 12월 김일성 종합대학 창립 50돌 기념 김정일의 연설문)," 『월간조선』, 1997년 4월호.

이대근. 2003. 『북한 군부는 왜 쿠데타를 하지 않나』, 서울: 한울.

조선로동당 중앙군사위원회. 『전시사업세칙』, 조선로동당 중앙군사위원회 지시 제002호 붙임표(2004. 4. 7).

조선중앙통신사. 1973. 『조선중앙년감 1973』, 평양: 조선중앙통신사.

함택영. 2011. "군사주의의 공과: 군비경쟁의 악순환," 박재규 편, 『북한의 딜레마와 미래』, 서울: 법문사.

______. 1998. 『국가안보의 정치경제학: 남북한의 경제력, 국가역량, 군사력』, 서울: 법문사.

『로동신문』. 2013년 4월 2일, 2010년 9월 29일, 1999년 6월 16일, 1970년 11월 10일.

『신동아』. 2010년 3월호.

『중앙일보』. 2004년 8월 30일.

Appleman, Roy. 1961. *United States Army in the Korean War: South to the Naktong, North to the Yalu*, Washington, D.C.: GPO for US Army.

Bermudez, Jr., Joseph S. 2001. *The Armed Forces of North Korea*, London: Tauris.

Hayes, Peter. 1991. *Pacific Powderkeg: American Nuclear Dilemmas in Korea*, Lexington: Lexington Books.

International Institute of Strategic Studies. 2013, *The Military Balance 2013*. London: Routledge/IISS.

______. 2011. North Korean Security Challenges: A Net Assessment, London: IISS.

Lepingwell, John W.R. 1989. "The Laws of Combat? Lanchester Reexamined," International Security, Vol. 14, No. 2.

Schiller, Markus and Robert H. Schmucker. 2012. "The Assumed KN-08 Technology: Addendum to the April 18, 2012 paper 'A Dog and Pony Show'," May 2, 2012.

U.S. Defense Intelligence Agency. 1991. *North Korea: The Foundations for Military Strength*, Washington, D.C.: DIA.

U.S. Department of State. *World Military Expenditures and Arms Transfers [WMEAT] 1997. 1999-2000*

6장

김갑식 · 오유석. 2004. "'고난의 행군'과 북한 사회에서 나타난 의식의 단층," 『북한연구학회보』 8권 2호.

김두섭 외. 2011. 『북한인구와 인구센서스』, 대전: 통계청.

민족 21. 2004. 『북녘사람들은 어떻게 살고 있을까』, 서울: 선인.

민화협 정책위원회 편. 2003. 『북한주민의 일상생활과 대중문화』, 서울: 오름.

박순성 · 홍민 편. 2010. 『북한의 일상생활세계』, 서울: 한울.

북한연구학회 편. 2006. 『북한의 교육과 과학기술』(북한학총서 7), 서울: 경인문화사.

______. 2006. 『북한의 사회』(북한학총서 5), 서울: 경인문화사.

______. 2006. 『북한의 여성과 가족』(북한학 총서 9), 서울: 경인문화사.

이우영. 2008. "북한 체제내 사적담론 형성의 가능성: 공적 담론 위기를 중심으로," 이우영 엮음. 『북한 도시주민의 사적 영역 연구』, 서울: 한울아카데미.

임현진 · 정영철. 2008. 『북한의 체제전환과 사회정책의 과제』, 서울: 서울대출판부.

전현준. 2003. 『북한의 사회통제 기구 고찰』, 서울: 통일연구원.

정영철. 2003. "1970년대 대중운동과 북한 사회: 돌파형 대중운동에서 일상형 중운동으로," 『현대북한연구』 6권 1호.

______. 2009. "시장의 활용과 통제: 계륵의 시장," 『현대북한연구』 12권 2호.

______. 2010. "북한의 사회경제적 변화에 대한 재인식," 우리민족서로돕기운동 2010년 국제학술회의 발표 논문(2010년 11월 15-17일)

______. 2011. "북한주민의 의식과 행위: 일상의 소란과 행위," 『북한학연구』 7권 1호.

정영철 · 장인숙 · 조은희, 2011. 『북한 인구의 동태적 및 정태적 특징과 사회경제적 함의』, 서울: 보건사회연구원.

조정아. 2007. "교육에서의 실리주의와 교육의 불균등발전: 2000년대 북한 교육의 변화," 『교육사회학연구』, 제17권 제4호.

통일교육원. 2013. 『북한이해 2013』, 서울: 통일교육원.

황나미 · 이삼식 · 이사영. 2012. 『북한주민의 생활과 보건복지 실태』, 서울: 한국보건사회연구원.

7장

국토통일원. 1985. 『남북한통일제의자료 총람』, 3권, 서울: 국토통일원.

김국신. 2001. "통일협상 과정에서 남북예맨 내부의 권력투쟁," 『통일정책연구』, 10권 2호.

김근식. 2000. "연방제와 연합제의 공통성 인정: 통일접근 방식과 평화공존에의 합의," 『아태평화포럼』, 제39호.

______. 2001. "북한의 유엔외교: 유엔가입 이전과 이후의 비교를 중심으로," 한국국제정치학회, 『국제정치논총』, 41집 4호.
______. 2002. "김대중 정부의 햇볕정책: 회고와 전망," 『한국과 국제정치』, 18권 2호.
______. 2006. 『머릿속의 장벽』, 파주: 한울.
______. 2007. "2007 남북정상회담을 결산한다," 『창작과 비평』, 35권 4호.
______. 2009. "북한 급변사태와 남북연합: 통일과정적 접근," 『북한연구학회보』, 13권 2호.
______. 2012. 『통일문제의 이해』, 서울: 통일부 통일교육원.
김누리 편. 2006. 『나의 통일이야기』, 파주: 한울.
김용욱. 2005. "예맨과 독일의 통일사례 비교와 시사점," 『한국정치외교사논총』, 28집 1호.
김일성. 1968. "조국통일위업을 실현하기 위하여 혁명력량을 백방으로 강화하자," 『김일성저작선집』 4, 평양: 조선로동당출판사.
______. 1981. "조선 인민의 민족적 명절 8.15 해방 15돐 경축대회에서 한 보고," 『김일성저작집』 14, 평양: 조선로동당출판사.
______. 1987. "조선로동당 제6차 대회에서 한 중앙위원회 사업 총화보고," 『김일성 저작집』 35, 평양: 조선로동당출판사.
마누엘라 글라브. 1997. "독일연방공화국의 독일정책," 『독일통일백서』, 서울: 한겨레신문사.
베르너 바이덴펠트 · 칼 루돌프 코르테. 1998. "민족과 민족의식," 『독일통일백서』, 서울: 한겨레신문사.
심지연. 2001. 『남북한 통일방안의 전개와 수렴』, 서울: 돌베개.
우베뮐러 지음. 이봉기 옮김. 2006. 『대재앙 통일』, 서울: 문학세계사.
유지호. 1997. 『예맨의 남북통일』, 서울: 서문당.
이기식. 2008. 『독일통일 15년의 작은 백서』, 서울: 고려대학교출판부.
이태호. 2010. "한반도 위기관리, 평화관리에서 시민사회의 역할," 시민평화포럼 6월 공개포럼 발표문(2010. 6. 24.).
임현진 · 정영철. 2005. 『21세기 통일한국을 위한 모색: 분단과 통일의 변증법』, 서울: 서울대학교출판부.
제성호. 1995. 『남북한 특수관계론: 법적 문제와 그 대책』, 서울: 한울아카데미.
통일노력60년 발간위원회 편. 2005. 『하늘길 땅길 바닷길 열어 통일로』, 서울: 다해.
통일부 통일교육원. 2012. 『남북관계 지식사전』, 서울: 통일부 통일교육원.
통일부. 1999. 『통일부 30년사 - 평화 화해 협력의 발자취, 1969-1999』, 서울: 통일부.
한스 헤르만 헤르틀레. 2009. "1989년 11월 9일 베를린," 『독일통일실태보고서(2)』, 서울: 한국수출입은행.
한운석. 2003. 『하나의 민족, 두 개의 과거: 20세기 독일민족과 통일문제』, 서울: 신서원.
허종호. 1975. 『주체사상에 기초한 남조선 혁명과 조국통일 이론』, 평양: 사회과학출판사.
황병덕 외. 2000. 『신동방정책과 대북포용정책』, 서울: 두리.
『로동신문』, 1991년 1월 1일자.

정창현, “북한의 대남정책과 통일정책: 지속과 변화(정창현 국민대 겸임교수),” 『프레시안』, 2008년 1월 17일자(http://www.pressian.com/article/article.asp?article_num=40080117195101&Section=, 검색일: 2013년 4월 17일).

김근식. 2010. “김위원장 방중과 경술국치,” 『경향신문』(2010년 8월 30일).

Hudson, Michael C. 1995. "Bipolarity, Rational Calculation and War in Yemen," *Arab Studies Journal* Vol. 3, No. 1.

8장

가브리엘 알몬드·스티븐 젠코 지음, 김웅진, 박찬욱, 신윤환 편역. 1992. “구름, 시계와 정치학 연구.” 『비교정치론 강의 I』. 서울: 한울.

강정구. 1996. 『통일시대의 북한학』. 서울: 당대.

강정인. 1998. “북한연구방법론: 재론” 『현대북한연구』 1집 1호, 7-42.

경남대학교 북한대학원. 2003. 『북한연구방법론』. 서울: 한울.

구갑우. 2003. “북한연구와 비교사회주의 방법론.” 경남대학교 북한대학원 엮음. 『북한연구방법론』. 서울: 한울.

______. 2004. “국제정치경제(학)와 비판이론: 존재론과 인식론을 중심으로.” 『한국정치학회보』 38집 2호, 303-325.

______. 2006. “남북관계의 발전과 국회의 역할.” 『국회도서관보』 329권.

______. 2007. 『비판적 평화연구와 한반도』. 서울: 후마니타스.

______. 2008. 『국제관계학 비판: 국제관계의 민주화와 평화』. 서울: 후마니타스.

구갑우·최완규. 2011. “북한의 동북아 지역정책: 안보와 경제 그리고 시민사회.” 이수훈 편. 『북한의 국제관과 동북아 질서』. 서울: 한울.

김경동·이온죽. 2003. 『사회조사연구방법: 사회연구의 논리와 기법』. 서울: 박영사.

김기원. 2012. 『한국의 진보를 비판한다』. 파주: 창비.

김남국. 2005. “미국 정치학계의 방법론 논쟁에 대한 소고.” 『한국정치연구』 14집 1호, 228-249.

김웅진. 1993. 『비교정치연구의 논리』. 서울: 전예원.

김연철. 1998. “북한연구에서 인식론 논쟁의 성과와 한계.” 『현대북한연구』 1권 1호, 43-64.

김일성. 1980. 『조선로동당 제6차대회에서 한 중앙위원회사업총화보고』. 평양: 조선로동당출판사.

남원진 편. 2011. 『북조선 문학론』. 서울: 경진.

다이안 맥도넬 지음. 임상훈 옮김. 1992. 『담론이란 무엇인가』. 서울: 한울.

마르틴 브로샤트 지음. 김학이 옮김. 2011. 『히틀러 국가: 나치 정치혁명의 이념과 현실』. 서울: 문학과지성사.

박형중. 1994. 『북한적 현상의 연구: 북한 사회주의 건설의 정치경제학』. 서울: 연구사.
______. 1999. "북한정치 연구." 북한연구학회 엮음. 『분단 반세기 북한연구사』. 서울: 한울.
베르트 다네마르크 지음. 이기홍 옮김. 2005. 『새로운 사회과학방법론: 비판적 실재론의 접근』 파주: 한울
브루스 커밍스 지음. 김동춘 엮음. 1988. "북한의 조합주의." 『한국현대사 연구 I』. 서울: 이성과 현실.
서동만. 1998. "북한연구에 대한 반성과 과제: 90년대 연구성과와 문제점." 『현대북한연구』 1권 1호, 65-103.
서동만. 2005. 『북조선 사회주의체제 성립사』. 서울: 선인.
______. 2010. 『북조선 연구』. 파주: 창비.
서동만·남기정. 2002. 『북조선: 유격대국가에서 정규군국가로』. 서울: 돌베개.
송두율. 1990. 『현대와 사상』. 서울: 한길사.
______. 1995. "북한연구에서의 '내재적 방법' 재론." 『역사비평』 28권, 222-229.
______. 1995. 『역사는 끝났는가?』. 서울: 당대.
스즈키 마사유키 지음. 유영구 옮김. 1994. 『김일성과 수령제 사회주의』. 서울: 중앙일보사
안병영. 1975. "북한연구의 현황과 문제점." 『정경연구』 8월호,
______. 1977. "통일 및 북한연구의 방법론 평가." 『통일정책』 3집 1호.
와다 하루키 지음. 서동만, 남기정 옮김. 2002. 『북조선: 유격대국가에서 정규군국가로』. 서울: 돌베개.
에밀 뒤르켐 지음. 윤병철, 박상호 옮김. 2001. 『사회학적 방법의 규칙들』. 서울: 새물결.
윤택림. 2004. 『문화와 역사연구를 위한 질적 연구 방법론』 서울: 아르케.
이근욱. 2007. "국제정치와 외교정책." 김계동 외, 『현대외교정책론』. 서울: 명인문화사.
이성형·송주명. 2005. "지역연구." 김세균·박찬욱·백창재 편. 『정치학의 대상과 방법』. 서울: 박영사.
이수훈 엮음. 2011. 『북한의 국제관과 동북아 질서』. 파주: 한울.
이종석. 1995. 『현대북한의 이해』. 서울: 역사비평사.
윤명현. 2004. 『우리 식 사회주의 100문 100답』. 평양: 평양출판사.
장달중·이태섭. 2005. "북한정치." 김세균·박찬욱·백창재 편. 『정치학의 대상과 방법』. 서울: 박영사.
장회익. 1990. 『과학과 메타과학』. 서울: 지식산업사.
전미영. 2000. "북한의 대중 설득 정책과 김일성 담화의 언어 전략." 『현대북한연구』 3집 1호, 293-337.
전효관. 1998. "북한 정치담론의 의사소통 구조와 전략." 『현대북한연구』 1집 1호, 219-250.
정규섭. 1997. 『북한외교의 어제와 오늘』. 서울: 일신사.
정병일. 2012. 『북조선 체제성립과 연안파의 역할』. 서울: 선인
정병호 외. 2006. 『웰컴투 코리아: 북조선 사람들의 남한살이』. 서울: 한양대학교출판부.
정성장. 2011. 『현대 북한의 정치: 역사·이념·권력체계』. 파주: 한울.
정은미. 2005. "북한연구방법으로서 탈북자 조사의 활용과 연구동향." 『현대북한연구』 8집 3호, 139-176.

조한범. 2002. "북한 사회주의 체제의 성격연구: 비교사회주의론적 접근." 『통일정책연구』 11집2호, 117-146.
찰스 암스트롱 지음. 김연철·이정우 옮김. 2006. 『북조선 탄생』. 파주: 서해문집.
최봉대. 2004. "탈북자 면접조사 방법." 경남대학교 북한대학원 엮음. 『북한연구방법론』. 파주: 한울아카데미.
최봉대·구갑우. 2003. "북한 도시 '농민시장' 형성 과정의 이행론적 함의: 1950-1980년대 신의주, 청진, 혜산의 사례를 중심으로." 『현대북한연구』 6집 2호, 133-187.
______. 2005. "북한의 도시 '장마당' 활성화의 동학: 1990년대 신의주, 청진, 혜산을 중심으로." 『현대북한연구』, 8집 3호, 72-110.
______. 2011. "북한의 지역경제협력 접근방식의 특징: 신가산제적 사인독재정권의 '혁명자금 관리제도'와 대외경제협력의 제약." 이수훈 엮음. 『북한의 국제관과 동북아 질서』. 파주: 한울.
최완규. 1996. 『북한은 어디로』. 마산: 경남대학교출판부.
______. 2003. "북한연구방법론 논쟁에 대한 성찰적 접근," 경남대학교 북한대학원 엮음, 『북한연구방법론』. 서울: 한울.
칼 마르크스·프리드리히 엥겔스 지음. 김재기 옮김. 1998. 『마르크스·엥겔스 저작선』. 서울: 거름.
카를 만하임 지음. 임석진 옮김. 2000. 『이데올로기와 유토피아』. 서울: 청아.
페르낭 브로델 지음. 주경철 옮김. 1997. 『물질문명과 자본주의』. 서울: 까치.
피터 보울러·이완 리스 모러스 지음. 김봉국·홍성욱 책임번역. 2008. 『현대과학의 풍경 1』. 서울: 궁리.

Ayer, Alfred. J. 1959. *Logical Positivism*. London: Mamillan.
Bhaskar, Roy. 1978. "A Realist Philosophy of Science." *Harvester Wheatsheaf*, Hemel Hempstead.
______. 1986. *Scientific Realism and Human Emancipatio*n. London: Verso.
______. 1989. *The Possibility of Naturalism*. London: Harvester.
______. 1993. *Dialectic: The Pulse of Freedom*. London: Verso.
Collier, Andrew. 1994. *Critical Realism*. London: Verso.
Cox, Robert W. and Timothy J. Sinclair. 1996 *Approaches to World Order*. Cambridge: Cambridge University Press.
Fleron, Frederic J. 1969, *Communist studies and the social sciences : Essays on Methodology and Empirical theory*. Chicago : Nally.
George, Jim and David Campbell. 1990. "Patterns of Dissent and the Celebration of Difference: Critical Social Theory and International Relations" *International Studies Quarterly 34*, 296-293.
Hoffmann, Erik P. 1969. "Methodological Problems of Kremlinology." Frederic J. Fleron, ed., *Communist Studies and the Social Sciences*. Chicago: Rand Mcnally & Company,

129-49.

Hollis, Martin and Steve Smith. 1990. *Explaining and Understanding International Relations*. Oxford: Clarendon.

Kanet, Roger E., ed. 1971. *The Behavioral Revolution and Communist Studies*. New York: The Free Press.

Kim, Samuel. 1980. "Research on Korean Communism: Promise versus Performance." *World Politics* 33: 2, 281-282.

______. 1996. "Positivism and beyond," Steve Smith, et al., *International Theory*. Cambridge: Cambridge University Press.

Kornai, János. 1992. *The Socialist System: The Political Economy of Communism*. Princeton: Princeton University Press.

Marsh, David and Gerry Stoker, eds., 1995. *Theory and Method in Political Science*. London: Macmillan.

McCormack, Gavan. 1993. "Kim country: Hard Times in North Korea." New Left Review 198, 21-21.

Neufeld, Mark A. 1995. *The Restructuring of International Relations Theory*. Cambridge: Cambridge University Press.

Smith, Hazel. 2000. "Bad, mad, sad or rational actor?: Why the 'Securitization' Paradigm Makes for Poor Policy Analysis of North Korea." *International Affairs* 76, No.1, 593-617.

Walder, A. George. 1985. *Communist Neo-Traditionalism: Work and Authority in Chinese Industry*. Berkeley: University of California Press.

Waltz, Kenneth N. 1979. *Theory of International Politics* Boston, Mass: McGraw-Hill.

Wendt, Alexander. 1999. *Social Theory of International Politics*. Cambridge: Cambrdige University Press.

Wright, E, Olin, Andrew Levine and Elliot Sober. 1992. *Reconstructing Marxism*. London: Verso.

Zalewski, Marysia. 1996. "All These Theories yet the Bodies Keep Piling Up." Steve Smith, et al., *International Theory*. Cambridge: Cambridge University Press.

和田春樹・石坂浩一 編集. 2000.『現代韓國・朝鮮』. 東京: 岩波書店

사진, 그림, 표 목록

사진 목록

그림 목록

표 목록

찾아보기

저자 소개

장달중 서울대학교 정치외교학부 명예교수 (U.C. 버클리대학교 정치학 박사)

『북미대립』(서울대학교출판부, 2009, 공저), 『김정일 체제의 북한: 정치·외교·경제·사상』(아연출판부, 2004, 공편), 『분단 반세기 남북한의 정치와 경제』(경남대학교 극동문제연구소, 1996, 공편)

"한반도의 냉전엔드게임과 북미대립," 『한국과 국제정치』(2009), "김정일체제와 강성대국론", 『한반도평화프로세스』(2005, 공저), "김정일 체제와 주체비젼: 이데올로기, 당, 그리고 군중을 중심으로," 『아세아연구』(1999)

함택영 북한대학원대학교 교수 (미시건대학교 정치학 박사)

『국가안보의 정치경제학: 남북한의 경제력·국가역량·군사력』(법문사, 1998), *Arming the Two Koreas*(Routledge, 1999), 『북한 군사문제의 재조명』(한울아카데미, 2006, 공저)

"한국 국제정치이론의 발전과 반성: 이론과 역사의 만남" 『한국과 국제정치』(2006) 외 다수

구갑우 북한대학원대학교 교수 (서울대학교 정치학 박사)

『비판적 평화연구와 한반도』(후마니타스, 2007), 『국제관계학 비판: 국제관계의 민주화와 평화』(후마니타스, 2008), 『북한의 국제관과 동북아 질서』(한울아카데미, 2011, 공저)

"Towards a Working Peace System on the Korean Peninsula: A Perspective on the Theory of Peace States" Korea Journal(2011), "아일랜드섬 평화과정 네트워크의 형태변환", 『한국과 국제정치』(2013)

"북한 도시 '농민시장' 형성과정의 이행론적 함의", 『현대북한연구』(2003, 공저)

김근식 경남대학교 정치외교학과 교수 (서울대학교 정치학 박사)

『대북포용정책의 진화를 위하여』(밀레니엄북스, 2011), 『동북아 법제협력과 북한의 체제전환: 과제와 전망』(한울아카데미, 2012, 공저), 『21세기 한국외교와 국가이익』(사회평론, 2012, 공저)

"김정은 시대 북한의 대외전략 변화와 대남정책: 선택적 병행 전략을 중심으로," 『한국과 국제정치』 29권 1호(2013), "대북포용정책과 기능주의: 이상과 현실," 『북한연구학회보』 15권 1호(2011), "북한의 핵협상: 주장, 행동, 패턴," 『한국과 국제정치』 27권 1호(2011)

정성장 세종연구소 수석연구위원 (파리10대학교 정치학 박사)

『북한군 총정치국의 위상 및 역할과 권력승계 문제』(세종연구소, 2013), 『북한·중국 군사교류협력의 지속과 변화』(세종연구소, 2012), 『현대 북한의 정치: 역사·이념·권력체계』(한울, 2011)

"김정은 체제의 경제 개혁·개방 전망과 과제," 『국가전략』 18권 4호(2012), "김정일시대 북한 국방위원회의 위상·역할·엘리트" 『세종정책연구』 제6권 1호(2010), "주체사상 연구의 쟁점" 『민족사상연구』(2003)

이정철 숭실대학교 정치외교학과 부교수 (서울대학교 정치학 박사)

『북한주민의 언론과 사회에 대한 이해』(언론재단, 2011, 공저), 『최근 북한의 가격 유통 체제 변화 및 향후 개혁 과제 – 중국과의 비교연구』(대외경제정책연구원, 2005, 공저), 『정치란 무엇인가』(동문선, 1999, 역서)

"대북 제재와 북한의 개혁 퇴행, 인과관계의 검증," 『북한연구학회보』 16권 1호(2012), "탈냉전기 노태우 정부의 대북정책: 정책연합의 불협화음과 전환기 리더십의 한계," 『정신문화연구』 35권 2호(2012), "북한의 의사 시장 기제와 생존 전략 연구" 『한국과 국제정치』 24권 2호(2008)

김갑식 국회입법조사처 입법조사관 (서울대학교 정치학 박사)

『김정은 정권 출범의 특징과 향후 전망』(국회입법조사처, 2013), 『북한이탈주민을 통해 본 북한주민의 언론과 사회에 대한 이해』(한국언론진흥재단, 2011, 공저), 『김정일 정권의 권력구조』(한국학술정보, 2005)

"시나리오 기법에 기초한 북한의 변화와 한국의 전략," 『현대북한연구』(2012), "탈냉전기 동북아 질서와 북한의 남북관계에 대한 인식," 『한국정치연구』(2012), "김정일시대 권력엘리트 변화," 『통일과 평화』(2009)

정영철 서강대학교 공공정책대학원 조교수 (서울대학교 사회학 박사)

『김정일리더십연구』(선인, 2005)

"김정은 체제의 출범과 과제: 인격적 리더십의 구축과 인민생활의 향상," 『북한연구학회보』 16권 1호(2012), "20년의 위기: 북미대결과 한반도 평화체제," 『경제와사회』 99호(2013 가을호)

임수호 삼성경제연구소 수석연구원 (서울대학교 정치학박사)

The Rise of Markets within a Planned Economy (Samsung Economic Research Institute, 2009), Understanding North Korea: Indigenous Perspectives (Lexington Books, 2013, 공저), 『북미대립: 탈냉전 속의 냉전대립』(서울대학교 출판문화원, 2011, 공저)

"부시행정부의 패권전략과 동아시아의 안보딜레마," 『국가전략』 10권 2호(2004, 공저), "북한의 내미 실존적 억지/강제의 이론적 기반," 『전략연구』 40(2007), "한국의 정권교체와 대북정책 변화: 이명박정부를 중심으로," 『한국정치연구』 19권 2호(2010)